A AUDIÊNCIA PRÉVIA DE CONCILIAÇÃO E MEDIAÇÃO do artigo 334 do CPC/2015

Dados Internacionais de Catalogação na Publicação (CIP)

S211a Sanchez, Rodrigo Elian.

A audiência prévia de conciliação e mediação do artigo 334 do CPC/2015 / Rodrigo Elian Sanchez. – Porto Alegre : Livraria do Advogado, 2021.

128 p. ; 23 cm.

Inclui bibliografia.

ISBN 978-65-86017-09-0

1. Processo civil - Brasil. 2. Audiência prévia. 3. Conciliação (Processo civil). 4. Mediação (Processo Civil). 5. Brasil. Código de Processo Civil (2015). I. Título.

CDU 347.939(81)

Índice para catálogo sistemático:

1. Audiência prévia (Processo civil) 347.939(81)
2. Processo civil : Brasil 347.91./95(81)

(Bibliotecária responsável: Sabrina Leal Araujo – CRB 8/10213)

Rodrigo Elian Sanchez

A AUDIÊNCIA PRÉVIA DE CONCILIAÇÃO E MEDIAÇÃO do artigo 334 do CPC/2015

livraria
DO ADVOGADO
editora

Porto Alegre, 2021

(edição finalizada em outubro/2020)

Capa, projeto gráfico e diagramação
Livraria do Advogado Editora

Revisão
Rosane Marques Borba

Imagens da capa
https://br.freepik.com/vetores/fundo
Fundo vetor criado por starline

Livraria do Advogado Editora
Rua Riachuelo, 1334 s/105
90010-273 Porto Alegre RS
Fone: (51) 3225-3311
livraria@doadvogado.com.br
www.doadvogado.com.br

Impresso no Brasil / Printed in Brazil

Dedico este livro à todos que me ajudaram a compreender que a coragem de lutar por seus interesses, não excluí a vontade de encontrar o fim da contenda através da autocomposição. Buscar a autocomposição, requer muitas vezes mais audácia que a necessária para, simplesmente, litigar, mas não só, requer a capacidade de ser mais humano, compreender melhor seus próprios interesses e motivações, como também de seus "adversários".

Este livro teve como ponto de partida dissertação apresentada no programa de Pós-Graduação em Direito da Faculdade de Direito da Universidade de São Paulo, como exigência parcial para obtenção do título de Mestre em Direito, na área de concentração do Direito Processual.

Agradeço ao Professor José Rogério Cruz e Tucci, orientador inestimável, pela confiança, acuradas observações e alertas.

A Fábio Tabosa, professor da pós-graduação, pela disponibilidade e interesse em ouvir e provocar importantes reflexões.

Igualmente, à Suzana Henriques da Costa, como professora da pós-graduação, ao incentivar seus alunos a novas reflexões sobre o sistema de Justiça.

Prefácio

O objetivo primordial de qualquer programa de pós-graduação *stricto sensu* é o de estimular a produção do conhecimento científico nas mais diversificadas áreas de pesquisa. Quando esse escopo é alcançado com êxito, o respectivo orientador, além de cumprir a sua missão institucional, tem motivo mais do que suficiente para orgulhar-se.

Foi exatamente o que ocorreu com a orientação do jovem Rodrigo Elian Sanchez, que escreveu a dissertação intitulada *A audiência prévia de mediação e conciliação do artigo 334 do CPC/2015*, agora apresentada em edição comercial, alertando ele, logo no início do trabalho, que: "O Código de Processo Civil de 2015 reforçou a importância da autocomposição e introduziu um novo paradigma no sistema processual, com a pretensão de retirar ênfase 'exagerada' dada ao sistema adversarial fundado na heterocomposição".

Tenha-se presente que estas duas técnicas de persuasão – mediação e conciliação – são pautadas pelos princípios da informalidade, celeridade, simplicidade, economia, oralidade e flexibilização procedimental.

Independentemente da predisposição do autor da demanda pela realização de audiência de conciliação ou de mediação, previamente manifestada na petição inicial, caberá sempre ao juiz avaliar, diante dos horizontes do litígio, qual o melhor caminho a seguir em busca de um desfecho consensual: conciliação ou mediação.

É bem de ver, outrossim, que, hoje em dia, há uma generalizada tendência no âmbito da legislação de vários países em acolher e fomentar mecanismos alternativos de resolução das controvérsias. Na União Europeia, por exemplo, foi baixada importante diretriz (n. 2008/52/EC), sobre a mediação civil e comercial, orientando os países membros a normatizarem a respectiva matéria.

Esse movimento determinado, certamente decorrente da angustiante demora da prestação jurisdicional, ganha expressão em quase todas as espécies de demanda, até mesmo na seara das ações coletivas de natureza indenizatória, para a tutela de direitos individuais homogêneos.

Abordando muitas destas vicissitudes, o meu Orientando Rodrigo Elian Sanchez desenvolveu o importante tema, que se configura realmente complexo e instigante, de forma deveras didática, dividindo o trabalho em dez capítulos. Além daquele introdutório, o Autor discorre sobre o escorço histórico da conciliação e da mediação no Brasil (Cap. 3), traça a distinção entre conciliação e mediação (Cap. 4), estabelece um cotejo entre o novel diploma processual e a Lei de Mediação (Cap. 5), passando, em sequência, nos capítulos restantes, a examinar a teoria e a dinâmica de tais institutos na praxe forense, em particular, a tormentosa questão da obrigatoriedade da audiência de conciliação ou de mediação.

Observo, ainda, que, dentre as conclusões da dissertação, insere-se preciosa exortação, que coroa a obra, quanto ao modelo que o Poder Judiciário tem buscado visando a estimular a composição consensual, que não pode se sujeitar à exigência de simples diminuição do número de processos, em detrimento da natureza e da própria razão de ser da conciliação e da mediação, concebidas como meios destinados a alcançar solução tanto quanto possível justa.

Ao ensejo da arguição desta dissertação, como já intuíra em outros momentos da discussão do trabalho com o seu Autor, com o orgulho de orientador, pude verificar o talento do examinando, firme nas respostas e consistente no diálogo acadêmico então travado com os membros da banca examinadora. Obteve ele aprovação com reconhecida distinção.

Por não me invejar o exemplo daqueles que, a pretexto de apresentação, escrevem verdadeiros comentários ou paráfrases à guisa de prefácio, limito-me a reiterar o quanto afirmei ao proclamar o resultado exitoso da respectiva arguição: congratulo o Autor pela excelente monografia que escreveu, aliás, inédita sob a égide do vigente Código de Processo Civil.

José Rogério Cruz e Tucci

Professor Titular regente da disciplina Direito Processual Civil nos Cursos de Graduação e Pós-Graduação da Faculdade de Direito da Universidade de São Paulo.

Sumário

1. Introdução

Em 2015, foi sancionada a Lei Federal n° 13.105, que instituiu o Código de Processo Civil (CPC/2015), concedendo grande ênfase à autocomposição. Dispõe, com efeito, o § 2° do artigo 3° que ao Estado caberá, sempre que possível, promover esforços para a solução consensual dos conflitos. O § 3° do mesmo artigo preceitua: "A conciliação, a mediação e outros métodos de solução consensual de conflitos deverão ser estimulados por juízes, advogados, defensores públicos e membros do Ministério Público, inclusive no curso do processo judicial".

Nesse esforço de estimular a autocomposição, o artigo 334 do CPC/2015 introduziu uma nova regra no sistema jurídico nacional segundo a qual, se a petição inicial atender aos requisitos legais e não for caso de improcedência liminar do pedido, deverá ser designada audiência de *conciliação* ou de *mediação*. Essa audiência *é de obrigatória realização,* à exceção de duas situações: quando os litigantes (autor e réu), de forma expressa, manifestarem desinteresse e quando o objeto do litígio *não* admitir autocomposição.[1]

A manifestação de desinteresse deve ser feita pelo autor já na petição inicial; pelo réu, por meio de petição apresentada até dez dias antes da data designada para a audiência (§ 5° do artigo 334, CPC/2015). Havendo litisconsórcio, é necessária a anuência de todos para a não realização da audiência.

Ademais, o § 8° desse mesmo artigo estabelece, ainda, que o não comparecimento injustificado do autor ou do réu à audiência de conciliação/mediação deve ser considerado ato atentatório à dignidade da Justiça e sancionado com multa de até dois por cento da vantagem econômica pretendida ou do valor da causa. Implica dizer que a tentativa de conciliação/mediação *não* é condição prévia de ingresso em juízo, mas fase processual nos procedimentos civis.

---

[1] CRUZ E TUCCI, José Rogério. Novo Código de Processo Civil traz mudanças na audiência de conciliação. Consultor Jurídico, [s.l.], 6 out. 2015. Disponível em <https://www.conjur.com.br/2015-out-06/paradoxo-corte-cpc-traz-mudancas-audiencia-conciliacao>. Acesso em: 6 out. 2020.

A ênfase que o Código deu à utilização de métodos de resolução alternativa de conflitos – ou, como prefere a nomenclatura utilizada pelo Conselho Nacional de Justiça (CNJ), "Resolução Apropriada de Disputas" (RADs)[2] – foi significativa e está expressa na obrigatoriedade de as partes passar por tal método antes da contenda "ir para as mãos" do magistrado.

Tais normas refletem o movimento que estabeleceu a autocomposição como instrumento prioritário para resolução de conflitos. Nele ganhou relevância a política pública de resolução apropriada de disputas, conduzida, preponderantemente, pelo CNJ, órgão público que visa a aperfeiçoar o trabalho do sistema judiciário brasileiro.

É importante observar que a entrada em vigor do CPC/2015, em 18 de março de 2016, dista poucos meses do início da vigência da Lei Federal n° 13.140, denominada de Lei da Mediação, ela entrou em vigência sete meses antes do Código Processual, antecipando a regulação da mediação no direito brasileiro. Em boa medida, porém, as normas contidas nessa lei contrapõem-se às do CPC/2015.

Considerando esse quadro, o objetivo deste livro é analisar de forma integral essa nova fase processual, seu funcionamento, seus prazos, sua forma de realização e condutas permitidas e vedadas às partes, debruçando-se sobre as incertezas que circundam tal norma legal em razão de citado conflito normativo.

Para tanto, apresentamos um breve histórico sobre os institutos da conciliação e mediação no Brasil, buscando compreender sua evolução ao longo do tempo e seu atual momento, marcado por inconteste valorização.

Neste livro, a conceituação desses institutos é objeto de detida atenção, de tal distinção é possível compreender as regras e critérios específicos, preconizados pela legislação para distinguir os conflitos que serão direcionados para cada um desses dois mecanismos de resolução de controvérsias.

Aspecto relevante da norma contida no art. 334 é o caráter obrigatório, pelo qual os litigantes têm de percorrer tal fase processual e, portanto, participar de prévia tentativa de autocomposição. Nesse ponto, analisamos não somente as exceções à obrigatoriedade como discutimos a pertinência de tal regra à luz de valores e princípios que foram estabe-

[2] Adotaremos a terminologia RADs seguindo a proposta do *Manual de mediação judicial do CNJ*: "Originalmente, a sigla RADs representava a sigla para 'Resolução Alternativa de Disputas', servindo como denominação conjunta dos métodos alternativos ao julgamento pelo Judiciário. Atualmente, tem se adotado, com mais frequência, a expressão Resolução 'Adequada' (ou mesmo 'Amigável') de Disputas para denotar uma escolha consciente de um processo ou método de resolução de conflitos, entre vários possíveis, considerando o contexto fático da disputa". In: AZEVEDO, André Gomma de. *Manual de mediação judicial*. 6. ed. Brasília: CNJ, 2016. p 7.

lecidos no sistema autocompositivo inaugurado pelo Código de Processo Civil de 2015.

Como ponto de reflexão comparada, trazemos exemplos da legislação de outros países.

Ainda, é objeto de reflexão a adequação da conciliação e mediação como método adequado de resolução para todos os conflitos que lhes são direcionados.

2. Contexto histórico do revigoramento da mediação e conciliação: crise da justiça

Para compreensão exata do atual contexto e do revigoramento da mediação e conciliação, inclusive com a imposição de sua obrigatoriedade, é importante analisarmos o contexto social e judicial e as razões que levaram o legislador a dar nova importância a tais mecanismos.

As dificuldades relacionadas à boa gestão do sistema judicial, considerando o aumento exponencial no número de ações distribuídas, ano a ano, e os reflexos negativos para a prestação de atividade jurisdicional adequada representam imenso desafio ao Poder Judiciário brasileiro. Tal desafio *não* é apenas nacional, mas pode ser verificado, com maior ou menor intensidade, na grande maioria dos países democráticos.[3] O crescimento das demandas judiciais tem como consequência o aumento do volume de trabalho e reflexos no tempo de julgamento dos processos, com prejuízos à eficiência.[4] Ao mesmo tempo, sobretudo nos países

---

[3] De acordo com Adrian Zuckerman: *"There is a widespread perception that the administration of civil justice is failing to meet the needs of the community. This perception seems to persist across national and cultural frontiers. It is present in many different countries, both within the common law and civil law systems. Access to justice is so adversely affected by high litigation costs and long delays that in quite a few countries the courts no longer provide an adequate venue for seeking the protection of rights or for resolving disputes. It is no exaggeration to say that many systems of civil justice experience a crisis of some kind"*. In: ZUCKERMAN, Adrian A. S. The dimensions of civil justice. In: —— (Ed.). *Civil justice in crisis*: comparative perspectives of civil procedure. 1. ed., reimpr. Oxford (UK): Oxford University Press, March 2003.

[4] Para C.H. van Rhee, o problema da demora no processamento das ações não é, porém, totalmente, novo: *"Civil procedure and delay were born together. This is, of course, due to the fact that no lawsuit can be decided fairly without at least some minimum period of time in between first presenting the case to a court and obtaining a final judgement. Manifestly this type of delay is not problematic. Delay becomes a problem, however, if it can be classified as 'undue delay', i.e., when it is felt that too much time has elapsed between the filing of an action and its ultimate decision by the court. Although it is difficult to establish what amount of time can be classified as 'too much time', and also because opinions as regards this issue may differ from country to country and from period to period, it is no secret that undue delay has been part of modern procedure from almost its conception. This becomes evident when one studies the history of the Romano-canonical procedure, the 'mother' of most procedures on the European Continent. Already at the beginning of the thirteenth century and thus at an early stage in the development of the Romano-canonical procedure, a summary procedure was framed in order to decide a designated group of cases more quickly than the ordinary procedure allowed (Clementina Saepe)"*. In: *The law's delay*: essays on undue delay in civil litigation. Antwerp/Oxford/New York: Intersentia 2004. p. 1.

adeptos da *Common Law*, questões relativas ao custo e à complexidade do procedimento judicial têm sido objeto de intensa reflexão, com vistas a atenuar obstáculos de acesso à Justiça. Sob esse contexto, configura-se um cenário de morosidade dos sistemas judiciais, perda de eficiência e obstáculos de acesso apontados pela doutrina como fatores preponderantes para a crise da Justiça.[5]

No caso brasileiro, um dos maiores entraves ao bom funcionamento do sistema judicial é o aumento do tempo de tramitação dos processos. Isso ocorre em razão do crescimento do volume de demandas, cuja velocidade é desproporcional ao número de juízes e estruturas judiciais.

Algumas das causas desse aumento de processos decorre do fato de que, em sociedades mais complexas, com relações massificadas, de conflitos aumenta, mas também que o desenvolvimento social leva a expansão de juridicidade, em que questões que antes não eram consideradas legítimas pela teoria existente, passaram a ser como por exemplo dano emocional, em razão do abandono afetivo de filhos pelos genitores ou casos de assédio sexual.[6] Outras questões como a difusão de educação, também, implicam que cada vez mais pessoas tenham conhecimento de seus direitos e, portanto, passem a reivindicá-los judicialmente.

No que se refere às relações massificadas, a ausência de instrumentos capazes de oferecer tratamento adequado aos conflitos repetitivos implica que as ações individuais continuam sendo o instrumento para resolução de direitos homogêneos. Esse excesso de ações compromete a capacidade do sistema judicial de resolver os litígios.

É importante frisar que em nosso país a utilização do Poder Judiciário está concentrada nas classes mais favorecidas e, portanto, o crescimento do volume de demandas judiciais ocorre em contexto social e econômico marcado por desigualdades de oportunidades. Esse recorte de classe representa um paradoxo, uma vez que esse crescimento não representa ampliação do acesso à justiça por todos os brasileiros. Muitos nem sequer têm informações suficientes para identificar a existência de um conflito (violação de seus direitos), tampouco de que maneira poderiam reivindicar eventual reparação ao ato lesivo.[7] Poucos usam **muito** o Poder Judiciário[8] (litigantes habituais, de acordo com a nomenclatura

---

[5] ZUCKERMAN, op. cit., p. 3 52.

[6] GALANTER, Marc. Acesso à justiça em um mundo de capacidade social em expansão. *Revista Brasileira de Sociologia do Direito*, Porto Alegre, v. 2, n. 1, p. 37-49, jan./jun., 2015.

[7] FELSTINER, William L. F.; ABEL, Richard L.; SARAT, Austin. The emergence and transformation of disputes: naming, blaming, claiming. *Law & Society Review*, [S.L.], v. 15, n. 3/4, Special Issue, p. 631-654, 1981.

[8] Em levantamento do CNJ, publicado em 2012, na Justiça Estadual "[...] os bancos e o setor público (municipal, estadual e federal), assim como observado anteriormente no consolidado das três justiças, apresentaram o maior percentual de processos novos em relação ao total ingressado entre 1° de

utilizada por Marc Galanter),[9] ao passo que uma maioria ainda utiliza pouco ou nem sequer o utiliza,[10] conforme apontam relatórios do CNJ. Em 2012, 40% do total de processos em trâmite no sistema judicial pátrio eram execuções fiscais.[11]

Na opinião de Rodolfo de Camargo Mancuso,[12] tornou-se cômodo e interessante para os clientes habituais do Judiciário (v.g., poder público, empresas de seguro-saúde, entidades de crédito ao consumidor, administradoras de cartões de crédito e empresas de telefonia) deixar que as pendências se judicializem e permaneçam *sub judice* o maior tempo possível. Essa estratégia dispensa tais litigantes de investir em recursos humanos e materiais na organização de serviços de atendimento ao público, que, bem manejados, preveniriam pendências e resolveriam aquelas já instaladas.

Considerando que o aumento exponencial de demandas judiciais é uma das principais causas de aumento da morosidade, diversas medidas têm sido apontadas como necessárias. Ao ser afetado pelo crescimento no volume de ações ajuizadas, o Judiciário vem protagonizando medidas que buscam a redução do volume de demandas e recursos (filtro processuais ou pré-processuais), ofertando ao jurisdicionado outros mecanismos de solução de disputas que não o processo judicial adjudicatório, principalmente os consensuais, como a conciliação e a mediação.

Não obstante, e como alerta Maria Cecilia de Araújo Asperti,[13] a utilização de outros meios de solução de disputas, como substituto ou

---

janeiro e 31 de outubro de 2011 da Justiça Estadual de 1º Grau, com aproximadamente 34,4% do total de processos (...). O setor bancário e o setor público municipal apresentaram os maiores percentuais de processos, com aproximadamente 12,4% do total de processos ingressados no período cada. Quando são observados apenas os Juizados Especiais, os bancos e o setor de telefonia figuram como os setores mais litigantes da Justiça Estadual, com, respectivamente, 14,7% e 8,3% do total de processos ingressados no período (...). Além disso, 99,89% do total de processos novos dos 100 maiores litigantes desta Justiça constam como pólo passivo nos Juizados Especiais". In: CONSELHO NACIONAL DE JUSTIÇA. *100 maiores litigantes 2012*. Brasília: CNJ, 2012. p. 11. Disponível em: <https://www.cnj.jus.br/wp-content/uploads/2011/02/100_maiores_litigantes.pdf>. Acesso em: 6 out. 2020.

[9] GALANTER, Marc. Why the "haves" come out ahead: speculations on the limits of legal change. *Law & Society Review*, [s.l.], v. 9, n. 1, p. 95-160, 1974.

[10] "Destaca-se que, de acordo com o IPEA, dos brasileiros que acreditam ter tido um direito subjetivo lesado em 2009, 63% não procuraram o Judiciário. Na Pesquisa Nacional por Amostra de Domicílios de 2009 (PNAD), no suplemento de Justiça, das pessoas entrevistadas que tiveram situação de conflito entre 2004 e 2009, 30,8% não procuraram o Poder Judiciário". In: CONSELHO NACIONAL DE JUSTIÇA. Departamento de Pesquisas Judiciárias. Demandas repetitivas e a morosidade na justiça cível brasileira. Brasília: jul. 2011. p. 19 e 20. Disponível em: <https://www.cnj.jus.br/wp-content/uploads/2011/02/pesq_sintese_morosidade_dpj.pdf>. Acesso em: 6 out. 2020.

[11] COSTA, Susana Henriques da. STF e os filtros ao acesso à Justiça: gestão processual ou vantagem ao grande litigante? *Estadão*, [s.l.], 18 set. 2014. Disponível em <http://bibliotecadigital.fgv.br/dspace/bitstream/handle/10438/17445/STF_e_os_filtros_ao_acesso_%c3%a0_Justi%c3%a7>. Acesso em: 6 out. 2020.

[12] MANCUSO, Rodolfo de Camargo. *Acesso à justiça*: condicionantes legítimas e ilegítimas. São Paulo: Editora Revista dos Tribunais, 2012.

[13] ASPERTI, Maria Cecilia de Araújo. *Meios consensuais de resolução de disputas repetitivas*. 2014. Dissertação (Mestrado em Direito Processual Civil) – Faculdade de Direito da USP, São Paulo, 2014.

de forma preferencial em relação à função decisória exercida mediante a adjudicação judicial, deve ser vista com cautela. Nos Estados Unidos, conforme descreve Marc Galanter, ocorreu imenso aumento no uso das "Resoluções Apropriadas de Disputas" (RADs), com grande decréscimo no número de julgamentos, de modo que o "[...] meio alternativo de resolução de controvérsias [...]" passou a ser o mecanismo preponderante e a função decisória, exercida por meio da adjudicação judicial, relegada a segundo plano.[14]

Também é relevante destacar que o fortalecimento das RADs não pode ter como único desejo desafogar o sistema judiciário da pletora de demandas, mas sim de servir como mecanismo mais adequado para a resolução de alguns tipos de conflitos.

Assim como o Estado, o Poder Judiciário não é agente neutro, mas traz interesses próprios que não necessariamente coincidem com os do processo équo e da ordem jurídica justa. Nessa perspectiva, devemos ter em conta que, para os gestores desse poder, inundado por milhões de processos, talvez o principal objetivo seja o aprimoramento da eficiência do sistema, com a diminuição de feitos, e não a salvaguarda de direitos, com a correta e adequada tutela do direito material.

A preocupação com os interesses do próprio Poder Judiciário, ao incentivar os meios autocompositivos, foi apurada em recente pesquisa encomendada pelo CNJ. Muitos dos entrevistados mencionaram certa precaução em relação aos acordos, por perceberem que o objetivo principal do uso desses meios seria desafogar o Judiciário, e não verdadeiros ganhos sociais.[15]

Ainda segundo Asperti,[16] se o incentivo à utilização da conciliação, da mediação e de outros mecanismos "alternativos" de solução de disputas for pautado somente por metas quantitativas, com vistas unicamente à redução do acervo de processos e do ingresso de processos judiciais (filtros), sem maiores preocupações com a qualidade do procedimento e de seus resultados, o Judiciário estará de fato privilegiando uma Justiça de segunda classe. E, com isso, abdicando de seu dever de prestação jurisdicional e de viabilização efetiva do acesso à Justiça.

---

[14] GALANTER, Marc. The hundred-year decline of trials and the thirty years war. *Stanford Law Review*, [s.l.], v. 57, n. 5, p. 1255-1274, 2005.

[15] UNIVERSIDADE DE SÃO PAULO. CONSELHO NACIONAL DE JUSTIÇA. *Mediação e conciliação avaliadas empiricamente, jurimetria para proposição de ações eficientes*. Brasília, 2019. p. 180. Relatório Analítico Propositivo – Justiça Pesquisa. Disponível em: <https://www.cnj.jus.br/wp-content/uploads/2019/05/d87ecfa91fdcada3c1795f522be42dcc_7772666f491fd94a642e05b394cff84a.pdf>. Acesso em: 6 out. 2020.

[16] ASPERTI, Maria Cecilia de Araújo. *Meios consensuais de resolução de disputas repetitivas*. 2014. Dissertação (Mestrado em Direito Processual Civil) – Faculdade de Direito da Universidade de São Paulo, São Paulo, 2014.

É nesse contexto de uma imensa crise no funcionamento da Justiça que os meios autocompositivos foram revigorados. Contemporaneamente eles são vistos, por parte dos agentes sociais, como alternativa à solução adjudicada e como instrumento para a superação da crise da Justiça, e não como porta de entrada para o ingresso de novas disputas (litigiosidade contida) ou de conflitos outrora não reconhecidos como disputas passíveis de postulação pelas vias tradicionais.[17]

Visões antagônicas sobre a adequação dos litigantes à busca da autocomposição prévia têm-se revelado. Enquanto críticas são endereçadas à utilização maciça das RADs, de outro lado vozes autorizadas também destacam que a introdução de tentativa prévia de autocomposição visa a estimular a "cultura da paz",[18] ou seja, uma mudança de mentalidade demandista.[19] [20]

---

[17] ASPERTI, Maria Cecilia de Araújo. *Meios consensuais de resolução de disputas repetitivas*. 2014. Dissertação (Mestrado em Direito Processual Civil) – Faculdade de Direito da Universidade de São Paulo, São Paulo, 2014.

[18] Para Kazuo Watanabe, existe um excesso de judicialização dos conflitos, o que pode ser explicado pela grande quantidade de advogados que entram todos os anos no mercado de trabalho. A judicialização seria necessária para manter esse mercado em funcionamento. Mas outra justificativa para o grande número de processos, é cultural: "As faculdades de Direito ensinam a litigar, mas não a conciliar, mediar e negociar. É preciso mudar a mentalidade dos bancos da universidade para o advogado entrar no mercado de trabalho preparado para a conciliação. O próprio jurisdicionado não tem essa cultura, que deve ser ensinada desde o ensino fundamental. Vivemos em uma cultura tensa. Temos que aprender a viver na cultura da paz". TRT9: Kazuo Watanabe defende mais conciliações pré-processuais. In: TRIBUNAL REGIONAL DO TRABALHO 9ª REGIÃO – PARANÁ. *Jurista defende mais conciliações pré-processuais*. [s.l.], 25 out. 2013. Disponível em: <https://www.trt9.jus.br/portal/noticias.xhtml?id=3422296>. Acesso em: 6 out. 2020.

[19] Nesse sentido, o então ministro Cezar Peluso observou: "Pesquisas recentes e confiáveis mostram que 43% dos brasileiros, ao sentirem seus direitos desrespeitados, procuram soluções por conta própria. Só 10% vão diretamente à Justiça. Os outros dividem-se na busca de mediação de advogados, no recurso à polícia, na renúncia ao interesse e, pasmem, até no uso da força. É verdade que, entre os que recorrem ao Judiciário, 46% se declaram satisfeitos e apenas 23%, inconformados. Mas está claro que isso não pode consolar-nos. Ora, as rápidas transformações por que vem passando, sobretudo nas últimas décadas, a sociedade brasileira, têm agravado esse quadro lastimável, em virtude da simultânea e natural expansão da conflitualidade de interesses que, desaguando no Poder Judiciário, o confronta com sobrecarga insuportável de processos, em todas as latitudes do seu aparato burocrático". PELUSO, Antonio Cesar. *Discurso de posse na Presidência do Supremo Tribunal Federal*. Disponível em: <http://www.stf.jus.br/arquivo/cms/noticiaNoticiaStf/anexo/discursoPeluso.pdf>. Acesso em: 6 out. 2020.

[20] Igualmente, Rodolfo de Camargo Mancuso pontua: "Uma questão premonitória, quando se trata da crise judiciária brasileira – mas que não tem sido suficientemente elaborada – consiste nisso que, desde o último quartel do século passado até esta parte, as sucessivas intervenções pontuais na lei processual têm se pautado pelo propósito de diminuir a qualquer custo a crescente crise numérica de processos, não se notando, porém, igual empenho na identificação do problema onde ele começa, a saber, na cultura demandista, insuflada pelo expandido vezo de se levar à justiça todo e qualquer interesse contrariado ou insatisfeito". In: *Acesso à justiça*: condicionantes legítimas e ilegítimas. São Paulo: Editora Revista dos Tribunais, 2012. p. 169.

3. Histórico da conciliação e mediação no Brasil

3.1. Conciliação

A conciliação como técnica de resolução de conflitos é conhecida no Brasil e prevista na legislação desde o período colonial. Na legislação portuguesa, era prevista especialmente nas *Ordenações Afonsinas* (L. 3 tit. 20 § 5) e também nas *Ordenações Manuelinas*. Tal instituto foi revigorado nas *Ordenações Filipinas* (L. 3. tit. 20 § 1), tendo permanecido em vigor no país em matéria civil até 1916.

O texto contido no L. 3. tit. 20 § 1 das *Ordenações Filipinas* é emblemático:

> E no começo da demanda dirá o Juiz à ambas as partes, que antes que façam despezas, e se sigam entre elles os odios e dissensões, se devem concordar, e não gastar suas fazendas por seguirem suas vontades, porque o vencimento da causa sempre he duvidoso. E isto, que dissemos de reduzirem as partes à concordia, não he de necessidade, mas sómente de honestidade nos casos, em que o bem podérem fazer. Porém, isto não haverá lugar nos feitos crimes, quando os casos forem taes, que segundo as Ordenações a Justiça haja lugar.

É importante notar que, nessa época, a audiência de conciliação *não* era obrigatória nem necessária, mas apenas recomendável que os juízes a estimulassem como "dever de honestidade".

Com o advento da Constituição Política do Império do Brasil, em 1824, e a previsão contida em seu artigo 161, o cenário mudou. O instituto passou a ser condição para propositura de processo judicial, com comprovação, pré-processual, de tentativa de conciliação: "Art. 161. Sem se fazer constar que se tem intentado o meio de reconciliação, não se começará processo algum".

A função de conciliar cabia aos juízes de paz, como explicita o art. 162: "[...] serão electivos pelo mesmo tempo e maneira, que se elegem os vereadores das câmaras. Suas attribuições e districtos serão reguladas por ley".

A regra de colocar a tentativa pré-processual de autocomposição como condição de acesso aos tribunais foi inspirada no código do processo civil francês, especificamente em seus arts. 48 e seguintes.[21] Ao proibir que se iniciasse qualquer processo sem que se houvesse tentado a conciliação das partes, esse ordenamento propugnava a nulidade absoluta dos processos tramitados com tal "vício".

Na Consolidação das Leis do Processo Civil de 1876[22] encontramos, entre os comentários do Conselheiro Ribas, as seguintes afirmações:

> Entretanto, cumpre-nos aceitar a solução afirmativa de Berriat St. Prix; maximé atendendo-se a que, entre nós, a necessidade da conciliação não é uma disposição da lei do processo, mas um preceito constitucional. Na verdade, este preceito não é destinado a salvaguardar direitos dos litigantes; é sim inspirado por uma grande ideia de interesse público – a de evitar litígios e manter harmonia entre os cidadãos. Sendo a conciliação uma instituição de ordem pública, segue-se que a falta della importa; 1° Nullidade absoluta. 2° Que não pode ser suprida. 3° Nem renuncida; e, por tanto, deve ser julgada pelo Juiz, ainda quando não seja alegada pelas partes.[23]

No primeiro diploma processual civil brasileiro – o Regulamento n° 737, de 1850 (antes restrito às causas comerciais, cuja aplicação foi ampliada, posteriormente, às causas cíveis, por conta do Decreto 763, de 1890) –, a tentativa pré-processual de conciliação foi mantida como condição para ingresso em juízo, conforme a regra contida em seu artigo 23.[24]

---

[21] A verdade é que, no final do século XIX, não era uma singularidade brasileira, mas sim uma verdadeira "onda" o ideal privatista e liberal, que tinha como seu exemplo mais acabado o *Code de Procédure* francês. Ele influenciou, entre outros, o código de processo civil italiano, de 1865, bem como o ZPO (código de processo civil alemão), especialmente em seu texto original, de 1877. In: BENEDUZI, Renato Resende. *Introdução ao processo civil alemão*. Salvador: Editora Juspodivm, 2015. p. 22-23.

[22] Tendo em vista que o Regulamento 737/1850 fora projetado para regulamentar as relações mercantis, os procedimentos envolvendo questões de natureza civil continuavam a ser regulados pelo Livro III das *Ordenações Filipinas* e por legislações esparsas, sendo evidente a falta de sistematização. Visando à organização do conjunto de leis, em 1871 o governo imperial brasileiro incumbiu Antonio Joaquim Ribas de reunir e compilar todo o arcabouço legal existente no Brasil referente ao processo civil. Por meio de Resolução Imperial, de 28 de dezembro de 1876, concedeu-se força de lei à chamada Consolidação das Leis do Processo Civil. O que Ribas compilou (e reescreveu, de acordo seu entendimento próprio) é uma síntese de teses legislativas, trechos das Ordenações e leis extravagantes. A *Consolidação Ribas* teve vida curta, mas eis que, com a instauração da República, o Regulamento 737/1850 passou a ser aplicado também nas causas cíveis, mediante o Decreto n° 763, de 16 de setembro de 1890.

[23] RIBAS, Antônio Joaquim. *Consolidação das leis do processo civil comentada pelo Conselheiro Dr. Antonio Joaquim Ribas com a colaboração de seu filho Dr. Julio A. Ribas*. Rio de Janeiro: Dias da Silva Júnior, 1879. v. 1, p. 150.

[24] O artigo 23 tinha a seguinte redação: "Nenhuma causa commercial será proposta em Juizo contencioso, sem que previamente se tenha tentado o meio da conciliação, ou por acto judicial, ou por comparecimento voluntário das partes. Exceptuão-se: § 1. As causas procedentes de papeis de credito commerciais, que se acharem endossados. (Art. 23 do Título único Código); § 2. As causas em que as partes não podem transigir (cit. Art. 23), como os Curadores fiscais dos fallidos durante o processo da declaração da quebra (Art. 838 Código), os administradores dos negociantes fallidos (Art. 856 Código), ou fallecidos (Arts. 309 e 310 Código), os procuradores publicos, tutores, curadores e testamenteiro; § 3. Os actos de declaração da quebra (cit. Art. 23); § 4 As causas arbitraes, as de simples oficio do Juiz, as execuções, comprehendidas as preferencias e embargos de terceiro: e em geral só he necessaria a conciliação para a ação principal, e não para as preparatorias ou incidentes.

A conciliação manteve-se como requisito essencial do processo, implicando a sua ausência na nulidade, em razão de sanção cominada em seu art. 673: "São formulas e termos essenciaes do processo commercial: § 1º A conciliação (art. 23, título único)".

No decorrer do período monárquico e nos primórdios da República, a conciliação tinha caráter de juízo prévio. Seu exercício se realizava perante o juiz de paz, como pressuposto para o próprio exercício do direito à ação.

Juliana Demarchi[25] observa que a instância conciliatória era estabelecida pela reclamação do autor, que desencadeava a citação do réu para comparecimento à audiência já aprazada. Segundo a autora, ocorreram interessantes debates acerca do comparecimento obrigatório do réu, sob vara, e possível sanção à sua ausência. Por fim, decidiu-se interpretar a ausência do réu como indicativo de falta de interesse na conciliação. "O réu que não comparecesse à tentativa de conciliação, contudo, era considerado revel, e a revelia trazia como consequência a responsabilidade pelas custas da tentativa conciliatória".[26]

Por outro lado, acrescenta Demarchi, se o réu comparecesse à sessão conciliatória, mas o autor não, este responderia pelas custas, sem possibilidade de reembolso de tal despesa: "Nesse caso, o autor poderia promover novo pedido de citação para a conciliação, que ficava condicionado, contudo, ao pagamento das custas do pedido anterior".[27]

Quando ambas as partes compareciam à sessão conciliatória, era realizada uma exposição oral de suas razões, bem como apresentados documentos que poderiam ser analisados pelo juiz de paz. A ele competia informar às partes os custos e riscos da demanda, tentando persuadi-las à composição para evitar a via contenciosa.

Para esclarecer as partes e criar circunstâncias favoráveis à composição dos litígios, poderia haver a redesignação da tentativa conciliatória, tanto para as partes se consultarem com seus advogados ou pessoas que lhes pudessem auxiliar, como para possibilitar maior reflexão e possibilidade de persuasão ao acordo. Presentes as partes à sessão de conciliação, instaurados os debates e restando a causa conciliada, redigia-se o termo conciliatório, do qual era lavrada certidão pelo escrivão, subscrita pelo juiz de paz, e que valia como sentença.[28]

(Tit. 7º Código), Art. 24º Pode intentar-se a conciliação perante qualquer Juiz de Paz, onde o reo for encontrado, ainda que não seja a freguezia do seu domicilio".

[25] DEMARCHI, Juliana. *Mediação*: proposta de implementação no processo civil brasileiro. 2007. Tese (Doutorado em Direito Processual Civil) – Faculdade de Direito, USP, São Paulo, 2007.

[26] Ibidem, p. 50.

[27] Ibidem, p. 50.

[28] Ibidem, p. 50.

Não obstante, com o advento da República, foi promulgado o Decreto n° 359, em abril de 1890, tendo sido revogadas as leis que exigiam a tentativa de conciliação prévia como condição de ingresso em juízo. Tal alteração legislativa teve como principal justificativa o fato de que, na prática, tal condição teria revelado-se onerosa e inútil como instrumento de composição dos litígios.[29]

Kazuo Watanabe, ao tratar do histórico da conciliação como técnica de resolução de conflitos no Brasil, afirma: "[...] a generosa ideia de uma abrangente política pública de tratamento de conflitos de interesses adotada pela nossa primeira Carta Política, fruto da inteligência e sabedoria dos homens de visão que então detinham o poder, sucumbiu por razões políticas e pela falta de critério adequado em sua implementação".[30]

Posteriormente, com o advento do Código de Processo Civil de 1939, a conciliação não foi prevista como condição para ingresso em juízo, nem mesmo como procedimento a ser realizado ao longo do percurso processual, tendo sido regelada, praticamente, ao esquecimento. A entrada em vigor do Código de Processo Civil de 1973, porém, retomou a tradição de prever e incentivar a conciliação como forma de resolução de conflitos. Em seu texto, ele delegava ao juiz o papel de estimular as partes a conciliar-se, antes de indicar a instrução.

Os seguintes artigos tratavam do instituto:

> Art. 447. Quando o litígio versar sobre direitos patrimoniais de caráter privado, o juiz, de ofício, determinará o comparecimento das partes ao início da audiência de instrução e julgamento.
>
> Parágrafo único. Em causas relativas à família, terá lugar igualmente a conciliação, nos casos e para os fins em que a lei consente a transação.
>
> Art. 448. *Antes de iniciar a instrução, o juiz tentará conciliar as partes.* Chegando a acordo, o juiz mandará tomá-lo por termo.
>
> Art. 449. O termo de conciliação, assinado pelas partes e homologado pelo juiz, terá valor de sentença (grifos nossos).

Com a alteração do CPC/1973, por meio da Lei Federal n° 8.952, de 13.12.1994, foi instituída a audiência preliminar, de tríplice conteúdo (conciliação, saneamento e organização), inspirada no modelo traçado pelo Código-tipo da América Latina.

Tal alteração, decorrente de influência das novas tendências do processo civil, especialmente dos resultados conciliatórios favoráveis dos Juizados Informais de Conciliação e dos Juizados de Pequenas Causas, culminou na seguinte redação do art. 331, §§ 1° e 2°:

---

[29] CARNEIRO, Athos Gusmão. A conciliação no novo código de processo civil. *Revista de Processo*, São Paulo, v. 1, n. 2, p. 95-101, abr./jun. 1976.

[30] WATANABE, Kazuo. Política pública do poder judiciário nacional para tratamento adequado do conflito de interesses. *Revista de Processo*, São Paulo, 2001. p. 381-389.

Art. 331. Se não verificar qualquer das hipóteses previstas nas seções precedentes e a causa versar sobre direitos disponíveis, o juiz designará audiência de conciliação, a realizar-se no prazo máximo de trinta dias, à qual deverão comparecer as partes ou seus procuradores, habilitados a transigir.

§ 1º Obtida a conciliação, será reduzida a termo e homologada por sentença.

§ 2º Se, por qualquer motivo, não for obtida a conciliação, o juiz fixará os pontos controvertidos, decidirá as questões processuais pendentes e determinará as provas a serem produzidas, designando audiência de instrução e julgamento, se necessário.

Carlos Alberto Carmona, ao comentar a introdução de norma pela qual o magistrado não apenas deveria designar audiência de conciliação mas era obrigado a promover a atividade conciliatória, afirma: "A reforma foi um retumbante desastre: os advogados não se preparavam para tentar seriamente uma composição do litígio e os magistrados igualmente não liam os autos e nada sabiam sobre o conflito, de modo que aportavam pouca (ou nenhuma) colaboração".[31]

Esperava-se que a realização da audiência revolucionasse o processo, trazendo-lhe efetividade e celeridade. As esperanças, entretanto, caminharam lado a lado com a resistência à novidade, especialmente dos próprios magistrados – que desprestigiavam a conciliação como instrumento de resolução de controvérsias, sob a alegação de que essas audiências lhes atravancavam as pautas, e evitavam designá-las –, mas também por parte dos advogados, que não utilizavam tal momento processual para explorar os potenciais do ato da audiência.[32]

Passado o primeiro momento, e sobrevindo o entendimento jurisprudencial de que a falta da audiência não comportaria nulidade do processo,[33] muitos magistrados passaram a ignorar a regra do art. 331 do CPC/1973. O requisito da conciliação era "remendado" por meio de uma proposta no início da audiência de instrução, debates e julgamento, conforme previsão original do art. 448 do Código, que não havia sofrido alteração com a reforma.

Uma das grandes frustrações dos operadores do direito com relação às audiências preliminares foi o baixo índice de acordos. Estudo realizado por Fernando da Fonseca Gajardoni, no Judiciário paulista, em 2001, verificou que 28,9% dos processos levados à conciliação na fase do

---

[31] CARMONA, Carlos Alberto. O novo Código de Processo Civil e o juiz hiperativo. In: BONATO, Giovanni (Org.). *O novo Código de processo civil*: questões controvertidas. São Paulo: Atlas, 2015. p. 65.

[32] Ibidem.

[33] Podemos citar como exemplo desse entendimento jurisprudencial do Superior Tribunal de Justiça, Recurso Especial nº 252.400/AM; STJ; Min. José Arnaldo da Fonseca; 13/9/2000; un.; REsp nº 242.322/SP; STJ; Min. Eduardo Ribeiro; 21/2/2000; un. Disponível em <https://ww2.stj.jus.br/processo/revista/documento/mediado/?componente=IMG&sequencial=72289&num_registro=200000270474&data=20001023&formato=PDF>. Acesso em: 08 jan. 2020.

art. 331 do CPC resultaram em composições, o que foi considerado pelo autor "muito pouco".[34]

As audiências foram objeto de intenso desprestígio por parte dos operadores do direito. Não poucas vezes o rito sumário – no qual a tentativa de conciliação ocorre logo no início – era substituído pelo rito ordinário, por iniciativa da parte ou do juiz, e, ainda mais frequentemente, a audiência preliminar do rito ordinário deixava de ser designada. Quando realizadas, não era incomum que fossem desenvolvidas de forma mecânica, sem exploração de seu verdadeiro potencial para a pacificação e o diálogo.

Para que a audiência de conciliação resultasse em número mais expressivo de acordos, seria necessário que tanto os juízes como os advogados estivessem mais bem preparados para a atividade de conciliar.

Finalmente, o anseio por uma reforma da regra que desobrigasse os juízes de designar a audiência foi acolhido com a Lei Federal nº 10.444, de 7 de maio de 2002. O novo ordenamento alterou a redação do art. 331 do CPC e incluiu o § 3°, pelo qual o magistrado poderia dispensar a tentativa de conciliação *se as circunstâncias da causa evidenciassem sua improvável obtenção*.

Assim, até a entrada em vigor do Código de Processo Civil de 2015, a legislação processual não obrigava os magistrados a designar audiência de conciliação na esfera cível. Caso o juiz tivesse o indício de que seria improvável a autocomposição, poderia suprir tal audiência.

É importante destacar, porém, que, no âmbito dos juizados especiais, tanto cíveis como criminais, mesmo antes da entrada em vigor do CPC/2015, a audiência de conciliação consiste em fase inicial obrigatória dos procedimentos (artigos 21 e 73 da Lei Federal n° 9.099/1995). Já no âmbito trabalhista, a Lei Federal nº 9.958, de 12 de janeiro de 2000, instituiu as comissões de conciliação prévia. Esse quadro nos permite dizer que a conciliação é instituto historicamente relevante em nossa legislação desde tempos coloniais. Entre idas e vindas, sua utilização teve caráter obrigatório, tendo sido inclusive condição de ingresso em juízo.

Nesse sentido, a regra contida no art. 334 do CPC/2015 caracteriza-se como mais um momento histórico em que se revigora a conciliação, agora como fase processual obrigatória nos procedimentos civis, sujeitos ao procedimento comum (nas ações de família, tal previsão vem regulada no artigo 695 do CPC/2015).

---

[34] GAJARDONI, Fernando da Fonseca. Breve análise estatística de alguns pontos da 1ª fase das reformas processuais civis no âmbito da justiça estadual paulista. *Revista da Escola Paulista da Magistratura*, São Paulo, Ano 5, n. 1, p. 51-53, jan./jun. 2004.

3.2. Mediação

De outro lado, no Brasil, a previsão legal do uso da mediação nos procedimentos civis é recente, tendo ocorrido, como já mencionado, apenas em 2015, com a promulgação da Lei n° 13.140.

A exceção refere-se à área trabalhista, em que a mediação já estava desenvolvida do ponto de vista institucional e legislativo.[35] A Lei Federal nº 1.572/1995, em seu art. 2°, prevê que, frustrada a negociação coletiva, as partes poderão escolher um mediador de comum acordo para a solução do conflito. Já a Lei Federal nº 10.192/2001 dispõe, em seu art. 11, sobre a realização de negociações prévias antes do ajuizamento da ação de dissídio coletivo, sendo prevista a possibilidade da atuação de mediador para facilitar a comunicação entre as partes.

Não obstante, nos procedimentos regulados pelo Código de Processo Civil, a carência de marco regulatório e de institucionalização da mediação era a tônica.

É importante também destacar a existência de esforços localizados, tais como a Lei n° 2.348/2001, do Mato Grosso do Sul, que instituiu a justiça comunitária no Poder Judiciário estadual, com vistas a propiciar mais informações e orientação jurídica ao jurisdicionado, bem como intermediar conflitos sociais na comunidade. No mesmo ordenamento legal, foi criada a figura do agente comunitário de justiça, que deveria atuar como mediador de conflitos comunitários, entre outras atribuições.

No âmbito federal, antes da entrada em vigor da Lei da Mediação, alguns diplomas legais também já mencionavam esse instituto como técnica a ser utilizada na resolução de conflitos. O II Pacto Republicano de Estado por um Sistema de Justiça Mais Acessível, Ágil e Efetivo, assinado em 13 de abril de 2009 pelos três Poderes da República,[36] estabeleceu o compromisso de fortalecer a mediação e conciliação, "[...] estimulando a resolução de conflitos por meios autocompositivos, voltados à maior pacificação social e menor judicialização".

Marco relevante no impulso da mediação no país deu-se com edição da Resolução nº 125,[37] de 29 de novembro de 2010, pelo Conselho

[35] TARTUCE, Fernanda. *Mediação nos conflitos civis*. 5. ed. Rio de Janeiro: Forense, São Paulo. Método, 2019. p. 284.

[36] BRASIL. II Pacto Republicano de Estado por um Sistema de Justiça Mais Acessível, Ágil e Efetivo. Brasília, 13 abr. 2009. Disponível em: <http://www.planalto.gov.br/ccivil_03/Outros/IIpacto.htm>. Acesso em: 6 out. 2020.

[37] CONSELHO NACIONAL DE JUSTIÇA. Resolução nº 125, de 29 de novembro de 2010. Dispõe sobre a Política Judiciária Nacional de tratamento adequado dos conflitos de interesses no âmbito do Poder Judiciário e dá outras providências. Brasília, 29 nov. 2010. Disponível em <https://www.cnj.jus.br/wp-content/uploads/2011/02/Resolucao_n_125-GP.pdf>. Acesso em: 6 out.. 2020.

Nacional de Justiça. O seu objetivo foi incentivar a implementação de mecanismos adequados de solução de conflitos como forma de melhorar a Justiça brasileira. Tal resolução instituiu a política judiciária nacional de tratamento adequado dos conflitos de interesses no âmbito do Poder Judiciário, incumbindo seus órgãos de oferecer mecanismos de solução de controvérsias, em especial os consensuais, como a mediação e a conciliação, bem como de prestar orientação e atendimento aos jurisdicionados. Determinou aos tribunais, ainda, o dever de criação de Centros Judiciários de Solução de Conflitos e Cidadania (CEJUSC), unidades do Poder Judiciário preferencialmente responsáveis pela realização ou gestão das sessões e audiências de conciliação e mediação, bem como pelo atendimento e pela orientação ao cidadão.

Sem embargo, a realidade é que faltava à mediação regulamentação adequada, lacuna coberta com a sanção da Lei da Mediação. Divisor de águas no que se refere à institucionalização da mediação no país, esse diploma impôs a obrigatoriedade da realização de audiências de mediação em *todos os tipos de processos judiciais* em que a controvérsia envolva direitos disponíveis ou direitos indisponíveis que admitam transação (art. 3°).

Tal obrigatoriedade existe, portanto, desde 26 de dezembro de 2015, quando a Lei da Mediação entrou em vigor. A sessão de mediação como fase inicial e incidental do processo judicial apenas *não* será realizada no caso de improcedência liminar do pedido e quando a petição inicial for inepta (art. 27).

A lei é dividida em três capítulos. O primeiro trata da mediação e traz as regras gerais sobre os princípios que a norteiam a mediação, regulando e disciplinando a figura dos mediadores, tanto os extrajudiciais quanto os judiciais. Dispõe também sobre o procedimento que deve ser observado, bem como sobre a confidencialidade de que se reveste tal procedimento e suas exceções. O segundo capítulo versa sobre a autocomposição de conflitos em que é parte pessoa jurídica de direito público, trazendo disposições comuns e regras sobre conflitos envolvendo a administração pública federal direta, suas autarquias e fundações. O terceiro capítulo contempla as disposições finais entre os arts. 41 e 48, em que estão inclusas regras sobre a aplicabilidade da legislação (é consignado que a Lei da Mediação se aplica a mediações comunitárias e escolares e àquelas levadas a efeito nas serventias extrajudiciais, porém não se aplica aos conflitos trabalhistas), entrada em vigência, possibilidade de uso de internet ou outro meio de comunicação a distância, possibilidade de aplicação da lei para parte residente no exterior e alterações dos artigos da Lei n° 9.469, de 10 de julho de 1997 (no que se refere à administração pública).

A mediação pode ser utilizada tanto em conflitos *entre particulares* como no *âmbito da administração pública*. Nesse caso, é usada para dirimir conflitos entre órgãos e entidades públicas ou controvérsia entre particular e pessoa jurídica de direito público (arts. 1° e 32).

A lei, apesar de reforçar o caráter obrigatório da cláusula de mediação ao vincular seu descumprimento a sanções, deixa margem para que as partes exerçam a autonomia, quando se trata da mediação extrajudicial. Isso porque o art. 22 da lei deixa para as partes a definição dos prazos mínimo e máximo para a realização da primeira reunião de mediação; o local onde ela ocorrerá; os critérios para escolha do mediador ou equipe de mediação; bem como a penalidade em caso de não comparecimento da parte convidada à primeira reunião. Na ausência de previsão contratual, o não comparecimento da parte convidada à primeira reunião de mediação implicará o pagamento de cinquenta por cento das custas e honorários sucumbenciais caso venha a ser vencedora em procedimento arbitral ou judicial posterior, que envolva o objeto da mediação.

O artigo 23 da Lei de Mediação vincula as partes ao procedimento autocompositivo, caso ajustado consensualmente em contrato:

> [...] se, em previsão contratual de cláusula de mediação, as partes se comprometerem a não iniciar procedimento arbitral ou processo judicial durante certo prazo ou até o implemento de determinada condição, o árbitro ou o juiz suspenderá o curso da arbitragem ou da ação pelo prazo previamente acordado ou até o implemento dessa condição.

Implica dizer que a lei veda o prosseguimento do processo litigioso durante o período pelo qual as partes convencionaram buscar a via consensual, obrigando-as a cumprir tal ajuste. Evidentemente, a obrigação deve ser a de comparecer à primeira reunião de mediação, e não de a parte convidada ser obrigada a permanecer no procedimento de mediação, em razão do princípio da autonomia da vontade das partes, encampado no art. 2º, V, e § 2º.

É importante ainda destacar que a Lei da Mediação *não* se aplica aos *processos trabalhistas*, que deverão ser regulamentados por legislação própria[38] (art. 42, parágrafo único).

[38] No âmbito do Poder Judiciário Trabalhista, a regulamentação dos serviços de conciliação, mediação e outros métodos consensuais de solução de disputas está prevista na Resolução CSJT nº 174, de 30 de setembro de 2016, que dispõe sobre a política judiciária nacional de tratamento adequado das disputas de interesses. In: BRASIL. Conselho Superior da Justiça do Trabalho. Resolução CSJT nº 174, de 30 de setembro de 2016. Dispõe sobre a política judiciária nacional de tratamento adequado das disputas de interesses no âmbito do Poder Judiciário Trabalhista e dá outras providências. Brasília, 30 set. 2016. Disponível em: <http://www.csjt.jus.br/c/document_library/get_file?uuid=235e3400-9476-47a0-8bbb-bccacf94fab4&groupId=955023>. Acesso em: 5 jan. 2020.

4. Qual a diferença entre conciliação e mediação?

A diferenciação entre os institutos da conciliação e da mediação é uma questão que aflige boa parte dos operadores do direito, possivelmente em razão de ser recente a institucionalização da mediação em nosso país e, portanto, ser ainda desconhecida de boa parte da população. Segundo recente pesquisa empírica realizada pela Universidade de São Paulo (USP), a pedido do Conselho Nacional de Justiça, pouco mais da metade dos conciliadores (cerca de 55%) entendem que os servidores da Justiça não conhecem as diferenças entre mediação e conciliação.[39] O que causa maior perplexidade é o fato de que muitos dos próprios conciliadores entrevistados pelo estudo não têm ideia das diferenças entre os dois institutos, sendo evidente a carência na formação desses profissionais.[40]

Essa confusão decorre, também, das similaridades entre eles, já que a mediação e a conciliação, bem como a negociação, representam formas de autocomposição de conflitos em que não está presente a figura de um terceiro capaz de impor sua decisão final, como ocorre na arbitragem e na solução adjudicada estatal.

A mediação e a conciliação diferem da negociação pela participação de um terceiro no processo de resolução consensual (mediador ou conciliador).[41] Na negociação, por outro lado, existe interlocução direta entre os conflitantes na busca de solução consensual, que pode ser realizada por meio de transação (art. 840, CC/2002), de renúncia ao direito que fundamenta a pretensão ou o reconhecimento jurídico do pleito da outra parte (art. 487, III, CPC/2015).

---

[39] UNIVERSIDADE DE SÃO PAULO. CONSELHO NACIONAL DE JUSTIÇA. *Mediação e conciliação avaliadas empiricamente, jurimetria para proposição de ações eficientes*. Brasília: 2019. p. 180. Relatório Analítico Propositivo – Justiça Pesquisa. Disponível em: <https://www.cnj.jus.br/wp-content/uploads/2019/05/d87ecfa91fdcada3c1795f522be42dcc_7772666f491fd94a642e05b394cff84a.pdf>. Acesso em: 6 out. 2020.

[40] Ibidem.

[41] RODRIGUES, Daniel Colnago. Mediação obrigatória no processo civil: reflexões à luz do direito comparado, do CPC/2015 e da Lei da Mediação (Lei 13.140/2015). *Revista de Processo*, São Paulo, Ano 43, v. 285, p. 365-396, nov. 2018.

O Código de Processo Civil de 2015, em seu artigo 165, § 2° e § 3°, distinguiu tais técnicas:

> § 2º O conciliador, que atuará preferencialmente nos casos em que não houver vínculo anterior entre as partes, poderá sugerir soluções para o litígio, sendo vedada a utilização de qualquer tipo de constrangimento ou intimidação para que as partes conciliem.
>
> § 3º O mediador, que atuará preferencialmente nos casos em que houver vínculo anterior entre as partes, auxiliará aos interessados a compreender as questões e os interesses em conflito, de modo que eles possam, pelo restabelecimento da comunicação, identificar, por si próprios, soluções consensuais que gerem benefícios mútuos.

Por sua vez, a Lei da Mediação, em seu art. 1°, parágrafo único, define mediação como "[...] a atividade técnica exercida por terceiro imparcial sem poder decisório, que, escolhido ou aceito pelas partes, as auxilia e estimula a identificar ou desenvolver soluções consensuais para a controvérsia".

Antes de tratarmos da distinção entre a conciliação e a mediação, apontamos diversos aspectos comuns[42] a essas duas técnicas de resolução de conflitos:

1) a participação de um terceiro imparcial e que não julga;

2) a promoção da comunicação entre os envolvidos;

3) a não imposição de resultados;

4) o estímulo à busca de saídas pelos envolvidos; e

5) o exercício da autonomia privada na elaboração de opções para os impasses.

A distinção entre tais técnicas é sutil; a forma com que serão elaboradas as propostas de solução para o conflito é diversa. O mediador não deve sugerir proposta, enquanto ao conciliador é lícito fazê-lo. Outra distinção refere-se à profundidade da abordagem: enquanto na mediação aspectos subjetivos costumam ter maior relevância, porque as relações são continuadas, na conciliação o foco é a obtenção de solução para pôr fim ao conflito, já que a relação entre as partes é episódica.

É necessário, porém, ter cuidado na utilização de conceitos de conciliação e mediação provenientes do direito comparado, já que as definições não são idênticas às adotadas no Brasil. Em alguns países, a distinção entre os dois institutos não é clara, conforme Linda Singer esclarece:

> [...] in earlier usage, "conciliation" was used simply as a synonym for "mediation". The Federal Mediation and Conciliation Service got its name when one house of congress wanted a "mediation" and the other a "conciliation" service. In statesmanlike tradition the agency continues to use both names. "Conciliation" fell out of favor in the United States because separating spouses, sometimes forced into court-sponsored efforts to recon-

[42] TARTUCE, Fernanda. *Mediação nos conflitos civis*. 5. ed. Rio de Janeiro: Forense; São Paulo: Método, 2019. p. 200-201.

cile them to staying married, disliked the connotation of "reconciliation". During the civil rights movement, "conciliation" sounded too much like minimizing conflict (as opposed to resolving the issues underlying it) to be an acceptable term. It gradually was replaced by "mediation". In Great Britain, New Zealand, and Australia "conciliation" still is used to mean "mediation".[43]

De acordo com Ada Pellegrini Grinover,[44] a distinção entre mediação e conciliação nasceu da doutrina e da prática tipicamente brasileiras. Nos Estados Unidos, a conciliação como técnica de solução de conflitos vem absorvida pela mediação. Em outros países, como França e Itália, o termo "conciliação" é utilizado mais amplamente, englobando também a mediação.

Nesse sentido, ao definir tais institutos, a autora[45] faz questão de enfatizar que tal conceituação é restrita ao nosso país:

> A conciliação é conceituada, no Brasil, como o método de solução de conflitos que se dá por intermédio da atividade desenvolvida por um terceiro facilitador, para incentivar, facilitar e auxiliar as partes a se autocomporem, adotando metodologia que permite a apresentação de propostas, visando à obtenção de um acordo, embora sem forçar as vontades dos participantes. O conciliador investiga, assim, apenas os aspectos objetivos do conflito e *sugere opções para sua solução, estimulando as partes à celebração de um acordo.* A conciliação parece ser mais útil para a solução rápida e objetiva de problemas superficiais, que não envolvem relacionamento entre as partes, não tendo a solução encontrada repercussão no futuro das vidas dos envolvidos. Desse modo, diferencia-se da mediação, na medida em que apresenta procedimento mais simplificado, não tendo o conciliador que investigar os verdadeiros interesses e necessidades das partes, subjacentes ao conflito aparente (grifos nossos).

No Brasil, aponta Lília Maia de Moraes Sales, os institutos da mediação e da conciliação correlacionam-se com a mediação facilitativa e a mediação avaliativa, de acordo com critérios estabelecidos pela doutrina norte-americana.[46]

Há quem, inclusive, questione a distinção brasileira entre a mediação e a conciliação, como aponta Fernanda Tartuce:

> [...] sobre o polêmico tema da diferenciação entre os dois principais meios consensuais, o Novo Código se posiciona positivamente expressando termos para a distinção. [...] Embora contemple os principais diferenciais apontados pela doutrina sobre a distinção entre os mecanismos, sobreleva destacar que a diferenciação não é unânime e encontra variadas

[43] SINGER, Linda. *Settling disputes*: conflict resolution in business, families, and the legal system. New York: Routledge, 2018. p. 24.

[44] GRINOVER, Ada Pellegrini. O minissistema brasileiro de Justiça consensual: compatibilidades e incompatibilidades. *Publicações da Escola AGU*, Brasília, v. 8, n. 1 jan./mar. 2016, p. 15-36, 2016.

[45] Ibidem, p. 3.

[46] SALES, Lília Maia de Morais. Mediação facilitativa e "mediação" avaliativa – *e*stabelecendo diferença e discutindo riscos. *Novos Estudos Jurídicos*, [s.l.], v. 16, n. 1, p. 20-32, 2011 Disponível em: <https://siaiap32.univali.br//seer/index.php/nej/article/view/3267/2049>. Acesso em: 6 out. 2020.

percepções a partir da distinção feita em algumas escolas [norte-]americanas entre as modalidades facilitativa e avaliativa de mediação.[47]

A doutrina majoritária, porém, entende que a legislação segregou a conciliação e a mediação como institutos distintos. De acordo com Daniel Colnago Rodrigues,[48] na conciliação, após ouvir os contendores, o conciliador sugere uma solução para pôr fim ao conflito, enquanto na mediação o mediador trabalha com o conflito, fazendo com que os interessados descubram as suas causas, removam-nas e cheguem, por si só, à prevenção ou solução da controvérsia. Por tal razão, a mediação destina-se, com maior relevo, a causas em que as partes mantêm relações continuadas ou em que houve vínculo anterior.

José Rogério Cruz e Tucci,[49] por sua vez, afirma que a mediação constitui um mecanismo de solução de conflitos em que uma terceira pessoa, tomada como neutra e imparcial, estimula o diálogo entre as partes, de modo que elas mesmas construam, de modo autônomo e solidário, a melhor solução para o conflito. Para o autor, com frequência a mediação é recomendada para litígios mais complexos, que envolvem diversas questões entre as partes.

Na visão de Juliana Demarchi,[50] a conciliação diferencia-se da mediação por apresentar procedimento mais simplificado, quando as perquirições acerca das motivações subjacentes ao conflito não despontam como objetivos trabalhados pelo conciliador. Por isso mesmo, a conciliação é a técnica mais adequada à resolução de conflitos objetivos, como os que surgem em decorrência de acidentes de trânsito, por exemplo. As partes não se conheciam anteriormente, e o único vínculo existente entre elas é a necessidade de estabelecer a forma de reparação dos danos causados. Os esclarecimentos sobre o problema, então, não envolvem questões subjetivas que dependem de investigação e reflexão. A discussão volta-se diretamente ao problema – e não primeiramente às pessoas, como na mediação –, permitindo ao conciliador sugerir diversas propostas de acordo.

---

[47] TARTUCE, Fernanda. *Mediação no novo CPC*: questionamentos reflexivos. Fernanda Tartuce – Processo Civil, [s.l.; s.d.] [blog]. Disponível em: <http://www.fernandatartuce.com.br/wp-content/uploads/2016/02/Media%C3%A7%C3%A3o-no-novo-CPC-Tartuce.pdf>. Acesso em: 6 out. 2020. p. 9.

[48] RODRIGUES, Daniel Colnago. Mediação obrigatória no processo civil: reflexões à luz do direito comparado, do CPC/2015 e da Lei da Mediação (Lei 13.140/2015). *Revista de Processo*, São Paulo, Ano 43, v. 285, p. 365-396, Nov. 2018.

[49] CRUZ E TUCCI, José Rogério. *Comentários ao Código de Processo Civil – volume VII (arts 318 a 368).* GOUVÊA, José Roberto Ferreira; BONDIOLI, Luis Guilherme Aidar; FONSECA, João Francisco Naves da (Coord.). São Paulo: Saraiva, 2016. p. 175.

[50] DEMARCHI, Juliana. *Mediação*: proposta de implementação no processo civil brasileiro. 2007. Tese (Doutorado em Direito Processual Civil) – Faculdade de Direito, Universidade de São Paulo, São Paulo, 2007. p. 134.

Em linhas gerais, enquanto a mediação visa a resolver o conflito de forma abrangente, a conciliação volta-se para a resolução do litígio, como apresentado pelas partes. Para Daniel Colnago Rodrigues,[51] enquanto método, na mediação, o papel do terceiro é ajudar na comunicação por meio da neutralização das emoções, da formação de opções e da intermediação de acordos, funcionando como catalisador de disputas. Ele, contudo, não deve interferir na substância dos acordos.[52]

Lília Maia de Moraes Sales estabelece uma diferença fundamental entre a mediação e a conciliação: ela reside no conteúdo de cada instituto.

> Na conciliação, o objetivo é o acordo, ou seja, as partes, mesmo adversárias, devem chegar a um acordo para evitar um processo judicial. Na mediação, as partes não devem ser entendidas como adversárias e o acordo é a consequência real da comunicação entre as partes. Na conciliação, o conciliador sugere, interfere, aconselha. Na mediação, o mediador facilita a comunicação, sem induzir as partes ao acordo.[53]

Sobre as distinções entre os dois institutos, Daniela Monteiro Gabbay[54] afirma que elas residem na forma de atuação e na capacitação do terceiro, no controle exercido sobre o processo, no tipo de conflito e na relação entre as partes. Quanto à atuação, na conciliação o terceiro conduz o processo de modo mais ativo e diretivo, podendo propor ideais de acordo, enquanto na mediação ele busca trabalhar de forma mais profunda o conflito, os interesses, as emoções e o relacionamento dos litigantes. Justamente por isso, a mediação seria procedimento mais demorado e complexo, enquanto a conciliação, por não entrar tão profundamente no conflito, realizar-se-ia em menor número de sessões e mediante procedimento mais singelo.

Essa atuação do terceiro, pontua a autora, também assume faceta diversa em termos do lugar de poder avocado pelo conciliador. Este, embora não possa impor uma decisão às partes, utilizaria técnicas para conduzi-las a um acordo, enquanto na mediação recai sobre as partes o protagonismo e a responsabilidade pela resolução do conflito.

---

[51] RODRIGUES, Daniel Colnago. Mediação obrigatória no processo civil: reflexões à luz do direito comparado, do CPC/2015 e da Lei da Mediação (Lei 13.140/2015). *Revista de Processo*, São Paulo, Ano 43, v. 285, p. 365-396, nov. 2018.

[52] O papel do mediador é ser um facilitador da comunicação. Apenas na mediação avaliativa (que difere da mediação pura) ele pode apreciar as propostas e os argumentos substanciais das partes e recomendar termos de acordo, em vez de simplesmente administrar o processo de mediação. In: AZEVEDO, André Gomma de (Org.). *Manual de mediação judicial*. 6. ed. Brasília: CNJ, 2016.

[53] SALES, Lília Maia de Morais. *Justiça e mediação de conflitos*. Belo Horizonte: Del Rey, 2003. p. 38.

[54] GABBAY, Daniela Monteiro. *Mediação & judiciário no Brasil e nos EUA*: condições, desafios e limites para a institucionalização da mediação no Judiciário. Brasília: Gazeta Jurídica, 2013. p. 47-50.

4.1. Distinção das características dos conflitos e encaminhamento à técnica autocompositiva mais apropriada

Ao invés de estabelecer a obrigatoriedade das técnicas de mediação ou conciliação em razão da existência ou não de vínculo anterior entre as partes, o Código de Processo Civil de 2015 preferiu apontar que a alocação da mediação não é compulsória, e sim preferencial. Isso significa dizer que a lei permitiu flexibilidade na alocação dos institutos, com a ciência de que podem existir situações em que, mesmo que exista relação anterior e continuada, o objetivo seja resolver o litígio como apresentado pelas partes, e não necessariamente melhorar o diálogo e permitir reflexão sobre o relacionamento. Essa perspectiva, portanto, torna lícito direcionar tal conflito para a conciliação.

Segundo Fernanda Tartuce,[55] nas situações em que há vínculos continuados, como nos conflitos familiares, ainda que a mediação tenda a ser uma alternativa interessante, a conciliação pode ser pertinente "[...] quando partes resistentes a formularem propostas precisarem contar com uma pessoa criativa para sugerir opções". A autora, então, propõe um hipotético cenário de disputa judicial pela guarda dos filhos, no qual a mãe e o pai disputam a guarda unilateral. Diz a autora:

> Pelo critério de continuidade do vínculo, a mediação seria interessante, já que a dupla parental teve (e segue tendo) um vínculo. Pode ocorrer, porém, que os advogados percebam que a mediação encontra limites no perfil das partes, que se recusam teimosamente a formular opções alternativas até que a outra dê o primeiro passo, fator que gera estagnação na negociação direta. Nesse caso, pode ser indicada a preferência pela atuação de uma conciliadora que traga sugestões para que o conflito seja dirimido – por exemplo, provocando as partes a cogitarem sobre guarda compartilhada por um certo período experimental (proposta que talvez não tenha surgido inicialmente).[56]

Por outro lado, o CPC/2015 também permite o uso inverso do instituto. Ou seja, em litígio em que não exista vínculo anterior, podem ser aplicadas técnicas de mediação, com vistas a facilitar o diálogo e auxiliar os interessados a compreender os interesses em conflito. Desse modo eles podem, por si próprios, encontrar soluções consensuais que gerem benefícios mútuos.[57] É importante destacar, porém, que o Código traz tais

---

[55] TARTUCE, Fernanda. Mediação, autonomia e audiência inicial nas ações de família regidas pelo Novo Código de Processo Civil. In: EHRHARDT JR, Marcos (Org.). *Impactos do novo CPC e do EPD no direito civil brasileiro*. Belo Horizonte: Fórum, 2016. v. 1, p. 77-91. p. 88. Disponível em: <http://www.fernandatartuce.com.br/wp-content/uploads/2017/05/Media%C3%A7%C3%A3o-autonomia-e-vontade-a%C3%A7oes-familiares-no-NCPC.pdf>. Acesso em: 6 out. 2020.

[56] Idem.

[57] Idem. Comentário ao art. 165, § 2º. In: WAMBIER, Teresa Arruda Alvim, DIDIER JR., Fredie; TALAMINI, Eduardo; DANTAS, Bruno (Coord.). *Breves comentários ao Novo Código de Processo Civil*. São Paulo: Editora Revista dos Tribunais, 2015.

possibilidades como excepcionalidade, devendo, consequentemente, ser justificadas para que sejam enquadradas em exceção ao modelo legal.

Cabe ainda destacar que na doutrina estrangeira é comum encontrar menção de que não existem regras taxativas sobre quando se deve aplicar a mediação ou conciliação (distinguidas muitas vezes como formas de mediação mais "restritas" ou mais "amplas"). Nelas são postuladas apenas orientações para que o mediador/conciliador possa adotar uma ou outra técnica, dependendo do contexto fático da disputa e do objeto do litígio, bem como de sua orientação pessoal (percepção do mediador quanto ao seu papel) ou formação técnica.[58]

No ordenamento brasileiro, porém, a lei fixou rol taxativo, aberto à flexibilização. Assim, a questão que remanesce é sobre quem desempenhará o papel de analisar os casos e fazer tal triagem, o que permitiria, inclusive, não seguir o modelo preferencial definido nos §§ 2° e 3° do art. 165, CPC/2015.

4.2. Possibilidade de escolha, pelas partes, do método autocompositivo e de alteração do método pelo terceiro imparcial

É importante destacar que o Código de Processo Civil de 2015, em seu artigo 168, permite que as partes, de comum acordo, escolham mediador ou conciliador, inclusive sendo facultada a escolha de profissional que não esteja cadastrado no tribunal. A Lei da Mediação, em seu art. 4°, também permite que as partes escolham o mediador. Se cabe a elas eleger o terceiro, seria razoável inferir que também lhes assiste o direito de assentir sobre o meio autocompositivo a que desejam se submeter?

A norma contida do *caput* do art. 334, CPC/2015, apenas e tão somente enuncia que o magistrado deve designar audiência de conciliação ou de mediação, sem adentrar as questões que envolvem a possibilidade de as partes indicarem se preferem submeter-se a um ou outro método e de o conciliador/mediador alterar a abordagem diante de necessidades práticas.

Nesse sentido, a lacuna legal deveria ser preenchida com a criação de norma no caso concreto que mais atenda aos princípios que norteiam as RADs e de acordo com normas de ordem pública que fixam parâmetros e garantias na esfera processual (devido processual legal).

[58] RISKIN, Leonard. *Compreendendo as orientações, estratégias e técnicas do mediador*: um padrão para iniciantes. Estudos de arbitragem, mediação e negociação. Brasília: Brasília Jurídica, 2002.

Em relação à possibilidade de as partes manifestarem interesse por uma técnica e justificarem tal escolha (caso ela divirja do modelo preferencial instituído no art. 165 do diploma processual), entendo que tal manifestação de vontade deve ser considerada, já que os métodos autocompositivos têm como característica principal a voluntariedade e a autonomia da vontade.

É evidente que, ao prestigiar a escolha e preferência das partes pela conciliação ou pela mediação, intensifica-se a adesão ao procedimento, e, portanto, aumentarão as chances de êxito na autocomposição. O engajamento é o que permite desenvolver de modo harmonioso as tratativas com as partes; sem isso, a ideia da ação como sinônimo de conflito acaba prevalecendo, e a possibilidade de um resultado negativo passa a ser muito grande.

Ao juiz caberia apenas negar tal pedido em casos de impossibilidade material de atender à eleição das partes, por falta de profissionais qualificados etc., sendo necessário inclusive fundamentar o não acolhimento do pedido (art. 10, CPC/2015).

É importante destacar também que, em razão de a mediação e a conciliação serem marcadas pela flexibilidade, muitos defendem que o terceiro facilitador possui a liberdade de flexibilizar o procedimento em casos que demandem abordagens específicas, visando a retirar o "máximo" do método autocompositivo. Nesse sentido, seria permitido alterar a abordagem facilitadora de diálogo (característica da mediação) por atitude mais propositiva (própria da conciliação).[59]

Ada Pellegrini Grinover afirma ser possível ao conciliador ou mediador decidir no caso concreto qual a melhor técnica a ser utilizada:

> [...] na prática muitas vezes eles se confundem e o que poderia parecer, numa triagem prévia, mais adequado para a conciliação, acaba sendo melhor resolvido pela mediação, e vice-versa. De modo que conciliador e mediador devem dar-se conta, no caso concreto, de qual a técnica melhor a ser utilizada e, se possível, convocar o outro especialista para dar seguimento ao processo consensual.[60]

É possível que, ao iniciar o procedimento, e pelo transcorrer da sessão, em razão do perfil dos litigantes e características do conflito, se observe que a técnica eleita não é a mais adequada.

Tal situação pode ocorrer nos casos em que a eleição do método tenha sido realizada pelas partes ou automaticamente, de acordo com o modelo do art. 165, §§ 2° e 3°, CPC/2015 (cenário em que as partes podem ter expectativas legítimas de se submeter a um tipo de abordagem), sendo que o mais adequado, antes de alterar a abordagem, é o facilitador

[59] AZEVEDO, André Gomma de (Org.). *Manual de mediação judicial*. 6. ed. Brasília: CNJ, 2016.

[60] GRINOVER, Ada Pellegrini. O minissistema brasileiro de Justiça consensual: compatibilidades e incompatibilidades. *Publicações da Escola AGU*, Brasília, v. 8, n. 1, jan./mar. 2016, p. 15-36, 2016. p. 4.

informar sua recomendação e as razões para tanto, para que as partes possam decidir por acatá-la ou não. É dizer que o mediador ou conciliador não tem o poder de alterar a técnica sem a anuência das partes, mas deveria alertá-las sobre o fato de que a técnica escolhida não é a mais apropriada.

Outra situação é quando o próprio magistrado entende que o caso deve ser direcionado para técnica diversa da preceituada pelo rol preferencial, sendo que, antes de alterar a técnica autocompositiva para a qual o conflito será direcionado, deve informar as partes de sua intenção e abrir prazo para que elas possam manifestar eventual oposição. No caso de a oposição ser considerada fundamentada, o juiz poderia evitar direcionar o conflito para um método sem adesão das partes.

É importante destacar que os princípios que norteiam a autocomposição são diversos dos que compõem o processo adjudicatório e, portanto, torna-se necessária a ampliação de diálogo entre partes e julgador, sem que o magistrado sinta que desse diálogo sua autoridade esteja sendo minada, já que nessa fase processual os protagonistas da resolução do conflito são os próprios litigantes.

Em síntese, a legislação permite a alteração da alocação das técnicas de mediação ou conciliação, sendo que tal triagem poderia ser realizada pelas partes de comum acordo, pelo magistrado e também pelo conciliador ou mediador,[61] quando em contato com as partes e litígio, sendo que a anuência das partes em tal alteração é recomendável, especialmente porque a utilização de tais mecanismos e técnicas visa necessariamente aumentar o protagonismo dos contendedores.

[61] Em algumas comarcas, em razão da ausência de quadros de conciliadores e mediadores, ao juiz cabe a tarefa de presidir tal audiência, o que não é o ideal, tanto em razão de faltar ao magistrado formação específica para isso como, e especialmente, em razão de ser quebrada a garantia da confidencialidade do procedimento. As partes cientes de que o juiz é quem julgará a causa, caso inexista autocomposição, estarão menos suscetíveis de expor dados e informações que entendam que possam prejudicá-las futuramente.

5. A audiência de conciliação ou mediação e o conflito normativo entre o CPC/2015 e a lei da mediação

Chama atenção que, apesar de os projetos legislativos que redundaram no Código de Processo Civil de 2015 e na Lei da Mediação, terem tramitado quase simultaneamente no Congresso Nacional – sendo aprovados com pequena diferença temporal –, por fim os dois ordenamentos contêm normas conflitantes.

É relevante destacar que, durante a tramitação de tais projetos, o legislador preocupou-se em harmonizar ambos os diplomas normativos. É o que se depreende de alguns trechos do parecer sobre o projeto que se tornaria a futura Lei da Mediação:

> A inserção do Capítulo I – Sessão III – Subseção III, entre os artigos 24 e 31, tem por objetivo contemplar a Política Pública de Tratamento Adequado de Conflitos de Interesse, instituída pela Resolução 125/2010 do CNJ. O texto *agora proposto também está em consonância com o art. 166 do Projeto de novo Código de Processo Civil*[62] (grifos nossos).

Ao final, porém, a uniformidade *não* foi obtida de forma plena, o que pode ser percebido pela análise da obrigatoriedade da realização de audiência de conciliação/mediação (art. 27 da Lei da Mediação e artigos 334, 565 e 695 do CPC/2015) e dos requisitos para a habilitação do mediador judicial (art. 11 da Lei da Mediação e art. 167, § 1°, do CPC/2015). Essa situação, que poderia ter sido evitada pelo legislador, exige grande exercício interpretativo por parte dos operadores do direito.

Em relação aos requisitos necessários para ser um mediador judicial,[63] a Lei da Mediação exige que, além de capacitação em escola ou

---

[62] CÂMARA DOS DEPUTADOS. Comissão de Constituição e Justiça e de Cidadania. Projeto de Lei n° 7169, de 2014. Relator: Deputado Sergio Zveiter, datado de 18/12/2014. Disponível em: <https://www.camara.leg.br/proposicoesWeb/prop_mostrarintegra?codteor=1294523&filename=Tramitacao-SBT+2+CCJC+%3D%3E+PL+7169/2014>. Acesso em: 28 set. 2020.

[63] A Lei da Mediação faz distinção entre o mediador extrajudicial, que pode ser qualquer pessoa capaz que tenha a confiança das partes e seja apto para fazer mediação, independentemente de integrar qualquer tipo de conselho, entidade de classe ou associação (art. 9° de referida Lei) do mediador judicial, cujos requisitos estão previstos no art. 11.

instituição de formação de mediadores reconhecida pela Escola Nacional de Formação e Aperfeiçoamento de Magistrados (Enfam) ou pelos tribunais, a pessoa também deve comprovar ser graduada há pelo menos dois anos em curso de ensino superior de instituição reconhecida pelo Ministério da Educação. Já o CPC/2015, em seu art. 167, § 1°, exige apenas capacitação mínima em curso realizado por entidade credenciada, conforme parâmetro curricular definido pelo Conselho Nacional de Justiça em conjunto com o Ministério da Justiça.

No que diz respeito à audiência (sessão), de acordo com o CPC/2015, sua realização é prevista no art. 334 para as ações do procedimento comum, no art. 695 para as ações de família e no art. 565 para conflito coletivo de posse velha.

Se restringirmos a análise à regra contida no art. 334 do CPC/2015, verificamos que a audiência de conciliação ou mediação é de obrigatória realização, orientada por quatro requisitos: (1) ser a petição inicial apta; (2) *não* for caso de improcedência liminar do pedido; (3) o objeto do litígio admitir autocomposição; e (4) *não* ter ocorrido manifestação expressa de todos os litigantes (réu e autor) de desinteresse. No caso de litisconsórcio, todos os litisconsortes devem-se manifestar (§ 6°).

Ademais, o § 8° desse mesmo artigo estabelece, ainda, que o *não* comparecimento injustificado do autor ou do réu à audiência de conciliação deve ser considerado ato atentatório à dignidade da Justiça, sancionado com multa de até dois por cento da vantagem econômica pretendida ou do valor da causa.

No que concerne ao CPC/2015, cabe consignar, ainda, que na regra vigente em relação às ações de família (artigo 695), a designação de audiência de conciliação ou mediação é obrigatória, não cabendo flexibilização. Já no conflito coletivo de posse velha (artigo 565), além de não caber flexibilização, a audiência será de *mediação*.

Nas demandas de família, o mandado de citação deverá conter apenas os dados necessários para a audiência. Isso implica dizer que o réu *não* recebe cópia da petição inicial. O objetivo é estimular a autocomposição, já que nesse tipo de ação as petições contêm, com grande frequência, acusações desnecessárias e exageradas, o que acirra os ânimos e dificulta o diálogo entre as partes.

Por outro lado, a Lei da Mediação, em seu art. 27, foi além, prevendo a *obrigatoriedade da audiência* de mediação *em todos os tipos de processo* que versem sobre direitos disponíveis ou indisponíveis que admitam transação (art. 3°) nos casos em que **não** seja a petição inicial inepta ou de improcedência liminar do pedido.

Resta evidente o conflito normativo! Como o foco deste estudo é a audiência de conciliação ou mediação no procedimento comum civil, concentramo-nos no conflito entre o art. 334 do CPC/2015 e o art. 27 da Lei da Mediação. Assim, deixamos de lado a análise do conflito entre a Lei da Mediação e os arts. 565 e 695 do CPC/2015.

Como dirimir o eventual conflito normativo entre o art. 334 do CPC/2015 e o art. 27 da Lei da Mediação?

Daniel Colnago Rodrigues observa que, apesar da Lei da Mediação não ter repetido a possibilidade de oposição à realização da audiência, ela não teria revogado o Código de Processo Civil nesse ponto. Isso porque o art. 27 da Lei da Mediação continuaria fazendo referência à necessidade de preenchimento dos requisitos da *petição inicial, um dos quais seria informar se há ou não interesse das partes na realização da audiência. E também* porque a convergência de vontades quanto à não realização da audiência configura, em todo caso, negócio jurídico processual (art. 190, CPC/2015), apto a afastar a incidência da conciliação/mediação obrigatória.[64]

Não obstante, tal entendimento não parece acertado,[65] pois, para que seja possível, o negócio jurídico processual deve situar-se no espaço de disponibilidade outorgado pelo legislador, não sendo lícito autorregular situações alcançadas por normas cogentes.[66] Assim, resta evidente que o art. 334 do Código de Processo Civil permitiu às partes realizar negócio jurídico processual dispensando a fase inicial do procedimento civil.

De outro lado, a norma contida no art. 27 da Lei da Mediação, inspirada por interesse público e pelo bom funcionamento da Justiça, tendo como objetivo evitar litígios e manter a harmonia entre os cidadãos, vedou tal possibilidade. Nesse sentido, descabe negócio processual para dispensar a realização da audiência de conciliação fora das hipóteses previstas em lei.

O art. 166, VI, do Código Civil que versa sobre o direito material, traz regra pela qual é cominado com nulidade o negócio que tiver por objetivo fraudar a lei imperativa. Nesse caso, concordemos ou não com o caráter obrigatório que a Lei da Mediação atribuiu a tal fase processual, fica evidente que, ao permitir que as partes dispensem a sua realização, estar-se-ia esvaziando o seu conteúdo normativo.

---

[64] RODRIGUES, Daniel Colnago. Mediação obrigatória no processo civil: reflexões à luz do direito comparado, do CPC/2015 e da Lei da Mediação (Lei 13.140/2015). *Revista de Processo*, São Paulo, Ano 43, v. 285, p. 365-396, nov. 2018.

[65] Em sentido contrário, ou seja, pela possibilidade de negócio processual entre as partes justamente para que a audiência seja dispensada, ver o enunciado nº 19 do Fórum Permanente de Processualistas Civis (FPPC). Disponível em: < https://institutodc.com.br/wp-content/uploads/2017/06/FPPC-Carta-de-Florianopolis.pdf>. Acesso em: 16 jan. 2020.

[66] CUNHA, Leonardo Carneiro da. *Negócios jurídicos processuais no processo civil brasileiro*. Salvador: Juspodivm, 2016. v. 2.

Nessa perspectiva, entendemos que o conflito normativo entre o art. 27 da Lei da Mediação e o art. 334, I, do CPC/2015 existe, e que o caminho mais prudente para dirimi-lo é recorrer às regras para a solução de antinomias normativas.

A LINDB – Lei de Introdução às Normas do Direito Brasileiro (Decreto-Lei nº 4.657, de 4 de setembro de 1942) – estabelece em seu art. 2°, critérios para resolução de antinomias, sendo apontados alguns critérios, como o cronológico e o da especialidade:

> Art. 2º Não se destinando à vigência temporária, a lei terá vigor até que outra a modifique ou revogue.
>
> § 1º A lei posterior revoga a anterior quando expressamente o declare, quando seja com ela incompatível ou quando regule inteiramente a matéria de que tratava a lei anterior.
>
> § 2º A lei nova, que estabeleça disposições gerais ou especiais a par das já existentes, não revoga nem modifica a lei anterior.
>
> § 3º Salvo disposição em contrário, a lei revogada não se restaura por ter a lei revogadora perdido a vigência.

Se buscássemos analisar esse conflito normativo por critério cronológico, o primeiro passo seria identificar a lei anterior e, neste caso, surgiriam novas dúvidas. Isso ocorre em razão de o Código de Processo Civil ter sido promulgado em 16 de março de 2015, mas de só ter entrado em vigor em março de 2016, em razão da *vacatio legis*. Já a Lei da Mediação foi promulgada posteriormente, em 29 de junho de 2015, porém sua vigência foi iniciada em dezembro de 2015 – antes, portanto, do Código de Processo Civil.

Como as leis podem ter datas diversas para sua promulgação e entrada em vigência, de qual de tais marcos temporais deve-se analisar a anterioridade de um diploma legal em relação a outro?

Segundo Ada Pellegini Grinover,[67] independentemente da ocasião da entrada em vigor, a data da promulgação do diploma é o marco temporal de seu surgimento no mundo jurídico. Por esse motivo, a Lei da Mediação seria posterior ao CPC/2015.

Segundo o art. 1° da LINDB, uma lei apenas começa a viger após 45 dias de sua publicação no Diário Oficial. Implica dizer que a vigência temporal é uma qualidade da norma relativa ao tempo de sua atuação, quando são exigíveis os comportamentos prescritos. Apesar de estar ligada à sua validade, com ela não se confunde, pois uma norma pode ser

[67] A autora afirma que, pela aplicação automática dos critérios cronológico e da especialidade, a Lei da Mediação (por ser posterior e especial) prevaleceria em face do CPC/2015 no que fossem contrários. Grinover, porém, defende a tese de que a lei, o CPC e a Resolução 125 do CNJ formam um minissistema de meios consensuais de solução de controvérsias. In: GRINOVER, Ada Pellegrini. O minissistema brasileiro de Justiça consensual: compatibilidades e incompatibilidades. *Publicações da Escola AGU*, Brasília, v. 8, n. 1, jan./mar. 2016, p. 15-36, 2016. p. 5.

válida[68] mas não estar ainda em vigor. A vigência implica obrigatoriedade da norma jurídica, enquanto sua promulgação lhe dá existência, mas não necessariamente a torna obrigatória.[69]

Segundo a LINDB, em seu artigo 1°, §§ 3° e 4°, se antes de uma lei entrar em vigor ocorrer nova publicação destinada à correção de seu texto, tais alterações não serão consideradas nova lei. No entanto, se no momento das correções do texto o diploma já estiver em vigor, considera-se que uma nova norma ingressou no mundo jurídico para alterar o texto da primeira.

Nesse sentido, podemos depreender que o sistema jurídico brasileiro apenas considera a possibilidade de uma lei posterior revogar a anterior quando a norma a ser revogada já estiver em vigor. Dessa observação podemos extrair a seguinte regra: norma (de vigência) posterior revoga a norma (de vigência) anterior.

Assim, verifica-se que, embora a Lei de Mediação tenha entrado em vigor em 29 de dezembro de 2015, o CPC/2015 teve seu início de vigência em 18 de março de 2016. Então, pelo critério cronológico, a regra do art. 334 do Código de Processo Civil teria revogado a regra do art. 27 da lei mediativa. Se analisarmos, contudo, a questão pelo critério da especialidade outras dúvidas surgem. A Lei de Mediação é legislação especial no que se refere a tal meio autocompositivo? Se tomarmos tal hipótese como verdadeira, teríamos conflito entre critérios de resolução de antinomias normativas: cronológico *versus* especialidade. No caso de conflito entre tais critérios, prevalece o da especialidade, de acordo com a *regra lex posterior non derogat priori specialli*[70] (art. 2º, § 2º, da LINDB), e, portanto, a norma posterior (CPC/2015) não teria revogado a anterior especial (Lei de Mediação).

Em relação ao critério da hierarquia, maiores análises neste caso são desnecessárias, pois é claro que ambas as normas legais têm mesmo grau hierárquico (leis federais). É importante também destacar que a Lei de Mediação não trouxe menção expressa sobre a revogação das normas do CPC/2015 ou vice-versa.

De outro lado, o Código de Processo Civil, em seu art. 1.046, § 2º, estabeleceu que permanecem em vigor as disposições especiais dos pro-

---

[68] A validade da norma diz respeito à observância dos requisitos para sua produção, em conformidade com o próprio ordenamento. Segundo Miguel Reale, para que uma lei seja válida ela deve ser emanada de um órgão que tenha competência *ratione materiae*, devendo o procedimento de elaboração da lei obedecer aos ditames legais. In: *Lições preliminares de direito*. 24. ed. São Paulo: Saraiva, 1998.

[69] FERRAZ JÚNIOR, Tércio Sampaio. *Introdução a estudo de direito*: técnica, decisão, dominação. 2. ed. São Paulo: Atlas, 1994.

[70] BOBBIO, Norberto. *Teoria do ordenamento jurídico*. Trad. Maria Celeste C. J. Campos. Rev. Téc. Cláudio de Cicco. 10. ed. Brasília: Universidade de Brasília, 1997.

cedimentos regulados em outras leis, sendo o CPC aplicado supletivamente em tais situações.

De outra parte, importante ressaltar que se focarmos a análise do conflito das normas contidas no art. 334 do CPC/2015 e no art. 27 da Lei de Mediação, observamos que a primeira trata da designação tanto das audiências de *mediação* quanto das de *conciliação*, em procedimentos *judiciais*. Cabe ressaltar que, *a priori*, o art. 27 da Lei da Mediação trata apenas das audiências de *mediação* em procedimentos judiciais. Logo, a norma do art. 27 da Lei de Medição não tutela os casos de designação de sessões de conciliação, sendo que tal situação é inequivocamente tutelada, exclusivamente, pelo art. 334 do CPC/2015.

Diante das diversas questões acima mencionadas, a doutrina diverge sobre tal conflito normativo, existindo, hoje, quatro correntes sobre qual norma deve prevalecer, assim resumidos por Paula Lovato Pagnano e Fernando da Fonseca Gajardoni:[71]

> 1ª Corrente: Os dispositivos relativos ao mediador e à mediação judicial, constantes na Lei de Mediação (arts. 2º a 8º, 11 a 13 e 24 a 29), prevalecem por conta do princípio da especialidade (art. 2º, da LINDB), de modo que as referências do CPC/2015 (art. 165 e ss. e 334) a respeito do tema estão superadas.
>
> 2ª Corrente: Afirma que não há propriamente especialidade da Lei de Mediação em relação ao CPC/2015, que, embora, trate de diversos temas, também cuida de mediação/conciliação de modo especial, estabelecendo um marco legal na temática. Prevaleceria, assim, o disposto no art. 2º, § 1º, da LINDB: a lei (de vigência) posterior (CPC) revoga a lei (de vigência) anterior (Lei de Mediação), sendo eficaz, portanto, a partir de sua vigência, o regramento do CPC/2015 sobre mediação/conciliação judicial. Em relação à mediação extrajudicial como o CPC/2015 não trata do tema, a Lei de Mediação continua hígida.
>
> 3ª Corrente: A Lei de Mediação apenas se aplica às mediações, nesta parte estando revogado o CPC/2015, por conta do princípio da especialidade. Permaneceriam hígidas, todavia, todas as regras do CPC/2015 a respeito da conciliação, uma vez que são distintos institutos. Haveria, então, dois sistemas normativos, um para disciplinar integralmente a mediação judicial e extrajudicial (Lei de Mediação) e outro a disciplinar a conciliação judicial (CPC/2015).
>
> 4ª Corrente: Afirma existir microssistema normativo de mediação/conciliação no Brasil, havendo, em realidade, a necessidade de uma leitura integrada das normas a respeito do tema constantes na Lei de Mediação e CPC/2015, extraindo de ambas aquilo que se compatibilizar de modo mais adequado com os institutos da mediação/conciliação. Assim, em casos de dúvidas quanto à aplicação de uma ou outra norma, o intérprete deveria fazer a interpretação que mais se coadune com os princípios da mediação.

[71] PAGNANO, Paula Lovato; GAJARDONI, Fernando da Fonseca. Notas comparativas sobre a institucionalização da conciliação/mediação no processo civil brasileiro e italiano. *Revista de Processo*, São Paulo, Ano 44, n. 287, p. 509-530, jan. 2019. p. 513-514.

Para esses autores,[72] a quarta posição seria a mais acertada, pois se encontra em consonância com a regra contida no art. 3° do CPC/2015, que busca fomentar a prática da autocomposição. São adeptos dessa corrente Ada Pellegrini Grinover,[73] Fernanda Tartuce[74] e Gustavo Garcia.[75]

Para Tartuce, a funcionalidade é a primeira justificativa para a aplicação do diálogo das fontes:

> [...] como vivenciamos uma explosão de lei (um "Big Bang Legislativo", na feliz expressão de Ricardo Lorenzetti), nesse mundo pós-moderno, globalizado e complexo abunda a quantidade de normas jurídicas – a ponto de deixar o aplicador do Direito desnorteado, diga-se de passagem. Por força do diálogo das fontes, é viável reconhecer a possibilidade de subsunção concomitante do Novo CPC e da Lei de Mediação; afinal, os dois sistemas normativos dispõem de princípios comuns ao expressar ter como pilares a autonomia da vontade, a imparcialidade, a confidencialidade, a oralidade e a informalidade. Em casos de dúvida quanto à aplicação de normas de um ou outro instrumento normativo, o intérprete deverá conduzir sua conclusão rumo à resposta que mais se coadune com os princípios da mediação. Tal análise será feita oportunamente, quando da apreciação de diversas ocorrências normativas e do perfil de sua aplicação prática.[76]

A despeito do brilhantismo dos autores que sustentam a tese da não revogação de normas do CPC/2015 pela Lei da Mediação ou vice-versa, e que advogam pela tese da existência de um microssistema normativo de mediação/conciliação e do objetivo louvável de trazer maior coerência ao sistema, tais argumentos não convencem. Ao defender que tanto a regra contida no art. 27 da Lei da Mediação estaria em vigor como a do art. 334 do CPC/2015, fica evidente a insegurança jurídica. Ambas as normas estabelecem a obrigatoriedade da designação da sessão de tentativa de autocomposição na fase inicial do processo, tendo fixado rol taxativo com hipóteses *diversas* para sua não realização.

Se adotarmos a orientação de que ambas normas estão em vigor (art. 334/CPC/2015 e art. 27/Lei da Mediação) e que caberá ao magistrado, à luz do caso concreto, avaliar qual norma irá aplicar, admitimos que cabe ao juiz designar, por exemplo, audiência de mediação, mesmo com expressa manifestação das partes sobre desinteresse em sua realização e, em outro caso, diante da manifestação do desinteresse das partes, dispensá-la.

---

[72] PAGNANO, Paula Lovato; GAJARDONI, Fernando da Fonseca. Notas comparativas sobre a institucionalização da conciliação/mediação no processo civil brasileiro e italiano. *Revista de Processo*, São Paulo, Ano 44, n. 287, p. 509-530, jan. 2019. p. 514.

[73] GRINOVER, Ada Pellegrini. O minissistema brasileiro de Justiça consensual: compatibilidades e incompatibilidades. *Publicações da Escola AGU*, Brasília, v. 8, n. ja/mar. 2016, p. 15-36, 2016.p. 5-6.

[74] TARTUCE, Fernanda. *Mediação nos conflitos civis*. 5. ed. Rio de Janeiro: Forense; São Paulo. Método, 2019. p. 299.

[75] GARCIA, Gustavo Filipe Barbosa. Mediação e autocomposição: considerações sobre a Lei n.° 13.140/2015 e o Novo CPC. *Revista Síntese Direito Civil e Processual Civil*, v. 13, n. 97, Ed. Especial, set/out de 2015. P. 161

[76] TARTUCE, op. cit., p. 299.

Tal situação resta mais incoerente quando se observa que o legislador não desejou delegar ao magistrado a análise de oportunidade e conveniência para designar ou não tal audiência. Pelo contrário, a regra estabeleceu critério objetivo e taxativo para permitir a sua não realização.

Podemos criticar a escolha do legislador, pois talvez o mais oportuno e adequado fosse permitir encaminhar para sessões de mediação e conciliação os casos em que tais mecanismos de resolução de controvérsias fossem, pelo menos aparentemente, adequados para tratamento do litígio, e não de forma automática. Não obstante, essa não foi a opção do legislador, que preferiu criar regra inflexível e não sujeita a ponderações subjetivas. De outro lado, podemos mencionar que duas normas antinômicas permanecerão em vigor, e caberá ao intérprete aplicar uma ou outra conforme critérios de conveniência e adequação – o que implica afrontar o princípio geral da segurança jurídica.

Para que se possa falar em segurança jurídica, é necessário que o ordenamento jurídico tenha coerência interna e consistência (congruência e harmonia entre as proposições normativas). Dessa forma, o cidadão poderá conhecer com clareza e determinação as normas jurídicas, possibilitando a antecipação das consequências dos atos que venha a praticar. Ademais, a necessidade de certeza é imanente à própria ideia de direito. Nas palavras de Humberto Ávila: "Segurança jurídica é um valor constitutivo do Direito, visto que sem um mínimo de certeza, de eficácia e de ausência de arbitrariedade não se pode, a rigor, falar de um sistema jurídico. A função primeira do Direito é asseguradora".[77]

Ainda segundo esse autor, a exigência de não contradição entre normas (dever de consistência ou coerência formal), tanto na fase de sua edição pelo Poder Legislativo quanto na fase de sua aplicação, contribui para a cognoscibilidade e a calculabilidade do ordenamento jurídico. Dito de outro modo, saber que as normas não podem entrar em desacordo umas com as outras faz parte do princípio da segurança jurídica, pois o cidadão, ao conhecer as consequências normativas atribuídas a atos ou fatos análogos, poderá antecipar a imposição da mesma consequência jurídica para atos similares que venha a praticar.[78]

Nesse sentido, apesar de ser tentadora a adoção da teoria do diálogo das fontes e do reconhecimento da possibilidade de subsunção concomitante do CPC e da Lei de Mediação – com a possibilidade de aplicação de normas de um ou outro instrumento normativo –, tal solução atenta contra a necessidade de coerência sistêmica e, portanto, contra o valor essencial da segurança jurídica.

---

[77] ÁVILA, Humberto. *Teoria da segurança jurídica*. 4. ed. São Paulo: Malheiros, 2016. p. 354 e 355.

[78] Ibidem.

Se afastarmos tal corrente, ainda nos restarão a primeira, a segunda e a terceira correntes delineadas por Paula Lovato Pagnano e Fernando da Fonseca Gajardoni.

Enquanto a primeira corrente afirma que dispositivos relativos ao mediador e à mediação judicial constantes na Lei de Mediação prevalecem em face do CPC/2015 (arts. 165 e ss. e 334) por conta do princípio da especialidade, a segunda afirma que não haveria especialidade da Lei de Mediação em relação ao CPC/2015 e, portanto, a lei (de vigência) posterior (CPC) revogaria a lei (de vigência) anterior (Lei de Mediação). Por fim, e de acordo com a terceira corrente, a Lei de Mediação apenas se aplicaria às mediações, nessa parte estando revogado o CPC/2015, por conta do princípio da especialidade. Permaneceriam hígidas, contudo, todas as regras do CPC/2015 a respeito da conciliação, uma vez que esta é instituto distinto da mediação, de modo que existiriam dois sistemas normativos: um para disciplinar integralmente a mediação judicial e extrajudicial (Lei de Mediação) e outro a disciplinar a conciliação judicial (CPC/2015).

O que diferencia essas três correntes são dois pontos: a Lei de Mediação como norma especial em relação ao CPC/2015 e a ênfase na distinção da mediação e da conciliação como institutos diversos.

Em relação à defesa da prevalência do diploma mediativo sobre o CPC/2015, por conta do princípio da especialidade (art. 2°, da LINDB), entendemos que tal ponto de vista é equivocado.

Tal equívoco pode ser identificado através da ponderação da seguinte premissa: normas especiais se aplicam sem prejuízo das gerais e pressupõem campos distintos de incidência, porém, em leitura atenta do art. 27 da Lei de Mediação, não se consegue verificar campo distinto de incidência em relação à esfera de aplicação do art. 334 do diploma processual.

Em contrapartida, para que se possa falar de regra especial, tal regra deve regular uma espécie, enquanto a regra geral trata de um gênero. A prevalência da regra especial em detrimento da geral, aliás, corresponde a um processo natural de diferenciação de categorias, com fito na igualdade e, portanto, no tratamento legal diferenciado às situações ou pessoas que pertencem a categorias diferentes.[79]

O mesmo podemos dizer da regra contida no art. 11 da Lei de Mediação em cotejo ao art. 167 do Código de Processo Civil, já que o grau de generalidade com que ambos tratam dos requisitos para atuar como mediador judicial são similares.

[79] BOBBIO, Norberto. *Teoria do ordenamento jurídico*. Trad. Maria Celeste C. J. Campos. Rev. Téc. Cláudio de Cicco. 10. ed. Brasília: Universidade de Brasília, 1997.

Nesse sentido, se tais normas são autoexcludentes, deve ser reconhecida a hipótese de derrogação, a ser resolvida em termos cronológicos. Consequentemente, a lei (de vigência) posterior (CPC/2015) revoga a lei (de vigência) anterior (Lei de Mediação).

Uma observação que não altera a conclusão acima esposada é que, se existe algum grau de diferenciação entre o campo de incidência da norma contida no art. 334 do CPC/2015 e da contida no art. 27 da Lei de Mediação, a especialidade seria da norma contida no diploma processual, que regula exclusivamente o procedimento mediativo e conciliatório nas ações cíveis sujeitas ao procedimento comum. De outra banda, a norma do art. 27 da Lei de Mediação incide em todos os litígios que admitam mediação (com exclusão de ações trabalhistas).

Por outro lado, e enfrentando a questão da diferenciação dos institutos, se é verdade que a Lei n° 13.140/2015, trata exclusivamente da mediação, em suas vertentes extrajudicial e judicial, o CPC/2015, por sua vez, regula a mediação e conciliação *judicial*. Assim, a conciliação extrajudicial não é regulada por nenhum dos dois diplomas, cabendo ao intérprete aplicar à conciliação extrajudicial, por analogia, as regras que se referem à mediação extrajudicial, no que for compatível (art. 4°, LINDB).

Ao defender a corrente de que não há propriamente especialidade da Lei de Mediação em relação ao CPC/2015, e que o diploma processual, por ser a lei (de vigência) posterior revogou a Lei de Mediação, no que eles forem conflitantes obtém-se ganho de coerência ao ordenamento jurídico – pois, em sentido contrário, e se tratarmos as normas da Lei de Mediação como especiais e considerando que esse diploma não incide sobre a conciliação, as hipóteses de dispensa da realização da audiência de tentativa de autocomposição seriam diversas conforme o caso fosse direcionado a um ou outro mecanismo, já que em um caso seria aplicável o art. 27 da Lei de Mediação e, em outro, o art. 334 do Código Processual.

Tal disparidade de tratamento, inclusive, traria discussão em relação à eventual ofensa à garantia da igualdade (art. 5°, *caput*, da CF/88), que no plano processual está prevista no art. 7° do Código de Processo Civil.

Outra questão que poderia surgir diz respeito à possibilidade de as partes ou o juiz poderem escolher ou alterar a alocação do meio autocompositivo para o qual serão direcionados. Se entendermos que são diversas as hipóteses de eximir-se a realização da primeira sessão de tentativa de autocomposição, inferimos que o juiz ou as partes poderiam criar a possibilidade de dispensar a realização da audiência prévia de mediação ao elegerem a conciliação como técnica, pois, com a alteração, a regra aplicável passaria a ser a do art. 334 do CPC/2015, que admite a sua não realização desde que todas as partes, de forma expressa, manifestem desinteresse.

Daí decorre um paradoxo: a admissão de que as partes podem eleger o mecanismo autocompositivo fundamenta-se no princípio da autonomia da vontade, o que aumenta a adesão ao procedimento consensual, e não na possibilidade de autorregular situações alcançadas por normas cogentes.

Podemos imaginar hipótese em que, apesar da existência de vínculo anterior, as partes elegessem a conciliação como meio de resolução da controvérsia, para que, subsequentemente, elas manifestem, de forma conjunta, desinteresse na realização da audiência prévia. Nesta situação, o desvio de finalidade estaria caracterizado, posto que a eleição do método teve como único objetivo não se submeter à tentativa prévia de autocomposição.

A despeito das críticas que possam existir em relação à obrigatoriedade, que são muitas, tal conduta (de as partes escolherem a conciliação nos casos em que o conflito seria direcionado para tentativa de mediação, para em seguida protestarem pela supressão de tal fase processual) poderia ser resolvida com a figura do exercício abusivo de faculdade processual. O abuso ocorre quando é utilizado instrumento que a lei prevê para determinada situação processual (fato que confere a aparência de legalidade ao ato), mas de forma a atingir finalidade diversa daquela buscada pelo legislador. Essa é a lição de Helena Najjar Abdo:

> Entretanto, há abuso do processo toda vez que a decisão entre praticar ou não o ato estiver ligada a finalidades estranhas à própria prática do ato, ou seja, quando ocorrer o tantas vezes aludido desvio de finalidade. Em outras palavras, pode-se dizer que o sujeito age abusivamente quando opta por utilizar-se de determinado mecanismo processual para alcançar outros fins que não aqueles normalmente previstos para o respectivo meio ou instrumento utilizado.[80]

Na ausência de regra contida no CPC/2015 para identificar o exercício abusivo de uma conduta processual, o paralelo que pode ser feito é com a lei material e os parâmetros que ela fixa para classificar o exercício de um direito como abusivo. De acordo com a regra contida no art. 187 do Código Civil, comete ato ilícito o titular de um direito que, ao exercê-lo, excede manifestamente os limites impostos pelo seu fim econômico ou social, pela boa-fé ou pelos bons costumes.

É evidente que uma conduta que vise a desrespeitar as finalidades institucionais do processo (os escopos sociais, políticos) não pode ser admitida. Tampouco é aceitável violar os princípios da boa-fé (art. 5° do CPC/2015), devendo as partes agir em juízo com lealdade, cooperando

[80] ABDO, Helena Najjar. *O abuso do processo*. São Paulo: Revista dos Tribunais, 2007. p. 80.

entre si e com o juiz no exercício justo da atividade jurisdicional, bem como no da cooperação (art. 6° do CPC/2015) – o que envolve a atribuição de diversos deveres comportamentais aos sujeitos do processo, cabendo às partes os deveres de esclarecimento, de lealdade e de proteção. Nessa perspectiva, entendemos que as partes podem eleger o meio autocompositivo. Essa eleição pelas partes, porém, não poderá implicar alteração das hipóteses da obrigatoriedade da realização da audiência (sessão) prévia de autocomposição, sob pena de insegurança jurídica ou de abuso na utilização de faculdades jurídicas.

No entanto, todas essas questões se veem superadas ao compreendermos que as regras do CPC/2015 e da Lei de Mediação têm exatamente o mesmo grau de generalidade, e, portanto, o critério da especialidade não é o adequado para a resolução desta antinomia jurídica, mas sim o cronológico.

5.1. Conciliador extrajudicial e mediador judicial

Questão que merece ser tratada com maior profundidade é o conflito entre os dois diplomas legais em relação às exigências de que alguém possa atuar como mediador judicial (art. 11 da Lei de Mediação e art. 167, § 1°, CPC/2015).

Enquanto o Código de Processo Civil exige como requisito capacitação mínima, por meio de curso realizado por entidade credenciada, conforme parâmetro curricular definido pelo Conselho Nacional de Justiça em conjunto com o Ministério da Justiça, a Lei de Mediação exige, além do requisito mencionado no diploma processual, que o pretendente seja graduado há pelo menos dois anos em curso de ensino superior por instituição reconhecida pelo Ministério da Educação.

Em relação ao cadastro, as leis também divergem. Por um lado, o CPC/2015 estabelece a necessidade de o mediador estar inscrito no cadastro nacional e no cadastro de tribunal de Justiça ou do Tribunal Regional Federal perante o qual pretende atuar, ao passo que a Lei de Mediação (art. 12, § 1°) exige a inscrição apenas e tão somente perante o tribunal com jurisdição na área em que o interessado pretende exercer a mediação.

Conforme entendimento já mencionado, inexiste especialidade entre tais normas, sendo que a norma regra contida no art. 167 do Código de Processo Civil prevalece, sendo aplicável tanto aos conciliadores como aos mediadores judiciais e portanto se dispensaria ao conciliador ou mediador judicial, serem graduados há pelo menos dois anos em curso superior reconhecido pelo Ministério da Educação, bastando apenas estarem capacitados por escola ou instituição de formação credenciada.

Não obstante, e considerando ausência de previsão no CPC/2015 sobre os requisitos para alguém ser conciliador extrajudicial, aplicam-se, por analogia, os mesmos critérios que a Lei de Mediação exige para o mediador extrajudicial (art. 9°). Em outras palavras, poderá funcionar como conciliador extrajudicial qualquer pessoa capaz que tenha a confiança das partes e seja capacitada para fazer conciliação, independentemente de integrar qualquer tipo de conselho, entidade de classe ou associação, ou nele inscrever-se.

Do ponto de vista científico e hermenêutico, não nos parece que exista outra solução a não ser a anunciada acima.

Devemos destacar, porém, a existência de outras posições. Fernanda Tartuce propõe solução diversa, admitindo o cadastramento nos tribunais de todos os mediadores judiciais que tenham capacitação reconhecida mas que não cumpram o requisito da formação universitária concluída há mais de dois anos. Segundo a autora, os tribunais deveriam dar publicidade ao fato de os mediadores não terem cumprido tal requisito, e as partes dariam o valor que entendessem apropriado a essa característica do mediador judicial.[81]

O CNJ, por sua vez, em resposta à consulta formulada pelo núcleo permanente de métodos consensuais de solução de conflitos do Tribunal Regional Federal da 4ª Região,[82] assim se manifestou:

> a) Para ser conciliador, não há necessidade de ser graduado no ensino superior há mais de dois anos;
>
> b) Estudantes universitários que tenham passado por capacitação conforme o Anexo I da Resolução 125/2010 do CNJ podem ser conciliadores;
>
> c) Estudantes que não passaram pela capacitação podem atuar apenas como auxiliares, estagiários ou observadores;
>
> d) A exigência para atuar como mediador judicial, no entanto, é aquela estipulada no art. 11 da Lei de Mediação: ser graduado há mais de dois anos e capacitado de acordo com os requisitos mínimos definidos pelo CNJ em conjunto com o Ministério da Justiça

Ao mesmo tempo em que o CNJ aponta que as exigências para atuar como mediador judicial são as mencionadas no art. 11 da Lei de Mediação – e por conseguinte é necessário que o candidato seja graduado há pelo menos dois anos em curso de ensino superior –, em relação à

---

[81] TARTUCE, Fernanda. *Mediação nos conflitos civis*. 5. ed. Rio de Janeiro: Forense; São Paulo: Método, 2019.

[82] CONSELHO NACIONAL DE JUSTIÇA. *Jurisprudência*. CONSULTA. TRF4. 0007324-12.2016.2.00.0000. TRF4. Ratificação de liminar concedida de ofício... Disponível em: <https://www.cnj.jus.br/InfojurisI2/Jurisprudencia.seam?jurisprudenciaIdJuris=48430&indiceListaJurisprudencia=0&tipoPesquisa=LUCENE&firstResult=0>. Acesso em: 6 out.2020.

necessidade de cadastramento (antinomia entre o art. 12, § 1º, da Lei de Mediação e o art. 167, § 1°, do CPC/2015), a posição parece ter sido diversa, tendo sido adotada como vigente a norma processual. Nesse sentido, o Conselho Nacional de Justiça mantém[83] cadastro nacional de mediadores judiciais e conciliadores (CCMJ) para atender ao disposto no artigo 167 do Código de Processo Civil, sendo evidente a contradição, pois, se prevalecem as regras contidas na Lei de Mediação para habilitação de mediadores judiciais, por que razão, em relação ao cadastramento, prevalece o Código de Processo Civil?

No próprio portal do CNJ, porém, é também informado que o cadastro nacional é apenas uma interligação dos cadastros dos tribunais, não executando o Conselho nenhuma ação administrativa sobre o CCMJ. Em resumo, a administração do cadastro nacional de mediadores e conciliadores compete aos tribunais estaduais e federais, órgãos responsáveis pela aprovação ou pelo indeferimento dos pedidos de inscrição efetuados.

Ao adotar tal posição, de fato existe apenas a exigência de um único cadastramento perante o tribunal com jurisdição na área em que o interessado pretende atuar. Esse tribunal admitirá ou não o pedido de inscrição, sendo o cadastro nacional um compêndio dos cadastros de cada um dos tribunais. Tal solução harmonizou de forma prática o conflito entre o diploma processual e a Lei de Mediação, pois dessa maneira atende-se a ambos os comandos legais.

Entendemos, porém, que a solução adequada seria o reconhecimento de que o Código de Processo Civil prevalece em relação à Lei de Mediação em relação à essa matéria, por conta do critério cronológico, de forma a trazer maior estabilidade e previsibilidade.

5.2. Possibilidade de as partes escolherem o conciliador ou mediador ou até câmara privada de conciliação e mediação

De acordo com a regra contida no art. 168 do Código de Processo Civil em vigor, as partes, de comum acordo, podem escolher o mediador, que poderá ou não estar cadastrado no tribunal:

> Art. 168. As partes podem escolher, de comum acordo, o conciliador, o mediador ou a câmara privada de conciliação e de mediação.

[83] CONSELHO NACIONAL DE JUSTIÇA. Como faço minha inscrição no Cadastro Nacional de Mediadores Judiciais e Consiliadores? [s.l.; s.d.]. Disponível em: <https://www.cnj.jus.br/como-faco-minha-inscricao-no-cadastro-nacional-de-mediadores-judiciais-e-conciliadores/>. Acesso em: 6 out. 2020.

§ 1º O conciliador ou mediador escolhido pelas partes poderá ou não estar cadastrado no tribunal.

§ 2º Inexistindo acordo quanto à escolha do mediador ou conciliador, haverá distribuição entre aqueles cadastrados no registro do tribunal, observada a respectiva formação.

§ 3º Sempre que recomendável, haverá a designação de mais de um mediador ou conciliador.

Por sua vez, o art. 4º da Lei de Mediação prevê que o mediador será eleito pelas partes ou designado pelo tribunal:

Art. 4º O mediador será designado pelo tribunal ou escolhido pelas partes.

§ 1º O mediador conduzirá o procedimento de comunicação entre as partes, buscando o entendimento e o consenso e facilitando a resolução do conflito.

§ 2º Aos necessitados será assegurada a gratuidade da mediação.

Por fim, a regra contida no art. 25 da mesma lei prevê: "Na mediação judicial, os mediadores não estarão sujeitos à prévia aceitação das partes, observado o disposto no art. 5º desta Lei".

Em outras palavras, de proêmio podemos verificar aparente contradição existente entre os dispositivos normativos contidos na Lei de Mediação. Isso porque, se de um lado o artigo 4º da lei mediativa traz grande autonomia às partes, que de comum acordo elegem os mediadores que entendem ser os mais adequados à tentativa de composição amigável, por outro o art. 25 do mesmo diploma, traz regra mais restritiva e impõe às partes o dever de aceitação do mediador a ser designado pelo tribunal.

De outra banda, é também evidente que a regra contida no art. 4º da Lei de Mediação, em comparação com a contida no art. 25 do mesmo diploma legal, está em maior sintonia com o instituto da mediação, dado que pressupõe voluntariedade e respeito à autonomia da vontade.

Entre os critérios que são utilizados para dirimir conflitos normativos, o elemento teleológico é bastante utilizado e consiste em analisar os fins que a lei visa a atingir. Dito de outro modo, toda vez que o legislador elabora uma lei, insere nela uma ideia, um fim a ser atingido que motivou a sua criação. Essa finalidade é reconhecida como *mens legis* ("espírito da lei").

Luís Roberto Barroso ensina que o elemento teleológico "[...] procura revelar o fim da norma, o valor ou o bem jurídico visado pelo ordenamento com a edição de dado preceito".[84] Diante disso, cabe questionar: no caso em apreço, a regra contida no art. 25 da Lei de Mediação está de acordo com o *mens legis*? E como devemos interpretá-la?

---

[84] BARROSO, Luís Roberto. *Curso de direito constitucional contemporâneo*: os conceitos fundamentais e a construção do novo modelo. São Paulo: Saraiva, 2009. p. 129-130.

O art. 2º da Lei de Mediação informa que a mediação é orientada pelos seguintes princípios: I – imparcialidade do mediador; II – isonomia entre as partes; III – oralidade; IV – informalidade; *V – autonomia da vontade das partes*; VI – busca do consenso; VII – confidencialidade, e VIII – boa-fé. Esses princípios, especialmente o contido no inciso V, informam todo o sistema de mediação pátrio.

Diante do exposto, será que a regra contida no art. 25 da Lei de Mediação conflita com o princípio da autonomia da vontade, previsto no mesmo diploma?

Na doutrina estrangeira, Timothy Hedeen,[85] ao definir o que seria a autonomia da vontade na mediação, se utiliza de conceito que inclui a liberdade das partes de eleger o mediador:

> *Standard 1. Self-determination*
>
> A. A mediator shall conduct a mediation based on the principle of party self-determination. Self-determination is the act of coming to a voluntary, uncoerced decision in which each party makes free and informed choices as to process and outcome. Parties may exercise self-determination at any stage of a mediation, *including mediator selection*, process design, participation in or withdrawal from the process, and outcomes (American Arbitration Association et al., 2004) (grifos nossos).

Por outro lado, a necessidade de coerência do sistema é imanente ao Direito, como decorrência da segurança jurídica. Assim, o elemento sistemático é extremamente relevante, já que se assenta na ideia de unidade do ordenamento jurídico. Em outras palavras, o intérprete deve levar em consideração o contexto geral, estabelecendo relação entre as normas jurídicas no momento da interpretação. Nesse sentido, a norma contida no art. 25 da lei deve ser interpretada à luz do princípio da autonomia da vontade, vetor interpretativo de todo sistema de mediação pátrio.

Se lermos essa regra à luz do princípio da autonomia da vontade, podemos depreender que as partes, em comum acordo, podem eleger o mediador ou a câmara privada de mediação à qual pretendem submeter a tentativa de autocomposição prévia. Caso não exista consenso, e o tribunal designe mediador, porém, as partes não poderão recusá-lo.

No mesmo sentido, Fernanda Tartuce afirma que os mediadores judiciais "[...] não estão sujeitos à prévia aceitação das partes (Lei nº 13.140/2015, art. 25); assim, não tendo havido escolha, uma vez sorteado o terceiro facilitador não será necessária a expressa aceitação das

[85] HEDEEN, Timothy. Coercion and self-determination in court-connected mediation: All mediations are voluntary, but some are more voluntary than others. *Justice System Journal*, [s.l.], v. 26, n. 3, p. 273-291, 2005. p. 274.

partes".[86] Essa interpretação é a que mais se amolda ao princípio informador da autonomia da vontade das partes e, portanto, a mais correta hermeneuticamente.

É importante destacar, porém, exceção à regra contida no art. 25 da Lei de Mediação. Não tendo sido possível acordo entre as partes para a escolha do mediador, e tendo o tribunal sorteado um, a impossibilidade de as partes o recusarem comporta uma exceção, caso seja suscitada alguma dúvida justificada sobre sua imparcialidade (art. 5°, parágrafo único, Lei de Mediação).

Sendo assim, entendemos que não existe um verdadeiro conflito jurídico entre as normas contidas nos arts. 4° e 25 da Lei de Mediação e, portanto, tampouco entre estes e a norma contida no art. 168 do diploma processual.

Torna-se relevante, ainda, destacar que, apesar de a Lei de Mediação não fazer alusão à possibilidade de as partes escolherem uma câmara privada de mediação, mas apenas mediadores, tal possibilidade existe, tanto em razão de tal faculdade estar prevista no art. 168 do CPC/2015 como pela interpretação teleológica do art. 4° da Lei de Mediação.

[86] TARTUCE, Fernanda. *Mediação nos conflitos civis*. 5. ed. Rio de Janeiro: Forense; São Paulo: Método, 2019. p. 332.

6. Teoria e prática

6.1. Forma

Ao designar a audiência de conciliação ou mediação, o juiz deve zelar para que exista intervalo mínimo de 20 minutos entre o início de uma e a abertura da subsequente.

Por outro lado, a audiência poderá ser realizada por meio eletrônico, quando tal procedimento for adequado e houver disponibilidade técnica do juízo (§ 7° do art. 334, CPC/2015). Em relação ao local de sua realização, ela deverá ocorrer no Centro Judiciário de Solução de Conflitos e Cidadania (CEJUSC) – mas, inexistindo um na comarca, poderá ser feita no fórum.

Por fim, no que diz respeito a quem presidirá a audiência, inexistindo quadros de conciliadores ou mediadores o juiz poderá presidi-la. Tal expediente, contudo, não é recomendado, tanto em razão de faltar ao magistrado formação específica para a mediação/conciliação como, especialmente, em razão de se quebrar a garantia da confidencialidade do procedimento.

A confidencialidade tem como principal objetivo garantir às partes a liberdade de manifestar contornos do conflito (troca de informações para exploração de opções de acordos possíveis) e propensão a dispor (renúncia, transação) dos direitos em litígio sem que tais declarações sejam utilizadas, futuramente, para dirimir o conflito, caso a autocomposição seja infrutífera.

Por esse motivo, o dever de confidencialidade contribui para maior abertura das partes na condução do processo e, portanto, para melhores resultados em mediações e conciliações. No entanto, quando o próprio juiz, que futuramente proferirá a decisão adjudicada, atuar como terceiro facilitador, a criação de ambiente seguro em que as partes podem se "abrir" sem receio de pré-julgamentos estará inviabilizada.

Outro inconveniente de o magistrado servir como conciliador ou mediador é que, ao cumular a atividade decisória, suas manifestações carregarão, necessariamente, a autoridade de sua função. Isso implica dizer que, em maior ou menor grau, as partes sempre terão receio das consequências negativas de não cederem às sugestões de acordo feitas pelo juiz.

Ao mesmo tempo, temor e receio de não se concluir um acordo são incompatíveis com o princípio fundamental que norteia o sistema autocompositivo brasileiro, o da autonomia da vontade das partes.

6.2. Prazos de designação e intimação do réu

O art. 334 do CPC/2015, em seu *caput*, exige que o juiz designe a audiência com 30 dias de antecedência, sendo o réu citado para comparecer à audiência de tentativa prévia de autocomposição com 20 dias de antecedência. Esse prazo visa a permitir que ele se prepare adequadamente para participar de tal sessão.

É importante destacar que a lei estabelece esse prazo mínimo especialmente no que se refere à designação da audiência, mas não estabelece prazo máximo. Evidentemente, dependendo do acúmulo de processos e da taxa de congestionamento, ela poderá ser designada para data muito distante da distribuição.

Para Juliana Vieira dos Santos,[87] a não observância desse prazo mínimo implica a nulidade da citação e, portanto, a necessidade de redesignação da audiência. A autora traz como subsídio para tal entendimento o tratamento que a jurisprudência dava ao art. 277 do Código de 1973 (sobre procedimento sumário), que considerava nula a citação que não obedecesse ao prazo estipulado.

Por outro lado, a normativa legal é silente quanto à contagem desse prazo, girando a questão em torno de como ele será contado: se da data da juntada do mandado cumprido aos autos ou da efetiva citação. Porém, a utilização do entendimento jurisprudencial em relação ao art. 277 do antigo Código Processual não é suficiente para encontrar definição para o tema, já que a jurisprudência do STJ era dividida.

> O prazo não inferior a dez dias para a realização da audiência no rito sumário conta-se da data de juntada aos autos do mandado" (STJ, 4ª T., REsp nº 416217/MA, Rel. Min. Cesar Asfor Rocha, j. em 5/12/2002, DJ de 12/5/2003, p. 305). No mesmo sentido: STJ, 4ª T., REsp nº 331584/SP, Rel. Min. Aldir Passarinho Junior, j. em 21/11/2006, DJ de 12/2/2007, p. 263.

[87] SANTOS, Juliana Vieira dos. Comentários ao artigo 334 do Código de Processo Civil. In: CRUZ E TUCCI, José Rogério; FERREIRA FILHO, Manoel Caetano; APRIGLIANO, Ricardo de Carvalho; DOTTI, Rogéria Fagundes; MARTINS, Sandro Gilbert (Coord.). *Código de processo civil anotado*. São Paulo: AASP/OAB/PR, 2018.

Em sentido contrário: "No procedimento sumário a audiência não se realizará em prazo inferior a dez dias contados da citação. Este prazo é contado da data da efetiva citação e não da data da juntada aos autos do mandado citatório devidamente cumprido" (STJ, 4ª T., AgRg no REsp nº 1334196/SP, Rel. Min. Luis Felipe Salomão, j. em 12/11/2013, DJe de 21/11/2013). E ainda: STJ, 3ª T., REsp nº 76348/SP, Rel. Min. Carlos Alberto Menezes Direito, j. em 5/11/1996, DJ de 3/2/1997, p. 719.[88]

Ainda segundo Juliana Vieira dos Santos, a justificativa dos julgados que consideravam a contagem do prazo da citação efetiva era a compreensão de que a forma prevista no art. 241, inciso II, do CPC/1973 dizia respeito ao procedimento ordinário, e não ao sumário, regulado em outra parte do Código. Porém, no CPC/2015, além de não constar mais distinção entre procedimentos, há referência geral sobre contagem de prazos a partir da juntada (no art. 231), motivo pelo qual, provavelmente, a jurisprudência se firmará no sentido de entender que a antecedência será contada da juntada do mandado de citação nos autos.[89]

6.3. Necessidade da presença da parte seu advogado na audiência de conciliação ou mediação

O art. 334, em seu 10º parágrafo, faculta às partes o direito de representação na audiência por um terceiro, por meio de procuração específica, com poderes para negociar e transigir.

A dúvida que em um primeiro momento surgiu provém da possibilidade de o próprio advogado ser esse "representante". Isso decorre da previsão contida no art. 25 do Código de Ética e Disciplina da Ordem dos Advogados do Brasil,[90] pela qual "[...] é defeso ao advogado funcionar no mesmo processo, simultaneamente, como patrono e preposto do empregador ou cliente".

Como já teve oportunidade de esclarecer o Tribunal de Justiça do Estado do Paraná, essa proibição parece, no entanto, não se aplicar

> [...] à representação processual, porquanto a participação do advogado, aqui, na qualidade de representante negocial, restringir-se-á à negociação e à assinatura do termo de acordo – atividades típicas do exercício da advocacia. A restrição do Código de Ética

[88] SANTOS, Juliana Vieira dos. Comentários ao artigo 334 do Código de Processo Civil. In: CRUZ E TUCCI, José Rogério; FERREIRA FILHO, Manoel Caetano; APRIGLIANO, Ricardo de Carvalho; DOTTI, Rogéria Fagundes; MARTINS, Sandro Gilbert (Coord.). *Código de processo civil anotado*. São Paulo: AASP/OAB/PR, 2018. p. 575.

[89] Ibidem.

[90] Aprovado pela Resolução 02/2015, do Conselho Federal da OAB. In: *Diário Oficial da União*, Brasília, 4 nov. 2015. Seção 1, p. 77.

refere-se à preposição em causas trabalhistas, nas quais a figura do preposto assume outras funções processuais – depor pela parte, por exemplo [...][91]

De acordo com André Pagani de Souza, em nenhuma circunstância se pode perder de vista que o propósito maior do processo, e não apenas do legislador que produziu o Código de Processo Civil de 2015, é a pacificação social:

> Aplicar uma multa àquele que outorgou uma procuração para o seu advogado representá-lo em audiência de conciliação ou mediação (com poderes para negociar e transigir), ao arrepio do que dispõe o § 10 do art. 334 do CPC, contribuiria para *prolongar conflitos* em vez de *eliminar conflitos*, pois seria mais uma batalha secundária a ser travada (sobre o cabimento de uma multa ou não) dentro de um triste processo que nascera devido a um outro conflito certamente mais importante que a multa. É preciso acabar com o processo como instrumento para prolongar conflitos e utilizá-lo para debates de questões que realmente importam para as partes e para a sociedade como um todo (que é quem paga a conta ao final de tudo).[92]

Atualmente, na prática forense, o entendimento de que o comparecimento pessoal à sessão autocompositiva não é necessário, já que a lei faculta expressamente que a parte seja representada, se não é pacífico, é majoritário. Para ilustrar, transcrevemos abaixo algumas ementas:

> Honorários advocatícios. Ação de cobrança. Audiência de conciliação postulada pelas autoras. Presença de apenas um dos réus e do advogado de todos eles, com poderes específicos para transigir, firmar compromisso e fazer acordo. 1. Reconhecimento de ato atentatório à dignidade da justiça com imposição de multa (CPC, art. 334, § 8º). Descabimento. Possibilidade de representação (§ 10 do mesmo artigo de lei). Reforma da decisão de primeiro grau. 2. Litigância de má-fé das autoras na petição que ensejou o ato ora impugnado Conduta reprovável não caracterizada. Agravo provido em parte. (TJSP, Agravo de instrumento nº 2170209-07.2019.8.26.0000, Des. Rel. Vianna Cotrim, data do julgamento 26.09.2019).[93]

> Apelações. Compra e venda de imóvel. Resilição. Possibilidade. Devolução das parcelas pagas cumulada com indenização por dano moral. Sentença de procedência parcial. Aplicação de multa. Ausência injustificada na audiência de conciliação. Ré não compareceu na audiência de conciliação. Comparecimento de advogada, sem poderes para transigir. Aplicaçao do art. 334, § 8º, do CPC/2015. *Ré devidamente intimada da audiência em agosto de 2017, com tempo suficiente para constituição de advogado apto para a audiência, que somente se realizou em 17/10/2017.* Comissão de corretagem. Alegação de

---

[91] TRIBUNAL DE JUSTIÇA DO PARANÁ. 17ª Câmara Cível. Agravo de Instrumento 1656535-0 (decisão monocrática). Relator Lauri Caetano da Silva. Data de julgamento: 13 mar. 2017. Diário da Justiça, [s.l.], n. 1994, 22 mar. 2017. Disponível em: <https://portal.tjpr.jus.br/jurisprudencia/j/12314589/Decis%C3%A3o%20monocr%C3%A1tica-1656535-0#integra_12314589>. Acesso em: 6 out. 2020.

[92] SOUZA, André Pagani de. Presença da parte na audiência de conciliação ou mediaçao. *Migalhas*, [s.l.], 15 fev. 2018. Disponível em: <https://migalhas.uol.com.br/coluna/cpc-na-pratica/274384/presenca-da-parte-na-audiencia-de-conciliacao-ou-mediacao>. Acesso em: 6 out. 2020.

[93] TRIBUNAL DE JUSTIÇA DE SÃO PAULO. *Registro 2019.0000796303*. Acórdão. São Paulo, 26 set. 2019. Disponível em: <https://esaj.tjsp.jus.br/cjsg/getArquivo.do?cdAcordao=12920980&cdForo=0>. Acesso em: 6 out.2020.

ilegitimidade passiva e falta de interesse de agir. Recurso não conhecido nesse aspecto. Questão debatida nos autos que não abrange comissão de corretagem. Sentença que expressamente reconheceu que essa verba não faz parte da pretensão inicial. Ausência de recurso dos autores nesse sentido. Nesse aspecto, recurso não conhecido. Resilição contratual. Possibilidade. Entendimento das Súmulas 1, 2 e 3 desta C. Corte de Justiça. Restituição. Pedido da ré de retenção de grande parte dos valores pagos. Abusividade caracterizada. Princípios da equidade e da boa-fé que regem as relações de consumo, bem como o do equilíbrio contratual. Aplicação dos artigos 51 e 53 do Código de Defesa do Consumidor. Retenção de 10% dos valores pagos adequados para cobrir as despesas de administração, publicidade e outras inerentes à contratação. Arras. Pagamento realizado a título de entrada e princípio de pagamento. Confirmação do ajuste. Impossibilidade da retenção das arras. Juros de mora. Termo inicial. Prolação da sentença. Ocasião em que foi decretada a resilição do contrato. Mora não caracterizada em momento anterior. Danos morais não configurados. Sentença que decretou a resilição do contrato. Antes desse momento, era obrigação dos autores adimplir o preço do negócio jurídico. Resilição que se projeta para o futuro e não retroage à data da solicitação administrativa. Negativação do nome dos autores pela ré que configurou exercício regular de direito. Indenização indevida. Juros de mora incidentes a partir da prolação da sentença. Sucumbência recíproca mantida. Preliminares não conhecidas. Recurso de apelação interposto pela ré parcialmente provido, na parte conhecida e provido parcialmente o recurso de apelação interposto pelos autores. (TJSP, Apelação nº 1003649-46.2017.8.26.0038, Des. Rel. Edson Luiz de Queiroz, data do julgamento 19.02.2019 (grifos nossos).[94]

Por outro lado, se a presença pessoal das partes na audiência pelo art. 334 do CPC/2015 pode ser dispensada, desde que representada por terceiro com poderes específicos para transigir, a participação do advogado é indispensável? De acordo com o art. 26 da Lei de Mediação, as partes deverão ser assistidas por advogados ou defensores públicos, sendo exceções as mediações ocorridas nos juizados especiais cíveis estaduais e federais (Leis Federais nºs 9.099, de 26 de setembro de 1995, e 10.259, de 12 de julho de 2001). Em igual sentido, o § 9º do art. 334 do CPC/2015 determina que as partes estejam acompanhadas de seus advogados ou defensores públicos.

Não obstante a clareza de tais dispositivos, existem posições no sentido da possibilidade da realização da audiência sem a presença do advogado, inclusive com a homologação de composição amigável. Tal posição é externada no enunciado nº 48 do Fórum Nacional da Mediação e Conciliação (FONAMEC):

> ENUNCIADO nº 48 – Nos procedimentos processuais (mediação e conciliação judiciais), quando o advogado ou defensor público, devidamente intimado, não comparecer à audiência injustificadamente, o ato poderá ser realizado sem a sua presença se o cliente/ assistido concordar expressamente. JUSTIFICATIVA – A necessidade da presença do advogado ou defensor público na audiência de conciliação ou mediação não pode se

[94] TRIBUNAL DE JUSTIÇA DE SÃO PAULO. *Registro 2009.0000106338*. Acordão. São Paulo, 19 fev. 2019. Disponível em: <https://esaj.tjsp.jus.br/cjsg/getArquivo.do?cdAcordao=12230570&cdForo=0>. Acesso em: 27 set. 2020.

tornar um óbice à realização do ato quando os profissionais foram regularmente intimados a comparecer e, diante de sua ausência injustificada, o cliente/assistido tenha interesse em realizar a autocomposição ou, pelo menos, participar da audiência.

Tal entendimento, porém, não tem fundamento legal. No caso em que a parte comparece desacompanhada de seu advogado, a não ser que seja designado um dativo, a sessão não poderá ser realizada. Corroborando, Aluisio Gonçalves de Castro Mendes e Guilherme Kronemberg Hartmann observam:

> A essencialidade da defesa técnica se extrai não só por esta se traduzir no ganho de confiança da parte para concretizar o acordo; mas, mormente, pelo fato de a eventual avença, homologada pelo juiz por sentença (art. 334, § 11, NCPC), ter aptidão de definitividade (art. 487, III, "b", NCPC), devendo ser esclarecidas previamente às partes as consequências oriundas do negócio jurídico. Além disso, convém aclarar que a autocomposição pode gerar outras situações que não a transação, como a desistência ou a renúncia da ação pelo autor, ou mesmo o reconhecimento da procedência do pedido pelo réu, de onde são extraídos diferentes efeitos jurídicos, provavelmente ignorados pelo leigo.[95]

Por outra banda, a regra do art. 166 do Código de Processo Civil determina serem vetores axiológicos da conciliação e mediação os princípios da independência, da imparcialidade, da autonomia da vontade, da confidencialidade, da oralidade, da informalidade e da *decisão informada*.

Para que se possa adequadamente garantir ao jurisdicionado o exercício de sua autonomia da vontade, a manifestação deve refletir a real vontade das partes e, portanto, a tomada de decisão no procedimento autocompositivo deve ocorrer mediante o conhecimento sobre o âmbito e as consequências de suas escolhas (princípio da decisão informada). Por esse motivo, é fundamental que as partes estejam acompanhadas de seus advogados nas audiências.

Cabe ao advogado orientar o litigante não somente sobre o funcionamento do procedimento mas especialmente sobre impactos de uma transação, renúncia, reconhecimento jurídico do pedido e as probabilidades jurídicas de solução adjudicada. A assessoria jurídica torna-se ainda mais relevante quando o representado não está habituado às disputas judiciais.

Desses apontamentos, a importância da presença do advogado resta evidente, bem como o de os programas de resolução de disputas contemplarem estruturas e convênios para prestação de orientação jurídica,[96] o que inclusive vai ao encontro da Resolução nº 125/2010 do

---

[95] MENDES, Aluisio Gonçalves de Castro; HARTMANN, Guilherme Kronemberg. A audiência de conciliação ou de mediação no novo Código de Processo Civil. *Revista de Processo*, São Paulo, v. 253, p. 163-184, mar. 2016. p. 169.

[96] ASPERTI, Maria Cecília de Araujo. *Meios consensuais de resolução de disputas repetitivas: a conciliação, a mediação e os grandes litigantes do Judiciário*. 2014. Tese (Doutorado em Direito Processual Civil) – Faculdade de Direito, Universidade de São Paulo, São Paulo, 2014.

CNJ,[97] pela qual os Centros Judiciais de Solução de Conflitos e Cidadania da Resolução deverão oferecer, além da mediação e da conciliação, serviço orientação jurídica aos cidadãos.

6.4. Sanções e não comparecimento

A Lei de Mediação traz previsão expressa de sanção no caso de não comparecimento à sessão *extrajudicial*, em seu artigo 22, § 2º, IV. No entanto, ela não prevê sanção no caso de não comparecimento à sessão inicial de mediação *judicial*. Ao que parece, o legislador, já prevendo que tal tema estava regulado no CPC/2015, relegou esse diploma legal à fixação de penalidade.

O interessante é que essa sanção da Lei de Mediação pode ser cumulada com a prevista no § 8° do art. 334 do Código de Processo Civil, pois elas tratam de situações diversas. Imaginemos a seguinte hipótese: as partes celebram o contrato, inserindo previsão contratual de cláusula de mediação pré-processual pela qual devem, em razão de litígio, submeter o conflito à tentativa de mediação antes de iniciar procedimento arbitral ou processo judicial. Então, uma das partes convidada não comparece à primeira reunião de mediação. Posteriormente, a ação é ajuizada e, novamente, essa parte não vai à audiência prévia de tentativa de mediação, agora processual e judicial.

Nesse caso, além da sanção estabelecida pela Lei de Mediação pelo absenteísmo, durante a fase extrajudicial, o não comparecimento à audiência prévia de mediação processual implicará nova sanção.

Desse modo, não somente a parte faltosa assumirá o ônus do pagamento de cinquenta por cento das custas e honorários sucumbenciais, caso venha a ser vencedora no procedimento judicial posterior (art. 22, § 2º, IV, da Lei de Mediação), como também arcará com multa equivalente a dois por cento da vantagem econômica pretendida ou do valor da causa (art. 334, § 8º, CPC/2015). Essa última multa será revertida em favor da União ou do Estado.

Em contrapartida, como não existe lei que regule a tentativa de conciliação extrajudicial, duas posições diversas podem coexistir: a de que no caso da conciliação apenas existiria a penalidade na fase judicial, e a de que, em razão da inexistência de marco legal para a conciliação extrajudicial, seria permitida aplicação analógica da regra contida no

[97] CONSELHO NACIONAL DE JUSTIÇA. Resolução 125, de 29 de novembro de 2010. Dispõe sobre a Política Judiciária Nacional de tratamento adequado dos conflitos de interesses no âmbito do Poder Judiciário e dá outras providências. Disponível em: <https://atos.cnj.jus.br/files/resolucao_comp_125_29112010_19082019150021.pdf>. Acesso em: 6 out. 2020.

art. 22, § 2º, IV, da Lei de Mediação, aplicando-se, portanto, multa para a fase extrajudicial, que poderia cumular-se com a prevista no Código de Processo Civil para a fase judicial.

Parece-nos que a aplicação analógica seria a mais adequada para garantir certa coerência ao ordenamento jurídico e ao tratamento paritário para situações análogas (art. 4º, Lei de Introdução às Normas do Direito Brasileiro), porém é plenamente plausível sustentar a tese da não aplicabilidade de tal sanção, na fase extrajudicial, pela ausência de cominação legal especifica (art. 5°, XXXIX, CF/88).

6.5. Necessidade de homologação

Se houver autocomposição na audiência prévia de conciliação ou mediação, a regra contida no art. 334, § 11, do CPC/2015 exige que o acordo seja reduzido a termo e homologado por sentença. Já a Lei de Mediação prevê, em seu art. 3°, § 2º, a obrigatoriedade da homologação, na mediação judicial, *apenas* nos casos que envolvam direitos indisponíveis mas transigíveis. Nesse caso, além da homologação em juízo, será exigida a oitiva do Ministério Público.

De acordo com a Lei de Mediação, na mediação judicial, em havendo acordo, a autocomposição será reduzida a termo e os autos, encaminhados ao juiz. Este determinará o arquivamento do processo e, caso seja requerido pelas partes, homologará o acordo por sentença (art. 28, parágrafo único). Em outras palavras, se o litígio envolver direitos disponíveis, as partes poderão optar por requerer a homologação do termo final; no caso de não ser requerida a homologação, o termo final constituirá título executivo extrajudicial. Já quando homologado judicialmente, o termo final constituirá título executivo judicial (art. 515, II, CPC/2015).

Resta evidente que a segurança jurídica advinda da homologação judicial será maior, uma vez que a sentença homologatória traz os efeitos da coisa julgada para o bojo do acordo (art. 487, III, CPC/2015). Isso implica dizer que a necessidade de homologação da autocomposição é mais uma matéria em que existirá tratamento diferenciado, caso a técnica empregada seja a da conciliação ou da mediação judiciais.

Daniel Colnago Rodrigues[98] critica a necessidade de ratificação pelo juiz. Ele afirma, porém, que o juiz não dispõe de elementos para verificar a justiça no caso concreto, seja pela ausência de provas das partes,

[98] RODRIGUES, Daniel Colnago. Mediação obrigatória no processo civil: reflexões à luz do direito comparado, do CPC/2015 e da Lei da Mediação (Lei 13.140/2015). *Revista de Processo*, São Paulo, Ano 43, v. 285, p. 365-396, Nov. 2018.

seja pela ausência de documentação dialética envolvida no acordo. Ainda segundo Rodrigues, a exigência da homologação acaba por imprimir medida contrária ao desafogo do Judiciário.

Tais críticas carregam certa dose de realidade, especialmente ao pressupor que o magistrado poderia fazer mais do que realmente pode, ignorando as limitações de ordem prática que o juiz terá e a sobrecarga de trabalho que isso acarretará. Mas simplesmente dispensar a homologação judicial não nos parece a melhor solução, principalmente quando o caso envolver direitos indisponíveis transacionáveis ou cenários em que se verifica desigualdade substancial entre os litigantes.

A solução adotada pela Lei de Mediação brasileira, nesse sentido, tem seus méritos. Isso porque, ao mesmo tempo em que impõe a necessidade de homologação nos casos que envolvam direitos indisponíveis mas transigíveis, ela também demanda a participação do Ministério Público. Nos demais casos, caberá à parte a decisão pela realização ou não da homologação. Certo é, no entanto, que, ao desejar submeter a autocomposição à homologação, o título se revestirá concomitantemente dos efeitos da coisa julgada, abrindo espaço para o escrutínio estatal.

Porém, apesar de elogiável, a regra do art. 3°, § 2°, da Lei de Mediação conflita com a norma do art. 334, § 11, do CPC/2015, inexistindo grau de especialidade de uma norma em face da outra. Sendo essa última posterior, entendemos que a norma da Lei de Mediação foi revogada e, portanto, a necessidade de homologação independe da vontade das partes.

A exceção são os casos de mediações ou conciliações pré-processuais, mesmo que realizadas nos CEJUSCs, em que a Lei de Mediação prevalece em razão do CPC apenas incidir nos procedimentos processuais.

6.5.1. O magistrado poderá se recusar a homologar a autocomposição?

A atividade de homologação permite ao magistrado recusa em conceder a chancela estatal à avença. Mas essa ação não é discricionária, havendo limites para a cognição judicial. Em outras palavras, na atividade de homologação, o magistrado deverá ter cognição restrita à análise de eventual ausência de pressupostos gerais de validade dos negócios jurídicos – capacidade das partes, manifestação regular de vontade, objeto lícito, possível, determinado ou determinável (art. 166, II, Código Civil) e forma prescrita ou não de defesa em lei (art. 104 do Código Civil) –, além do dever de analisar, pelas circunstâncias, de que autor e réu se serviram do processo para praticar ato simulado ou conseguir fim vedado por lei (art. 142 do CPC/2015), quando deverá se recusar a chancelar a avença.

Caso o objeto dos autos se refira a direitos indisponíveis ou fundamentais, é poder/dever do magistrado evitar excesso de lesividade a alguma das partes ou a terceiros.

De acordo com José Rogério Cruz e Tucci, em comentários ao art. 487 do Código de Processo Civil, ainda que a atividade judicial se restrinja a referendar a vontade soberana das partes, a homologação não se faz de forma automática. Pelo contrário, ela é perquiridora da concorrência dos requisitos reclamados pelo ato a ser homologado, já que o juiz deve reprimir qualquer atuação contrária à dignidade da Justiça ou uso indevido do processo.[99]

6.5.2. Possibilidade de o acordo a ser homologado ultrapassar os limites da lide

De acordo com o *Manual de Mediação*[100] do CNJ, um conflito envolve questões muito mais amplas que as juridicamente tuteladas levadas ao juízo:

> Distingue-se, portanto, aquilo que é trazido pelas partes ao conhecimento do Poder Judiciário daquilo que efetivamente é interesse das partes. Lide processual é, em síntese, a descrição do conflito segundo os informes da petição inicial e da contestação apresentados em juízo. Analisando apenas os limites dela, na maioria das vezes não há satisfação dos verdadeiros interesses do jurisdicionado. Em outras palavras, pode-se dizer que somente a resolução integral do conflito (lide sociológica) conduz à pacificação social; não basta resolver a lide processual – aquilo que foi trazido pelos advogados ao processo – se os verdadeiros interesses que motivaram as partes a litigar não forem identificados e resolvidos. Além do problema imediato que se apresenta, há outros fatores que pautam um conflito, tais como o relacionamento anterior das partes, as suas necessidades e interesses, o tipo de personalidade das partes envolvidas no conflito, os valores das partes e a forma como elas se comunicam. Muitos desses fatores considerados secundários por alguns operadores do direito estão, na verdade, na origem do conflito e, por isso, devem ser levados em conta na solução do problema. A mediação deve considerar aspectos emocionais durante o processo e ao mediador não caberá decidir pelas partes, mas conduzi-las a um diálogo produtivo, superando barreiras de comunicação a fim de que as partes encontrem a solução.

Nessa perspectiva, a lide judicial muitas vezes representa apenas a ponta de um *iceberg* ou uma posição imediata pretendida. Para Alexandre Araújo Costa (*apud* Gabbay), é de suma importância distinguir

[99] CRUZ E TUCCI, José Rogério. *Comentários ao Código de Processo Civil* – volume VIII (arts. 485 ao 538). MARINONI (Dir.); ARENHART, Sérgio Cruz; MITIDIERO, Daniel (Coord.). São Paulo: Editora Revista dos Tribunais, 2016.

[100] AZEVEDO, André Gomma de (Org.). *Manual de mediação judicial*. 6. ed. Brasília: CNJ, 2016. p. 148.

conflito de disputa, sendo esta uma mera faceta do conflito, que pode ser muito mais complexo:

> Uma das percepções fundamentais é a de que a disputa não é o conflito, mas uma decorrência do conflito. Portanto, resolver a disputa não põe fim ao conflito subjacente. Quando um juiz determina com quem ficará a guarda de um filho, isso põe fim a uma determinada disputa, mas, além de não resolver a relação conflituosa, muitas vezes acirra o próprio conflito, criando novas dificuldades para os pais e para os filhos. Então, torna-se claro que o conflito, ao menos em muitos casos, não pode ser resolvido pelo acordo.[101]

No início da mediação, é muito comum que as partes permaneçam em suas posições, não revelando seus reais interesses. Juliana Demarchi observa que não é incomum elas indicarem suas preocupações principais sem, contudo, apresentarem "[...] um quadro aprofundado de suas motivações e expectativas. Mostra-se necessário, então, proceder à investigação mais detalhada dos interesses das partes, o que se faz mediante a formulação de perguntas, pelo mediador, dirigidas aos mediados".[102] Nesse sentido, o mediador tem como múnus adentrar em "águas profundas" e, inclusive, revelar às próprias partes aspectos do conflito que não estavam racionalmente evidentes para elas.

Quando as partes colocam seus reais interesses em discussão, uma abordagem ampla é possível, já que com a descoberta e a consideração das motivações ocultas do conflito permite-se a criação de um maior leque de opções e de soluções criativas em busca da satisfação mútua. E aqui é que remanesce a questão, pois, ao ampliar os horizontes, a autocomposição pode abarcar diversas nuances do conflito que não estavam enunciadas na petição inicial. É dizer, pedidos não deduzidos e, portanto, a autocomposição ultrapassariam os limites da lide, como indicado nos autos.

Ao mesmo tempo, se não for possível ultrapassar tais limites formais, boa parte das vantagens e potenciais das técnicas será restringida em ofensa ao espírito do CPC/2015, que pretende disponibilizar outras formas de resolução de conflitos, muitas vezes mais adequadas para dirimi-los.

Não obstante, o art. 329, II, do CPC/2015 possibilita ao autor, após a citação do réu e com o consentimento desse último, aditar ou alterar o pedido e a causa de pedir, sendo evidente no acordo que as partes podem ampliar ou alterar os contornos da lide da forma que for mais adequada à pacificação do conflito integral.

---

101 COSTA, Alexandre Araújo, 2004, *apud* GABBAY, Daniela Monteiro. *Mediação & judiciário no Brasil e nos EUA*: condições, desafios e limites para a institucionalização da mediação no judiciário. Brasília: Gazeta Jurídica, 2013. p. 32.

102 DEMARCHI, Juliana. *Mediação*: proposta de implementação no processo civil brasileiro. 2007. Tese (Doutorado em Direito). Faculdade de Direito da Universidade de São Paulo, São Paulo, 2007. p. 177.

Segundo José Rogério Cruz e Tucci,[103] alcançando as partes mútuo consenso, os limites poderão ser mais amplos – subjetiva e objetivamente – do que o objeto litigioso originariamente desenhado na petição inicial. Não obstante, e de acordo com a regra contida no art. 515, § 2º, do CPC/2015, para que a autocomposição possa abranger terceiros, estes devem participar do acordo. Para endossar tal entendimento, o autor cita a lição de Pontes de Miranda:

> [...] a transação judicial tem conteúdo de direito material e só é processual o efeito de pôr termo ao processo, mas, para que tal efeito exista, é de mister que apanhe o objeto do litígio em seu todo, ou em parte quantitativamente determinada. Não lhe é empecilho ter de regular matéria estranha ao processo, ainda que sujeita a outra lide, ou de ter de estar presente ao ato pessoa estranha ao processo, que assuma dívida própria, ou alheia, ou consinta, ou anua, ou dê autorização ou permissão para algum dos pontos da transação.[104]

Assim, se as partes desejarem realizar composição que atinja terceiro (por exemplo, avalista, fiador etc.), este deve comparecer à audiência ou ser representado por procurador com poderes específicos. Desse modo, a sua vontade pode ser manifestada.

6.6. Prazo para o réu manifestar desinteresse na tentativa prévia de autocomposição e eventuais abusos

Inicialmente, é importante destacar que, segundo o raciocínio já exposto no capítulo 5 deste trabalho, cabe a hipótese de dispensa da sessão autocompositiva tanto nos casos de mediação como de conciliação, por manifestação de vontade das partes. Portanto, as regras contidas no inciso II do art. 335 e seus §§ 1º e 2º são aplicáveis para hipótese de audiência prévia de conciliação e mediação judicial, quando será possível a hipótese prevista no art. 334, § 4º, I, do CPC/2015.

Segundo a regra contida no § 5º do mesmo artigo, enquanto ao autor cabe indicar já na petição inicial seu desinteresse na autocomposição, o réu, se desejar, deverá fazê-lo por petição apresentada com dez dias de antecedência da data da audiência.

Assim, enquanto o diploma processual obriga o autor a manifestar seu desinteresse já no ato da distribuição da ação, o réu não é obrigado

[103] CRUZ E TUCCI, José Rogério. *Comentários ao Código de Processo Civil – volume VII (arts. 318 a 368).* GOUVÊA, José Roberto Ferreira, BONDIOLI, Luis Guilherme Aidar, FONSECA, João Francisco Naves da (Coord.). São Paulo: Saraiva, 2016, p. 177.

[104] MIRANDA, Pontes de, *apud* TUCCI E CRUZ, José Rogério. In: *MARIONI*, Luiz Guilherme (Dir.); ARENHART, Sérgio Cruz; MITIDIERO, Daniel (Coord.). *Comentários ao Código de Processo Civil – v. VII.* (arts. 318 a 368). São Paulo: Revista dos Tribunais, 2016. p. 266.

a se manifestar após ter sido citado, o que lhe confere marco temporal bastante elástico para tal manifestação.

Feitas essas considerações, entendemos que seria melhor se o legislador tivesse previsto em sua citação o início da contagem do prazo para o réu manifestar eventual desinteresse, o que prestigiaria a garantia da duração razoável do processo sem dilações indevidas e da boa-fé processual (respectivamente, arts. 4º e 5º do CPC/2015).

Daniel Colnago Rodrigues[105] cita o seguinte exemplo para demonstrar a inadequação de tal regra:

> [...] suponha que o autor, na petição inicial, opte pela não realização da audiência. Mesmo assim – já que o ato somente não se realizará se ambas as partes manifestarem desinteresse –, o juiz cita o réu e, diante da pauta congestionada, designa audiência para dali a, aproximadamente, 1 (um) ano. Observe que, neste caso, a audiência segue agendada apenas pela vontade do réu (que pode peticionar depois de 11 meses da citação dizendo que não deseja mais a audiência, ou ainda comparecer à audiência e simplesmente não fazer nenhuma proposta de acordo).

O poder que a lei colocou nas mãos do réu é incompreensível, já que da atitude deste poderá advir o prolongamento indevido do processo.

O correto desenvolvimento do processo depende da participação de todos os sujeitos da relação processual, bem como de se coibir comportamento abusivo da parte ou de seu patrono. Não obstante vigore no sistema o princípio do impulso oficial, possuindo o juiz relevantes poderes de direção e de instrução, é evidente que a participação proba das partes é fundamental para que a relação processual atinja o resultado desejado.

De outra banda, são sabidos os prejuízos que dilações indevidas causam ao processo civil. Segundo o José Rogério Cruz e Tucci,

> [...] quanto mais distante da ocasião tecnicamente propícia for proferida a sentença, a respectiva eficácia será proporcionalmente mais fraca e ilusória", pois "*um julgamento tardio irá perdendo progressivamente seu sentido reparador, na medida em que se postergue o momento do reconhecimento judicial dos direitos; e, transcorrido o tempo razoável para resolver a causa, qualquer solução será, de modo inexorável, injusta, por maior que seja o mérito científico do conteúdo da decisão*" (grifos do autor).[106]

Com vistas a mitigar tal situação, Daniel Colnago Rodrigues postula que seria facultado ao juiz instigar o réu a abreviar eventual manifestação de seu desinteresse na autocomposição. Assim, no próprio ato

---

[105] RODRIGUES, Daniel Colnago. Mediação obrigatória no processo civil: reflexões à luz do direito comparado, do CPC/2015 e da Lei da Mediação (Lei 13.140/2015). *Revista de Processo*, São Paulo, Ano 43, v. 285, p. 365-396, Nov. 2018. p. 389.

[106] CRUZ E TUCCI, José Rogério. Garantia do processo sem dilações indevidas: responsabilidade do Estado pela intempestividade da prestação jurisdicional. *Revista da Faculdade de Direito da Universidade de São Paulo*, São Paulo, v. 97, p. 323-345, 2002. p. 324.

citatório, o magistrado poderia determinar que no prazo de alguns dias o réu declarasse o desejo de se realizar ou não a audiência. Para esse autor, embora o art. 139, VI, do CPC/2015 confira ao juiz poderes apenas para *dilatar* os prazos processuais, a incumbência de velar pela duração razoável do processo (art. 139, II) lhe permitiria tal conduta.[107]

A despeito da nobre intenção (assegurar racional distribuição do tempo do processo), por trás dessa construção hermenêutica entendemos que tal solução não tem respaldo legal. Vejamos a regra contida no art. 139, VI, CPC/2015:

> Art. 139. O juiz dirigirá o processo conforme as disposições deste Código, incumbindo--lhe:
>
> [...]
>
> VI – *dilatar os prazos processuais* e alterar a ordem de produção dos meios de prova, adequando-os às necessidades do conflito de modo a conferir maior efetividade à tutela do direito (grifos nossos).

Ao comentar essa regra, Fabiano Carvalho[108] afirma que, considerando as especificidades da causa, e para dar maior efetividade à tutela de direito, o juiz poderá, independentemente da vontade das partes, aumentar

> [...] *e nunca diminuir! – o prazo fixado em lei.* A lei não faz distinção sobre a natureza do prazo. Assim, peremptório (art. 222, § 1º, do CPC) ou dilatório (próprio ou impróprio), aplica-se o disposto no art. 139, inciso VI, do CPC. A lei fala em "dilatar" e não "renovar" o prazo. Isso é confirmado pelo parágrafo único do art. 139, segundo o qual a dilação do prazo somente pode ser determinada antes de encerrado o prazo regular (grifos nossos).

Em seus comentários ao inciso VII, do mesmo artigo, José Miguel Garcia Medina[109] afirma que a autorização de modificação procedimental nele prevista é bastante restritiva.

Assim, se não é possível ao magistrado reduzir o prazo que a lei fixou para que o réu se manifeste. Se esse último não tem interesse em participar da audiência e retarda propositadamente sua manifestação, tal conduta pode ser enquadrada na hipótese da oposição de resistência injustificada ao andamento do processo (art. 80, IV, CPC/2015)?

Antes de respondermos a essa questão, buscamos refletir sobre os possíveis comportamentos do réu e suas motivações.

---

[107] RODRIGUES, Daniel Colnago. Mediação obrigatória no processo civil: reflexões à luz do direito comparado, do CPC/2015 e da Lei da Mediação (Lei 13.140/2015). *Revista de Processo*, São Paulo, Ano 43, v. 285, p. 365-396, Nov. 2018.

[108] CARVALHO, Fabiano; CRUZ E TUCCI, José Rogério; FERREIRA FILHO, Manoel Caetano; APRIGLIANO, Ricardo de Carvalho; DOTTI, Rogéria Fagundes; MARTINS, Sandro Gilbert (Coord.). *Código de processo civil anotado*. São Paulo: AASP/OAB/PR, 2018. p. 225.

[109] MEDINA, José Miguel Garcia. *Novo Código de Processo Civil*: comentado com remissões e notas comparativas ao CPC/1973. São Paulo: Editora Revista dos Tribunais, 2015.

A priori, se a lei faculta tal prazo para que o réu possa considerar sua intenção de participar de tentativa prévia de autocomposição, mesmo que ele tenha, inicialmente, inclinação por se submeter a tal procedimento, é natural que ele possa mudar de opinião. Essa mudança pode decorrer de uma série de situações, que são impossíveis de ser previstas. Mas podemos pressupor algumas hipóteses. Imaginemos, por exemplo, que, após ter sido citado, o réu seja aconselhado por seu advogado a buscar autocomposição, já que as chances de afastar a pretensão do autor são pequenas.

Nessa hipótese, ele inicialmente estaria propenso a participar da tentativa de conciliação para reduzir as perdas que imagina que serão impostas, através da futura solução adjudicada. Porém, dentro do prazo que tem para manifestar seu desinteresse em participar da audiência, um novo entendimento jurisprudencial é definido, e o prognóstico inicial de perda se altera, não sendo mais recomendado o acordo, pois as chances de afastar completamente a pretensão autoral passam a ser enormes. O inverso também pode ocorrer. Em outras palavras, se inicialmente o réu recebeu o prognóstico de que tem imensas possibilidades de afastar a pretensão autoral, um novo precedente é fixado, e tal perspectiva se altera. Desse modo, o réu passa a ter interesse em participar da tentativa prévia de conciliação.[110]

Podemos ainda imaginar uma situação em que o *animus* beligerante, em um primeiro momento, impede o diálogo entre as partes, motivo pelo qual elas não desejam se submeter à tentativa de autocomposição. Com o passar do tempo, no entanto, ocorre uma natural distensão, o que gera possibilidade e interesse entre os litigantes de dialogar com vistas à autocomposição. Situação inversa também pode ocorrer. Ou seja, entre a data da citação do réu e os dez dias que antecedem a audiência, o réu, que inicialmente desejava submeter-se à tentativa prévia de conciliação, desinteressa-se, uma vez que a conflituosidade entre as partes aumentou sensivelmente.

Outra hipótese é o caso em que o réu, por falta de conhecimento sobre a autocomposição, inibe-se de participar de sessão autocompositiva. No intervalo de tempo que a lei lhe concede, contudo, o demandado pode conhecer tais institutos e ter uma nova impressão que o leve a se interessar em participar da audiência. Evidentemente, o inverso pode ocorrer, caso nesse intervalo de tempo o réu receba informações desfavoráveis ao funcionamento de tal audiência ou mesmo caso haja se submetido, em outro processo, a tentativa autocompositiva em que a

[110] Segundo Andrew S. Tulumello, Scott R. Peppet e Robert H. Mnookin, a tomada da decisão de negociar ou não deve ter sempre como parâmetro os riscos e as oportunidades do futuro julgamento da causa. In: *Beyond winning*: negotiating to create value in deals and disputes. Cambridge (MA): Harvard University Press, 2000.

"experiência" tenha sido desagradável, seja pelo resultado insatisfatório, seja pela atuação do conciliador ou mediador ou pela conduta da parte contrária durante a sessão, entre outros motivos.

As hipóteses são diversas, como diversas são as situações em que podemos vislumbrar que o réu pode mudar sua intenção inicial em participar da audiência, sem que tal conduta tenha finalidade de procrastinação.

Não obstante, é importante destacar que, diferentemente do que ocorre no Direito material, o dolo processual é aferido objetivamente a partir da exteriorização do ato processual e das circunstâncias em que é praticado, e não da aferição da psique do agente. A má-fé, portanto, independe de prova concreta e resulta diretamente da apreciação de fatos que *a lei enumera e dos quais o julgador extrai a ilicitude do procedimento processual do litigante*. Ocorrida qualquer uma das hipóteses previstas no referido art. 80 do Código de Processo Civil, considera-se ter havido má-fé do litigante, invertendo-se em seu desfavor o ônus da prova de circunstâncias que excluam tal tipificação.[111]

De acordo com essa linha de raciocínio, uma vez invertido o ônus da prova, afasta-se a presunção de boa-fé (princípio geral de Direito), em uma aproximação com a teoria da responsabilidade objetiva.[112] Nesse sentido:

> O litigante cujo comportamento concluir o juiz, a partir da apreciação objetiva dos fatos e do comportamento descrito na norma (e não da psique do agente), configurar hipótese de litigância de má-fé, terá o ônus de desconstituir a tipificação e afastar de forma expressa a má-fé na execução do ato processual, o que favorece sobremaneira o trabalho do julgador, guardião do processo em suas múltiplas finalidades e, principalmente, da dignidade e decoro da Justiça.[113]

Para que a conduta do réu que deixa para manifestar seu desinteresse de participação na audiência do art. 334 do Código de Processo Civil, após grande transcurso de sua citação, possa ser caracterizada como litigância de má-fé, deve existir prévia tipificação. São condutas tipificadas como abusivas e que demandam sancionamento (art. 80, CPC/2015): alterar a verdade dos fatos; usar do processo para conseguir objetivo ilegal; opor resistência injustificada ao andamento do processo; proceder de modo temerário em qualquer incidente ou ato do processo; provocar incidente manifestamente infundado; e interpor recurso com intuito manifestamente protelatório.

---

[111] BERALDO, Maria Carolina Silveira. *O comportamento dos sujeitos processuais como obstáculo à razoável duração do processo*. 2013. Tese (Doutorado em Direito Processual) – Faculdade de Direito, Universidade de São Paulo, São Paulo, 2013.

[112] CAVALIERI FILHO, Sergio. *Programa de responsabilidade civil*. 7. ed. São Paulo: Atlas, 2007.

[113] BERALDO, op. cit., p. 159.

A hipótese legal que mais se aproxima de tal conduta é a prevista no inciso IV do art. 80, CPC/2015: opor resistência injustificada ao andamento do processo. De acordo com Candido Rangel Dinamarco,[114] trata-se de fórmula bastante ampla, que abrange todas as condutas consistentes em retardar *maliciosamente* o procedimento. Ainda segundo esse autor,[115] a procrastinação advinda da oposição injustificada constitui clara violação à garantia da razoável duração do processo, na medida em que trabalha contra a celeridade processual.

Por outro lado, segundo Maria Carolina Silveira Beraldo,[116] ainda sob a ótica do CPC/1973, o que caracteriza oposição de resistência injustificada ao andamento do processo são *casos de omissão do réu*, nos quais este, diante da primeira oportunidade de falar nos autos, não se manifesta. Conforme a autora, seriam os casos de dever de alegação da ausência de pressupostos de constituição e desenvolvimento válido e regular do processo, da existência de perempção, de litispendência ou de coisa julgada, ou de falta de condições da ação. A regra contida no art. 267, § 3º, daquele Código era assertiva em prever a obrigação do réu de se manifestar sobre tais matérias, quando primeiramente lhe coubesse falar nos autos, sob pena de assim não agindo responder pelas custas de retardamento.

Não obstante, o CPC/2015 não obriga o réu a manifestar desinteresse em participar da audiência do art. 334 na primeira oportunidade em que lhe couber falar nos autos. Pelo contrário, prevê prazo próprio e específico e, portanto, não é razoável ou legal exigir que o réu se manifeste antes do tempo definido pela lei. Seria até contraditório presumir má-fé do exercício da faculdade processual dentro do prazo legal.

A conduta do réu que deixa para manifestar seu desinteresse na participação na audiência do art. 334 no prazo legal não se encontra prevista em nenhum dos incisos do art. 80 do CPC/2015. Logo, tal conduta não pode ser sancionada, a despeito de em alguns casos inferirmos que a omissão do réu teve como objetivo prolongar indevidamente o processo. Isso se deve ao fato de não ser sancionável nenhuma conduta processual que possa atentar contra a boa-fé, mas apenas as taxativamente previstas no diploma processual. Vamos imaginar a hipótese de um réu que, ciente de que a audiência de tentativa de conciliação foi designada para data longínqua, aguarda sua realização e, lá estando, não apresente

---

[114] DINAMARCO, Cândido Rangel. *Instituições de direito processual civil*. 6. ed. São Paulo: Malheiros, 2009. v. 2.

[115] Ibidem.

[116] BERALDO, Maria Carolina Silveira. *O comportamento dos sujeitos processuais como obstáculo à razoável duração do processo*. 2013. Tese (Doutorado em Direito Processual) – Faculdade de Direito, Universidade de São Paulo, São Paulo, 2013.

nenhuma proposta concreta de composição. Tal conduta poderia ser considerada como provocação de fase inútil para procrastinar o processo, sendo merecedora de sanção?

Essa hipótese foi apreciada recentemente pelo juízo da Vara Cível da Comarca de Linhares, no estado do Espírito Santo. Nos autos do processo 0002380-43.2019.8.08.0030, foi expedida carta de citação ao réu para comparecimento obrigatório à audiência de conciliação, constando no mandado citatório que, no caso de o réu não manifestar desinteresse na autocomposição, o ato de comparecer à audiência sem apresentação de propostas efetivas e razoáveis seria considerado ato atentatório à dignidade da Justiça e litigância de má-fé por ato protelatório, constando advertência da possibilidade de aplicação das multas dos arts. 77, § 2º, e 81 do CPC.[117]

Tal decisão foi posteriormente revogada pelo próprio juízo, em sede de julgamento de embargos declaratórios. É evidente, porém, que a hipótese descrita no art. 77, § 2°, do diploma processual não se subsome à conduta que o juízo da Comarca de Linhares desejava sancionar. Essa regra, aliás, apenas descreve que violação dos deveres de conduta, mencionada nos incisos V e VI do mesmo artigo.

As condutas descritas em referidos incisos são as seguintes: cumprir com exatidão as decisões jurisdicionais de natureza provisória ou final e não criar embaraços à sua efetivação (inciso IV) e não praticar inovação ilegal no estado de fato de bem ou direito litigioso (inciso VI).

O juiz *não* tem poder para determinar que as partes compareçam à audiência com propostas efetivas, embora fosse mais útil que viessem munidas de sugestões para aproveitar o potencial dessa fase processual. Vale ressaltar que a audiência é momento no qual, com auxílio do conciliador, as partes podem desenvolver propostas factíveis de acordo.

De outro lado, conforme recente pesquisa encomendada pelo CNJ para investigar a forma de gestão da mediação e/ou conciliação nos pro-

---

[117] Transcrevo o conteúdo desta decisão: "Vistos, em inspeção. 1. Defiro à parte autora os benefícios da justiça gratuita, com fulcro no art. 98 do CPC. 2. Cite-se a parte ré para comparecimento obrigatório na audiência de conciliação para o dia ___/___/___, às ___:___ horas, advertindo-a da necessidade de informar ao Juízo seu desinteresse na realização do ato com, no mínimo, 10 dias de antecedência deste, nos termos do § 5º, bem como advertindo-a dos §§ 8º e 9º do art. 334, todos do CPC1; devendo o instrumento citatório observar o contido nos arts. 248 e 250, ambos do CPC. 3. Reporto-me ao citando que, em observância aos princípios da economia processual e da cooperação, quedando-se silente e não informando seu eventual desinteresse na autocomposição, nos termos do item acima, o ato de comparecer à audiência sem apresentação de propostas efetivas e razoáveis, que aprouvem a ambas as partes, será considerado ato atentatório à dignidade da justiça, bem como litigância de má-fé, pela característica protelatória de tal conduta, podendo ser aplicadas as multas dos art. 77, §2." In: TRIBUNAL DE JUSTIÇA DO ESTADO DO ESPÍRITO SANTO. 1ª Vara Cível da Comarca de Linhares. *Processo 0002380-43.2019.8.08.0030*. Magistrado Samuel Miranda Gonçalves Soares. Data da decisão 22 de março de 2019.

cessos da Justiça Estadual de primeiro grau, há uma percepção frequente de que quando se tornou obrigatória a audiência prévia de conciliação ou mediação, e diante da ameaça de alguns magistrados de aplicar multas para obrigar a elaboração de uma proposta, "[...] as partes *começaram a levar propostas não factíveis, com o intuito exclusivo de* ***não*** *receberem a multa*"[118] (grifos nossos). Isso implica dizer que o comportamento comum que vem sendo notado pelos entrevistados é que a audiência é muitas vezes realizada como ato pró-forma, apenas para evitar incidência de sanções.

Dentre os que entendem ser possível sancionamento, Aluisio Gonçalves de Castro Mendes e Guilherme Kronemberg Hartmann ressaltam que, se o demandado não se opuser à realização da tentativa prévia de autocomposição, presumir-se-ia o seu interesse em conciliar, devendo ele, obrigatoriamente, apresentar proposta de acordo, em patamares razoáveis, sob pena de comportamento contraditório processual (art. 80, IV, CPC/2015), incidindo a imposição de multa pela litigância de má-fé (art. 81, CPC/2015).[119]

Os autores entendem ser contraditório o comportamento de não se opor à realização da audiência do art. 334 e de não apresentar proposta de acordo. Subsome-se a tal conduta contraditória a hipótese do art. 80, IV, do CPC/2015, qual seja, resistência injustificada ao andamento do processo.

Se examinarmos as condutas específicas descritas nessa regra, verifica-se que são previstas condutas objetivas que dispensam qualquer indagação quanto à atitude psicológica do agente para permitir-lhe a responsabilização. Para justificarem a aplicação da hipótese prevista no art. 80, IV, do CPC/2015, Mendes e Hartmann fazem suposições hipotéticas dos motivos que levam o réu a não apresentar proposta de acordo. Todavia, essa ausência pode decorrer de simples despreparo para estar na audiência, de ausência momentânea de recursos, de as partes desejarem escutar proposta da parte contrária ou contar com o auxílio do terceiro facilitador para que ambas, durante a audiência, possam desenvolver soluções consensuais.

Nesse sentido, mostra-se inadequada e ilegal a aplicação de sanção por conta de o réu comparecer à audiência sem oferta para composição.

---

[118] UNIVERSIDADE DE SÃO PAULO. CONSELHO NACIONAL DE JUSTIÇA. *Mediação e conciliação avaliadas empiricamente, jurimetria para proposição de ações eficientes*. Brasília: 2019. Relatório Analítico Propositivo – Justiça Pesquisa. p. 176. Disponível em: <https://www.cnj.jus.br/wp-content/uploads/2019/05/d87ecfa91fdcada3c1795f522be42dcc_7772666f491fd94a642e05b394cff84a.pdf>.Acesso em: 6 out. 2020.

[119] MENDES, Aluisio Gonçalves de Castro; HARTMANN, Guilherme Kronemberg. A audiência de conciliação ou de mediação no novo Código de Processo Civil. *Revista de Processo*, São Paulo, v. 253, p. 163-184, mar. 2016. p. 176.

Eventual alteração legislativa que tenha como escopo estimular as partes a comparecer a tal ato devidamente preparados pode exigir que elas apresentem proposta efetiva de acordo. No entanto, uma regra dessa natureza levará a outras discussões, especialmente como avaliar o que seria uma proposta efetiva de acordo em contraposição a *propostas não factíveis*.

6.7. Início da contagem do prazo para contestar

Caso a tentativa prévia de autocomposição não tenha êxito, ou sequer seja designada, o(s) réu(s) deverá(ão) apresentar contestação. O CPC/2015 traz em seu art. 335 as balizas para o início da contagem do prazo, para oferecimento da contestação:

> Art. 335. O réu poderá oferecer contestação, por petição, no prazo de 15 (quinze) dias, cujo termo inicial será a data:
>
> I – da audiência de conciliação ou de mediação, ou da última sessão de conciliação, quando qualquer parte não comparecer ou, comparecendo, não houver autocomposição;
>
> II – do protocolo do pedido de cancelamento da audiência de conciliação ou de mediação apresentado pelo réu, quando ocorrer a hipótese do *art. 334, § 4º, inciso I*;
>
> III – prevista no art. 231, de acordo com o modo como foi feita a citação, nos demais casos.
>
> § 1º No caso de litisconsórcio passivo, ocorrendo a hipótese do art. 334, § 6º, o termo inicial previsto no inciso II será, para cada um dos réus, a data de apresentação de seu respectivo pedido de cancelamento da audiência.
>
> § 2º Quando ocorrer a hipótese do art. 334, § 4º, inciso II, havendo litisconsórcio passivo e o autor desistir da ação em relação a réu ainda não citado, o prazo para resposta correrá da data de intimação da decisão que homologar a desistência (grifos nossos).

A leitura desse artigo evidencia a existência de quatro critérios diferentes para início da contagem do prazo. O primeiro refere-se às situações nas quais *ope legis* não cabe designação da audiência autocompositiva; o segundo, casos em que ocorre a sessão, com ou sem a presença das partes, sem êxito na autocomposição; o terceiro diz respeito a casos em que a sessão não ocorre em razão de todas as partes terem manifestado de forma expressa o desinteresse em sua realização; e o quarto, aos casos em que há litisconsórcio passivo, tendo o autor e os réus já citados manifestado objeção à tentativa prévia de autocomposição e o autor desistir de prosseguir com a ação, em face de réu ainda não citado.

Em relação à primeira hipótese, em que não é caso de se designar a sessão, independentemente da vontade das partes (quando o direito não admite autocomposição, de improcedência liminar do pedido ou inépcia da petição inicial[120]), maiores dúvidas não surgem. Isso porque o inciso III faz remissão à regra geral de contagem de prazos (art. 231, CPC/2015), tendo início o prazo de contestação na data da juntada aos autos do aviso de recebimento, quando a citação for pelo correio; da juntada do mandado cumprido, sempre que a citação for por oficial de justiça; ou do dia útil seguinte ao fim do prazo fixado pelo juiz, nas ocasiões que a citação for por edital. Havendo mais de um réu, o prazo para contestar começa a fluir a partir da última das datas acima mencionadas, de modo que o período de tempo para se defender seja comum a todos os réus.

De outra feita, quando a sessão for designada e as partes não comparecerem ou, comparecendo, não houver autocomposição, a regra contida no art. 335, I, CPC/2015, também não deixará margem para dúvidas, sendo o início da fluência do prazo para contestar o da própria audiência (ou da última sessão, caso tenha se desdobrado em mais de um encontro).

A questão torna-se mais complexa, porém, na hipótese de ambas as partes terem manifestado, de forma expressa, o desinteresse pela realização da sessão autocompositiva. Nessa circunstância, o marco temporal para início da contestação poderá variar (art. 334, § 4º, I, CPC/2015). É o caso em que o autor, na peça inicial, manifesta desinteresse na audiência, e o réu, quando citado, se manifesta em igual sentido.

Regra geral contida no inciso II do art. 335, CPC/2015, determina que o prazo para contestação terá início quando for protocolado o pedido de cancelamento da audiência de conciliação/mediação pelo réu.

Por fim, quarto critério, foi estabelecido, ainda, nos casos de litisconsórcio passivo, em que o autor e os réus já citados tiverem manifestado oposição à audiência e o autor desistir da ação em relação a réu ainda não citado (§ 2º do art. 335, CPC/2015).

Esses dois últimos critérios, por certa complexidade, merecem ser melhor examinados.

6.7.1. Início da contagem do prazo para contestar quando houver litisconsórcio passivo

Segundo a regra contida no § 1º do art. 335 do CPC/2015, no caso de litisconsórcio passivo, a manifestação de desinteresse na realização

[120] Apesar de a lei ter fixado a obrigatoriedade da realização das audiências de conciliação ou mediação, com exceções taxativas, na prática forense tem sido comum os magistrados dispensarem de ofício, por inúmeros motivos. Trataremos dessa situação mais adiante, no capítulo 8. Neste momento, apontamos que, nos casos em que o magistrado, de ofício, dispensar a realização da audiência prévia de tentativa de autocomposição, a regra mencionada no inciso III do art. 335, CPC/2015, para início da contagem do prazo para oferecer contestação também deve ser observada.

da audiência, para que produza efeitos, deve ser realizada por todos os litisconsortes *(art. 334, § 6º)*. O termo inicial para contagem do prazo de contestação, porém, começará a fluir para cada um dos réus, individualmente, da data de apresentação de seu respectivo pedido de cancelamento da audiência. Isso implica dizer que o prazo para cada um dos litisconsortes terá termo inicial diferente, a partir de cada pedido de cancelamento.

À guisa de exemplo, para demonstrar o desacerto de tal regra, Daniel Colnago Rodrigues[121] supõe a seguinte situação: em uma ação proposta contra três réus, na qual o autor manifesta, na peça inicial, oposição à realização da audiência, o juiz determina a citação de todos os litisconsortes, designando a audiência de conciliação ou de mediação para dali a dez meses. Mas, então, no segundo mês após a citação, um dos réus manifesta objeção à audiência; no quinto mês, o segundo réu também manifesta desinteresse. Se, por exemplo, no oitavo mês, o terceiro litisconsorte decide igual desinteresse, ele passa então a deter grande "poder", dado que:

> [...] perfaz-se o suporte fático da norma prevista no art. 335, § 1º (se todos os litisconsortes manifestaram desinteresse, o termo inicial do prazo para contestação será, para cada um, a data de apresentação de seu respectivo pedido de cancelamento da audiência), *de modo que os dois primeiros réus acabam perdendo o prazo para contestar*; se, por outro lado, o terceiro litisconsorte não manifesta desinteresse na realização da audiência, não incide a norma acima mencionada, razão pela qual o prazo para todos os litisconsortes contestarem inicia-se a partir da audiência infrutífera. Naturalmente, o problema é agravado em se tratando de litisconsórcio simples (grifos nossos).

Nesse sentido, a regra é bastante infeliz porque gera grande insegurança jurídica, já que o prazo para contestar dependerá do ato de um dos réus (parte interessada no desfecho da lide). Tal questão ganha relevo no caso de tratar-se de litisconsórcio simples/comum, no qual a decisão pode ser diferente e adversa para os litisconsortes.

A regra geral prevista no art. 231, § 1º, do CPC/2015, que reproduz a regra contida no art. 241, III, do Código de Processo Civil de 1973, estabelece que, quando houver mais de um réu, o dia do começo do prazo para contestar corresponderá à data da juntada do último aviso de recebimento ou mandado citatório cumprido. Tradicional no Direito brasileiro, essa norma garantia paridade de tratamento entre os réus. Com o advento da audiência do art. 334, porém, o que já era perene em nosso Direito findou afastado para aplicação de uma regra bastante confusa. Ao fim e ao cabo, pontua Daniel Colnago Rodrigues,[122] nada nos resta a

[121] RODRIGUES, Daniel Colnago. Mediação obrigatória no processo civil: reflexões à luz do direito comparado, do CPC/2015 e da Lei da Mediação (Lei 13.140/2015). *Revista de Processo*, São Paulo, Ano 43, v. 285, p. 365-396, nov. 2018. p. 390-391

[122] Ibidem.

não ser conviver com o "poder" do litisconsorte que ainda não manifestou o desinteresse. Por isso, Rodrigues faz uma recomendação de ordem prática ao litisconsorte passivo: se vier a protocolar pedido de cancelamento da audiência, já conteste.

Na prática, a maioria dos advogados adotará tal conduta. É preciso ressaltar, porém, que isso implicará oportunidade de ciência prévia por um dos réus da forma e daquilo do que o outro se defende, em evidente ofensa ao princípio da isonomia ou paridade de armas. Do ponto de vista estritamente científico, a norma do art. 335, § 1°, do CPC em vigor é inconstitucional tanto por violar a garantia pétrea da isonomia contida no *caput* do art. 5° da Constituição de 1988 como por ofender a garantia do devido processo legal e o princípio da segurança jurídica.

No âmbito processual, a garantia do devido processo legal abarca e enfeixa uma série de garantias, tais como as da *isonomia*, do juiz natural, da inafastabilidade da jurisdição, do contraditório, da proibição da prova ilícita, da publicidade dos atos processuais, do duplo grau de jurisdição e da motivação das decisões judiciais.[123]

De acordo com Fernanda Tartuce,[124] o processo legal deve ser conduzido segundo as garantias de ordem constitucional, assegurando às partes o exercício de suas faculdades e legitimando a própria função jurisdicional. Nesse sentido,

> [...] ao se reportar ao respeito a essa garantia, não se deve pensar simplesmente nas regras procedimentais que descrevem os diferentes processos positivados em nível infraconstitucional, mas, sobretudo, na harmonia das previsões com os princípios constitucionais – *inclusive a igualdade* (grifos nossos).

Ainda segundo a autora,[125] a isonomia é fator de medida e legitimação da segurança jurídica. De outra banda, Humberto Ávila[126] observa que a segurança jurídica, ao evidenciar uma valoração legislativa positiva, configura um valor e se consubstancia em um princípio jurídico

---

123 Segundo Nelson Nery Junior, os princípios derivados do *due process* são: princípio da isonomia; princípio do juiz e do promotor natural; princípio da inafastabilidade do controle jurisdicional; princípio do contraditório e da ampla defesa; princípio da proibição da prova ilícita; princípio da publicidade dos atos processuais; princípio do duplo grau de jurisdição; princípio da motivação das decisões judiciais e administrativas; princípio da presunção de não culpabilidade; princípio da celeridade e da duração razoável do processo. In: *Princípios do processo civil na Constituição Federal*: processo civil, penal e administrativo. 9. ed. São Paulo: Revista dos Tribunais, 2009. rev. e aum. com as novas súmulas do STF – simples e vinculantes – e com análise sobre a relativização da coisa julgada.

124 TARTUCE, Fernanda. *Vulnerabilidade como critério legítimo de desequiparação no processo civil*. 2011. Tese (Doutorado em Direito Processual) – Faculdade de Direito, Universidade de São Paulo, São Paulo, 2011. p. 78.

125 Ibidem.

126 ÁVILA, Humberto. *Teoria da segurança jurídica*. 4. ed. São Paulo: Malheiros, 2016. O autor sublinha que "[...] com relação à segurança jurídica, pode-se ainda referir que ela (como fato, como valor ou como norma) pode ser usada – no metanível doutrinário, portanto – de diferentes modos: pode-se tanto descrever a segurança jurídica ('há segurança jurídica no Brasil') como valorá-la ('a segurança jurídica é uma exigência fundamental'), separada ou conjuntamente" (ÁVILA, 2016, p. 125).

constitucional, com manifesta força normativa. Em outras palavras, a isonomia entendida como necessidade de tratamento paritário está eminentemente ligada à proteção da segurança e à garantia do devido processo legal. Assim, ao se solapar a garantia do tratamento paritário, viola-se a garantia do devido processo legal (art. 5°, LIV, CF/88).

Para que os réus possam ser tratados de forma díspar, alguma distinção fática deve haver entre eles. A lei processual e material, à luz de situações de desigualdade, traz previsões e tratamentos diversos aos litigantes, visando a suprir a dificuldade de uma das partes no exercício da sua defesa e a assegurar em plenitude o seu direito de acesso à Justiça e à paridade de arma.[127] Como exemplo de tal tratamento, podemos citar a prioridade de tramitação concedida aos idosos e o direito especial de proteção previsto no Código de Defesa do Consumidor, entre outros.

Qual é, porém, a distinção fática que permite, segundo a regra contida no § 1° do art. 335, conceder tratamento não paritário aos réus? Conforme referido, a distinção de tratamento se faz com base no momento temporal em que os réus manifestam seu desinteresse na audiência prévia de autocomposição. Esse momento, desde que todas as manifestações sejam tempestivas, não tem relevância suficiente para ensejar tratamento legal diferenciado.

Nesse sentido, tal regra não somente fere os princípios e garantias que informam o sistema processual pátrio, especialmente as regras contidas nos arts. 1° e 7° do CPC/2015, como viola as garantias constitucionais, entre as quais as da isonomia, da segurança jurídica e do devido processo legal. Por esse motivo, e por aplicação extensiva e análoga do art. 231, § 1°, do Código de Processo Civil, o prazo para que os réus apresentem a contestação, na hipótese do art. 334, § 4°, deve ter seu início de juntada na data da última manifestação de desinteresse na audiência.

É evidente, porém, que a declaração de inconstitucionalidade de norma legal depende de pronunciamento judicial. Se o Poder Judiciário entender por declarar a regra contida no art. 335, § 1°, do CPC/2015 inconstitucional, poderá fazê-lo com ou sem modulação do efeito, por meio de técnicas de declarações parciais ou totais de constitucionalidade ou inconstitucionalidade, efeitos *ex tunc*, *ex nunc*, pro futuro e interpretação conforme a Constituição.

No momento, ao operador cabe seguir a norma acima citada, mesmo que eivada de inconstitucionalidade, para evitar prejuízo aos seus assistidos. Seria providencial, porém, que alguns dos legitimados para propor ação direta de inconstitucionalidade ingressasse com medida judicial visando a retirar do sistema regra tão deletéria.

[127] GRECO, Leonardo. Publicismo e privatismo no processo civil, *Revista de Processo*, São Paulo, v. 33, n. 164, p. 29-56, out. 2008.

6.7.2. *Início da contagem do prazo para contestar, quando houver litisconsórcio passivo, e o autor desistir da ação em relação a réu ainda não citado*

O § 2º do art. 335 do Código de Processo Civil informa que, na hipótese do art. 334, § 4º, inciso II, havendo litisconsórcio passivo, e o autor, desistindo da ação em relação a réu ainda não citado, o prazo para apresentar a defesa correrá da data de intimação da decisão que homologar a desistência. Tal regra não traz maiores polêmicas, na medida em que, para que o réu já citado que tenha manifestado desinteresse em participar da tentativa prévia de autocomposição, o prazo começará a fluir desde a intimação da decisão que homologar a desistência.

Uma vez intimado, o réu ou demais réus terão prazo comum e único para contestar. Ao contrário da regra contida no §1°, art. 335 do CPC/2015, pela qual os prazos para os réus contestarem têm marcos temporais diversos para início de fluência, nesse caso assegura-se a ideia encampada pelo artigo 231, § 1º, do Código, sendo garantida não somente a paridade de tratamento como o devido processo legal.

No caso de um dos réus já citados não ter manifestado desinteresse na tentativa prévia de composição consensual, também não haverá maiores problemas, a regra do § 2º do art. 335 não incidirá, pois, existindo um litisconsorte que não manifeste expressamente a oposição, a audiência será realizada, e o termo inicial para oferecimento da defesa será a data da audiência de conciliação ou de mediação, ou da última sessão de conciliação, quando não houver autocomposição (art. 335, I, CPC/2015).

6.8. Alegação de incompetência

Uma questão que tem gerado grande dúvida diz respeito à alegação de incompetência, pois, se na égide do CPC/1973 a alegação de incompetência absoluta podia ser arguida a qualquer tempo e sem forma específica (art. 113, CPC/1973), a alegação de incompetência relativa dava-se exclusivamente via exceção de incompetência, por meio de peça apartada (art. 112, CPC/1973).

Com a entrada em vigor do novo Código, em 2016, visando a concentrar atos processuais, a arguição de incompetência, seja relativa ou absoluta, passou a ser preliminar de contestação (art. 64, CPC/2015), sendo, porém, permitido alegar incompetência absoluta em qualquer tempo e grau de jurisdição (art. 64, § 1º). De acordo com Bruna Medeiros de Bessa, sendo a alegação de incompetência, matéria alegável em contestação, o réu apenas poderá apresentar essa preliminar após a audiência prévia de tentativa de autocomposição.[128]

Por outro lado, a regra contida no art. 340, § 3º, do CPC/2015 estabelece que, alegada a incompetência, será suspensa a realização da audiência de conciliação ou de mediação, se designada, até que seja dirimida tal questão e definido o juízo competente. Este, então, designará nova data para a audiência de conciliação ou de mediação (§ 4º do art. 340, CPC/2015).

Para suspender a audiência prévia de tentativa de autocomposição, o réu terá de apresentar contestação e, em sede de preliminar, arguir incompetência absoluta ou relativa (art. 337, II, CPC/2015). Esta poderá, inclusive, ser protocolada no foro de domicílio do réu (art. 340, CPC/2015).

A grande inovação do art. 334 (CPC/2015), contudo, é incluir a fase de tentativa de autocomposição antes das alegações do réu, quando os ânimos supostamente estariam desarmados. Ao obrigar que ele apresente a contestação para suspender a realização da audiência prévia de tentativa de autocomposição, tal ordem procedimental se quebra.

Assim, a suspensão da audiência em razão da arguição de incompetência é merecedora de críticas. Isso porque ela superprotege o réu no momento processual em que se almeja ainda a autocomposição.

Nesse âmbito, na realidade, temos duas questões a ser analisadas: 1) a suspensão da audiência prévia de tentativa de autocomposição até o julgamento da arguição de incompetência; e 2) a inversão da ordem processual, de modo que o réu terá de apresentar a defesa antes da audiência, caso deseje suspender sua realização.

A necessidade de suspensão da audiência é possível de imaginar em alguns casos. Por exemplo, naqueles em que o réu seja demandado em foro longínquo de sua residência, especialmente quando a distância for estadual e considerando as distâncias continentais do Brasil. Nessas situações, o ônus de se locomover até comarca longínqua não é viável a todos os brasileiros, o que acarretaria evidente obstáculo de acesso à Justiça.

Não obstante, não podemos esquecer que, segundo a regra contida no art. 344, § 10, CPC/2015, o réu poderá constituir procurador, para representá-lo na audiência prévia de conciliação ou mediação. Tal possibilidade retiraria esse ônus do réu.

Outra análise necessária é no sentido de que o tratamento dado à arguição de incompetência é muito díspar do concedido às demais matérias preliminares (defesas indiretas de mérito – art. 337, CPC/2015). Se

[128] MEDEIROS, Bruna Bessa de. Aspectos peculiares da audiência de conciliação e mediação obrigatória. *Revista de Processo*. São Paulo: Editora Revista dos Tribunais, jun. 2018. v. 280.

é oneroso o deslocamento de um réu até comarca incompetente, não é muito mais oneroso que aquele que é parte ilegítima para a causa tenha de que comparecer à audiência para apenas, posteriormente, ter apreciada tal matéria? Evidentemente, está dada a desigualdade de tratamento. E, como bem pondera Bruna Bessa de Medeiros,[129] ainda que se possa considerar um ônus excessivo para o réu ilegítimo seu deslocamento para uma audiência de conciliação ou mediação, sobretudo em outra comarca,

> [...] esta não parece ser uma medida desarrazoada [...]. Isto, pois, se não fosse assim qualquer preliminar poderia ensejar o cancelamento da audiência e esta não teria razão de existir. Ademais, nada impede o réu, com fulcro no § 10 do artigo 334, de constituir um representante para comparecer em audiência.

Nesse sentido, a regra da suspensão da audiência é mais danosa que benéfica, em razão de implicar ofensa ao princípio da eficiência, duração do processo sem dilações indevidas e economia processual, bem como por esvaziar a regra contida no art. 334 do CPC/2015.

A segunda questão refere-se à inversão do rito processual. Ou seja, para obter a suspensão da audiência, o réu terá de adiantar-se e apresentar sua contestação.

A manutenção de uma situação beligerante entre as partes após a apresentação da defesa pode influenciar a firmação ou não de um acordo, sendo que a regra do artigo 340 do CPC/2015, que possibilita a apresentação da contestação antes da realização da audiência de conciliação ou mediação, contraria toda a concepção do Código no que tange à autocomposição.[130]

Daniel Assumpção Amorim Neves[131] e Bruno Dantas[132] defendem ser possível a arguição de incompetência por meio de petição autônoma, com o intuito de poupar o réu do comparecimento à audiência no juízo incompetente.

Em relação à arguição de incompetência absoluta, não há dúvida de que ela pode ser feita por petição autônoma, pois é permitido alegar incompetência absoluta em qualquer tempo e grau de jurisdição. Nessa perspectiva também segue Cândido Rangel Dinamarco,[133] em seus comentários ao art. 64, § 1º, CPC/2015.

---

[129] MEDEIROS, Bruna Bessa de. Aspectos peculiares da audiência de conciliação e mediação obrigatória. *Revista de Processo*, São Paulo, Ano 43, v. 280, p. 485-503, jun. 2018. p. 499.

[130] Ibidem.

[131] NEVES, Daniel Amorim Assumpção. *Manual de direito processual civil*. 8. ed. Salvador: JusPodivvm, 2016. v. único.

[132] DANTAS, Bruno. Comentários ao art. 340. In: PASSO CABRAL, Antonio do; CRAMER, Ronaldo (Coord.). *Comentários ao novo Código de Processo Civil*. Rio de Janeiro: Forense, 2016.

[133] DINAMARCO, Cândido Rangel. *Comentários ao Código de Processo civil – Volume I. (arts. 1º a 69): das normas processuais civis e da função jurisdicional*. GOUVÊA, José Roberto Ferreira; BONDIOLI, Luis Guilherme Aidar; FONSECA, João Francisco Naves da (Coord.). São Paulo: Saraiva, 2018. p. 331.

A dúvida que remanesce, no entanto, é em relação à arguição da incompetência relativa. A lei processual vigente é clara quanto à necessidade da arguição em preliminar de contestação (art. 64, CPC/2015). Mas há o receio de que, ao arguir a incompetência relativa por petição autônoma, estará precluído o direito de apresentar a contestação, porque se entenderá que já foi realizado o ato processual. Isso ocorre em razão do princípio da concentração contido no art. 336, CPC/2015, pelo qual cabe "[...] ao réu alegar, na contestação, toda a matéria de defesa, expondo as razões de fato e de direito com que impugna o pedido do autor e especificando as provas que pretende produzir".

A regra desse artigo, segundo José Rogério Cruz e Tucci,[134]

> [...] reforça a ideia de que a defesa do réu se orienta pela denominada regra da concentração, significando que, assim como se impõe ao autor (art. 329), o réu tem o ônus de deduzir, de uma única vez, todos os seus argumentos visando a infirmar os fundamentos de fato e de direito deduzidos na petição inicial. [...] para o réu ocorrerá preclusão consumativa, caso não exponha ele, na contestação, *toda a defesa* que tiver contra o processo e contra a pretensão que lhe foi dirigida (grifos do autor).

Enrico Tullio Liebman, ao descrever o processo civil pátrio, afirma que o direito brasileiro adotou um procedimento rígido, em oposição ao europeu, mais flexível: "[...] nosso procedimento desenvolve-se em fases, com preclusões referentes às atividades previstas para a fase anterior, sem possibilidades de retrocessos".[135]

Assim, a solução proposta por Daniel Assumpção Amorim Neves e Bruno Dantas de arguição de incompetência relativa por petição autônoma não é a melhor alternativa. Isso porque, como qualquer outra defesa indireta de mérito, ela deve ser deduzida como preliminar de contestação; e, caso a arguição seja feita de forma antecipada e independente, deverão ser reconhecidos os efeitos da preclusão consumativa pelo princípio da eventualidade, e, portanto, o réu não poderá deduzir outras matérias de defesa.

Em resumo, apesar de a regra do art. 340, § 3º, do CPC/2015, ser inadequada, em relação à inversão do rito processual, em se tratando de arguição de incompetência relativa, não há alternativa senão conviver com a inversão da ordem processual. Nesse sentido, uma solução prática como a arguição via petição autônoma pode gerar maiores prejuízos que benefícios, se adotada.

---

[134] CRUZ E TUCCI, José Rogério. *Comentários ao Código de Processo civil – Volume VII (arts. 318 a 368)*. GOUVÊA, José Roberto Ferreira; BONDIOLI, Luis Guilherme Aidar; FONSECA, João Francisco Naves da (Coord.). São Paulo: Saraiva, 2016. p. 187-188.

[135] LIEBMAN, Enrico Tullio. *Manual de direito processual civil*. Vol. I. 3. ed. Trad. e notas Cândido Rangel Dinamarco. São Paulo: Malheiros, 2005. p. 303.

7. Conciliadores e mediadores judiciais

7.1. Necessidade de remuneração para profissionalização da carreira

Tanto a Lei de Mediação, em seu art. 13, como o atual Código de Processo Civil, em seu art. 169, determinam que os mediadores (e conciliadores, no caso do mesmo artigo do CPC/2015) devem ser remunerados de acordo com tabela fixada pelos tribunais e custeados pelas partes (com exceção dos casos de justiça gratuita). Essa determinação tem como objetivo estimular pessoas qualificadas e preparadas para atuar como mediadoras e conciliadoras, que as RADs venham, de fato, a ganhar força no Brasil.

Ainda não se verifica na prática, porém, a adoção de tal medida. No Estado de São Paulo, apesar de a Lei Estadual nº 15.804/2015 ter estabelecido remuneração de duas unidades fiscais (UFESP) por hora (o que equivalia, em 2020, a R$ 55,22), atualmente os conciliadores e mediadores atuam de forma voluntária, uma vez que não há dotação orçamentária para cumprir essa "promessa". No âmbito da Justiça do Distrito Federal (TJDF), os conciliadores/mediadores não recebem remuneração, sendo a função exercida a título honorífico e sem vínculo com o estado. A sua atuação, portanto, é considerada como serviço voluntário público relevante.[136]

A despeito das dificuldades em acessar informações sobre a existência de remuneração para o exercício da função de mediador ou conciliador, no âmbito dos Tribunais de Justiça de Mato Grosso do Sul[137] e Roraima,[138]

---

136 TRIBUNAL DE JUSTIÇA DO DISTRITO FEDERAL E DOS TERRITÓRIOS. *Quero ser conciliador*. Disponível em: <https://www.tjms.jus.br/conciliacao/mediadores.php>. Acesso em: 6 out. 2020.

137 TRIBUNAL DE JUSTIÇA DO MATO GROSSO DO SUL. Núcleo Permanente de Métodos Consensuais de Soluções de Conflitos. *Conciliar e mediar* – caminhos mais simples e eficientes. Disponível em: <https://www.tjms.jus.br/conciliacao/mediadores.php>. Acesso em: 6 out. 2020.

138 TRIBUNAL DE JUSTIÇÃO DE RORAIMA. *Quero ser conciliador/mediador*. Disponível em: <http://www.tjrr.jus.br/index.php/nupemec-ser-conciliador#remuneracao>. Acesso em: 6 out. 2020.

tal função não é remunerada, sendo o trabalho voluntário. Já no Tribunal de Justiça de Goiás, a atividade é remunerada.[139]

No âmbito da Justiça Federal, a realidade atual também é incipiente; no Tribunal Regional Federal da 3ª Região, um dos mais importantes do país, por exemplo, a remuneração ainda não foi regulamentada.[140] O mesmo ocorre nos demais Tribunais Regionais (1ª, 2ª, 4ª e 5ª Regiões). O Tribunal Regional Federal da 2ª Região, por sua vez, tem capacitado servidores da Justiça para atuar como conciliadores e mediadores, de forma a evitar que se conte somente com trabalho voluntário.[141]

Atualmente, perante o Tribunal Regional Federal da 4ª Região, o único estímulo para conciliadores e mediadores é sua atuação constituir título em concurso público de provas e títulos, que contará como atividade jurídica, conforme prevê o art. 10, § 5º, da Resolução nº 15, de 03/2011-TRF4.[142]

Essa situação, porém, redunda em uma limitação à expansão dos dois institutos. Isso porque, enquanto uma justa remuneração não for estabelecida no âmbito de todos os tribunais, não será possível exigir conciliadores e mediadores bem capacitados e estimulados. Dito de outro modo, não é razoável exigir que alguém se qualifique e se capacite sem que, em contrapartida, receba retribuição adequada. Logo, se tal quadro não for alterado, os meios autocompositivos terão dificuldades para se desenvolver na velocidade e amplitude desejadas pelo atual diploma processual, baseados, prioritariamente, em serviço voluntário.

Apesar de os critérios para fixação de remuneração dependerem da regulamentação interna de cada tribunal, atento à necessidade de proporcionar remuneração digna aos mediadores e conciliadores, para que o mercado de trabalho congregue bons profissionais no campo da justiça consensual. O Conselho Nacional de Justiça editou a Resolução nº 271,

---

[139] TRIBUNAL DE JUSTIÇA DE GOIÁS. *Decreto judiciário nº 757/2018*. Goiânia, 22 maio 2018. Disponível em: <http://tjdocs.tjgo.jus.br/documentos/510237>. Acesso em: 6 out. 2020.

[140] TRIBUNAL REGIONAL FEDERAL DA 3ª REGIÃO. *Sobre conciliadores*. Disponível em: <https://www.trf3.jus.br/conciliar/perguntas-frequentes/sobre conciliadores/>. Acesso em: 29 set. 2020.

[141] TRIBUNAL REGIONAL FEDERAL DA 2ª REGIÃO. *2ª Região entrega certificado a servidores aptos a atuar como conciliadores e mediadores na Justiça Federal*. Rio de Janeiro, 26 abr. 2019. Disponível em: <https://www10.trf2.jus.br/portal/2a-regiao-entrega-certificado-servidores-aptos-atuar-como-conciliadores-e-mediadores-na-justica-federal/>. Acesso em: 31 dez. 2019.

[142] TRIBUNAL REGIONAL FEDERAL DA 4ª REGIÃO. Resolução nº 15, de 14 de março de 2011. Porto Alegre, 2011. Dispõe sobre a adequação e ampliação do Sistema de Conciliação da Justiça Federal da 4ª Região à Política Judiciária Nacional de tratamento dos conflitos de interesse. Disponível em: <https://biblioteca.trf4.jus.br/diap/legis/RESOL2011015.PDF>. Acesso em: 6 out. 2020.

em 11 de dezembro de 2018,[143] pela qual fixou parâmetros de remuneração a ser paga aos conciliadores e mediadores judiciais.

De acordo com a resolução, foram fixados cinco patamares, sendo quatro remuneratórios, de acordo com faixas de autoatribuição (voluntário; básico; intermediário; avançado; e extraordinário), sendo que o valor da hora varia tanto de acordo com o nível no qual o conciliador/mediador está enquadrado como também em razão do valor da causa.

A tabela e o valor sugerido pelo CNJ, porém, podem ser alterados pelos tribunais, tanto para aumentar como para reduzir os valores para atender à realidade local (art. 2º, § 3°, da Resolução 271/2018). Apesar da iniciativa da fixação de parâmetro de remuneração, a implantação depende, exclusivamente, dos tribunais, que já atravessam dificuldades financeiras e, portanto, tendem a delongar tal medida.

Tal resolução traz, contudo, norma inesperada, ao definir que, em contrapartida a seu credenciamento, os mediadores e conciliadores, com exceção dos enquadrados como voluntários, deverão atender gratuitamente a 10% (dez por cento) dos casos direcionados pelo Poder Judiciário, a fim de proporcionar tratamento aos processos em que for deferida gratuidade da Justiça (art. 2º, § 8º, da Resolução 271/2018).

No entanto, se a lei (art. 169, § 2º, CPC/2015) determinou que os tribunais estabelecerão percentual de audiências não remuneradas que deverão ser suportadas pelas câmaras privadas de conciliação e mediação, com o fim de atender aos processos em que a gratuidade da Justiça houver sido deferida, como contrapartida de seu credenciamento, ela não estabeleceu tal dever para os conciliadores e mediadores, considerados individualmente.

A Resolução 271, apesar de ter fixado (art. 2º, § 7º)[144] o percentual de atendimento gratuito das câmaras privadas de conciliação e mediação em patamar superior (20%) ao fixado aos profissionais autônomos, ultrapassou os limites legais, pois o Código de Processo não prevê tal ônus aos autonômos.

Além da ilegalidade desta norma (art. 2º, § 8º, da Resolução 271/2018), a adequação e conveniência são bastante questionáveis. Sem mínima remuneração, a dedicação dos conciliadores ou mediadores será menor; eles não terão estímulo para alongar o procedimento e desdobrar o encontro em diversas sessões, caso necessárias à composição das par-

---

[143] CONSELHO NACIONAL DE JUSTIÇA. Resolução 271, de 11 de dezembro de 2018. Fixa parâmetros de remuneração a ser paga aos conciliadores e mediadores judiciais, nos termos do disposto do art. 169 do Código de Processo Civil – Lei nº 13.105/2015 – e no art. 13 da Lei de Mediação – Lei nº 13.140/2015. Disponível em: <https://atos.cnj.jus.br/files/resolucao_271_11122018_12122018115214.pdf>. Acesso em: 6 out. 2020.

[144] Ibidem.

tes, relegando ao jurisdicionado beneficiado pela gratuidade tratamento "de segunda classe".

Por outro lado, se para as câmaras privadas de conciliação e mediação, em razão de sua estrutura empresarial, a absorção do custo de realização de percentual de procedimentos gratuitos é mais plausível, já para profissionais autônomos tal ônus é bastante pesado, representando um desestímulo ao ingresso de bons profissionais.

Se, porém, conforme art. 6°, XI, da Resolução n° 125/2010 (incluído pela Emenda nº 2, de 8 de agosto de 2016),[145] do mesmo Conselho Nacional de Justiça, cabe a ele próprio a criação de parâmetros de remuneração de mediadores. Tais balizas podem ser ou não seguidas pelos tribunais, assim como estes podem não seguir os percentuais de audiências não remuneradas parametrizadas, sendo que nesse caso seria salutar que não o seguissem.

Outro ponto digno de nota é que a mesma Resolução 271/CNJ, em seu art. 2°, § 6°, estabeleceu que o mediador judicial não poderá cobrar pela primeira sessão, devendo apresentar às partes estimativa inicial de quantidade de horas, informações sobre o procedimento e orientações acerca da confidencialidade, nos termos do art. 14 da Lei de Mediação.

A primeira observação é de técnica legislativa, pois na redação de tal parágrafo consta apenas alusão à mediação judicial e ao mediador, sendo que podem remanescer dúvidas sobre sua aplicabilidade em relação à conciliação judicial e à figura do conciliador. Em razão da ausência de outro parágrafo ou artigo da resolução a tratar de forma diversa da conciliação judicial e do conciliador, entendemos que tal norma também se aplica a esse instituto.

Uma segunda observação que podemos fazer diz respeito à impossibilidade de o mediador cobrar pela primeira sessão, servindo este primeiro encontro como momento para informar sobre o funcionamento do procedimento e a estimativa de horas, de modo a permitir às partes a decisão de aderir ou não. Se tal norma está em consonância com o princípio da voluntariedade e da decisão informada (art. 166, CPC/2015), ela não parece estar de acordo com o sistema implantado pelo art. 334 do Código de Processo Civil, pelo qual a obrigatoriedade é de participar da tentativa de conciliação ou mediação, e não de participar de uma audiência informativa sobre métodos autocompositivos para que as partes possam voluntariamente decidir se pretendem se submeter a tais mecanismos.

---

145 CONSELHO NACIONAL DE JUSTIÇA. Resolução 125, de 29 de novembro de 2010. Dispõe sobre a Política Judiciária Nacional de tratamento adequado dos conflitos de interesses no âmbito do Poder Judiciário e dá outras providências. Disponível em: <https://atos.cnj.jus.br/files/resolucao_comp_125_29112010_19082019150021.pdf >. Acesso em: 6 out. 2020.

Nessa perspectiva, esse é outro ponto em que a resolução, com a finalidade de fixar padrões remuneratórios, ultrapassou a competência do CNJ e fixou regra contraditória com norma federal hierarquicamente superior.

7.2. Vedação aos advogados que exercem função de mediador ou conciliador

De acordo com o § 5º, art. 167 do CPC/2015, caso os conciliadores e mediadores judiciais sejam advogados, estarão impedidos de exercer a advocacia nos juízos em que desempenhem suas funções. Essa restrição foi objeto de diversas críticas, entre as quais as de Fernanda Tartuce. Para essa autora, se o advogado atua como perito do juízo (por exemplo, em caso de arbitramento de honorários), não há restrição para que ele atue como causídico naquele juízo. A autora alega que o tema está ligado à liberdade profissional, cujo tratamento é reservado à lei específica: o Estatuto da Advocacia.[146]

Já Fernando da Fonseca Gajardoni[147] observa que a regra contida no § 5º do art. 167 do CPC/2015 pode trazer efeitos deletérios, em razão do seu potencial para gerar desinteresse entre profissionais qualificados em atuar como mediadores. Ocorre que em comarcas menores, em que são poucos os juízos, quando não um único, tal desestímulo será ainda maior, uma vez que o advogado que venha a atuar como conciliador ou mediador estará totalmente impedido de exercer sua principal função profissional em sua comarca. Apesar da infelicidade da regra, ela está em vigor e deve ser respeitada.

Nesse ponto, é importante lembrar que o Enunciado nº 47 do FONAMEC estabelece que não se aplica aos advogados que atuam como conciliadores ou mediadores vinculados aos Centros Judiciários de Solução de Conflitos e Cidadania (CEJUSCs) o impedimento do art. 167, § 5º, do CPC. A solução desse enunciado baseia-se no entendimento de que os CEJUSCs são órgãos de natureza diversa, tendo por função precípua fomentar e homologar os acordos a que as partes chegaram, atividade puramente formal, sem caráter de jurisdição *stricto sensu*.

Por essa razão, e estando o conciliador ou o mediador subordinado ao juiz coordenador dos Cejuscs, não há nenhuma vinculação do con-

[146] TARTUCE, Fernanda. *Mediação nos conflitos civis*. 5. ed. Rio de Janeiro: Forense; São Paulo: Método, 2019. p. 327.

[147] GAJARDONI, Fernando da Fonseca. *Teoria geral do processo*: comentários ao CPC de 2015: parte geral. —; DELLORE, Luiz; ROQUE, André Vasconcelos; OLIVEIRA JR, Zulmar Duarte de. São Paulo: Forense, 2015.

ciliador ao juízo do processo. Daí não se aplicar o impedimento do art. 167, § 5º, do CPC/2015 aos advogados atuantes nas comarcas em que há Cejuscs instalados. Tal interpretação é bastante razoável e harmoniosa com os demais dispositivos legais.

8. Obrigatoriedade

Ponto essencial a ser analisado, quando da exegese do art. 334 do Código de Processo Civil, é a obrigatoriedade da realização da audiência prévia de tentativa de conciliação ou mediação.

A compulsoriedade de comparecimento tem sido objeto de diversas críticas, especialmente por não ser compatível obrigar que os litigantes participem de técnica informada pelo princípio da autonomia da vontade (art. 166, *caput*, CPC/2015, e art. 2°, V, Lei de Mediação).

As objeções comuns sobre a obrigatoriedade das partes de submeterem-se involuntariamente podem ser assim elencadas: (i) nem todas as controvérsias são idôneas para ser solucionadas pela via consensual, sendo algumas vezes o mecanismo mais apropriado a solução adjudicada; (ii) a imposição de um método não adversarial violaria a lógica consensual; (iii) obrigar o cidadão a passar pela sessão de mediação seria um paternalismo estatal; (iv) antes de tornar obrigatória a mediação, deveria o Estado investir na superação da cultura litigiosa do povo, a exemplo da introdução de disciplinas ligadas às RADs nos currículos das faculdades.[148]

Fernando da Fonseca Gajardoni[149] enumera as seguintes críticas à obrigatoriedade: a) quebrar aquilo que de mais caro há nos métodos consensuais de solução de conflito, a autonomia da vontade, lançada pelo próprio legislador como princípio da mediação (art. 166, CPC/2015); b) burocratizar a mediação/conciliação, obrigando todas as partes, mesmo não querendo, a se submeter a ela, simplesmente porque uma delas deseja; c) dar azo a manobras processuais protelatórias, com um dos demandados aceitando a audiência apenas para ganhar mais alguns meses de tramitação processual, sem possibilidade de intervenção judicial para obstar a manobra; e d) tornar maior o custo do processo, uma vez que,

---

[148] RODRIGUES, Daniel Colnago Mediação obrigatória no processo civil: reflexões à luz do direito comparado, do CPC/2015 e da Lei da Mediação (Lei 13.140/2015). *Revista de Processo*, São Paulo, Ano 43, v. 285, p. 365-396. nov. 2018.

[149] GAJARDONI, Fernando da Fonseca. Novo CPC: vale apostar na conciliação/mediação? Disponível em: <http://genjuridico.com.br/2015/01/26/cpc-vale-apostar-na-conciliacao-mediacao/>. Acesso em. Acesso em: 6 out. 2020.

além do pagamento pelos serviços do mediador/conciliador, o demandado domiciliado em outra localidade, praticamente em todas as ações, deverá se deslocar para a audiência de mediação/conciliação no foro da propositura.

Por outro lado, uma possibilidade de ver com bons propósitos a ideia de mediação obrigatória seria estimular a sua prática. Isso porque com a imposição do procedimento seria inevitável a difusão do instituto, assim gradativamente incorporado à mentalidade da população.

8.1. Obrigatoriedade nos EUA, Inglaterra, Espanha, Argentina e Itália

Alguns autores citam diversos benefícios da obrigatoriedade da mediação. Timothy Hedeen traz as seguintes informações:

> An Ohio resource manual for common-pleas courts identifies six benefits of mandatory mediation: high litigant and attorney satisfaction, high settlement rates, decreased costs for parties, increased use and the "spillover effect," increased court efficiency, and cost-effective program administration (Fowler et al., 2000). Among the benefits unlisted is addressing the long-recognized underutilization of mediation services (Rogers, 1991; Clarke, Valente, and Mace, 1992; Welsh, 2001).[150]

Macarena Vargas Pavez, dentro do contexto espanhol, afirma que o estabelecimento de mecanismos alternativos de resolução de conflitos no sistema de justiça da família responde a um triplo objetivo de política pública:

> Por una parte, buscan mejorar el acceso al sistema judicial, ofrecer respuestas más adecuadas de acuerdo a la especial naturaleza de cierto tipo de conflictos y, por otra, persiguen mejorar la gestión de los tribunales contribuyendo a su descarga.[151]

É dizer, apesar de a grande maioria dos autores criticarem a ideia de obrigatoriedade de participação em mecanismos autocompositivos, alguns veem com bons olhos tal medida.

Grande parte da doutrina, porém, vê na voluntariedade um dos elementos principais e o que distingue a conciliação e a mediação da solução adjudicada. E também aquilo que possibilita maior satisfação aos jurisdicionados, maior adimplementos aos termos negociados e maior adesão à autocomposição. Por outro lado, a coação das partes para par-

---

[150] HEDEEN, Timothy. Coercion and self-determination in court-connected mediation: All mediations are voluntary, but some are more voluntary than others. *Justice System Journal*, [s.l.], v. 26, n. 3, p. 273-291, 2005. p. 276. Importante destacar, porém, que apesar de HEDEEN trazer tais dados, ele é bastante crítico à obrigatoriedade de se participar das RADs.

[151] VARGAS PAVEZ, Macarena. Mediación obligatoria: algunas razones para justificar su incorporación. *Revista de Derecho*, Valdivia, v. 21, n. 2, p. 183-202, 2008. p. 199.

ticipar de procedimento autocompositivo retiraria da conciliação e da mediação todas as vantagens acima descritas.

Timothy Hedeen[152] observa:

> Many mediation proponents have claimed, and some researchers have concluded, that voluntary action in mediation is part of the "magic of mediation" that leads to better results than those from courts or other forums: higher satisfaction with process and outcomes, higher rates of settlement, and greater adherence to settlement terms. (For reviews of existing empirical research, see Shack, 2003, and Wissler, 2004.) A common argument in favor of voluntary participation comes from the early days of the mediation movement: agreements reached in mediation are said to be more durable and fitting than court decisions because the parties design them (Aaronson et al., 1977; Wahrhaftig, 1978). Put another way, "volition is the key to successful outcomes – volition validates those [mediated] outcomes; compulsion does not" (Nicolau, 1995).

Nos Estados Unidos, um dos berços das RADs, a obrigatoriedade de submeter-se à mediação/conciliação pode decorrer de lei, de contrato firmado entre os litigantes ou de ordem do tribunal. Diversos estados norte-americanos adotam o modelo da obrigatoriedade, caso da Flórida, onde a mediação prévia é obrigatória, à exceção dos processos que versem sobre impugnação a decisões de órgãos administrativos, *habeas corpus* e confisco de bens apreendidos e falência.[153]

Naquele país, a discussão central sobre a obrigatoriedade é focada no tipo de compulsoriedade que viola o princípio da autodeterminação.[154] São decompostas a obrigatoriedade de participar do procedimento e a obrigatoriedade de continuidade da sessão contra a vontade das partes até chegarem a acordo; "táticas" para "induzi-las" a chegar a um acordo, como não permitir que saiam da sala em que a negociação ocorre por horas (nem mesmo para se alimentar); práticas intimidatórias, como ameaçar contar ao juiz o comportamento do litigante que não está sendo proativo; e fazer previsões sobre eventual resultado do litígio se julgado, para atemorizar o jurisdicionado etc.

A distinção tradicionalmente feita para referendar a obrigatoriedade de participação na sessão autocompositiva é seu desdobramento em *coercion in to mediation* e *coercion in mediation.*[155] Ou seja, a obrigatoriedade de comparecer à audiência e a obrigatoriedade de chegar a eventual acordo.

---

[152] HEDEEN, Timothy. Coercion and self-determination in court-connected mediation: All mediations are voluntary, but some are more voluntary than others. *Justice System Journal,* [s.l.], v. 26, n. 3, p. 273-291, 2005. p. 275.

[153] DEPARTMENT OF JUSTICE. *ADR in the Federal District Courts* –District-by-District Summaries. USA, revised March 2016. Disponível em: <https://www.justice.gov/olp/file/827536/download>. Acesso em: 6 out. 2020.

[154] HEDEEN, op. cit.

[155] QUEK, Dorcas. Mandatory Mediation: An Oxymoron-Examining the Feasibility of Implementing a Court-Mandated Mediation Program. *Journal of Conflict Resolution,* [s.l.], v. 11.2, p. 479-509, 2010.

Por meio da distinção entre a obrigatoriedade de forçar as partes à autocomposição e a obrigatoriedade de submetê-las ao processo de tentativa de solução consensual, muitos defendem que essa segunda forma não atenta contra os princípios que informam a mediação e a conciliação.[156]

Por outro lado, de acordo com Daniel Colnago Rodrigues,[157] na Inglaterra, por certo período, a interpretação da regra 1.4 do *Civil Procedure Rules* levou alguns juízes ao entendimento de que a tentativa de conciliação/mediação era obrigatória, diante do dever do magistrado de "[...] encorajar a realização de mediação entre as partes".[158] Havia, nesse sentido, precedentes pelos quais a realização da via consensual era obrigatória, mesmo quando uma das partes afastava expressamente essa alternativa.

Em 2004, a *English Court of Appeal* pacificou o entendimento de que essa leitura é incompatível com a garantia de acesso à Justiça (art. 6° da Convenção Europeia de Direitos Humanos), restringido o sistema compulsório de mediação no Judiciário inglês.

Na Espanha, a mediação é admitida, por força da Lei 15/2005,[159] para matéria familiar. Já nos âmbitos cível e comercial, a Lei 5/2012[160] regulamentou o uso da mediação, tendo excluído de sua aplicação matérias penais que envolvam a administração pública e o direito do consumidor. Em todas as áreas, a mediação é voluntária, sendo facultado ao julgador sugerir a via consensual, quando entender pertinente.

Na Província de Buenos Aires, Argentina, o procedimento não só é obrigatório *como deve ser prévio (pré-processual)*, como condição de acesso à jurisdição (Lei 26.589/2010).[161]

Por sua vez, na Itália, cuja tradição jurídica influencia muito o Direito brasileiro, o Decreto Legislativo n° 28/2010 e seu regulamento

---

[156] SANDER, Frank E.; ALLEN, H. William; HENSLER, Debra. Judicial (Mis) use of ADR? A Debate. *University of Toledo Law Review*, [s.l.], v. 27, p. 885-896, 1996.

[157] RODRIGUES, Daniel Colnago. Mediação obrigatória no processo civil: reflexões à luz do direito comparado, do CPC/2015 e da Lei da Mediação (Lei 13.140/2015). *Revista de Processo*, São Paulo, Ano 43, v. 285, p. 365-396. nov. 2018. p. 375.

[158] Transcrevemos referida regra: "Court's duty to manage cases. 1.4. (1) The court must further the overriding objective by actively managing cases. (2) Active case management includes – (...) (e) encouraging the parties to use an alternative dispute resolution(GL)procedure if the court considers that appropriate and facilitating the use of such procedure". INGLATERRA. Civil Procedure Rules. Disponível em: <http://www.justice.gov.uk/courts/procedure-rules/civil/rules/part01#1.1>. Acesso em: 6 out. 2020.

[159] ESPANHA. Ley 15/2005, de 8 de julio, por la que se modifican el Código Civil y la Ley de Enjuiciamiento Civil en materia de separación y divorcio. Disponível em: <https://www.boe.es/eli/es/l/2005/07/08/15>. Acesso em: 6 out. 2020.

[160] ESPANHA. Ley 5/2012, de 6 de julio, de mediación en asuntos civiles y mercantiles. Disponível em: <https://www.boe.es/buscar/pdf/2012/BOE-A-2012-9112-consolidado.pdf>. Acesso em: 6 out..2020.

[161] ARGENTINA. Ley 26.589, establécese con carácter obligatorio la mediación previa a procesos judiciales. Disponível em: <http://servicios.infoleg.gob.ar/infolegInternet/anexos/165000-169999/166999/norma.htm>. Acesso em: 6 out. 2020.

(Decreto nº 180, de 18 outubro de 2010)[162] estabeleceram um sistema em que a audiência de conciliação/mediação pode ser facultativa, requerida por uma das partes, ou obrigatória (de acordo com o direito material em litígio). Existem quatro espécies de mediação/conciliação: (i) facultativa, requerida ao órgão judiciário para controvérsias que envolvam direitos disponíveis (art. 2º); (ii) delegada pelo juiz, a qualquer momento, sob o interesse das partes (art. 5º, § 2º); (iii) convencionada como obrigatória, pelas partes, em contratos, estatutos ou atos constitutivos; e (iv) obrigatória em razão de previsão legal (art. 5º, § 1º) nas controvérsias relativas a condomínio, direitos rurais, sucessão hereditária, pactos familiares, locação, comodato, arrendamento rural, ressarcimento de danos decorrentes de acidente veicular ou náutico, responsabilidade médica, difamação, contratos bancários de seguro ou financeiros.

Diferentemente do que ocorre no Brasil, porém, na Itália o primeiro encontro do qual as partes devem obrigatoriamente participar *não* representa o início propriamente dito do procedimento de mediação/conciliação, mas sim um momento em que são expostas as funções, as vantagens e o modo de desenvolvimento da mediação.[163] O sistema italiano diferencia-se do brasileiro por ser a tentativa de procedimento de mediação condição de admissibilidade da demanda judicial.[164] Tal condição é considerada satisfeita se o primeiro encontro é concluído, com ou sem acordo sobre o início do procedimento de mediação. Decidindo ingressar com a ação, a parte autora deve juntar à petição inicial, documento, expedido pelo órgão de mediação, que comprove ter havido tentativa de início do procedimento.

Além da possibilidade de pena pelo não comparecimento no primeiro encontro, sem justificativa plausível (art. 8º do Decreto Legislativo 28/2010),[165] caso o resultado obtido pela parte vencedora por meio de decisão adjudicada seja idêntico à proposta feita pela outra parte, e não aceita, a parte vitoriosa arcará com todas as despesas processuais, inclusive com os mediadores. Essas despesas são contabilizadas a partir da recusa da proposta até a sentença (art. 13 do Decreto Legislativo 28/2010).[166]

---

[162] GALLETTO, Tomaso. *Il modello italiano di conciliazione stragiudiziale in materia civile*. Milano: Giuffrè Editore, 2010.

[163] PAGNANO, Paula Lovato; GAJARDONI, Fernando da Fonseca. Notas comparativas sobre a institucionalização da conciliação/mediação nos processos civil brasileiro e italiano. *Revista de Processo*, São Paulo, Ano 44, n. 287, p. 509-530, jan. 2019.

[164] Ibidem.

[165] ITÁLIA. Decreto Legislativo nº 28, de 4 de março de 2010, que estatui a atuação do artigo 60 da Lei nº 69, de 18 de junho de 2009, em matéria de mediação para conciliação das controvérsias civis e comerciais. *Gazetta Ufficiale*, [s.l.], 5 mar. 2010. Serie Generale, n. 53. Disponível em:<https://www.camera.it/parlam/leggi/deleghe/10028dl.htm>. Acesso em: 6 out. 2020.

[166] Ibidem.

Ainda assim, a obrigatoriedade italiana é objeto de diversas críticas, que apontam desde sua inconstitucionalidade até a conveniência de obrigar as partes a participar de sessão inicial de mediação. Segundo Girolamo Monteleone,[167] a regra segundo a qual a medição é condição de admissibilidade da demanda judicial viola a garantia de acesso à Justiça. Por outro lado, o autor aponta que, ao ameaçar com sanções e condenações em despesas judiciais a parte vitoriosa, fica evidenciada coação indireta, com objetivo de tolher o ingresso em juízo.

Corroborando-o, Andrea Proto Pisani observa que o estabelecimento legal de via consensual obrigatória é inidôneo ao contribuir como fator de deflação de processos, porque não subsiste nenhum ônus sancionatório para obrigar a parte a tomar efetivo posicionamento em relação ao conflito nem formular pedidos contrapostos ou de apontar elementos de provas. Dito de outro modo, as propostas são feitas "às escuras", sem que as partes tenham conhecimento dos elementos probatórios que cada uma detém. Ter conhecimento de tais elementos seria importante para formar a convicção de firmar acordo.[168]

Diante do exposto, verifica-se que, em outros países, a adoção de compulsoriedade de participar da tentativa de autocomposição – seja de forma pré ou processual, inclusive em alguns casos, como o argentino e italiano – como condição de ingresso em juízo é bastante comum, apesar de também ser alvo de diversas críticas.

Portanto, a adoção da regra da obrigatoriedade pelo Código de Processo Civil em seu art. 334 não é incomum nem *sui generis*.

8.2. Críticas à regra da obrigatoriedade

O efeito deletério mais grave da obrigatoriedade decorre de a autocomposição não ser sempre o mecanismo mais apropriado de resolução de controvérsias. E coagir as partes a participar pode ser danoso, espe-

[167] Nas palavras de Girolamo Monteleone: "*Vero è che essa prevede un apparato di sanzioni costrittive a carico degli avvocati e degli interessati, ma tali sanzioni, oltre a dar ingresso ad una serie di perplessità più propriamente giuridiche, nonsaranno idonee ad invertire una tendenza corrispondente ad una ragione di ordine naturale e sociale, che si compendia in questo. Il cittadino che ritiene di avere subito un torto e si reca da un avvocato per ricevere aiuto ed assistenza, specie in uno Stato libero di diritto, vuole un giudice, non un mediatore e neppure un conciliatore per l'evidentissima ragione che, se lo avesse voluto e fosse statopossibile, la lite poteva prevenirla da se stesso senza l'aiuto di terzi. Nessuno arde dal desiderio di impiegare tempo e danaro per impelagarsi in cause civili. Con la mediazione obbligatoria, invece, lo Stato gli nega il giudice e ciò non può avere altro effetto che esacerbare glianimi, creare chicane dilatorie, e alimentare nei cittadini una senso di frustrazione e di sfiducia verso le istituzioni*". In: La mediazione "forzata". *Judicium: il processo civile in Ialia e in Europa*, [s.l.], p. 2, 2010. Disponível em: <http://www.judicium.it/wp-content/uploads/saggi/38/Monteleone,%20mediazione%20forzata.pdf>. Acesso em: 6 out. 2020.

[168] PISANI, Andrea. Appunti su mediazione e conciliazione. *Il Foro Italiano*, [s.l.], v. 133, n. 5, p. 141,142-145-146. Disponível em: <http://www.jstor.org/stable/23204664>. Acesso em: 6 out. 2020.

cialmente em casos que envolvam direitos fundamentais, em que seja necessário fixar precedentes, em que a condenação pública de conduta de violações repetitivas necessitem ser tratadas de forma coletiva e uniforme ou ainda, e especialmente, quando a assimetria entre as partes for tão profunda que a negociação entre elas tenha grande chance de resultado não equitativo.

A obrigatoriedade também leva ao risco de realização de ato inútil, pois sem voluntariedade é grande a possibilidade de que a fase de tentativa prévia de autocomposição se torne meramente ritualística.

É um erro pensar nos meios autocompositivos como a panaceia para todos os males, até porque sua premissa básica é a voluntariedade e a boa-fé de seus atores. A regra da obrigatoriedade afasta a possibilidade de mecanismo de filtragem, [...] de modo que a mediação ou conciliação seja utilizada apenas nas hipóteses em que possa ser útil".[169]

O trabalho de triagem, se realizado adequadamente, implica inexoravelmente em ato complexo e moroso. A política de valorização dos meios autocompositivos tem como primordial intenção o ganho de celeridade, que não será atingido completamente com a introdução de mais uma fase: a de triagem. Talvez seja essa a razão da adoção da regra da obrigatoriedade, com pequenas exceções, de modo que não sejam necessárias análises acuradas dos conflitos e pertinência do encaminhamento a meio autocompositivo.

Outra questão que surge: é possível falar que realmente existe no Brasil o modelo multiportas de resolução de disputas, sendo ausente um mecanismo de triagem?

A expressão "tribunal multiportas" foi cunhada por Frank Sander[170] e utilizada pela primeira vez na Pound Conference, em 1976. A ideia é que, em vez de o tribunal ter uma única porta direcionada ao Judiciário (solução adjudicada), existiria um centro de soluções de conflitos localizado na corte, em que seriam oferecidas várias "portas". Por essas "portas", os cidadãos poderiam acessar o Judiciário (mediação, arbitragem, *factfinding*, solução adjudicada, entre outros).

Consoante a esse modelo, a disputa deve ser encaminhada para a técnica ou o meio mais adequado de solução. A mediação e a conciliação passam a ser fortemente estimuladas, em esforço de aproximação das

---

[169] PINHO, Humberto Dalla Bernardina de; DURÇO, Karol Araújo. A mediação e a solução dos conflitos no estado democrático de direito. O "juiz hermes" e a nova dimensão da função jurisdicional/Mediation and conflict solution in the democratic law state. The "hermes judge" and the new dimension of judicial function. *Revista Quaestio Iuris*, [s.l.], v. 4, n. 1, 2011, p. 245-277. p. 260.

[170] Expressão cunhada por Frank Sander, em sua palestra "Variedades de processamento de conflitos". In: *The pound conference*: perspectives on justice in the future. Saint Paul: Leo Levin & Russell R. Wheeler, 1979.

partes e de empoderamento dos jurisdicionados como atores da solução de seus conflitos.

O próprio manual de mediação do CNJ, em sua 6ª edição, explicita que nem sempre a autocomposiçao é o método mais indicado para resolução de determinada contenda:

> [...] a escolha do método de resolução mais indicado para determinada disputa precisa levar em consideração características e aspectos de cada processo, tais como: custo financeiro, celeridade, sigilo, manutenção de relacionamentos, flexibilidade procedimental, exequibilidade da solução, custos emocionais na composição da disputa, adimplemento espontâneo do resultado e recorribilidade. Assim, havendo uma disputa na qual as partes sabem que continuarão a ter contato uma com a outra (e.g. disputa entre vizinhos), em regra, recomenda-se algum processo que assegure elevados índices de manutenção de relacionamentos, tal como a mediação. Por outro lado, se uma das partes tiver interesse em abrir um precedente ou assegurar grande publicidade a uma decisão (e.g. disputa relativa a direitos individuais homogêneos referentes a consumidores), recomenda-se um processo que promova elevada recorribilidade, necessária para a criação de precedente em tribunal superior, e que público ou ao menos pouco sigiloso (e.g. processo judicia).[171]

Para a maioria dos doutrinadores, o CPC/2015 adotou sistema multiportas a despeito da inexistência de triagem e da regra de adoção da obrigatoriedade. Segundo Marco Antônio Garcia Lopes Lorencini,[172] existem diversos modelos de tribunais multiportas, cabendo ao Poder Judiciário, inicialmente, ser

> [...] o gestor do conflito a ele apresentado, indicando o método mais adequado, mesmo que não seja a sentença estatal. O meio selecionado pode ser obrigatório (*mandatory*) ou não, conforme o tribunal. É o caso da mediação. É possível que o tribunal determine que certo tipo de caso seja remetido obrigatoriamente a um programa para que se tente resolver a controvérsia por intermédio da mediação.

José Luiz Lessa Neto entende que a existência da obrigatoriedade não descaracteriza o sistema multiportas, sendo os desafios para implantação desse modelo, no Brasil, de ordem (a) estrutural, (b) educacional e (c) cultural. Só com a superação desses desafios o modelo multiportas poderá a vir a ser efetivamente implantado e exitoso no país.[173]

---

171 AZEVEDO, André Gomma de (Org.). *Manual de mediação judicial*. 6. ed. Brasília: CNJ, 2016. p. 17-18.

172 LORENCINI, Marco Antonio Garcia Lopes. Sistemas multiportas: opções para tratamento de conflitos de forma adequada. In: SALLES, Carlos Alberto de; LORENCINI, Marco Antônio Garcia Lopes; SILVA, Paulo Eduardo Alves da (Coord.). *Negociação, mediação e arbitragem* – curso básico para programas de graduação em direito. Rio de Janeiro: Forense, 2012. p. 74.

173 LESSA NETO, José Luiz. O novo CPC adotou o modelo multiportas!!! E agora?! *Revista de Processo*, São Paulo, v. 40, n. 244, p. 427-441, jun. 2015.

8.3. Obrigatoriedade no dia a dia forense

Apesar de ser vedado ao juiz dispensar a realização das audiências de conciliação ou mediação, fora das exíguas possibilidades e taxativamente previstas em lei, na prática tem sido recorrente as decisões que *não a* designam. Tal se dá pelos seguintes fundamentos: (i) as audiências prévias de tentativa de conciliação têm provocado maior demora na solução dos processos, seja em razão dos casos de redesignações de audiências por impossibilidade temporal de citação dos réus, seja porque a pauta *não* permite designação em curto período de tempo; (ii) critérios meritórios, como baixo número de acordos realizados nessas audiências iniciais; (iii) quando *não* há risco de nulidade ou prejuízo às partes em caso de *não* designação, até porque nada as impediria de postular a homologação de acordos extrajudiciais ou de requerer, em conjunto e a qualquer tempo, designação de audiência conciliatória; e (iv) inexistência de setor de conciliação e mediação com capacidade para atender ao número de ações ajuizadas.

Como exemplo, transcrevemos as seguintes decisões:

> Vistos. À luz do princípio da razoável duração do processo e do poder/dever que tem o juiz de alterar prazos processuais para adequá-los às necessidades do conflito de modo a conferir maior efetividade à tutela do direito, bem como em razão da inexistência de setor de conciliação e mediação com capacidade de atender ao elevadíssimo número de ações ajuizadas neste Foro Central diariamente, deixo de designar a audiência a que alude o art. 334 do Código de Processo Civil, ficando postergada a providência para momento oportuno, em havendo interesse manifestado por ambas as partes. Cite-se e intime-se a parte ré, com as advertências legais, a fim de que ofereça contestação, no prazo de 15 (quinze) dias úteis, contados na forma dos arts. 231 c.c. 335, III, do Código de Processo Civil, sob pena de revelia e presunção de veracidade das alegações de fato aduzidas pela parte autora (CPC, art. 344).Via digitalmente assinada da decisão servirá como carta. Int. (autos n.° 1076160-84.2016.8.26.0100, 36ª Vara Cível – Foro Central Cível, Comarca da Capital do Estado de São Paulo, TJSP).[174]

> Vistos. 1 – Recebo a petição de fls. 470/475 como aditamento à inicial. Anote-se. 2 – Ante o elevado número de feitos distribuídos na Vara, mensalmente, a designação de audiência prévia de conciliação, prevista na nova sistemática processual, irá retardar, em demasia, o processo, ante a exígua disponibilidade de pauta do Juízo, o que irá de encontro com o direito constitucional à duração razoável do processo, pelo que postergo para momento oportuno a análise da conveniência dessa audiência. 3 – Cite-se a(o) ré(u) advertindo-se do prazo de 15 (quinze) dias para apresentar a defesa, sob pena de serem presumidos como verdadeiros os fatos articulados na inicial. Defiro os benefícios do

---

[174] TRIBUNAL DE JUSTIÇA DE SÃO PAULO. e-SAJ – Portal de Serviços. Consulta de Processo do 1º grau. Disponível em: <https://esaj.tjsp.jus.br/cpopg/show.do?processo.codigo=2S000LUOG0000&processo.foro=100&uuidCaptcha=sajcaptcha_0e292c670b554688a33edc2a656aeb12>. Acesso em: 6 out. 2020.

artigo 212, §§ 1° e 2°, do NCPC. Int. (autos n° 1010446-87.2017.8.26.0248, 1ª Vara Cível – Foro de Indaiatuba – Estado de São Paulo – TJSP).[175]

Tal dado empírico, recolhido de forma aleatória do cotidiano forense, foi confirmado por recente pesquisa realizada pela Universidade de São Paulo (USP), a pedido do CNJ. Nela constatou-se que:

> Em regra, apesar da obrigatoriedade legal, *o juiz define quais processos serão enviados para o procedimento de conciliação*, que é feito nas próprias varas em alguns lugares, ou enviados ao CEJUSC; conduzido pelo próprio juiz em alguns casos, por conciliadores servidores em outros e por conciliadores externos voluntários em outros (grifos nossos).[176]

É evidente, porém, que a inexistência de estrutura física (CEJUSC) e humana (conciliadores e mediares) é fator impeditivo para que a audiência possa ser realizada.

Em consulta feita nos *sites* dos 26 Tribunais de Justiças estaduais e do Distrito Federal, e considerando os que disponibilizam informações a respeito dos CEJUSC, é possível verificar disparidade de estruturas disponíveis entre as unidades federativas, bem como o muito que ainda precisa ser feito. No âmbito da Justiça Estadual, dados de 1° de novembro de 2019[177] indicaram o seguinte cenário:

Estimativas de CEJUSCs por Tribunal de Justiça Estadual com data de referência em 1° de novembro de 2019

Tribunal Estadual	Número de CEJUSC
Rondônia[178]	26
Acre	Não disponibiliza informação no *site*
Amazonas	Não disponibiliza informação no *site*
Roraima[179]	9
Pará	Não disponibiliza informação no *site*

[175] TRIBUNAL DE JUSTIÇA DE SÃO PAULO. e-SAJ – Portal de Serviços. Consulta de Processo do 1° grau. Disponível em: <https://esaj.tjsp.jus.br/cpopg/show.do?processo.codigo=2S000LUOG0000&processo.foro=100&uuidCaptcha=sajcaptcha_0e292c670b554688a33edc2a656aeb12>. Acesso em: 6 out. 2020.

[176] UNIVERSIDADE DE SÃO PAULO. CONSELHO NACIONAL DE JUSTIÇA. *Mediação e conciliação avaliadas empiricamente, jurimetria para proposição de ações eficientes*. Brasília: 2019. Relatório Analítico Propositivo – Justiça Pesquisa. p. 174. Disponível em: <https://www.cnj.jus.br/wp-content/uploads/2019/05/d87ecfa91fdcada3c1795f522be42dcc_7772666f491fd94a642e05b394cff84a.pdf>. Acesso em: 6 out. 2020.

[177] É importante destacar a limitação de tais informações, baseadas unicamente em dados disponibilizados pelos próprios tribunais.

[178] TRIBUNAL DE JUSTIÇA DE RONDÔNIA. *Contatos dos Cejusc's*. Disponível em: <https://www.tjro.jus.br/mn-nupemec-cejuscs>. Acesso em: 1 nov. 2019.

[179] TRIBUNAL DE JUSTIÇA DE RORAIMA. *Centros Judiciários de Solução de Conflitos e Cidadania*. Disponível em: <http://www.tjrr.jus.br/index.php/nupemec-centro-judiciario-solucao-conflito>. Acesso em: 1 nov. 2019. É importante, porém, frisar que em Roraima são apenas nove comarcas, ou seja, existe Cejusc em cada uma das comarcas.

Amapá ....Não disponibiliza informação no *site*

Tocantins[180] 42

Maranhão ....Não disponibiliza informação no *site*

Piauí[181] 15

Ceará[182] 41

Rio Grande do Norte[183] 15

Paraíba ....Não disponibiliza informação no *site*

Pernambuco[184] 23

Alagoas ....Não disponibiliza informação no *site*

Sergipe[185] 16

Bahia[186] 131

Minas Gerais[187] 162

Espírito Santo[188] 12

Rio de Janeiro[189] 33

São Paulo[190] 246

Paraná ....Não disponibiliza informação no *site*

---

180 TRIBUNAL DE JUSTIÇA DO TOCANTINS. Núcleo Permanente de Métodos Consensuais de Solução de Conflitos. *Lista de Cejusc*.Disponível em: <http://www.tjto.jus.br/index.php/listagem-dos-cejusc>. Acesso em: 1 nov. 2019.

181 TRIBUNAL DE JUSTIÇA DO PIAUÍ. *Formulário de agendamento de sessões de mediação/conciliação judicial*. Disponível em: <http://www.tjpi.jus.br/portaltjpi/agendamento/>. Acesso em: 1 nov. 2019.

182 TRIBUNAL DE JUSTIÇA DO CEARÁ. *Centros Judiciários de Solução de Conflitos e Cidadania – CEJUSCs*. Disponível em: <https://www.tjce.jus.br/nupemec/cejuscs-do-estado-do-ceara/>. Acesso em: 1 nov. 2019.

183 TRIBUNAL DE JUSTIÇA DO RIO GRANDE DO NORTE. *CEJUSCs*. Disponível em: <http://www.tjrn.jus.br/index.php/judicial/conciliacao2/cejusc-enderecos-e-telefones>. Acesso em: 1 nov. 2019.

184 TRIBUNAL DE JUSTIÇA DE PERNAMBUCO. *Centros Judiciários de Solução de Conflitos e Cidadania – CEJUSCs*. Disponível em: <https://www.tjpe.jus.br/web/resolucao-de-conflitos/cejuscs-camaras/cejuscs>. Acesso em: 1 nov. 2019.

185 TRIBUNAL DE JUSTIÇA DE SERGIPE. *CEJUSCs*. Disponível em: <https://www.tjse.jus.br/conciliacao/onde-resolver-conflitos/item/107-cejuscs>. Acesso em: 1 de nov. 2019.

186 TRIBUNAL DE JUSTIÇA DA BAHIA. *NUPEMEC* – Núcleo Permanente de Métodos Consensuais de Solução de Conflitos. Disponível em: <http://www5.tjba.jus.br/conciliacao/index.php?option=com_content&view=article&id=1&Itemid=29>. Acesso em: 1 nov. 2019.

187 TRIBUNAL DE JUSTIÇA DE MINAS GERAIS. *CONTATOS CEJUSC* – TJMG. Disponível em: <http://www.tjmg.jus.br/data/files/F1/61/52/6F/2E4FD610E6AA3FD6A04E08A8/RELACAO%20DE%20CEJUSC%20-%2022_10_2019.pdf>. Acesso em: 1 nov. 2019.

188 TRIBUNAL DE JUSTIÇA DO ESPÍRITO SANTO. *CONTATO* – LISTA DOS CEJUSCS. Disponível em: <http://www.tjes.jus.br/institucional/nucleos/nupemec/centros-judiciarios-de-solucao-de-conflitos-e-cidadania-cejuscs/contato/>. Acesso em: 1 nov. 2019.

189 TRIBUNAL DE JUSTIÇA DO RIO DE JANEIRO. *Lista dos Centros Judiciários de Solução de Conflitos e Cidadania* – CEJUSC. Disponível em <https://portaltj.tjrj.jus.br/documents/10136/4318255/lista-cejusc-mod.pdf?=v26>. Acesso em: 1 nov. 2019.

190 TRIBUNAL DE JUSTIÇA DE SÃO PAULO. *CENTROS JUDICIÁRIOS DE SOLUÇÃO DE CONFLITOS E CIDADANIA* – CEJUSCs. Disponível em: <http://www.tjsp.jus.br/Download/Conciliacao/Nucleo/Enderecos_Cejusc.pdf?d=1573229515573>. Acesso em: 1 nov. 2019.

Santa Catarina[191]	31
Rio Grande do Sul[192]	47
Mato Grosso do Sul[193]	0
Mato Grosso[194]	43
Goiás[195]	69
Distrito Federal[196]	23

Elaborada pelo autor

Alguns números chamam a atenção. O TJPE aponta a existência de apenas 23 CEJUSCs instalados, o TJSE 16, o TJMS 9 e o TJES 10, enquanto o TJSP declara existirem 246, o TJMG 162 e o TJBA 131.

Ao cotejar tais informações com o número de habitantes inseridos na área de jurisdição de cada um dos tribunais estaduais, temos uma melhor visualização da carência de estruturas e disparidade entre eles. Abaixo, dados demográficos disponibilizados pelo Instituto Brasileiro de Geografia e Estatística (IBGE), de cada uma das unidades da Federação.[197]

---

[191] TRIBUNAL DE JUSTIÇA DE SANTA CATARINA. *CEJUSC*. Disponível em: <https://www.tjsc.jus.br/web/conciliacao-e-mediacao/cejusc>. Acesso em: 1 nov. 2019.

[192] TRIBUNAL DE JUSTIÇA DO RIO GRANDE DO SUL. *Núcleo Permanente de Métodos Consensuais de Solução de Conflitos* – NUPEMEC/TJRS. Disponível em: <http://www.tjrs.jus.br/site/processos/conciliacao/nucleo.html>. Acesso em: 1 nov. 2019.

[193] TRIBUNAL DE JUSTIÇA DO MATO GROSSO DO SUL. Núcleo Permanente de Métodos Consensuais de Solução de Conflitos. *Conciliar e mediar* – caminhos mais simples e eficientes. Disponível em: <https://www.tjms.jus.br/conciliacao/apresentacao.php>. Acesso em: 1 nov. 2019

[194] TRIBUNAL DE JUSTIÇA DO MATO GROSSO. *Centrais e Centros Judiciários*. Disponível em: <http://www.tjmt.jus.br/Institucional/C/23924#.XcVzsTNKjIU>. Acesso em: 1 nov. 2019.

[195] TRIBUNAL DE JUSTIÇA DE GOIÁS. *Centros Judiciários de Solução de Conflitos e Cidadania instalados no estado de Goiás*. Disponível em: <https://www.tjgo.jus.br/index.php/conciliacao-mediacao/cejusc-s/capital>; e *Centros Judiciários de Solução de Conflitos e Cidadania instalados no estado de Goiás* – Interior. Disponível em: <https://www.tjgo.jus.br/index.php/conciliacao-mediacao/cejusc-s/interior>. Acesso em: 1 nov. 2019.

[196] TRIBUNAL DE JUSTIÇA DO DISTRITO FEDERAL E TERRITÓRIOS. *Quem somos*. Disponível em: <https://www.tjdft.jus.br/informacoes/cidadania/nupemec/institucional/nucleo-e-centros>. Acesso em: 1 nov. 2019.

[197] INSTITUTO BRASILEIRO DE GEOGRAFIA E ESTATÍSTICA. *Tabelas* – 2019. Disponível em: <https://www.ibge.gov.br/estatisticas/sociais/populacao/9103-estimativas-de-populacao.html?=&t=resultados>. Acesso em: 12 dez. 2019.

Estimativas da população residente no Brasil e unidades da federação com data de referência em 1º de julho de 2019

Brasil e unidades da federação	População estimada
Brasil	**210.147.125**
Região Norte	**18.430.980**
Rondônia	1.777.225
Acre	881.935
Amazonas	4.144.597
Roraima	605.761
Pará	8.602.865
Amapá	845.731
Tocantins	1.572.866
Região Nordeste	**57.071.654**
Maranhão	7.075.181
Piauí	3.273.227
Ceará	9.132.078
Rio Grande do Norte	3.506.853
Paraíba	4.018.127
Pernambuco	9.557.071
Alagoas	3.337.357
Sergipe	2.298.696
Bahia	14.873.064
Região Sudeste	**88.371.433**
Minas Gerais	21.168.791
Espírito Santo	4.018.650
Rio de Janeiro	17.264.943
São Paulo	45.919.049
Região Sul	**29.975.984**
Paraná	11.433.957
Santa Catarina	7.164.788
Rio Grande do Sul	11.377.239
Região Centro-Oeste	**16.297.074**
Mato Grosso do Sul	2.778.986
Mato Grosso	3.484.466
Goiás	7.018.354
Distrito Federal	3.015.268

Nesse sentido, estabelece-se a correlação entre CEJUSCs instalados e jurisdicionados, descrita a seguir.

Intersecção entre número de jurisdicionados e número de CEJUSCs

Tribunal Estadual	Número de jurisdicionados	Número de CEJUSCs	CEJUSCs *per capita* (número de pessoas atendidas por cada CEJUSC, em média aritmética)
Rondônia	1.777.225	26	68.354,80
Acre	881.935	Não disponibiliza informação no *site*	X
Amazonas	4.144.597	Não disponibiliza informação no *site*	X
Roraima	605.761	9	67.306,77
Pará	8.602.865	Não disponibiliza informação no *site*	X
Amapá	845.731	Não disponibiliza informação no *site*	X
Tocantins	1.572.866	42	37.449,19
Maranhão	7.075.181	Não disponibiliza informação no *site*	X
Piauí	3.273.227	15	218.215,13
Ceará	9.132.078	41	222.733,61
Rio Grande do Norte	3.506.853	15	233.790,2
Paraíba	4.018.127	Não disponibiliza informação no *site*	X
Pernambuco	9.557.071	23	415.524,82
Alagoas	3.337.357	Não disponibiliza informação no *site*	X
Sergipe	2.298.696	16	143.668,50
Bahia	14.873.064	131	113.534,84
Minas Gerais	21.168.791	162	130.671,55
Espírito Santo	4.018.650	12	334.887,50
Rio de Janeiro	17.264.943	33	523.180,09
São Paulo	45.919.049	246	186.662,00
Paraná	11.433.957	Não disponibiliza informação no *site*	X
Santa Catarina	7.164.788	31	231.122,19
Rio Grande do Sul	11.377.239	47	242.068,91
Mato Grosso do Sul	2.778.986	9	308.776,22
Mato Grosso	3.484.466	43	81.034,09
Goiás	7.018.354	69	101.715,27
Distrito Federal	3.015.268	23	131.098.60

Elaborada pelo autor

É claro que tal quadro comparativo tem limitações, já que não leva em consideração o local onde residem os habitantes (densidade demográfica populacional dentro da unidade federativa) e onde estão instalados os CEJUSCs no escopo do território da jurisdição de cada tribunal.

Outro ponto de restrição diz respeito à correlação realizada, que toma como parâmetro apenas o número de habitantes. Ocorre que os "usuários" do Poder Judiciário são também pessoas jurídicas e, portanto, para que a análise seja mais criteriosa seria interessante somar ao número de habitantes o de pessoas jurídicas instaladas na área de jurisdição de cada tribunal estadual. Uma última limitação refere-se ao próprio corte feito, que restringe a análise à Justiça Estadual e, consequentemente, não abrange a Justiça Federal.

Também é desconsiderado o tamanho de cada CEJUSC, podendo a dimensão de uma única estrutura equivaler a algumas de proporção reduzida.

Apontadas as limitações de tal análise, já é possível verificar a imensa disparidade entre as estruturas voltadas às RADs. Por exemplo, enquanto no âmbito do TJTO cada unidade de CEJUSC atenderia idealmente 37.449 jurisdicionados, no TJRJ cada uma teria de atender, em média, 523.180,09 jurisdicionados.

Essa situação de carência de estruturas físicas apontada acima pode justificar a não designação de audiências de tentativa de autocomposição, porém outros fundamentos, além da carência de recursos físicos e humanos, têm sido utilizados para justificar a supressão da fase prévia de tentativa de autocomposição.

Além das condições estruturais, para realização da audiência prévia, e apesar da obrigatoriedade de submissão das partes a procedimento autocompositivo ser bastante questionável, especialmente no que se refere à violação à voluntariedade das partes de participar de tal mecanismo, *não* é menos aflitivo notar como a nova legislação tem sido desconsiderada, mesmo quando existe estrutura física ou humana para realização das audiências.

Nessa perspectiva, quais seriam as consequências práticas da não observância, pelos juízes, da regra contida no art. 334 do CPC/2015?

Alguns jurisdicionados, irresignados com o resultado do julgamento das demandas em que são parte, têm buscado anular as sentenças. Isso ocorre em razão de os magistrados *não* terem designado a realização da audiência de conciliação/mediação em situações em que *inexiste* dúvida sobre a sua obrigatoriedade.

Nesses casos, o Tribunal de Justiça de São Paulo (TJSP) tem afirmado que a designação da audiência de conciliação, prevista no art. 334

do CPC/2015, *não* é obrigatória, mesmo quando *não* estão presentes as hipóteses taxativas para a sua dispensa e, portanto, não ensejando anulação da sentença proferida.

No julgamento do Recurso de Apelação nº 1004829-14.2016.8.26.0271, a 26ª Câmara de Direito Privado do Tribunal de Justiça de São Paulo (Rel. Bonilha Filho, j. 09/06/2017) declarou que a designação da audiência de conciliação, prevista no art. 334 do NCPC, não é obrigatória, dada a possibilidade de as partes se comporem a qualquer tempo, independentemente da realização dessa audiência.

Já a 12ª Câmara de Direito Privado do Tribunal de Justiça de São Paulo teve de apreciar Recurso de Agravo de Instrumento nº 2068970-28.2017.8.26.0000 (Rel. Jacob Valente, j. 08/06/2017), em que o agravante alegou que o juízo de primeira instância havia ignorado norma cogente e, com fundamento no enunciado 35 da Enfam,[198] suprimiu a designação da audiência de conciliação ou de mediação sem que o autor houvesse declinado seu interesse na realização da audiência de conciliação – sendo que o réu (agravante) possuía total interesse em resolver a lide sem o desenrolar de novas fases processuais. Os julgadores, porém, entenderam que não era hipótese de se revogar a decisão hostilizada, vez que a qualquer momento do processo as partes poderiam chegar a bom termo para pôr fim à demanda. A composição das partes, caso haja efetivo interesse, independeria da realização de audiência do art. 334, CPC/2015, e seria possível a qualquer momento, até mesmo após o trânsito em julgado.[199]

Apesar de restritos ao Tribunal de Justiça de São Paulo e, portanto, esses julgados não representarem o entendimento dos demais tribunais do país, não deixa de ser relevante a posição adotada pelo TJSP, especialmente por sua importância.

Em contrapartida, é possível conjecturar que o jurisdicionado tenha uma justa expectativa de que a fase de tentativa de autocomposição seja realizada, e que o litigante não possa ser surpreendido, exigindo-se do Poder Judiciário comportamento ético, de modo a evitar que legítimas expectativas sejam frustradas por uma atuação imprevisível do Poder Público.

---

[198] Transcrevemos o enunciado 35 do Enfam: "Além das situações em que a flexibilização do procedimento é autorizada pelo art. 139, VI, do CPC/2015, pode o juiz, de ofício, preservada a previsibilidade do rito, adaptá-lo às especificidades da causa, observadas as garantias fundamentais do processo".

[199] No mesmo sentido: TRIBUNAL DE JUSTIÇA DE SÃO PAULO. *Apelação 100848472.2015.8.26.0127*. Rel. Artur Marques, 35a Câmara de Direito Privado, j. em 20.03.2017; TJSP, Apelação 0002096-48.2008.8.26.0538, Rel. César Peixoto, 38ª Câmara de Direito Privado, j. em 13.04.2016 e TJSP, Apelação nº 1013402-35.2016.8.26.0564, 14ª Câmara de Direito Privado, Rel. Ligia Araújo Bisogni, j. 13/06/2017.

A vedação à imposição de surpresas aos jurisdicionados tem ampla aplicação às normas processuais, sendo um dos pilares do devido processo legal. Por outro lado, o princípio do devido processo legal tem, por sua vez, fundamento normativo no princípio de liberdade (sob o viés de restrição a atuação estatal) e da igualdade (no que se refere ao tratamento paritário das partes, quando em juízo).

José lgnacio Botelho de Mesquita afirma que:

> A sujeição do juiz à lei é a primeira, senão a única, garantia de liberdade que se pode outorgar ao indivíduo. Este, contudo, não é um bem que se alcance mediante às simples afirmações de subordinação do juiz à lei inseridas nos textos constitucionais, nem mediante o consequente estabelecimento de garantias constitucionais ao direito de ação. Este bem só é alcançado, na prática, quando o indivíduo disponha de uma estrutura processual apta a prevenir o arbítrio antes que ocorra ou a desfazer os seus efeitos quando este já tenha, apesar de tudo, ocorrido.[200]

Nesse sentido, o entendimento jurisprudencial pelo qual o juiz poderia afastar, por critérios de conveniência, a realização da audiência preconizada pelo art. 334 do diploma processual referenda o arbítrio estatal como se ao Estado coubesse, "[...] em cada caso, julgar da conveniência de cumprir ou não a promessa feita ao legislar".[201]

De outra banda, é importante destacar que as nulidades no direito processual apresentam tônica diversa daquela das quais são analisadas as nulidades no campo do direito material. Isso porque o sistema que regulamenta as consequências dos vícios dos atos processuais no Direito brasileiro está ligado ao princípio da instrumentalidade das formas. Assim, no que tange ao aspecto formal (e dentro do plano da validade dos atos jurídicos processuais), o desrespeito a requisitos formais é relegado a segundo plano, desde que o ato tenha atingido o fim a que se destina, nos termos dos artigos 188 e 277, ambos do CPC/2015.

Considerando que o princípio da economia processual tem como objetivo evitar a repetição dos atos processuais, se não houver prejuízo – ou se o ato atingiu a sua finalidade, bem como evitar a anulação de todos os atos anteriores, restringindo a anulação somente aos atos dependentes do ato anulado e anulando exclusivamente a parte do ato que seja inválida –,reforça-se que as nulidades no direito processual são sancionadas de forma diversa à do direito material.

Tereza Arruda Alvim Wambier[202] relaciona os seguintes princípios que norteiam o direito processual: (1) o processo é forma, e, como tal, as

[200] BOTELHO DE MESQUITA, José Ignácio. *Teses, estudos e pareceres de processo civil, volume 2*: jurisdição e competência, sentença e coisa julgada, recursos e processos de competência originária dos tribunais. São Paulo: Editora Revista dos Tribunais, 2005. p. 35-36.

[201] Idem, p. 35.

[202] WAMBIER, Teresa Arruda Alvim. *Nulidades do processo e da sentença*. 6. ed. São Paulo: Editora Revista dos Tribunais, 2007.

nulidades nele se verificam quando a forma não é respeitada; (2) as formas têm caráter instrumental; (3) não há nulidade sem prejuízo; (4) as nulidades instituídas precipuamente no interesse da parte são sanáveis; (5) as nulidades instituídas precipuamente no interesse público são sempre insanáveis; (6) no processo vale o princípio da economia processual; (7) as nulidades relativas só podem ser levantadas pelo interessado; (8) princípio da causalidade; (9) princípio do contraditório; (10) princípio da proteção; (11) princípio da conservação, pois não há diferença entre nulidades e anulabilidades, já que no processo, segundo a autora, tudo é passível de emenda; (12) princípio da celeridade; (13) princípio da comunicação; (14) princípio da especificidade; e (15) princípio da eficácia do ato viciado.

Porém, e se a visão instrumentalista representa o fim das preocupações exclusivamente endoprocessuais e o início da visão teleológica do processo, de modo algum a mudança metodológica implica abandono da segurança, valor imprescindível à efetividade do processo. Entre os aspectos ressaltados nessa nova forma de conceber o instrumento está a "necessidade de assegurar o juiz natural, o devido processo legal e a efetividade do processo".[203]

Nesse sentido, o fundamento da ausência de prejuízo às partes, utilizado para confirmar as decisões que não designam a audiência prévia de tentativa de autocomposição, adota ótica equivocada da visão instrumentalista do processo.

De início, a própria afirmação de ausência de prejuízo carece de maiores fundamentos, pois, se o novo Código de Processo Civil prestigiou a mediação e a conciliação como instrumento para solução rápida e pacífica dos conflitos, é evidente que a ausência da possibilidade de tal fase pode implicar prejuízo.

Por outro lado, para que se possa refletir se a violação da obrigatoriedade de designar a audiência de tentativa de autocomposição seria caso de nulidade insanável, é necessário analisar o interesse pelo qual foi instituída a regra do art. 334 do CPC/2015, pois, dependendo do interesse ser público ou das partes, o vício será sanável ou não.

Em se tratando de norma que direciona a política de resolução de conflitos, é evidente que a regra que instituiu a audiência obrigatória de mediação ou conciliação se reveste de interesse público.

Nesse sentido, a posição dos julgados em não anular as sentenças é equivocada, compromete o princípio do devido processo legal, que

[203] BEDAQUE, José Roberto dos Santos. Instrumentalismo e garantismo: visões opostas do fenômeno processual? In: BEDAQUE, José Roberto dos Santos; CINTRA, Lia Carolina Batista; EID, Elie Pierre (Coord.). *Garantismo processual*: garantias constitucionais aplicadas ao processo. Brasília: Gazeta Jurídica, 2016. p. 5.

exige previsibilidade na técnica processual, ordenando segurança nas relações entre os litigantes e entre eles e o juiz, e também solapa regra cogente (art. 334 do CPC/2015), minando a efetividade de tal nova fase processual.

9. Adequação do uso de meios autocompositivos em litígios em que exista grande disparidade entre as partes

Na recente pesquisa encomendada pelo Conselho Nacional de Justiça para investigar a forma de gestão dos processos da Justiça Estadual de primeiro grau, com relação ao funcionamento de mediação e/ou conciliação, a percepção dos participantes estudados é que:

> [...] de forma geral, que pessoas físicas têm mais chances de sucesso na conciliação. Pessoas jurídicas, principalmente bancos, e pessoas jurídicas de grande porte em relações de consumo (telecomunicações, por exemplo), são apontadas como mais resistentes à conciliação. Como justificativas, afirmam que essas pessoas jurídicas ***não** aceitam abrir precedentes e enviam prepostos sem poder algum de decisão para as audiências*. Quando foi criado o expediente de aplicação de multas para obrigar que uma proposta fosse feita, as partes *começaram a levar propostas não factíveis, com o intuito exclusivo de **não** receberem a multa*. O poder aquisitivo também foi indicado como fator influenciador do desfecho. Nesse contexto, há a percepção de que *quanto maior o poder aquisitivo, mais difícil é a realização do acordo*. Fatores como personalidade e o envolvimento emocional com a causa foram também mencionados como influenciadores do acordo final (grifos nossos).[204]

Tal constatação empírica remete às observações feitas por Marc Galanter[205] acerca dos tipos ideais: litigantes ocasionais (*oneshotter*) *versus* litigantes habituais (*repeat players*).

Segundo Galanter,[206] os litigantes habituais teriam as seguintes vantagens em relação aos ocasionais: (i) expertise em razão da grande

---

[204] UNIVERSIDADE DE SÃO PAULO. CONSELHO NACIONAL DE JUSTIÇA. *Mediação e conciliação avaliadas empiricamente, jurimetria para proposição de ações eficientes*. Brasília: 2019. Relatório Analítico Propositivo – Justiça Pesquisa. p. 178. Disponível em <https://www.cnj.jus.br/wp-content/uploads/2019/05/d87ecfa91fdcada3c1795f522bc12dcc7772666f491fd94a642e05b394cff84a.pdf>. Acesso em. 6 out. 2020.

[205] GALANTER, Marc. Why the "haves" come out ahead: speculations on the limits of legal change. *Law & Society Review*, [s.l.], v. 9, n. 1, p. 95-160, 1974.

[206] Ibidem.

quantidade de litígios semelhantes de que já participou; (ii) acesso a especialistas, ao mesmo tempo em que diminuem seus custos porque trabalham em economia de escala; (iii) poder de adotar estratégia para maximizar ganhos de longo prazo, ainda que isso implique perda total em alguns casos; (iv) proximidade com as instituições, o que lhes dá maior facilidade para desenvolver mecanismos informais facilitadores de obtenção de vantagens por funcionários oficiais; (v) influência no desenvolvimento das normas, através de *lobby* e de grupos de pressão; e (vi) possibilidade de disputar as regras da litigância, pois, ao contrário dos litigantes ocasionais, que buscam resultados pessoais tangíveis em cada demanda, os litigantes habituais geralmente têm por objetivo a formação de uma jurisprudência favorável que os beneficie em casos futuros.

A primeira impressão é que em um sistema que se utiliza das RADs os litigantes habituais continuarão a gozar da supremacia que têm no sistema adjudicatório.[207] Imaginamos que, devido à quantidade de casos em que estão envolvidos, além de poder formar equipe de especialistas (que inclui, além dos advogados, negociadores), por frequentar mais o sistema de solução de conflitos os litigantes habituais terão maior contato como os servidores do Judiciário, magistrados, conciliadores e mediadores, o que pode gerar tratamento mais favorável. Exemplos desse favorecimento aos litigantes habituais são as multidões de acordos "desenhados" conjuntamente pelo grande litigante e o poder público.

Existem, porém, outras situações sensíveis. No Maranhão,[208] foi criado o selo de reconhecimento "Empresa Amiga da Justiça" para as empresas que (I) promovam a criação e o pleno funcionamento de canais de atendimento a clientes e usuários, com capacidade resolutiva de demandas decorrentes da relação de consumo e fornecimento de informações que esclareçam os reais direitos do consumidor, incentivando a desjudicialização por meio da utilização de métodos autocompositivos, como a conciliação e a mediação; (II) realizem os investimentos internos para minimizar o surgimento de conflitos com a adoção de políticas de *compliance* e capacitação de equipes que mantêm diálogo contínuo com o público, inclusive as ouvidorias e prepostos que atuam em audiências de conciliação; (III) desenvolvam campanhas de facilitação à renegociação de dívidas de consumidores em situação de inadimplência; e (IV) implementem ações que aumentem o número de acordos processuais (varas, juizados, turmas recursais e tribunal) e pré-processuais (CEJUSCs ou

---

[207] MENKEL-MEADOW, Carrie. Do the haves come out ahead in alternative judicial systems: Repeat players in ADR. *Ohio State Journal on Dispute Resolution*, [s.l.], v. 15, p. 19, 1999.

[208] TRIBUNAL DE JUSTIÇA DO MARANHÃO. Portaria n. 292, de 11 de junho de 2019. Selo "Empresa Amiga da Justiça". Disponível em: <http://site.tjma.jus.br/conciliacao/noticia/sessao/3638/publicacao/425684>. Acesso em: 1 nov. 2019.

entidades parceiras do TJMA na solução adequada de conflitos) relacionados a matérias afetas à Justiça Estadual.

Os selos concedidos são divididos em quatro categorias – bronze, prata, ouro e diamante – de acordo com o nível de pontuação que a empresa atingir nas metas mencionadas.

bronze prata ouro diamante

Em São Paulo, foi instituída parceria pela qual a empresa, o grupo empresarial ou o parceiro institucional que escolher aderir voluntariamente ao programa receberá certificação denominada "Empresa Amiga da Justiça" ou "Parceiro Institucional do Programa Empresa Amiga da Justiça". Trata-se de um selo estilizado, emitido e enviado eletronicamente pelo TJSP, que pode ser utilizado em campanhas institucionais.

Dentro desses programas, as empresas e os grupos empresariais têm metas de aumento da quantidade de número de acordos judiciais e extrajudiciais, monitorando ainda a quantidade de processos distribuídos no mesmo período e as ações adotadas para incentivar a autocomposição.

Sindicatos, associações comerciais, entidades de classes, entre outras instituições, podem participar de três maneiras: (a) indicando empresas ou grupos empresariais com os quais têm algum tipo de interação corporativa; (b) divulgando a autocomposição por meio de campanhas de comunicação ou promoção de eventos, ainda que educacionais e simpósios; ou (c) fomentando estudos de pesquisa, bem como indicadores relacionados à pacificação de conflitos consumeristas, sendo monitorados quanto às ações efetivamente tomadas no cumprimento do compromisso.[209]

Não obstante os propósitos louváveis de incentivar as empresas a resolver seus conflitos de forma preventiva em vez de usar o Poder Judiciário como balcão de negócios, é preocupante que uma companhia utilize o selo com o logotipo da Justiça e, por conseguinte, possa ostensivamente demonstrar relacionamento íntimo com o Judiciário. Nesse sentido, é razoável supor que os consumidores que se submeterão à tentativa de conciliação com tais empresas terão receio quanto à imparcialidade do procedimento, podendo, inclusive, sentir-se compelidos a firmar acordos que não resguardem adequadamente seus interesses. Dito de outro modo: é melhor fazer um "mau acordo" do que litigar com um "parceiro do Poder Judiciário". Outro exemplo bastante evidente dessa relação privilegiada que os grandes litigantes têm com o Judiciário pode ser visualizado no programa estabelecido pelo Tribunal de Justiça do Rio de Janeiro pelo qual foram criados canais (e-mails eletrônicos, com endereço institucional @tjrj.jus.br) para atender a reclamações de cada uma das empresas parceiras, especialmente bancos, financeiras, concessionárias de serviços públicos e grandes varejistas, entre elas, Vivo, Claro, TIM, OI, Bradesco, Santander, Itaú.

A seguir, a imagem de divulgação da campanha.[210]

---

[209] TRIBUNAL DE JUSTIÇA DE SÃO PAULO. *Empresa Amiga da Justiça*. Disponível em: <http://www.tjsp.jus.br/Conciliacao/Conciliacao/EmpresaAmigaJustica>. Acesso em: 1 nov. 2019.

[210] TRIBUNAL DE JUSTIÇÃO DO RIO DE JANEIRO. *Projeto conciliação pré-processual*. Disponível em <http://www.tjrj.jus.br/web/guest/institucional/conciliacao-pre-processual/proj-pre-proc>. Acesso em: 6 out. 2020.

PJERJ PODER JUDICIÁRIO
ESTADO DO RIO DE JANEIRO

Centro Permanente de Conciliação
JEC - TJERJ

PROJETO CONCILIAÇÃO PRÉ-PROCESSUAL

Os e-mails para que os consumidores solicitem sua conciliação pré-processual com os fornecedores já participantes do Projeto são os seguintes:

conciliarvivo@tjrj.jus.br (Vivo)
conciliarclaro@tjrj.jus.br (Claro)
conciliartim@tjrj.jus.br (Tim)
conciliarceg@tjrj.jus.br (Ceg)
conciliaritau@tjrj.jus.br (Itau)
conciliarlight@tjrj.jus.br (Light)
conciliaroi@tjrj.jus.br (Oi)
conciliarnet@tjrj.jus.br (Net)
conciliarcasasbahia@tjrj.jus.br (Casas Bahia)
conciliarpontofrio@tjrj.jus.br (Ponto Frio)
conciliarsky@tjrj.jus.br (Sky)
conciliarricardoeletro@tjrj.jus.br (Ricardo Eletro)
conciliarb2w@tjrj.jus.br (B2W/ Americanas/ Shop Time/ Submarino)
conciliarsantander@tjrj.jus.br (Santander)
conciliarhsbclosango@tjrj.jus.br (Losango)
conciliarhsbc@tjrj.jus.br (HSBC)
conciliarbradesco@tjrj.jus.br (Bradesco)
conciliarcitibank@tjrj.jus.br (Citibank)
conciliarunimed@tjrj.jus.br (Unimed)
conciliarbrastempconsul@tjrj.jus.br (Consul e Brastemp)
conciliarestacio@tjrj.jus.br (Universidade Estácio de Sá)
conciliargol@tjrj.jus.br (Gol)
conciliaramil@tjrj.jus.br (Amil)
conciliarsamsung@tjrj.jus.br (Samsung)
conciliarnextel@tjrj.jus.br (Nextel)
conciliarbritania@tjrj.jus.br (Britania)
conciliarphilco@tjrj.jus.br (Philco)
conciliartam@tjrj.jus.br (TAM)
conciliardell@tjrj.jus.br (Dell)
conciliarcarrefour@tjrj.jus.br (Carrefour)
conciliarbancocarrefour@tjrj.jus.br (Banco Carrefour)
conciliaribi@tjrj.jus.br (IBI)
conciliaralelo@tjrj.jus.br (ALELO)
conciliarmotorola@tjrj.jus.br (MOTOROLA)
conciliarlenovo@tjrj.jus.br (LENOVO)

Caso o consumidor pretenda conciliar com uma empresa ainda não participante do Projeto, deve enviar seu e-mail para um dos seguintes endereços:

conciliarelegal@tjrj.jus.br
conciliacaopreprocessual@tjrj.jus.br

Disponível como Aplicativo Móvel - celular
http://ConciliaçãoPreprocessual.mobapp.at ou www.como.com

PODE SER BAIXADO PARA O CELULAR IPHONE APPLE E ANDROIDE

Iphone Apple — Androide

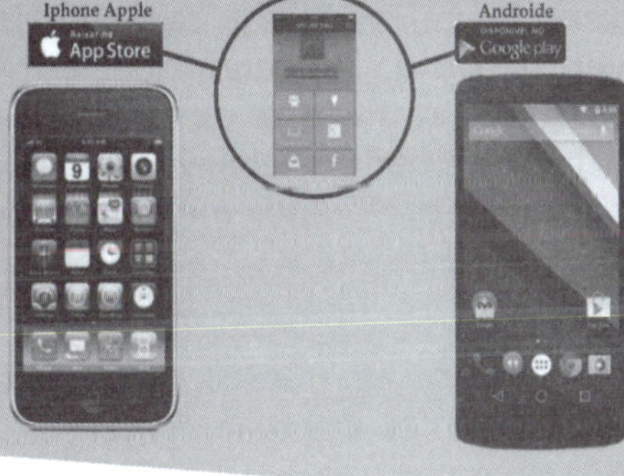

Centro Permanente de Conciliação dos Juizados Especiais Cíveis
Rua Beco da Música, 121 - Lâmina V - térreo - sala T03

A confusão entre os símbolos da Justiça e os das empresas privadas pode sugerir aos demais jurisdicionados sensação de relação, no mínimo, privilegiada. Dimensionar os efetivos efeitos de tal relação é questão que merece um estudo à parte. Não devemos, contudo, desprezar a capacidade de atuação estratégica e de retirar benefícios dessa relação por parte dos litigantes habituais.

Paulo Henrique Raio Ostia[211] afirma que há maior propensão aos litigantes habituais de firmar acordos em casos desfavoráveis a eles, evitando seu prosseguimento a instâncias superiores e a criação de uma norma jurisprudencial. Por outro lado, eles tendem a evitar uma solução em tratativas iniciais de conflitos nos quais se observa alguma potencial vantagem. Visam à análise e ao julgamento do caso por instâncias superiores, culminando assim na criação de precedentes.

O litigante eventual ainda enfrenta o desafio do tempo. Isso porque ele encara maior dificuldade em custear e aguardar a resolução do conflito. A parte mais pobre pode ser forçada a celebrar um acordo em razão de não possuir os recursos necessários para o financiamento das despesas acarretadas pelo processo judicial.[212]

Como seria possível mitigar tais disparidades e criar mecanismos "compensatórios" para equiparar as partes, quando imersas em técnicas de resolução adequadas de controvérsias?

Christopher Moore[213] propõe algumas medidas. Entre elas, auxiliar a parte mais fraca a (a) se organizar, (b) obter e analisar informações, (c) identificar e mobilizar seus meios de influência, (d) planejar estratégia de negociação efetiva, (e) obter recursos financeiros para suportar o período de negociações, (f) ter auxílio de advogado ou outro profissional capacitado e (g) fazer concessões realistas.

A preocupação com a assimetria entre as partes nos meios autocompositivos ganha maior relevância porque *in*existe um terceiro que julgará a questão controvertida, devendo as partes negociar entre si. Desse modo, a diferença significativa de habilidade e capacidade de uma em detrimento da outra poderá levar a resultado iníquo. Em outras palavras, a questão da disparidade nos meios alternativos de resolução de controvérsias amplia-se para além da análise de Marc Galanter. Isso porque as características individuais, inatas ou desenvolvidas (conhe-

---

211 OSTIA, Paulo Henrique Raiol; COSTA, Susana Henriques da. *Conciliação e acesso à justiça*: um estudo qualitativo dos centros judiciários de solução de conflitos e cidadania. 2018. São Paulo: Universidade de São Paulo, 2018.

212 BERALDO, Maria Carolina Silveira. *O comportamento dos sujeitos processuais como obstáculo à razoável duração do processo*. 2013. Tese (Doutorado em Direito) – Faculdade de Direito, Universidade de São Paulo, São Paulo, 2013.

213 MOORE, Christopher W. *The mediation process*: practical strategies for resolving conflict. 3. ed. San Francisco (USA): Jossey-Bass, 2003.

cimento, sagacidade, habilidade comunicativa, criatividade, tenacidade etc.) geram grande assimetria entre as partes e não serão atenuadas por eventual proteção legal, por meio da atuação adjudicatória.

Bruno Takahashi[214] destaca que as relações de poder não são estáticas, coexistindo nelas diversos tipos e fontes dos quais emana, "[...] como, por exemplo, o poder financeiro, o poder emocional, o poder físico ou o poder cultural". Para o autor, essa variedade indica que durante o curso das discussões é possível haver alterações no equilíbrio de forças. Se, em determinado momento, à disputa familiar importar mais o controle emocional, e não o financeiro, a parte de maior poder financeiro pode estar em desvantagem em relação à de maior poder emocional.

A preocupação com a atenuação das disparidades entre as partes é tratada de forma bastante detalhada no *Manual de mediação e conciliação da Justiça Federal*,[215] em que diversas técnicas são apresentadas para que os conciliadores ou mediadores possam lidar com a situação de desequilíbrio. Além de trazer técnicas para que os mediadores e conciliadores possam lidar com a assimetria de poder, o manual[216] é enfático ao afirmar que a desigualdade de poder não impede o uso de meios consensuais na Justiça Federal, nos seguintes termos:

> O desequilíbrio de poder é a regra – e não exceção – nas diversas relações em que são empregados os meios consensuais. Em relações de família, por exemplo, é comum que um dos cônjuges possua maiores condições emocionais ou econômicas, assim como em relações de vizinhança, de consumo, de trabalho etc. Assim, na Justiça Federal, o desequilíbrio de poder normalmente existente entre o ente público litigante habitual e o particular litigante ocasional não é um obstáculo intransponível ao uso de meios consensuais. O importante é saber quais são as condicionantes e os cuidados necessários para que esse uso possa ser legítimo e adequado. Além disso, como salienta Luciane Moessa de Souza (2014, p. 199), o melhor argumento para defender o uso dos meios consensuais na seara pública é questionar se o processo contencioso, com seu formalismo, ofereceria melhores condições de igualdade. Diante da sobrevalorização das regras processuais, a flexibilidade procedimental dos meios consensuais, com a maior aproximação do mediador ou do conciliador, pode ser mais favorável a tratar relações de desequilíbrio de poder. Do mesmo modo, poderiam ser pensadas estratégias para permitir melhor orientação jurídica do particular, como um fortalecimento da atuação da Defensoria Pública da União e dos advogados nos programas conciliatórios.

Em sentido contrário, Fernanda Tartuce[217] afirma ser inapropriada a utilização de mecanismos autocompositivos quando existir disparida-

[214] TAKAHASHI, Bruno. *O papel do terceiro facilitador na conciliação de conflitos previdenciários*. Tese (Doutorado em Direito Processual) – Faculdade de Direito, USP, São Paulo, 2015.

[215] TAKAHASHI, Bruno; ALMEIDA, Daldice Maria Santana de; GABBAY, Daniela Monteiro e ASPERTI, Maria Cecília de Araujo. *Manual de mediação e conciliação na justiça federal*. Brasília: Conselho da Justiça Federal, 2019.

[216] Ibidem, p. 25.

[217] TARTUCE, Fernanda. *Mediação nos conflitos civis*. 5. ed. Rio de Janeiro: Forense; São Paulo: Método, 2019.

de insuperável entre as partes em termos de conhecimento sobre seus direitos e orientação técnica sobre como se proteger. Em tais circunstâncias, revela-se mais adequado o ambiente estatal de julgamento no qual as regras do devido processo legal podem auxiliar a compensar o desequilíbrio de forças.

A grande disparidade entre as partes pode indicar não ser a mediação/conciliação o mecanismo adequado para a resolução da controvérsia. Isso porque, em cenários de imensa desigualdade, cabe ao juiz diminuir o impacto das desigualdades distributivas.

Nesse contexto, é importante destacar que o sistema de RADs não está apartado do sistema adjudicatório. Assim, quanto mais este for eficiente e garantir igualdade substancial, maior será a propensão de que as RADs não sejam utilizadas de forma iníqua.

Imaginemos um sistema judicial extremamente moroso, em que a parte mais bem assessorada possa prolongar, por meio de diversos procedimentos processuais, o litígio por longos anos. Ou mesmo que o litigante não amparado em direito material legítimo, em razão da existência de regras procedimentais obscuras se bem manuseadas (por profissionais altamente especializados), possa obter julgamento favorável. É evidente que, nesses casos, a parte hipossuficiente será coagida a fazer acordo, na fase prévia autocompositiva, em bases não equitativas.

Desse modo, para garantir maior equitatividade no sistema de RADs, é necessário ter resguardo de sistema adjudicatório eficiente e capaz de garantir igualdade não só formal mas substancial aos litigantes. Nesse sentido, o oferecimento de melhor orientação jurídica e o fortalecimento da atuação da Defensoria Pública e dos advogados dativos devem se dar tanto na instância adjudicatória como na esfera autocompositiva.

Só com melhor estrutura de equalização de disparidades em todas as fases processuais garantir-se-á que as RADs possibilitem acordos justos. Atualmente, pela inexistência de fase de triagem dos casos, não há possibilidade de avaliação das situações em que a assimetria entre as partes indica não serem os métodos autocompositivos adequados. Por isso, é de extrema relevância alteração legislativa para que seja introduzida fase de triagem, em que seja feita recomendação do melhor método e, inclusive, da possibilidade do mediador ou conciliador, durante o procedimento, verificando a imensa desigualdade entre as partes, especialmente no que se refere à habilidade de negociar e defender seus interesses, poder até mesmo sugerir a interrupção da sessão e o direcionamento para solução adjudicada, se assim a parte mais fraca anuir.

10. Conclusão

Contemporaneamente, uma das ferramentas utilizadas para debelar a crise aguda que o Judiciário brasileiro está enfrentando, em razão da sua incapacidade de receber e julgar uma miríade de processos que têm inundado os tribunais do Brasil ano a ano, é a revalorização dada aos meios autocompositivos (conciliação e mediação). Ponto visível dessa revalorização foi a introdução da audiência prévia de tentativa de autocomposição no procedimento civil (art. 334 do CPC/2015).

Nesse contexto, as RADs assumiram papel de diminuição de feitos, e não fundamentalmente de salvaguarda de direitos, e, portanto, da correta e adequada tutela do direito material. Recentes pesquisas demonstram a percepção de que o objetivo principal do uso dos meios autocompositivos seria desafogar o Judiciário, e não obter verdadeiros ganhos sociais. Essa percepção tem esboçado certa precaução contra os acordos.[218]

A visão de que devem existir outros mecanismos de resolução de conflitos tem reverberado em importantes vozes, como a de Rodolfo de Camargo Mancuso, que afirma *não* ser potestativo o direito de ação. Assim, a garantia de inafastabilidade da jurisdição, prevista no art. 5°, XXXV, da Constituição Federal de 1988, deve ser reinterpretada, especialmente no que se refere ao interesse de agir (como condição da ação), quando verificado que o Judiciário *não* deve ser a primeira opção para resolução de conflitos.[219]

Ao mesmo tempo, e tão logo o art. 334 do CPC/2015 entrou em vigor, já surgiu necessidade de malabarismo interpretativo. Isso porque a regra legal colide com a norma contida no art. 27 da Lei de Mediação.

[218] UNIVERSIDADE DE SÃO PAULO. CONSELHO NACIONAL DE JUSTIÇA. *Mediação e conciliação avaliadas empiricamente, jurimetria para proposição de ações eficientes*. Brasília: 2019. Relatório Analítico Propositivo – Justiça Pesquisa. p. 180. Disponível em. <https://www.cnj.jus.br/wp-content/uploads/2019/05/d87ecfa91fdcada3c1795f522be42dcc_7772666f491fd94a642e05b394cff84a.pdf>. Acesso em: 6 out. 2020.

[219] MANCUSO, Rodolfo de Camargo. *Acesso à justiça*: condicionantes legítimas e ilegítimas. São Paulo: Revista dos Tribunais, 2012. p. 217 e 219.

Enquanto esse artigo estabelece como exceções a obrigatoriedade de realização da audiência autocompositiva prévia – no caso de (i) ser a petição inicial inepta; (ii) improcedência liminar do pedido; (iii) o objeto do litígio não admitir autocomposição; e (iv) ter ocorrido manifestação expressa de todos os litigantes (réu e autor) de desinteresse em sua realização –, a Lei de Mediação, em seu art. 27, prevê a obrigatoriedade da audiência de mediação *em todos os tipos de processo* que versem sobre direitos disponíveis ou indisponíveis que admitam transação (art. 3° Lei de Mediação), caso *não* seja a petição inicial inepta ou hipótese de improcedência liminar do pedido.

Tais normas têm grau similar de generalidade e mesmo campo de incidência, motivo pelo qual não é possível resolver esse conflito normativo por meio de critério da especialidade.

Nesse sentido, tais regras são autoexcludentes e, portanto, necessária à utilização do critério cronológico para dirimir referido conflito normativo. O primeiro passo, assim, seria identificar qual é a lei anterior e, neste caso, surgiriam novas dúvidas. Isso em razão de o Código de Processo Civil ter sido promulgado em 16 de março de 2015, mas só ter entrado em vigor em março de 2016, em razão da *vacatio legis*. Já a Lei de Mediação foi promulgada posteriormente, em 29 de junho de 2015, porém sua vigência foi iniciada em dezembro desse ano, antes, portanto, do CPC.

Segundo a LINDB – Lei de Introdução às Normas do Direito Brasileiro (Decreto-Lei n° 4.657, de 4 de setembro de 1942), em seu artigo 1°, §§ 3° e 4°, se antes de uma lei entrar em vigor ocorrer nova publicação destinada à correção de seu texto, tais alterações não serão consideradas nova lei. No entanto, se no momento das correções do texto o diploma já estiver em vigor, considera-se que uma nova norma ingressou no mundo jurídico para alterar o texto da primeira.

Nessa perspectiva, podemos depreender que o sistema jurídico brasileiro apenas considera a possibilidade de uma lei posterior revogar a anterior quando a norma a ser revogada já estiver em vigor. Dessa observação podemos extrair a seguinte regra: norma (de vigência) posterior revoga a norma (de vigência) anterior e implica o reconhecimento de que o CPC/2015 revogou a Lei de Mediação, no que conflitarem.

Assim, se o caso for direcionado à sessão prévia de mediação ou conciliação, poderá ser dispensada sua prática, *caso as partes tenham manifestado, de forma expressa, desinteresse nela*.

Em relação à necessidade de homologação do acordo, obtido em tal fase processual e apesar da Lei de Mediação, prever a possibilidade de as partes a dispensarem (art. 28, parágrafo único), quando o litígio envolver direitos disponíveis, em razão de a Lei de Mediação conflitar como a norma do art. 334, § 11, do CPC/2015, a norma da Lei de Mediação foi revogada, e, portanto, a necessidade de homologação independe da vontade das partes.

Nessa mesma lógica, no que se refere ao conflito entre os dois diplomas legais, em relação às exigências de que alguém possa atuar como mediador judicial (art. 11 da Lei de Mediação e art. 167, § 1º, CPC/2015), o Código de Processo Civil merece prevalecer. Posição contrária é manifestada pelo Conselho Nacional de Justiça, que em consulta[220] declarou que os requisitos para o exercício de tal função serão os previstos na Lei de Mediação, enquanto para o exercício da função de conciliador judicial seriam os previstos no diploma processual.

A despeito de tantas antinomias em relação à possibilidade de as partes, de comum acordo, escolherem o terceiro facilitador, tal cenário é franqueado tanto na mediação como na conciliação judicial. A lei brasileira instituiu filtro preferencial automático (art. 165, §§ 2º e 3º, do CPC/2015) pelo qual, em razão da existência ou não de vínculo anterior ou continuado entre as partes, o caso será enviado a um dos dois institutos. Os litigantes, porém, poderão eleger método diverso – por exemplo, conciliação em caso que exista vínculo anterior entre eles. Também é lícito ao conciliador ou mediador, quando em contato com as partes e tendo observado que a técnica designada não é a mais adequada, alterar a abordagem para a que entenda ser a mais apropriada.

Por outro lado, sobre a necessidade de presença pessoal das partes na audiência, desde que representante com poderes específicos para transigir compareça, ela pode ser dispensada. Se o comparecimento das partes é dispensável, o do advogado ou dos defensores públicos é obrigatório, de acordo com o art. 26 da Lei de Mediação. Em igual sentido vai o § 9º do art. 334 do CPC/2015. São exceções as mediações ocorridas nos juizados especiais cíveis estaduais e federais (Leis Federais nºs 9.099, de 26 de setembro de 1995, e 10.259, de 12 de julho de 2001).

A indispensabilidade da presença do advogado decorre da necessidade de garantir ao jurisdicionado a tomada de decisão (de se compor) mediante o conhecimento sobre os impactos de uma transação, renúncia e reconhecimento jurídico do pedido, bem como da probabilidade de êxito, caso não se obtenha solução consensual, com futura imposição de solução adjudicada.

Outra questão relevante diz respeito aos prazos para contestação. *Quando houver litisconsórcio passivo* (§ 1º do art. 335, CPC/2015), ocor-

[220] CONSELHO NACIONAL DE JUSTIÇA. *Jurisprudência*. CONSULTA. TRF4. 0007324-12.2016.2.00.0000. TRF4. Ratificação de liminar concedida de ofício... Disponível em: <https://www.cnj.jus.br/InfojurisI2/Jurisprudencia.seam?jurisprudenciaIdJuris=48430&indiceListaJurisprudencia=0&tipoPesquisa=LUCENE&firstResult=0>. Acesso em: 6 out. 2020.

rendo a hipótese de todas as partes terem manifestado desinteresse na realização da audiência (*art. 334, § 6º, CPC/2015*), o termo inicial para contagem do prazo de contestação começará a fluir, individualmente, para cada um dos réus, a partir da data de apresentação de seu respectivo pedido de cancelamento da audiência. Ou seja, o prazo para cada um dos litisconsortes contestar terá termo inicial diferente. Tal regra é bastante infeliz porque gera grande insegurança jurídica, já que o prazo para contestar depende de ato de um dos réus. Tal questão ganha relevância no caso de tratar-se de litisconsórcio simples, no qual a decisão pode ser diferente para os litisconsortes.

Por outro lado, essa regra fere os princípios e as garantias que informam o sistema processual pátrio, especialmente as contidas nos artigos 1º e 7º do Código de Processo Civil, bem como garantias constitucionais, como as da isonomia, segurança jurídica e devido processo legal. Por esse motivo, por aplicação extensiva e analógica do art. 231, § 1º, do CPC/2015, o prazo para que os réus apresentem a contestação, na hipótese do art. 334, § 4°, deve ter seu início, para todos, da data da juntada *da última* manifestação de desinteresse.

É evidente, porém, que a declaração de inconstitucionalidade de norma legal depende de pronunciamento judicial. No momento, ao operador cabe seguir a norma contida no art. 335, § 1º, do CPC/2015, mesmo que eivada de inconstitucionalidade, para evitar prejuízo aos seus assistidos.

Outra questão relevante refere-se à abrangência da composição amigável. A extensão poderá ser mais ampla – subjetiva e objetivamente – do que o objeto litigioso originariamente desenhado na petição inicial; porém, e de acordo com a regra contida no art. 515, § 2º, do CPC/2015, para que a autocomposição possa abranger terceiros ele deve participar do acordo.

É importante destacar, ainda, que apesar da existência de decisões judiciais em que os réus são admoestados a comparecer com proposta efetiva de acordo, sob pena de multa, tal "ameaça" não é legitima. Isso porque a ausência de apresentação de proposta de acordo não é suscetível à sanção, em razão de inexistir previsão específica que tipifique tal omissão.

Em relação à arguição de incompetência, no Código de Processo Civil a regra pela qual ela deve ser deduzida em preliminar de contestação (art. 64), bem como a que determina a suspensão da realização da audiência prévia de tentativa de autocomposição (art. 344, § 10), é bastante desacertada e desnecessária. Essa conclusão, decorre do fato de que o réu poderá constituir representante, por meio de procuração específica, para substituí-lo na audiência prévia, possibilidade esta que retira do réu o ônus de se deslocar para comarca incompetente.

Por outro lado, tal regra concede tratamento díspar, uma vez que, enquanto para a arguição de incompetência suspende-se o processo, para as demais matérias preliminares (defesas indiretas de mérito – art. 337, CPC/2015) não existe igual previsão. Além do mais, ela implica inverter a ordem processual instituída pelo art. 334 do Código de Processo Civil, pelo qual a contestação apenas é apresentada após a tentativa autocompositiva ter restado infrutífera, visando a *não* aumentar a beligerância entre as partes.

Ademais, e tendo como foco que tal audiência possa resultar em número mais expressivo de acordos e possa ser explorado seu potencial, é necessário que os advogados e os próprios jurisdicionados se preparem de forma adequada para a atividade de conciliar. Os advogados devem buscar conhecer tais técnicas, sendo fundamental capacitarem-se para a tarefa de negociar. Necessárias também são campanhas públicas de divulgação dos métodos autocompositivos a toda população, de modo que ela possa compreender melhor tais institutos.

É fundamental, ainda, compreender que o procedimento de RADs está ligado ao adjudicatório, não sendo sistemas estanques. Dito de outro modo, para garantir maior equitividade às RADs é necessário ter resguardo de modelo adjudicatório eficiente e capaz de garantir aos litigantes igualdade não só formal, mas substancial. O oferecimento de melhor orientação jurídica e o fortalecimento da atuação da Defensoria Pública e dos advogados dativos, tanto na instância adjudicatória como na esfera autocompositiva, são, portanto, fundamentais.

É evidente que um sistema judicial extremamente moroso, no qual a parte mais bem assessorada possa prolongar, por diversos procedimentos processuais, o litígio por longos anos, implicará, potencialmente, coagir a parte hipossuficiente a fazer acordo em bases não equitativas, na fase prévia autocompositiva.

Nesse sentido, entendemos que o desenvolvimento das RADs deve acompanhar a evolução, *pari passu*, do oferecimento de acesso adequado, buscando minimizar as assimetrias de poder entre as partes, especialmente no procedimento adjudicatório com objetivo de tornar o sistema judicial com um todo mais équo.

Devemos também ter em mente a história recente, tomando-a como parâmetro para que não se cometam os mesmos erros que levaram à mecanicidade com a qual as audiências vinham sendo realizadas na égide do art. 331 do Código de Processo Civil de 1973. É necessário que todos os agentes (advogados, juízes, conciliadores, mediadores e as próprias partes) estejam engajados para que seja possível explorar os reais potenciais dessa nova fase processual.

Em relação à regra da obrigatoriedade de participar da tentativa prévia de autocomposição, ainda que ela não seja a mais adequada, dado que viola a voluntariedade (elemento essencial na autocomposição), não é ilegal nem inconstitucional. Essa regra, inclusive, é adotada em diversos sistemas estrangeiros, não sendo, portanto, inusitada.

Para além da obrigatoriedade, é questão relevante a ausência de triagem e filtro para análise do conflito e da adequação dos institutos de mediação e conciliação como métodos adequados para sua resolução. Para alguns conflitos, os meios autocompositivos não são apropriados, especialmente naqueles em que existe grande assimetria entre as partes.

Nesse sentido, seria salutar alteração legislativa para aprimorar a regra contida no art. 334 do atual Código de Processo Civil, introduzindo-se fase de triagem que permitisse a recomendação do melhor método. Além disso, ao participar desse procedimento, o mediador ou conciliador, ao verificar a imensa disparidade entre as partes, especialmente no que se refere à habilidade de negociar e defender seus interesses, deve sugerir a interrupção da sessão e o direcionamento para solução adjudicada.

Na prática, porém, segundo pesquisa recente do CNJ, a regra da obrigatoriedade tem sido desconsiderada por muitos magistrados, que apenas direcionam os processos para a fase processual quando entendem ser oportuno. Ocorre que o entendimento jurisprudencial pelo qual o juiz pode desconsiderar, por critérios de conveniência, a realização da audiência preconizada pelo art. 334 do diploma processual referenda o arbítrio estatal como se ao Estado coubesse, "[...] em cada caso, julgar a conveniência de cumprir ou não a promessa feita ao legislar".[221]

A regra que instituiu a audiência obrigatória de mediação ou conciliação reveste-se de interesse público, motivo pelo qual, nos casos em que ela não for designada fora das hipóteses de sua dispensa (art. 334 do CPC/2015) ou em que inexistir possibilidade física (CEJUSC) ou humana (profissionais em quantidade suficiente) de sua realização, a anulação dos atos processuais posteriores é de rigor. Isso se dá em razão da necessidade de previsibilidade na técnica processual, ordenando segurança nas relações entre os litigantes e entre eles e o juiz, sob pena de violação ao devido processo legal, bem como de se comprometer a efetividade de tal nova fase processual.

[221] BOTELHO DE MESQUITA, José Ignácio. *Teses, estudos e pareceres de processo civil*, volume 2: jurisdição e competência, sentença e coisa julgada, recursos e processos de competência originária dos tribunais. São Paulo: Revista dos Tribunais, 2005. p. 35.

Outro ponto a ser destacado é a carência de estruturas físicas para atender a essa nova fase do processo civil. Dos dados coletados em novembro de 2019 alguns números absolutos chamam atenção. O TJPE aponta a existência de apenas 23 CEJUSCs instalados, o TJSE 16, o TJMS 9 e o TJES 10, enquanto o TJSP declara dispor de 246, o TJMG 162 e o TJBA 131.

Ao cotejar tais números com a quantidade de habitantes de cada Estado (IBGE para julho de 2019), tal carência de CEJUCs e a desigualdade de estruturas voltadas às RADs em cada região do Brasil ficam mais evidentes. Enquanto no âmbito do TJTO cada unidade de CEJUSC atenderia idealmente 37.449 jurisdicionados, no TJRJ cada uma teria de atender, em média, 523.180,09 jurisdicionados. Evidente que essa situação de carência de estruturas físicas pode justificar a não designação de audiências de tentativa de autocomposição.

Outra questão relevante diz respeito à inexistência, em boa parte dos tribunais, de remuneração aos conciliadores e mediadores. Tal situação inibe o ingresso de profissionais qualificados para fazer frente à demanda crescente de trabalho.

Esse quadro evidencia o desafio estrutural para implantação do modelo "multiportas" em nosso país. Não obstante, o desafio é também educacional e cultural.

No Brasil, apesar de a conciliação ser conhecida desde o período colonial, a cultura de pacificação é recente e ainda não tem adesão ampla. Considerando, inclusive, que os operadores do direito são formados para litigar, e não para compor ou negociar, tem-se um cenário que dificulta aos jurisdicionados entender as possibilidades por trás da autocomposição.

Obviamente, a gradativa reforma na grade curricular das faculdades de direito pode impulsionar a utilização adequada dos métodos de resolução de controvérsias. Nesse sentido, entendemos que a introdução de disciplinas como "Teoria do conflito", "Mecanismos de solução adequada de conflitos", "Negociação", "Conciliação" e "Mediação" terão impacto profundo no sistema jurídico nacional, nos próximos anos.

Por fim, apesar de certas incoerências legais, a norma contida no art. 334 do CPC/2015 representa mudança de paradigma na distribuição da Justiça brasileira. As RADs contêm enorme potencial para melhor tratamento e salvaguarda do direito material, em uma série de conflitos.

Questão que deve ser objeto de cautela, porém é a forma com que o Poder Judiciário tem buscado estimular a composição consensual. Tribunais têm desenvolvido programas para estimular as empresas a aumentar o número de acordos processuais e extraprocessuais (por exemplo, no TJSP foi criado o selo de reconhecimento "Empresa Amiga da Justiça"), prestigiando mais o método de dirimir controvérsias que a qualidade da resolução.

Nesse sentido, dependendo de como ocorrer a evolução da implantação das RADs, elas poderão servir apenas como mecanismo para diminuir o número de processos, e não como porta de entrada de uma série de conflitos que, outrora, não eram reconhecidos como passíveis de postulação. Para tanto, é necessário que o foco seja também a qualidade das soluções dadas aos conflitos e a garantia de acesso à Justiça, e não apenas na redução de processos e eficiência.

Referências

ABDO, Helena Najjar. *O abuso do processo*. São Paulo: Revista dos Tribunais, 2007.

ASPERTI, Maria Cecilia de Araújo. *Meios consensuais de resolução de disputas repetitivas*. 2014. Dissertação (Mestrado em Direito Processual Civil) – Faculdade de Direito da Universidade de São Paulo, São Paulo, 2014.

ÁVILA, Humberto. *Teoria da segurança jurídica*. 4. ed. São Paulo: Malheiros, 2016.

AZEVEDO, André Gomma de. *Manual de mediação judicial*. 6. ed. Brasília: CNJ, 2016.

BARROSO, Luís Roberto. *Curso de direito constitucional contemporâneo: os conceitos fundamentais e a construção do novo modelo*. São Paulo: Saraiva, 2009.

BEDAQUE, José Roberto dos Santos. Instrumentalismo e garantismo: visões opostas do fenômeno processual? In: BEDAQUE, José Roberto dos Santos; CINTRA, Lia Carolina Batista; EID, Elie Pierre (Coord.). *Garantismo processual*: garantias constitucionais aplicadas ao processo. Brasília: Gazeta Jurídica, 2016.

BENEDUZI, Renato Resende. *Introdução ao processo civil alemão*. Salvador: Editora Juspodivm, 2015.

BERALDO, Maria Carolina Silveira. *O comportamento dos sujeitos processuais como obstáculo à razoável duração do processo*. 2013. Tese (Doutorado em Direito Processual) – Faculdade de Direito, Universidade de São Paulo, São Paulo, 2013.

BOBBIO, Norberto. *Teoria do ordenamento jurídico*. Trad. Maria Celeste C. J. Campos. Rev. Téc. Cláudio de Cicco. 10. ed. Brasília: Universidade de Brasília, 1997.

BOTELHO DE MESQUITA, José Ignácio. *Teses, estudos e pareceres de processo civil*, volume 2: jurisdição e competência, sentença e coisa julgada, recursos e processos de competência originária dos tribunais. São Paulo: Editora Revista dos Tribunais, 2005.

CÂMARA DOS DEPUTADOS. Comissão de Constituição e Justiça e de Cidadania. Projeto de lei nº 7169, de 2014. Relator: Deputado Sergio Zveiter, datado de 18/12/2014. Disponível em: [https://www.camara.leg.br/proposicoesWeb/prop_mostrarintegra?codteor=1294523&filename=Tramitacao-SBT+2+CCJC+%3D%3E+PL+7169/2014]. Acesso em 28 set. 2020.

CARMONA, Carlos Alberto. O novo Código de Processo Civil e o juiz hiperativo. In: BONATO, Giovanni (Org.). *O novo Código de processo civil*: questões controvertidas. São Paulo: Atlas, 2015.

CARNEIRO, Athos Gusmão. A conciliação no novo código de processo civil. *Revista de Processo*, São Paulo, v. 1, n. 2, p. 95-101, abr./jun. 1976.

CARVALHO, Fabiano. Dos poderes, dos deveres e da responsabilidade do juiz – Arts. 139 a 143. In: CRUZ E TUCCI, José Rogério; FERREIRA FILHO, Manoel Caetano; APRIGLIANO, Ricardo de Carvalho; DOTTI, Rogéria Fagundes; MARTINS, Sandro Gilbert (Coord.). *Código de Processo Civil anotado*. São Paulo: AASP/OAB/PR, 2018. p. 243-249.

CAVALIERI FILHO, Sergio. *Programa de responsabilidade civil*. 7. ed. São Paulo: Atlas, 2007.

COSTA, Alexandre Araújo, 2004, *apud* GABBAY, Daniela Monteiro. *Mediação & judiciário no Brasil e nos EUA*: condições, desafios e limites para a institucionalização da mediação no judiciário. Brasília: Gazeta Jurídica, 2013.

COSTA, Susana Henriques da. STF e os filtros ao acesso à Justiça: gestão processual ou vantagem ao grande litigante?Estadão, [s.l.], 18 set. 2014. Disponível em < http://bibliotecadigital.fgv.br/dspace/bitstream/handle/10438/17445/STF_e_os_filtros_ao_acesso_%c3%a0_Justi%c3%a7a_gest%c3%a3o_processual_ou_vantagem_ao_grande_litigante.pdf?sequence=1&isAllowed=y>. Acesso em: 6 out. 2020.

CONSELHO NACIONAL DE JUSTIÇA (CNJ). Relatório 100 Maiores Litigantes 2012, p. 11, disponível em: http://www.cnj.jus.br/images/pesquisas-judiciarias/Publicacoes/100_maiores_litigantes.pdf. Acesso em 6 out. 2020.

——. Departamento de Pesquisas Judiciárias. Demandas repetitivas e a morosidade na justiça cível brasileira. Brasília: jul. 2011. p. 19 e 20. Disponível em: < https://www.cnj.jus.br/wp-content/uploads/2011/02/pesq_sintese_morosidade_dpj.pdf>. Acesso em: 6 out. 2020.

CRUZ E TUCCI, José Rogério. Garantia do processo sem dilações indevidas: responsabilidade do Estado pela intempestividade da prestação jurisdicional. *Revista da Faculdade de Direito da Universidade de São Paulo*, São Paulo, v. 97, p. 323-345, 2002.

——. *Comentários ao Código de Processo Civil* – volume VII (arts 318 a 368). GOUVÊA, José Roberto Ferreira; BONDIOLI, Luis Guilherme Aidar; FONSECA, João Francisco Naves da (Coord.). São Paulo: Saraiva, 2016.

——. *Comentários ao Código de Processo Civil* – volume VIII (arts 485 ao 538). MARINONI, Luiz Guilherme (Dir.); ARENHART, Sérgio Cruz; MITIDIERO, Daniel (Coord.). São Paulo: Editora Revista dos Tribunais, 2018.

——. Novo Código de Processo Civil traz mudanças na audiência de conciliação. *Consultor Jurídico*, [s.l.], 6 out. 2015. Disponível em <https://www.conjur.com.br/2015-out-06/paradoxo-corte-cpc-traz-mudancas-audiencia-conciliacao>. Acesso em: 6 out. 2020.

——; FERREIRA FILHO, Manoel Caetano; APRIGLIANO, Ricardo de Carvalho; DOTTI, Rogéria Fagundes; MARTINS, Sandro Gilbert (Coord.). *Código de Processo Civil anotado*. São Paulo: AASP/OAB/PR, 2018.

CUNHA, Leonardo Carneiro da. *Negócios jurídicos processuais no processo civil brasileiro*. Salvador: Juspodivm, 2016. v. 2

DANTAS, Bruno. Comentários ao art. 340. In: PASSO CABRAL, Antonio do; CRAMER, Ronaldo (Coord.). *Comentários ao novo Código de Processo Civil*. Rio de Janeiro: Forense, 2016.

DEMARCHI, Juliana. *Mediação*: proposta de implementação no processo civil brasileiro. 2007. Tese (Doutorado em Direito Processual Civil) – Faculdade de Direito, Universidade de São Paulo, São Paulo, 2007.

DEPARTMENT OF JUSTICE. A*DR in the Federal District Courts* –District-by-District Summaries. USA, revised March 2016. Disponível em: <https://www.justice.gov/olp/file/827536/download>. Acesso em: 6 out. 2020.

DINAMARCO, Cândido Rangel. *Comentários ao Código de Processo civil* – volume I (arts. 1º a 69: das normas processuais civis e da função jurisdicional. GOUVÊA, José Roberto Ferreira; BONDIOLI, Luis Guilherme Aidar; FONSECA, João Francisco Naves da. São Paulo, Saraiva, 2018.

——. *Instituições de direito processual civil*. 6. ed. São Paulo: Malheiros, 2009. v. 2.

FELSTINER, William L. F.; ABEL, Richard L.; SARAT, Austin. The emergence and transformation of disputes: naming, blaming, claiming. *Law & Society Review*, [s.l.], v. 15, n. 3/4, Special Issue, p. 631-654, 1981.

FERRAZ JÚNIOR, Tércio Sampaio. Introdução a estudo de direito: técnica, decisão, dominação. 2.ed. São Paulo: Atlas, 1994.

GABBAY, Daniela Monteiro. Mediação & judiciário no Brasil e nos EUA: condições, desafios e limites para a institucionalização da mediação no Judiciário. Brasília: Gazeta Jurídica, 2013.

GAJARDONI, Fernando da Fonseca. Breve análise estatística de alguns pontos da 1ª fase das reformas processuais civis no âmbito da justiça estadual paulista. *Revista da Escola Paulista da Magistratura*, São Paulo, Ano 5, n. 1, p. 51-53, jan./jun. 2004.

——. *Teoria geral do processo*: comentários ao CPC de 2015: parte geral. In: ——; DELLORE, Luiz; ROQUE, André Vasconcelos; OLIVEIRA JR, Zulmar Duarte de. São Paulo: Forense, 2015.

——. *Novo CPC*: vale apostar na conciliação/mediação? GENJurídico.com.br, [s.l.], 26 jan. 2015. Disponível em: <http://genjuridico.com.br/2015/01/26/cpc-vale-apostar-na-conciliacao-mediacao/>. Acesso em: 6 out. 2020.

GALANTER, Marc.Acesso à justiça em um mundo de capacidade social em expansão. *Revista Brasileira de Sociologia do Direito*, Porto Alegre, v. 2, n. 1, p. 37-49, jan./jun., 2015.

——. Why the "haves" come out ahead: speculations on the limits of legal change. *Law & Society Review*, [s.l.], v. 9, n. 1, p. 95-160, 1974.

——. The hundred-year decline of trials and the thirty years war. Stanford Law Review, [s.l.], v. 57, n. 5, p. 1255-1274, 2005.

GALLETTO, Tomaso. *Il modello italiano di conciliazione stragiudiziale in materia civile*. Milano: Giuffrè Editore, 2010.

GARCIA, Gustavo Filipe Barbosa. *Mediação e Autocomposição*: Considerações sobre a Lei n.° 13.140/2015 e o Novo CPC; *Revista Síntese Direito Civil e Processual Civil*, v. 13, n. 97, Ed. Especial, set/out de 2015.

GRECO, Leonardo. Publicismo e privatismo no processo civil. *Revista de Processo*, São Paulo, v. 33, n. 164, p. 29-56, out. 2008.

GRINOVER, Ada Pellegrini. O minissistema brasileiro de Justiça consensual: compatibilidades e incompatibilidades. *Publicações da Escola AGU*, Brasília, v. 8, n. 1, jan./mar. 2016, p. 15-36, 2016.

HEDEEN, Timothy. Coercion and self-determination in court-connected mediation: All mediations are voluntary, but some are more voluntary than others. *Justice System Journal*, [s.l.], v. 26, n. 3, p. 273-291, 2005.

LESSA NETO, José Luiz. O novo CPC adotou o modelo multiportas!!! E agora?! *Revista de Processo*, São Paulo, v. 40, n. 244, p. 427-441, jun. 2015.

LIEBMAN, Enrico Tullio. *Manual de direito processual civil*. Vol. I. 3. ed. Trad. e notas Cândido Rangel Dinamarco. São Paulo: Malhaeiros, 2005.

LORENCINI, Marco Antonio Garcia Lopes. Sistemas multiportas: opções para tratamento de conflitos de forma adequada. In: SALLES, Carlos Alberto de; ——; SILVA, Paulo Eduardo Alves da (Coord.). *Negociação, mediação e arbitragem* – curso básico para programas de graduação em direito. Rio de Janeiro: Forense, 2012.

MANCUSO, Rodolfo de Camargo. **Acesso à justiça**: condicionantes legítimas e ilegítimas. São Paulo: Editora Revista dos Tribunais, 2012.

MEDEIROS, Bruna Bessa de. Aspectos peculiares da audiência de conciliação e mediação obrigatória. *Revista de Processo*. São Paulo: Editora Revista dos Tribunais, jun. 2018. v. 280.

MEDINA, José Miguel Garcia. *Novo Código de Processo Civil*: comentado com remissões e notas comparativas ao CPC/1973. São Paulo: Revista dos Tribunais, 2015.

MENDES, Aluisio Gonçalves de Castro; HARTMANN, Guilherme Kronemberg. A audiência de conciliação ou de mediação no novo Código de Processo Civil. *Revista de Processo*, São Paulo, v. 253, p. 163-184, mar. 2016.

MENKEL-MEADOW, Carrie. Do the haves come out ahead in altnerative judicial systems: Repeat players in ADR. *Ohio State Journal on Dispute Resolution*, [s.l.], v. 15, p. 19, 1999.

MONTELEONE, Girolamo. *La mediazione "forzata"*. Judicium: il processo civile in Ialia e in Europa, [s.l.], p. 2, 2010. Disponível em: <http://www.judicium.it/wp-content/uploads/saggi/38/Monteleone,%20mediazione%20forzata.pdf>. Acesso em: 6 out. 2020.

MOORE, Christopher W. *The mediation process*: practical strategies for resolving conflict. 3. ed. San Francisco (USA): Jossey-Bass, 2003.

NERY JR., Nelson. *Princípios do processo civil na Constituição Federal*: processo civil, penal e administrativo. 9. ed., rev. e aum. São Paulo: Editora Revista dos Tribunais, 2009.

NEVES, Daniel Amorim *Assumpção. Manual de direito processual civil*. 8. ed. Salvador: JusPodivvm, 2016. v. único.

OSTIA, Paulo Henrique Raiol; COSTA, Susana Henriques da. *Conciliação e acesso à justiça*: um estudo qualitativo dos centros judiciários de solução de conflitos e cidadania. 2018. São Paulo: Universidade de São Paulo, 2018.

PAGNANO, Paula Lovato; CAJARDONI, Fernando da Fonseca. Notas comparativas sobre a institucionalização da conciliação/mediação no processo civil brasileiro e italiano. *Revista de Processo*, São Paulo, Ano 44, n. 287, p. 509-530, jan. 2019.

PELUSO, Antonio Cesar. *Discurso de posse na Presidência do Supremo Tribunal Federal*. Disponível em: <http://www.stf.jus.br/arquivo/cms/noticiaNoticiaStf/anexo/discursoPeluso.pdf>. Acesso em: 6 out. 2020.

PINHO, Humberto Dalla Bernardina de; DURÇO, Karol Araújo. A mediação e a solução dos conflitos no estado democrático de direito. O "juiz hermes" e a nova dimensão da função jurisdicional/Mediation and conflict solution in the democratic law state. The "hermes judge" and the new dimension of judicial function. *Revista Quaestio Iuris*, [s.l.], v. 4, n. 1, 2011. ISSN 1516-0351.

QUEK, Dorcas. Mandatory Mediation: An Oxymoron-Examining the Feasibility of Implementing a Court-Mandated Mediation Program. *Journal of Conflict Resolution*, [s.l.], v. 11.2, p. 479-509, 2010.

RIBAS, Antônio Joaquim. *Consolidação das leis do processo civil comentada pelo Conselheiro Dr. Antonio Joaquim Ribas com a colaboração de seu filho Dr. Julio A. Ribas*. Rio de Janeiro: Dias da Silva Júnior, 1879. v. 1, p. 150.

RODRIGUES, Daniel Colnago. Mediação obrigatória no processo civil: reflexões à luz do direito comparado, do CPC/2015 e da Lei da Mediação (Lei 13.140/2015). *Revista de Processo*, São Paulo, Ano 43, v. 285, p. 365-396, Nov. 2018.

SALES, Lília Maia de Morais. *Justiça e mediação de conflitos*. Belo Horizonte: Del Rey, 2003

——. Mediação facilitativa e "mediação" avaliativa – estabelecendo diferença e discutindo riscos. *Novos Estudos Jurídicos*, [s.l.], v. 16, n. 1, p. 20-32, 2011. Disponível em: <https://siaiap32.univali.br//seer/index.php/nej/article/view/3267/2049>. Acesso em: 6 out. 2020.

SANDER, Frank E.; ALLEN, H. William; HENSLER, Debra. Judicial (Mis) use of ADR? A Debate. *University of Toledo Law Review*, [s.l.], v. 27, p. 885-896, 1996.

SINGER, Linda. *Settling disputes*: conflict resolution in business, families, and the legal system. New York: Routledge, 2018.

TAKAHASHI, Bruno. *O papel do terceiro facilitador na conciliação de conflitos previdenciários*. Tese (Doutorado em Direito Processual) – Faculdade de Direito, Universidade de São Paulo, São Paulo, 2015.

——; ALMEIDA, Daldice Maria Santana de; GABBAY, Daniela Monteiro e ASPERTI, Maria Cecília de Araujo. *Manual de mediação e conciliação na justiça federal*. Brasília: Conselho da Justiça Federal, 2019.

TARTUCE, Fernanda. *Mediação nos conflitos civis*. 5. ed. Rio de Janeiro: Forense; São Paulo: Método, 2019.

——. *Mediação no novo CPC*: questionamentos reflexivos. Fernanda Tartuce – Processo Civil, [s.l.; s.d.] [blog]. Disponível em: <http://www.fernandatartuce.com.br/wp-content/uploads/2016/02/Media%C3%A7%C3%A3o-no-novo-CPC-Tartuce.pdf>. Acesso em: 6 out. 2020.

——. Mediação, autonomia e audiência inicial nas ações de família regidas pelo Novo Código de Processo Civil. In: EHRHARDT JR, Marcos (Org.). *Impactos do novo CPC e do EPD no direito civil brasileiro*. Belo Horizonte: Fórum, 2016. v. 1, p. 77-91. p. 88. Disponível em: <http://www.fernandatartuce.com.br/wp-content/uploads/2017/05/Media%C3%A7%C3%A3o-autonomia-e-vontade-a%C3%A7oes-familiares-no-NCPC.pdf>. Acesso em: 6 out. 2020.

——. *Vulnerabilidade como critério legítimo de desequiparação no processo civil. 2011*. Tese (Doutorado em Direito Processual) – Faculdade de Direito, Universidade de São Paulo, São Paulo, 2011.

TRIBUNAL REGIONAL DO TRABALHO 9ª REGIÃO – PARANÁ. *Jurista defende mais conciliações pré-processuais*. [s.l.], 25 out. 2013. Disponível em: <https://www.trt9.jus.br/portal/noticias.xhtml?id=3422296>. Acesso em: 6 out. 2020.

TULUMELLO, Andrew S., PEPPET Scott R.; MNOOKIN Robert H. *Beyond winning: negotiating to create value in deals and disputes*. Cambridge (MA): Harvard University Press, 2000.

UNIVERSIDADE DE SÃO PAULO. CONSELHO NACIONAL DE JUSTIÇA. *Mediação e conciliação avaliadas empiricamente, jurimetria para proposição de ações eficientes*. Brasília: 2019. p. 180. Relatório Analítico Propositivo – Justiça Pesquisa. Disponível em: <https://www.cnj.jus.br/wp-content/uploads/2019/05/d87ecfa91fdcada3c1795f522be42dcc_7772666f491fd94a642e05b394cff84a.pdf>. Acesso em: 6 out. 2020.

VAN RHEE, C. H. *The law's delay: essays on undue delay in civil litigation*. Antwerp/Oxford/New York: Intersentia 2004.

VARGAS PAVEZ, Macarena. Mediación obligatoria: algunas razones para justificar su incorporación. *Revista de Derecho*, Valdivia, v. 21, n. 2, p. 183-202, 2008.

WATANABE, Kazuo. Política pública do poder judiciário nacional para tratamento adequado do conflito de interesses. *Revista de Processo*, São Paulo, 2001. p. 381-389.

ZUCKERMAN, Adrian A. S. The dimensions of civil justice. In: —— (Ed.). *Civil justice in crisis*: comparative perspectives of civil procedure. 1. ed., reimpr. Oxford (UK): Oxford University Press, March 2003.

Carlos Eduardo
FERREIRA DOS SANTOS

O DIREITO À IGUALDADE
— uma visão geral —

livraria
DO ADVOGADO
editora

Porto Alegre, 2022

Capa, projeto gráfico e diagramação
Livraria do Advogado Editora

Revisão
Rosane Marques Borba

Imagem da capa
freeimages.com

Livraria do Advogado Editora
Rua Riachuelo, 1334 s/105
90010-273 Porto Alegre RS
Fone: (51) 3225-3311
livraria@doadvogado.com.br
www.livrariadoadvogado.com.br

Impresso no Brasil / Printed in Brazil

Obras do autor

Livros

- *Intervenção Estadual nos Municípios.* Porto Alegre: Livraria do Advogado, 2022.
- *Adimplemento substancial nos crimes tributários.* Belo Horizonte: Fórum, 2022.
- *Crimes Contra o Sistema Financeiro Nacional* (Lei 7.492/86). Rio de Janeiro: Lumen Juris, 2021.
- *Legislação Específica MPC-Pará.* Rio de Janeiro: Lumen Juris, 2021.
- *Vade Mecum MPC – Rondônia.* Rio de Janeiro: Lumen Juris, 2021.
- *Processo Legislativo Distrital* (Legislação), 2ª ed. Belo Horizonte: Dialética, 2020.
- *Normas de Contabilidade no Setor Público*, 2ª ed. Belo Horizonte: Dialética, 2020.

Artigos

- *Sobre a intervenção nos municípios localizados em território federal.* Revista Consultor Jurídico - ConJur. Opinião. 11 de fevereiro de 2022.
- *Seria a liberdade de expressão um direito absoluto?* Revista Bonijuris, Ano 33, Edição 673. Dez.21/Jan.22, p. 15-16.
- *Propostas para nomeação de ministros do Supremo Tribunal Federal.* Revista do Tribunal Regional Federal da 1ª Região, v. 33, n. 2, p. 45-58, 31 ago. 2021.
- *As Forças Armadas não detêm competência para intervir nos poderes.* Revista Consultor Jurídico – ConJur. Opinião. 31 de agosto de 2021.
- *Sobre a prisão após condenação em segunda instância.* Revista Consultor Jurídico – ConJur. Opinião. 30 de agosto de 2021.
- *Impenhorabilidade de salário nas execuções civis versus direito ao pagamento do credor.* Revista do Tribunal Regional Federal da 1ª Região, v. 33, n. 1, p. 29-46, 30 abr. 2021.
- *A teoria do adimplemento substancial é aplicável nos crimes tributários?* Revista Forense – Volume 432 – Ano 116 – Junho – Dezembro de 2020. Publicado em 11.jan.2021
- *Não recepção na Constituição* de 1988 da penalidade administrativa de aposentadoria compulsória de magistrados. Revista do Tribunal Regional Federal da 1ª Região, v. 32, n. 3, p. 28-38, 17 dez. 2020.
- *Recusa de usar máscara vulnera princípio constitucional do direito à saúde.* Revista Consultor Jurídico – ConJur. Opinião. 8 de dezembro de 2020.
- *Atos antidemocráticos e crime de responsabilidade.* Revista BONIJURIS, Ano 32, Edição 665, Ago/Set 2020.
- *Maior eficiência na investigação criminal prevista na lei anticrime e sua constitucionalidade* – Revista do Tribunal Regional Federal da 3ª Região – Ano XXXI – n. 146 – Julho/Setembro de 2020 – ISSN 1982-1506, p. 15-32.

- *Vedação de Progressão de Regime aos integrantes de organização criminosa*. Revista de Doutrina Jurídica (RDJ). 55. Brasília. 111 (2). p. 268-288/Jan-Jun. 2020.
- *Sistemas penitenciários e o princípio da proporcionalidade.* Migalhas. Migalhas de Peso. Quinta-feira, 14 de maio de 2020.
- *A quarentena versus a liberdade de locomoção.* Revista Consultor Jurídico – ConJur. Opinião. 30 de abril de 2020.

Nota do autor

O tema do presente livro é de notável importância, tanto para a sociedade quanto para as ciências jurídicas, principalmente ao Direito Constitucional. Sendo assim, é uma grande satisfação apresentar uma obra que trate de forma ampla sobre o direito à igualdade.

Agradeço muitíssimo a Deus pela sabedoria dada, inteligência e capacidade jurídico-investigativa. *Senhor Jesus, muito obrigado*!!!

"Eu vim andando só, pisando pó da dura estrada
Eu vim em solidão, na provação da caminhada.
Até que pela fé eu encontrei, Jesus eu encontrei
Eu vi Jesus, Jesus me viu e nele me salvei...

Eu vi Jesus, Jesus me viu, no mesmo instante me redimiu
Jesus me fez sorrir, cantar, me fez chorar de emoção
E desde então posso dizer, que em Cristo me salvei.

E foi, sim foi assim, que um dia em mim raiou o dia
O dia em que na Cruz eu vi Jesus em agonia
Por mim que estava ali, ao pé da cruz tao pobre pecador
Sim foi ali, ali na cruz que Cristo me salvou".

Música: "Caminhada"
Marco Aurélio

"De tudo o que se tem ouvido, o fim é: Teme a Deus e guarda os seus mandamentos; porque este é o dever de todo homem. Porque Deus há de trazer a juízo toda obra e até tudo o que está encoberto, quer seja bom, quer seja mau".

Eclesiastes cap. 12, vers. 13 e 14.

Sumário

Introdução

O princípio da igualdade é fruto de desenvolvimento dos valores sociais, que reverberam no sistema normativo. Sem embargo, devem ser registradas algumas considerações:

1 – A *igualdade não é uma relação de causa e efeito*. Isso porque a prática de determinada conduta ou de realização de certa atividade não gera, obrigatoriamente, os mesmos resultados, uma vez que o contexto fático modifica as consequências advindas. Da mesma forma, o empenho, por si só, não garante resultados positivos ou iguais, se comparados a outras pessoas. Exemplificadamente, o excesso de pessoas formadas em determinada área ocasiona a saturação de profissionais habilitados, dificultando a absorção pelo mercado de trabalho. Ainda que sejam pessoas muito qualificadas, não há vagas de emprego para todas, ensejando a criação de determinados critérios para selecionar alguns em detrimento de outros. No mesmo sentido, em um concurso público com dez mil candidatos inscritos e oferta de cinquenta vagas, ainda que todos estudem doze horas por dia durante dois anos, mesmo assim não será suficiente para ser aprovado no número de vagas, haja vista que só existem cinquenta postos de trabalho a serem preenchidos, sendo excluídos os demais candidatos, mesmo que tenham se esforçado igualmente. Desse modo, ainda que duas ou mais ações sejam praticadas sob as mesmas circunstâncias, não ocasionarão os mesmos resultados necessariamente, pois a conquista do objetivo almejado depende de um conjunto de fatores.

2 – A *desigualdade é um fato*. A desigualdade é um acontecimento real na vida das pessoas, que decorre de outros fatos – de natureza interna ou externa ao indivíduo –, de acordo com as situações pessoais, o momento histórico, o contexto político, o espaço geográfico, etc. Isso porque a realidade existente provém de um conjunto de circunstâncias que antecedem a condição atual, influenciando-a. A título de exemplo, no regime da escravidão, a liberdade não era um direito garantido a todas as pessoas, sendo os filhos das escravas também considerados escravos, e assim sucessivamente. Ou seja, escravidão perpetuava o regime escravocrata, de modo que tal fato violou profundamente os

direitos humanos, além de ruborizar a história brasileira. Ademais, em decorrência das inúmeras desigualdades, as pessoas não possuem as mesmas oportunidades para alcançar os mesmos bens (materiais ou imateriais), isto é, não iniciam a disputa pelo bem almejado do mesmo ponto de partida e sob as mesmas condições.

3 – O *alcance da igualdade requer mecanismos redutores das desigualdades*. Considerando que a desigualdade é um fato, ou seja, é algo verdadeiro (inclusive demonstrado por dados oficiais), afigura-se necessária a formulação e implementação de instrumentos que reduzam os abismos sociais existentes no Brasil, a fim de interromper a continuação das desigualdades. Em outras palavras, trata-se de uma "busca pela igualdade", cujo atingimento depende da ação não só dos governantes, mas sobretudo dos cidadãos brasileiros. Há uma relação de reflexividade entre os governantes/autoridades públicas e os cidadãos, porquanto aqueles são o reflexo destes últimos – que exercem temporariamente o poder mediante representação ou nomeação. Vale dizer, a evolução moral dos cidadãos reflete diretamente nos agentes detentores do poder, pois estes promanam do corpo coletivo, espelhando-os.

Somente assim será possível realizar o primeiro objetivo fundamental da República Federativa do Brasil, constante na Constituição de 1988, que é o de "construir uma sociedade livre, justa e solidária" (art. 3º, I, CF/1988).

Considerando a abrangência do tema, o livro discorre sobre o *direito à igualdade* partindo das "estatísticas das desigualdades", perpassa sobre a "estratificação social", a "diversidade", a "igualdade" e a "discriminação" para finalmente perscrutar o instituto nas "Constituições brasileiras" e no "direito comparado".

1. Estatísticas das desigualdades

Considerando que a desigualdade é fenômeno real na vida das pessoas, afigura-se útil utilizar dados estatísticos, inclusive de instituições sociais, a fim de verificar objetivamente o impacto da temática ora objeto de estudo.

1.1. Instituto Brasileiro de Geografia e Estatística (IBGE)

As desigualdades sociais por cor ou raça no Brasil são evidentes. De acordo com o Instituto Brasileiro de Geografia e Estatística (IBGE), "o combate às desigualdades sociais no Brasil tem sido objeto de estudiosos e formuladores de políticas públicas envolvidos no diagnóstico e na execução de medidas para sua redução. Entre as formas de manifestação dessas desigualdades, a por cor ou raça ocupa espaço central nesse debate, pois envolve aspectos relacionados às características do processo de desenvolvimento brasileiro, que produziu importantes clivagens ao longo da história do País. Como consequência, há maiores níveis de vulnerabilidade econômica e social nas populações de cor ou raça preta, parda e indígena, como demonstram diferentes indicadores sociais que vêm sendo divulgados nos últimos anos".

No que se refere à desigualdade no *mercado de trabalho*, no ano de 2018, 68,6% dos cargos gerenciais eram ocupados por pessoas brancas, ao passo que apenas 29,9% eram ocupados por pretos ou pardos. No quesito *distribuição de renda* e *condições de moradia*, 32,9% de pretos e pardos estavam sob condição abaixo das linhas de pobreza, enquanto que 15,4% dos brancos encontravam-se nessa condição. Além disso, 8,8% dos pretos e pardos viviam com menos de US$ 1,90 por dia, enquanto que 3,6% dos brancos estavam nessa condição. No tocante aos indicadores de *violência*, considerando a taxa de homicídios por 100 mil jovens de 15 a 29 anos de idade, a população branca corresponde a 34,0, ao passo que os pretos e pardos são 98,5. Quando comparados os índices de *educação*, a taxa de analfabetismo é de 3,9% dos brancos e de 9,1% dos pretos e pardos. Relativamente à *representação política*, dos deputados federais eleitos, 75,6% são brancos, enquanto apenas 24,4% são pretos ou pardos. As diferenças são evidentes quando comparada a quantidade de eleitos ao cargo de deputado estadual (Assembleias Legislativas), pois 71,1% eram brancos, enquanto 28,9% eram pretos ou pardos. No âmbito municipal, a desigualdade é menor, pois 57,9% dos vereadores eram brancos, ao passo que 42,1 eram negros e pardos.[1]

Segundo o IBGE, especificamente no que tange ao **mercado de trabalho**, "assim como no total da população brasileira, as pessoas de cor ou raça preta ou parda constituem, também, a maior parte da força de trabalho no País. Em 2018, tal contingente correspondeu a 57,7 milhões de pessoas, ou seja, 25,2% a mais do que a população de cor ou raça branca na força de trabalho, que totalizava 46,1 milhões. Entretanto, em relação à população desocupada e à população subutilizada, que inclui, além dos desocupados, os subocupados e a força de trabalho potencial, as pessoas pretas ou pardas são substancialmente mais representadas – apesar de serem pouco mais da metade da força de trabalho (54,9%), elas formavam cerca de ⅔ dos desocupados (64,2%) e dos subutilizados (66,1%) na força de trabalho em 2018. A relativa desvantagem desse grupo populacional se mantém mesmo quando considerado o recorte por nível de instrução. A taxa composta de subutilização da força de trabalho, por exemplo, é maior entre as pessoas de cor ou raça preta ou parda, qualquer que seja o nível considerado, sendo essa diferença relativamente menor entre aquelas que possuem o ensino superior completo. Padrão semelhante é verificado no que concerne à taxa de desocupação. A informalidade no mercado de trabalho está associada, muitas vezes, ao trabalho precário e/ou à falta de acesso a algum tipo de proteção social, que limita o acesso a direitos básicos, como a remuneração pelo salário mínimo e a aposentadoria. Após um período de queda, a ocupação informal passou a registrar crescimento desde 2016, com a ampliação, em termos relativos, do pessoal ocupado sem carteira de trabalho assinada e por conta própria em ambas as desagregações por cor ou raça".

Ademais, "em 2018, enquanto 34,6% das pessoas ocupadas de cor ou raça branca estavam em ocupações informais, entre as de cor ou raça preta ou parda esse percentual atingiu 47,3%. A maior informalidade entre as pessoas de cor ou raça preta ou parda é o padrão da série, mesmo em 2016, quando a proporção de ocupação informal atingiu seu mínimo. Nesse ano, havia 39,0% de pessoas ocupadas informalmente, sendo que, entre as pretas ou pardas, tal proporção atingiu 45,6%. As

[1] IBGE. Instituto Brasileiro de Geografia e Estatística. *Desigualdades Sociais por Cor ou Raça no Brasil. Estudos e Pesquisas.* Informação Demográfica e Socioeconômica, n.41, 2019. Disponível em: <https://biblioteca.ibge.gov.br/visualizacao/livros/liv101681_informativo.pdf>. Acesso em: 29-11-2021.

Regiões Norte e Nordeste apresentaram os piores resultados nesse indicador, notadamente entre as pessoas pretas ou pardas, cujas proporções, em 2018, situaram-se próximas a 60%. O recorte por sexo, porém, não mostrou diferenças significativas quanto às pessoas em ocupações informais. Os resultados de 2018 indicaram que, tanto para homens, quanto para mulheres de cor ou raça preta ou parda, a situação é mais desvantajosa. Ao longo da série histórica e regionalmente, a população branca obtém vantagem também no tocante aos rendimentos do trabalho. Esse quesito é fundamental na medida em que compõe importante fonte de renda para a aquisição de bens e serviços e para o padrão de consumo alcançado pelos indivíduos e suas famílias. Em 2018, o rendimento médio mensal das pessoas ocupadas brancas (R$ 2.796) foi 73,9% superior ao das pretas ou pardas (R$ 1.608). Tal diferença relativa corresponde a um padrão que se repete, ano a ano, na série histórica disponível. A desigualdade salarial em favor da população ocupada branca ocorreu com intensidades distintas nas Grandes Regiões, mas se manteve tanto nas Unidades da Federação que apresentaram os menores rendimentos – Maranhão, Piauí e Ceará –, quanto nas que registraram os rendimentos mais elevados – Distrito Federal, São Paulo e Rio de Janeiro".

"O recorte em categorias de rendimento, segundo o tipo de ocupação, revelou que, tanto na ocupação formal, como na informal, as pessoas pretas ou pardas receberam menos do que as de cor ou raça branca. As razões de rendimentos entre categorias de cor ou raça e de sexo indicam que o diferencial por cor ou raça é maior do que o diferencial por sexo. Enquanto as mulheres receberam 78,7% do valor dos rendimentos dos homens, em 2018, as pessoas de cor ou raça preta ou parda receberam apenas 57,5% dos rendimentos daquelas de cor ou raça branca. O diferencial por cor ou raça é explicado por fatores como segregação ocupacional, menores oportunidades educacionais e recebimento de remunerações inferiores em ocupações semelhantes. As razões de rendimentos combinadas por cor ou raça e sexo mostram diferentes resultados comparativos. Destaca-se a vantagem dos homens brancos sobre os demais grupos populacionais, sendo que a maior distância de rendimentos ocorre quando comparados às mulheres pretas ou pardas, que recebem menos da metade do que os homens brancos auferem (44,4%). O segundo grupo de maior vantagem é o da mulher branca, que possui rendimentos superiores não só aos das mulheres pretas ou pardas, como também aos dos homens dessa cor ou raça (razões de 58,6% e 74,1%, respectivamente). Os homens pretos ou pardos, por sua vez, possuem rendimentos superiores somente aos das mulheres dessa mesma cor ou raça (razão de 79,1%, a maior entre as combinações)".

"O recorte tanto por nível de instrução, quanto por hora trabalhada, reforça a percepção da desigualdade por cor ou raça. Em 2018, enquanto o rendimento médio das pessoas ocupadas brancas atingiu R$ 17,0 por hora, entre as pretas ou pardas o valor foi R$ 10,1 por hora. Em relação ao nível de instrução, as pessoas ocupadas de cor ou raça preta ou parda receberam rendimentos por hora trabalhada inferiores aos das pessoas brancas, independentemente do nível considerado. Nota-se que quanto maior o nível de instrução, maior o rendimento, sendo significativo o prêmio para quem possui o ensino superior completo. Entretanto, as disparidades de rendimentos do trabalho, quando analisado o aspecto cor ou raça, mantêm-se presentes em todos os níveis de instrução, inclusive no mais elevado: as pessoas brancas ganham cerca de 45% a mais do que as de cor ou raça preta ou parda".[2]

Especificamente no que alude à **distribuição de rendimento** e **condições de moradia**, "o quadro distributivo é semelhante ao encontrado no rendimento do trabalho. Apesar de a população preta ou parda ser maioria no Brasil (55,8%), esse grupo, em 2018, representou apenas 27,7% das pessoas quando se consideram os 10% com os maiores rendimentos. Por outro lado, entre os 10% com os menores rendimentos, observa-se uma sobrerrepresentação desse grupo, abarcando 75,2% dos indivíduos. O rendimento médio domiciliar per capita também apresentou diferenças entre os dois grupos de cor ou raça. Na população branca, esse rendimento, em 2018, superou em quase duas vezes o da população preta ou parda – R$ 1.846 contra R$ 934. No tocante à pobreza monetária, a proporção de pessoas pretas ou pardas com rendimento inferior às linhas de pobreza, propostas pelo Banco Mundial, foi maior que o dobro da proporção verificada entre as brancas". Em 2018, considerando a linha de US$ 5,50 diários, a taxa de pobreza das pessoas brancas era 15,4%, e 32,9% entre as pretas ou pardas. Considerando a linha de US$ 1,90 diários, a diferença também foi expressiva: enquanto 3,6% das pessoas brancas tinham rendimentos inferiores a esse valor, 8,8% das pessoas pretas ou pardas situavam-se abaixo desse patamar. No que diz respeito às condições de vida, as desigualdades por cor ou raça revelam-se também nas condições de moradia, tanto na distribuição espacial dos domicílios, como no acesso a serviços, quanto nas características individuais dos domicílios. Em relação à distribuição espacial, o Censo Demográfico 2010 verificou que, nos dois maiores municípios brasileiros, São Paulo e Rio de Janeiro, a chance de uma pessoa preta ou parda residir em um aglomerado subnormal era mais

[2] IBGE. Instituto Brasileiro de Geografia e Estatística. *Desigualdades Sociais por Cor ou Raça no Brasil. Estudos e Pesquisas*. Informação Demográfica e Socioeconômica, n.41, 2019. Disponível em: <https://biblioteca.ibge.gov.br/visualizacao/livros/liv101681_informativo.pdf>. Acesso em: 29-11-2021.

do que o dobro da verificada entre as pessoas brancas. No Município de São Paulo, 18,7% das pessoas pretas ou pardas residiam em aglomerados subnormais, enquanto entre as pessoas brancas esse percentual era 7,3%. No Município do Rio de Janeiro, 30,5% das pessoas pretas ou pardas residiam em aglomerados subnormais, ao passo que o percentual registrado entre as pessoas brancas foi 14,3%".

"Indicadores relacionados à cobertura de serviços de saneamento básico também apontam uma significativa desigualdade, segundo a cor ou raça. Em 2018, verificou-se maior proporção da população preta ou parda residindo em domicílios sem coleta de lixo (12,5%, contra 6,0% da população branca), sem abastecimento de água por rede geral (17,9%, contra 11,5% da população branca), e sem esgotamento sanitário por rede coletora ou pluvial (42,8%, contra 26,5% da população branca), implicando condição de vulnerabilidade e maior exposição a vetores de doenças. Condições inadequadas de saneamento básico estão entre as causas subjacentes e evitáveis de mortalidade infantil. Ao analisar outras inadequações nas condições de moradia, nota-se que o adensamento domiciliar excessivo – situação em que há mais de três moradores por cômodo utilizado como dormitório no domicílio – ocorreu entre as pessoas pretas ou pardas com uma frequência (7,0%) quase duas vezes maior do que a verificada entre as brancas (3,6%). A ocorrência de ônus excessivo com aluguel – situação em que o valor do aluguel iguala ou ultrapassa 30% do rendimento domiciliar – variou menos de acordo com a cor ou raça dos moradores: essa inadequação atingiu 5,0% das pessoas pretas ou pardas e 4,6% das brancas. A ocorrência dessas duas inadequações é muito mais comum entre arranjos domiciliares formados por mulheres sem cônjuge e com filho(s) de até 14 anos de idade. Entre a população preta ou parda integrante de arranjos desse tipo, a existência de adensamento excessivo era de 11,9%, e a de ônus excessivo com aluguel, 13,6%. A presença de alguns bens permanentes relacionados a tarefas domésticas também apresenta relevante clivagem, segundo a cor ou raça. Destaca-se nesse sentido que, em 2018, 44,8% da população preta ou parda residia em domicílios sem máquina de lavar, proporção esta superior ao dobro da verificada na população branca (21,0%). Isso constitui indício de que a população preta ou parda, em especial as mulheres, tem maior carga de trabalho doméstico, como a lavagem de roupa, entre outros trabalhos não remunerados".

"A população preta ou parda obteve aumento mais expressivo nos indicadores de utilização da Internet e de posse de telefone móvel celular para uso pessoal entre 2016 e 2017, sem superar, porém, a desvantagem observada em comparação à população branca. Em 2016, 59,5% da população preta ou parda acessou a Internet, passando para

65,4% em 2017, ao passo que, na população branca, essa proporção passou de 71,2%, para 75,5%. Quanto à posse de telefone móvel celular para uso pessoal, a variação foi menos expressiva entre esses anos, e, em 2017, 82,9% da população branca possuía telefone móvel celular, diante de 74,6% da população preta ou parda. Ância para a inclusão social dos jovens, foram examinados os motivos para a não utilização da Internet entre as pessoas de 15 a 29 anos. Em ambos os grupos populacionais, os principais motivos apontados foram 'achar o serviço de Internet caro' e 'falta de interesse no serviço'. Em relação à forma de acesso, o telefone móvel celular foi o principal meio utilizado pelos dois grupos. A diferença mais expressiva foi observada no acesso por microcomputador: 61,4% da população branca utilizou esse meio, diante de 39,6% da população preta ou parda".[3]

Especificamente no que se refere aos **dados sobre educação**, "o crescimento do acesso à educação da população preta ou parda materializa-se desde a infância. Nesse grupo populacional, a frequência das crianças de 0 a 5 anos de idade à creche ou escola aumentou de 49,1% para 53,0%, entre 2016 e 2018. Por outro lado, no último ano, 55,8% das crianças brancas de 0 a 5 anos de idade frequentavam creche ou escola. A taxa ajustada de frequência escolar líquida, que afere a proporção de pessoas que frequentam ou já concluíram o nível de ensino adequado para sua faixa etária, segundo a organização do sistema educacional brasileiro, também aumentou para todos os grupos de idade na população preta ou parda entre 2016 e 2018. Em outras palavras, nesse período, diminuiu a proporção de pessoas pretas ou pardas que estava em atraso escolar, situação que contribui para o abandono da escola, segundo Ribeiro (1991). A taxa ajustada de frequência escolar líquida também aponta desigualdades, em razão de cor ou raça, que se aprofundam para o não alcance de níveis de ensino mais elevados, à medida que motivadores do atraso e da evasão escolar vão se acumulando. Em 2018, praticamente não havia diferença entre as proporções de crianças de 6 a 10 anos de idade brancas e pretas ou pardas cursando os anos iniciais do ensino fundamental (96,5% e 95,8%, respectivamente), porém a proporção de jovens de 18 a 24 anos de idade de cor ou raça branca que frequentavam ou já haviam concluído o ensino superior (36,1%) era quase o dobro da observada entre aqueles de cor ou raça preta ou parda (18,3%)".

"Nesse cenário, enquanto a Meta 12 do Plano Nacional de Educação – PNE – já havia sido atingida na população branca, na população

[3] IBGE. Instituto Brasileiro de Geografia e Estatística. *Desigualdades Sociais por Cor ou Raça no Brasil. Estudos e Pesquisas*. Informação Demográfica e Socioeconômica, n.41, 2019. Disponível em: <https://biblioteca.ibge.gov.br/visualizacao/livros/liv101681_informativo.pdf>. Acesso em: 29-11-2021.

preta ou parda, os 33% de frequência líquida no ensino superior estabelecidos no Plano, até 2024, permaneciam distantes. Assim, embora o abandono escolar tenha diminuído entre os jovens pretos ou pardos de 18 a 24 anos, de 2016 a 2018, ainda é mais forte que entre os brancos. A proporção de pessoas pretas ou pardas de 18 a 24 anos de idade com menos de 11 anos de estudo e que não frequentavam escola caiu de 30,8% para 28,8%, mas a proporção de pessoas brancas na mesma situação, em 2018, era 17,4%. O resultado mais desfavorável para as pessoas pretas ou pardas foi identificado na Região Sul, onde a proporção de jovens de 18 a 24 anos com menos de 11 anos de estudo e que não frequentavam escola alcançou 37,2%. Quando o critério de análise é o rendimento mensal domiciliar per capita, os jovens pretos ou pardos no quinto da população com menores rendimentos (1° quinto) encontravam-se na pior situação, com 42,6% fora da escola. Em todas as faixas de rendimentos, observa-se que a diferença entre os dois grupos populacionais definidos por cor ou raça superou 3 pontos percentuais".

"Apesar do não alcance da Meta 12 do PNE, outro indicador que apresentou incremento na população preta ou parda, entre 2016 e 2018, foi a proporção de estudantes de 18 a 24 anos de idade cursando ensino superior, que passou de 50,5% para 55,6%. Esse patamar, contudo, ainda ficou abaixo dos 78,8% de estudantes na população branca de mesma faixa etária nesse nível de ensino. Vale lembrar que o Brasil é um país em que a escolaridade implica em altos retornos salariais, em comparação a outros países do mundo, como reflete Menezes-Filho (2001), de modo que esse panorama de indicadores educacionais explica, ao lado de outros fatores, como os identificados na seção sobre mercado de trabalho, a desigualdade observada entre os rendimentos do trabalho das pessoas ocupadas brancas e pretas ou pardas. Um entrave para a equalização do indicador de estudantes cursando o ensino superior reside na menor taxa de ingresso da população preta ou parda nesse nível de ensino, comparada à da população branca. Essa taxa representa o percentual da população com qualificação mínima requerida para ingressar no ensino superior, isto é, que concluiu ao menos o ensino médio, e que de fato entrou no ensino superior, independentemente de tê-lo concluído ou não. Em 2018, a taxa de ingresso era de 35,4% na população preta ou parda e de 53,2% na população branca".

"Um fator que auxilia a compreensão desses resultados consiste na maior proporção de jovens pretos ou pardos que não dão seguimento aos estudos por terem que trabalhar ou procurar trabalho. De fato, em 2018, entre jovens de 18 a 24 anos com ensino médio completo que não estavam frequentando a escola por tais motivos, 61,8% eram pretos ou pardos. Outro obstáculo é refletido pela taxa de conclusão do ensino médio da população preta ou parda (61,8%), que, embora tenha aumentado desde 2016 (58,1%), continua menor que a taxa da população branca (76,8%). Essa taxa mede a proporção de pessoas com 3 a 5 anos acima da idade esperada de frequência no último ano do ensino médio (de 20 a 22 anos de idade) que concluíram esse nível. Em todas as Grandes Regiões do País, observou-se uma proporção menor de pessoas pretas ou pardas de 20 a 22 anos apta a cursar o ensino superior, sendo a maior distância em relação às pessoas brancas observada na Região Sul (19,2 pontos percentuais). É importante destacar que, embora as mulheres apresentem melhores indicadores educacionais que os homens de mesma cor ou raça, a taxa de conclusão do ensino médio dos homens brancos (72,0%) era maior que a das mulheres pretas ou pardas (67,6%)".

"Com vistas a ampliar e democratizar o acesso ao ensino superior, uma série de medidas foi adotada a partir dos anos 2000: na rede pública, a institucionalização do sistema de cotas, que reserva vagas a candidatos de determinados grupos populacionais, o Programa de Apoio a Planos de Reestruturação e Expansão das Universidades Federais – Reuni e o Sistema de Seleção Unificada – SISU –; e, na rede privada, a expansão dos financiamentos estudantis, como o Fundo de Financiamento Estudantil – FIES – e o Programa Universidade para Todos – Prouni. Nesse contexto, e com a trajetória de melhora nos indicadores de adequação, atraso e abandono escolar, estudantes pretos ou pardos passaram a compor maioria nas instituições de ensino superior da rede pública do País (50,3%), em 2018. Entretanto, seguiam sub-representados, visto que constituíam 55,8% da população, o que respalda a existência das medidas que ampliam e democratizam o acesso à rede pública de ensino superior".[4]

Especificamente no que tange aos **dados sobre violência**, "no Brasil, a taxa de homicídios foi 16,0 entre as pessoas brancas e 43,4 entre as pretas ou pardas a cada 100 mil habitantes em 2017. Em outras palavras, uma pessoa preta ou parda tinha 2,7 vezes mais chances de ser vítima de homicídio intencional do que uma pessoa branca. A série histórica revela ainda que, enquanto a taxa manteve-se estável na população branca entre 2012 e 2017, ela aumentou na população preta ou parda nesse mesmo período, passando de 37,2 para 43,4 homicídios por 100 mil habitantes desse grupo populacional, o que representa cerca de 255 mil mortes por homicídio registradas no Sistema de Informações sobre Mortalidade – SIM, do Ministério da Saúde, em seis anos. Altas taxas de homicídios trazem não só sofrimento físico e psicológico, como tam-

[4] IBGE. Instituto Brasileiro de Geografia e Estatística. *Desigualdades Sociais por Cor ou Raça no Brasil. Estudos e Pesquisas.* Informação Demográfica e Socioeconômica, n.41, 2019. Disponível em: <https://biblioteca.ibge.gov.br/visualizacao/livros/liv101681_informativo.pdf>. Acesso em: 29-11-2021.

bém impactos sociais e econômicos. Elas resultam em falta de confiança nas instituições, requerem a administração de um extenso sistema de justiça criminal, ampliam os gastos com saúde e implicam em perda de produtividade econômica, em especial quando essas taxas atingem com mais intensidade a população jovem, como evidenciado no último relatório da *Geneva Declaration on Armed Violence and Development*, também conhecido como GBAV 2015".

"No Brasil, justamente a maior taxa de homicídios incide sobre a população jovem, de 15 a 29 anos de idade: 69,9 homicídios a cada 100 mil jovens em 2017. Em todos os grupos etários, a taxa de homicídios da população preta ou parda superou a da população branca, contudo, é preciso destacar a violência letal a que os jovens pretos ou pardos de 15 a 29 anos estão submetidos: nesse grupo, a taxa chegou a 98,5 em 2017, contra 34,0 entre os jovens brancos. Considerando os jovens pretos ou pardos do sexo masculino, a taxa, inclusive, chegou a atingir 185,0. Estudos apontam que a violência letal impacta indicadores demográficos, como a esperança de vida ao nascer e a probabilidade de morte dos indivíduos ao alcançar idade específica (Soares, 2006; Redelings; Lieb; Sorvillo, 2010; Cerqueira; Moura, 2014). A violência não letal na adolescência e juventude também produz efeitos de longo prazo. Adolescentes e jovens vítimas de violência estão mais propensos a desenvolverem doenças como depressão, ao vício de substâncias químicas, a problemas de aprendizado e até ao suicídio. Estão igualmente mais sujeitos a estarem envolvidos em situações de violência no futuro, conforme alertam Wilkins e Wenger (2014), bem como David-Ferdon e outros (2016). Trata-se de um conjunto de consequências que, tal como as da violência letal, levam ao enfraquecimento da coesão social e têm impacto negativo sobre o desenvolvimento econômico".

Além disso, "a Pesquisa Nacional de Saúde do Escolar – PeNSE 2015, realizada pelo IBGE, traz uma série de indicadores a respeito dos estudantes que frequentavam o 9º ano do ensino fundamental naquele ano. Tais indicadores revelam que escolares pretos ou pardos vivenciavam mais experiências violentas do que os brancos, e esses resultados se mantêm mesmo quando a comparação se dá entre estudantes da mesma rede de ensino (pública ou privada). Em 2015, quando perguntados se haviam estado envolvidos em briga na qual alguma pessoa usou arma de fogo nos 30 dias anteriores à pesquisa, a resposta foi afirmativa entre 4,9% dos estudantes brancos, e 6,2% entre os pretos ou pardos. Quando a briga tinha uso de arma branca, os percentuais foram 7,0% e 8,4%, respectivamente. Além disso, 13,1% dos estudantes brancos e 15,1% dos pretos ou pardos haviam sido agredidos fisicamente por um adulto da família, alguma vez, nos 30 dias anteriores à data da pesquisa".

Dessa forma, "no curto prazo, a violência pode afetar o cotidiano do escolar. Segundo a PeNSE 2015, 13,1% dos estudantes brancos e 15,4% dos pretos ou pardos do 9º ano do ensino fundamental não compareceram à escola por falta de segurança no trajeto casa-escola ou na escola, nos 30 dias anteriores à data da pesquisa. Mais da metade dos alunos pretos ou pardos estudavam em estabelecimentos localizados em área de risco, em termos de violência, isto é, em escolas que informaram estar situadas em região com risco de furto, roubo, consumo de drogas ou homicídios. A diferença é mais acentuada quando a comparação é feita entre os estudantes brancos e os pretos ou pardos de escolas privadas. A violência constitui, portanto, outra dimensão em que a desigualdade se manifesta de forma grave, com efeitos de curto e longo prazos sobre os indivíduos e a sociedade em que estão inseridos. O cenário demanda políticas públicas direcionadas à redução da violência em geral, mas com um enfoque específico na população preta ou parda, especialmente os jovens".[5]

Por fim, no que concerne especificamente sobre a desigualdade na **representação política**, "no Brasil, o quadro atual é de sub-representação da população preta ou parda na Câmara dos Deputados, nas Assembleias Legislativas Estaduais e nas Câmaras de Vereadores. Com efeito, apesar de constituir 55,8% da população, esse grupo representa 24,4% dos deputados federais e 28,9% dos deputados estaduais eleitos em 2018 e por 42,1% dos vereadores eleitos em 2016 no País. É possível observar os diferentes graus de sub-representação da população preta ou parda na Câmara dos Deputados, segundo as Unidades da Federação. Em uma situação de perfeito equilíbrio, a razão entre a proporção de parlamentares pretos ou pardos eleitos em uma Unidade da Federação e a proporção de pessoas de mesma cor ou raça seria igual a 1,0, porém, em todos esses entes federados, tal razão foi menor do que 1,0 nas eleições de 2018. Amazonas e Rondônia alcançaram a sub-representação mais branda, com razões de 0,93 e 0,90, respectivamente. Rio Grande do Norte e Rio Grande do Sul não tiverem nenhum deputado federal eleito que tenha se declarado preto ou pardo à Justiça Eleitoral. É preciso ressaltar, contudo, que há uma proporção maior de candidaturas de pessoas pretas ou pardas para os cargos de deputado federal (41,8%), deputado estadual (49,6%) e vereadores (48,7%) do que candidatos com esse perfil efetivamente eleitos. Assim, não é possível atribuir a sub-representação desse grupo populacional unicamente a uma ausência de candidaturas, pelo menos no que tange às eleições

[5] IBGE. Instituto Brasileiro de Geografia e Estatística. *Desigualdades Sociais por Cor ou Raça no Brasil. Estudos e Pesquisas*. Informação Demográfica e Socioeconômica, n.41, 2019. Disponível em: <https://biblioteca.ibge.gov.br/visualizacao/livros/liv101681_informativo.pdf>. Acesso em: 29-11-2021.

legislativas proporcionais de 2014 a 2018. Com relação à eleição para a Câmara dos Deputados em 2018, nenhuma Unidade da Federação apresentou razão entre as proporções de candidatos pretos ou pardos e de pessoas de mesma cor ou raça abaixo de 0,25; e apenas o Paraná ficou abaixo de 0,50".

"Um fator que contribui para a compreensão desse cenário reside na discrepância entre a receita das candidaturas de pessoas brancas e a de pessoas pretas ou pardas. Com efeito, enquanto 9,7% das candidaturas de pessoas brancas a deputado federal dispuseram de receita igual ou superior a R$ 1 milhão, entre as candidaturas de pessoas pretas ou pardas, apenas 2,7% contaram com pelo menos esse valor. Visto de outra forma, entre as candidaturas que dispuseram de receita igual ou superior a R$ 1 milhão, apenas 16,2% eram de pessoas pretas ou pardas. Estudos sobre eleições no Brasil já apontaram a escassez de recursos financeiros como um elemento que diminui as chances de sucesso eleitoral de uma candidatura, conforme analisam Araújo e Borges (2010). Outro elemento determinante para o sucesso seria o candidato já possuir cargo parlamentar, o que constitui, portanto, mais uma dificuldade para um grupo sub-representado reverter esse quadro. Por último, mas não menos importante, cite-se a situação das mulheres pretas ou pardas, em desvantagem no quesito representação, tanto em comparação aos homens de mesma cor ou raça, quanto em relação às mulheres brancas. Em 2018, as mulheres pretas ou pardas constituíram 2,5% dos deputados federais e 4,8% dos deputados estaduais eleitos, e, em 2016, 5,0% dos vereadores. Consideradas apenas as mulheres eleitas, foram 16,9%, 31,1% e 36,8%, respectivamente".[6]

1.2. Instituto de Pesquisas Econômicas Aplicadas (IPEA)

Conforme dados do Instituto de Pesquisas Econômicas Aplicadas (IPEA), no que se refere à distribuição da população brasileira de acordo com o critério de sexo e cor/raça, "em 2009, o Brasil registrou mais de 191 milhões de residentes, um aumento de 26% se comparado à população em 1995. Embora o crescimento tenha sido significativo, ele ocorreu desigualmente entre as diferentes faixas etárias. As taxas de crescimento da população idosa superiores às da população mais jovem indicam que a população brasileira vem envelhecendo. Em 1995, 8,3% da população tinham 60 anos ou mais e, em 2009, este percentual

[6] IBGE. Instituto Brasileiro de Geografia e Estatística. *Desigualdades Sociais por Cor ou Raça no Brasil. Estudos e Pesquisas*. Informação Demográfica e Socioeconômica, n.41, 2019. Disponível em: <https://biblioteca.ibge.gov.br/visualizacao/livros/liv101681_informativo.pdf>. Acesso em: 29-11-2021.

subiu para 11,3%. As informações tabulares também mostram diferenças na expectativa de vida entre brancos e pretos. Isto se reflete, por exemplo, na faixa etária da população masculina idosa. Em 1995, o percentual de homens brancos com mais de 60 anos era de 8,5% da população masculina branca e, em 2009, passou para 11,7%; já o percentual de homens pretos da mesma faixa etária passou de 9,9% para 10,8% da população masculina preta. Outro dado relevante, que consolida a tendência identificada nos últimos anos, é o aumento proporcional da população negra (preta e parda) no país. Em 1995, 44,9% dos brasileiros declaravam-se negros e, em 2009, este percentual subiu para 51,1%; enquanto a população de brancos caiu de 54,5% para 48,2% no mesmo período. Em 2009, entre os homens, o percentual de brancos é de 47%, e o de negros, 52%; por sua vez, o percentual entre mulheres brancas e negras é de 49,3% e 49,9%, respectivamente. Entretanto, evidências mostram que este aumento populacional não ocorre em razão do aumento da taxa de fecundidade da população negra, mas pela mudança na forma como as pessoas se veem, as quais passam a se autodeclarar como pertencentes a tais grupos de cor/raça".

"A população feminina representava 51,3% da população brasileira no ano de 2009. Entretanto, esta proporção varia conforme as diferentes faixas de idade. Entre crianças de até seis anos de idade, 48% são do sexo feminino. Já entre os idosos, as mulheres correspondem a 56% da população, e, em números absolutos, a quantidade de mulheres é 26% maior que a população masculina da mesma faixa etária. Entre as mulheres, a evolução da proporção do número de idosos na população branca e preta ocorre de forma desigual. Em 1995, mulheres brancas com 60 anos ou mais correspondiam a 10,1% da população feminina branca e, em 2009, esse percentual passou para 14,2%. Já as mulheres pretas com mais de 60 anos representavam 12,0% da população feminina preta em 1995 e, em 2009, passaram a representar 12,9%. Entretanto, é essencial ter em vista que, no período analisado, a população feminina preta teve aumento significativo em todas as faixas etárias de modo que o percentual de mulheres de 60 anos ou mais permanecesse baixo, pois, em termos absolutos, a população feminina preta de 60 anos ou mais aumentou em mais de 90% entre 1995 e 2009".[7]

Quando comparado o número **de famílias formadas por casais com filhos e chefiadas por mulheres**, "ao longo dos últimos anos (1995-2009), a proporção de mulheres chefes de família aumentou mais de 10 pontos percentuais (p.p.). Esta proporção passou de 22,9%, em 1995, para 35,2% no ano de 2009. Isto significa que temos 21,7 milhões de fa-

[7] IPEA. Instituto de Pesquisas Econômicas Aplicadas. *Retrato das Desigualdades de Gênero e Raça*. 4ª ed. Brasília: IPEA, 2011, p. 17. Disponível em: <https://www.ipea.gov.br/retrato/pdf/revista.pdf>. Acesso em 29-11-2021.

mílias chefiadas por mulheres. Apesar de não se saber quais os critérios adotados pelas famílias para identificarem quem é o/a chefe, este aumento certamente indica mudanças no padrão de comportamento das famílias brasileiras. O aumento da proporção de famílias chefiadas por mulheres é um fenômeno tipicamente urbano, apesar de, embora com uma intensidade menor, também estar presente no meio rural. Ao longo do período analisado, houve um aumento de 13 p.p. na proporção de mulheres chefes de famílias nas cidades – passando de 24,8%, em 1995, para 37,8%, em 2009; ao passo que, no campo, o aumento foi de aproximadamente 5 p.p., sendo a proporção de famílias no campo chefiadas por mulheres em 2009 – 19,9% – inferior à proporção de mulheres chefes de famílias que viviam na cidade no ano de 1995".

"Para tentar compreender melhor o que significa o aumento da chefia por mulheres, é importante perceber em que tipos de famílias estas mulheres estão. No ano de 1995, 68,8% delas estavam em famílias monoparentais (mulher com filhos/as) e apenas 2,8% em famílias formadas por casais – seja com ou sem filhos/as. Já em 2009, 26,1% das mulheres chefes participavam de famílias formadas por casais, e 49,4%, de famílias monoparentais. Ou seja, houve um aumento considerável – mais de nove vezes – no número de mulheres identificadas como chefes nas famílias formadas por casais. Esse dado sugere novos tipos de padrões de comportamento dentro das famílias e uma possível ampliação da autonomia das mulheres. De toda forma, ainda são percebidas situações de maior vulnerabilidade nos domicílios chefiados por mulheres, em especial, os por mulheres negras, quando comparados aos domicílios chefiados por homens. Os dados de rendimento, por exemplo, mostram que a renda domiciliar per capita média de uma família chefiada por um homem branco é de R$ 997, ao passo que a renda média numa família chefiada por uma mulher negra é de apenas de R$ 491. Do mesmo modo, enquanto 69% das famílias chefiadas por mulheres negras ganham até um salário mínimo, este percentual cai para 41% quando se trata de famílias chefiadas por homens brancos".

"Com relação à condição de atividade, os dados também são distintos: 41% das mulheres chefes de família são inativas, e este percentual para os homens chefes de família é de somente 16%. Este dado pode sugerir que muitas das mulheres chefes de família são donas de casa, uma vez que, entre as pessoas consideradas inativas, estão as que se dedicam ao trabalho doméstico em suas próprias residências. Outro dado que diferencia as famílias chefiadas por mulheres e homens é a faixa etária dos filhos, pois 46% das famílias chefiadas por mulheres têm filhos com 15 anos ou mais, ao passo que este percentual é de 38% nas famílias chefiadas por homens. Os dados sobre chefia de família, ao mesmo tempo em que atestam o aumento das mulheres em uma posição predominantemente masculina, reproduzem algumas das desigualdades encontradas em outras esferas da sociedade. Em todo caso, são dados que convidam a uma análise mais profunda, uma vez que refletem as transformações dos papéis sociais desempenhados por mulheres e homens. Os dados sobre chefia de família, ao mesmo tempo em que atestam o aumento das mulheres em uma posição predominantemente masculina, reproduzem algumas das desigualdades encontradas em outras esferas da sociedade. Em todo caso, são dados que convidam a uma análise mais profunda, uma vez que refletem as transformações dos papéis sociais desempenhados por mulheres e homens".[8]

Relativamente aos **indicadores da educação brasileira** entre 1995 e 2009, "Ao longo dos anos, identificam-se avanços graduais nos números da educação no país; contudo, observa-se a manutenção das desigualdades que têm, historicamente, limitado o acesso, a progressão e as oportunidades, principalmente, da população negra, de nordestinos e da população rural na educação. Como demonstrou a 3ª edição do Retrato das Desigualdades, em grande parte dos indicadores educacionais, as mulheres se sobressaem aos homens. No entanto, o tema de gênero não está resolvido nesta área, sobretudo, porque muitos são os desafios marcados pelo sexismo enfrentado pelas mulheres nos bancos escolares e na carreira acadêmica, com atenção especial à situação das mulheres negras, que estão em desvantagem em relação às mulheres brancas e homens brancos em todos os indicadores. Em 1995, 15,5% da população com 15 anos ou mais de idade não sabia ler nem escrever; este percentual caiu para 9,7% em 2009. No entanto, neste mesmo ano, encontram-se, na região Nordeste, 20,5% de negros em situação de analfabetismo, contra 14,2% dos brancos. Na área rural nordestina, identifica-se que 32,6% das pessoas não tiveram acesso à educação formal. Observa-se que a média de anos de estudos da população com 15 anos ou mais de idade aumentou de 5,5 anos, em 1995, para 7,5 anos, em 2009, representando um aumento de 2 anos no período. Considerando-se a população negra, identifica-se um aumento de 2,4 anos no mesmo intervalo, o que não representa ainda o rompimento das desigualdades: em 2009, os/as negros/as tinham 6,7 anos de estudos, contra 8,4 anos da população branca".

"Ao longo dos 14 anos apresentados na série, observa-se uma diminuição de 14,5 pontos no percentual de pessoas ocupadas com 16 anos ou mais que possuem apenas entre 1 e 4 anos de estudo e um aumento acima desta proporção de pessoas com 9 a 11 anos de estudo. Em 2009, 65,5% de mulheres ocupadas, com 16 anos ou mais, tinham pelo menos 9 anos

---

[8] IPEA. Instituto de Pesquisas Econômicas Aplicadas. *Retrato das Desigualdades de Gênero e Raça.* 4ª ed. Brasília: IPEA, 2011, p. 19. Disponível em: <https://www.ipea.gov.br/retrato/pdf/revista.pdf>. Acesso em 29-11-2021.

de estudo, contra apenas 48,7% das mulheres negras. Há um fosso a ser superado que combina gênero, raça e educação formal. No geral, a cobertura escolar – que representa o percentual de pessoas que frequenta escola ou creche – aumentou, passando de 54,7%, em 1995, para 64,5%, em 2009, ficando, ainda, aquém da demanda. O grande desafio parece ser a educação infantil. Observa-se que, embora nesses 14 anos, a cobertura na idade de 0 a 3 anos tenha mais que duplicado, saindo de 7,6%, em 1995, e alcançando 18,4%, em 2009, ela não conseguiu atingir a metade da meta prevista no Plano Nacional de Educação, que era de 50% até 2010. Os números são ainda mais incipientes na zona rural, onde há uma cobertura de apenas 8,9%. Considerando-se as desigualdades raciais, em 2009, 20,2% das crianças brancas entre 0 e 3 anos estavam matriculadas em creches, contra apenas 16,7% de crianças negras".

"Observa-se que a distorção idade-série aumenta de acordo com o avançar das séries e o nível de ensino. No entanto, identifica-se que, entre 1995-2006, houve um decréscimo de 42% para 20,8% na distorção idade-série de 1ª a 4ª série. Em 2007, este percentual atingiu 23,4%, chegando a 23,7% em 2009. Tanto no ensino fundamental como no ensino médio, observa-se a maior distorção idade-série entre crianças e jovens negros do sexo masculino. No ensino médio, a taxa de distorção idade série atinge 41,0% dos jovens negros, contra 26,9% dos jovens brancos. No entanto, atinge 38,2% das jovens negras, contra 24,1% das mulheres brancas. Em 1995, a taxa de escolarização líquida no ensino superior – que mede a proporção de pessoas matriculadas no nível de ensino adequado para sua idade – era de 5,8%, chegando, em 2009, a 14,4%. Neste mesmo ano, esta taxa era de 21,3% entre a população branca, contra apenas 8,3% entre a população negra, chegando a apenas 6,9% entre os homens negros. Em 2009, a taxa de escolarização das mulheres no ensino superior era de 16,6%, enquanto a dos homens, de 12,2%. A taxa de escolarização de mulheres brancas no ensino superior é de 23,8%, enquanto, entre as mulheres negras, esta taxa é de apenas 9,9%. As políticas de expansão das universidades, o Prouni, as ações afirmativas e outras políticas têm contribuído para os avanços nesta área, no entanto, as desigualdades raciais que determinam e limitam as trajetórias de jovens negros/as explicam a discrepância dos dados".[9]

Com relação às **estatísticas sobre saúde**, "em 2008, a proporção da população brasileira atendida no sistema de saúde, que engloba serviços públicos e privados, foi de 96,2%, índice que alcança 97,3%, ao se tratar da população branca, e 95,0% quando se refere à população negra. No que diz respeito especificamente aos atendimentos oferta-

[9] IPEA. Instituto de Pesquisas Econômicas Aplicadas. *Retrato das Desigualdades de Gênero e Raça*. 4ª ed. Brasília: IPEA, 2011, p. 20-21. Disponível em: <https://www.ipea.gov.br/retrato/pdf/revista.pdf>. Acesso em 29-11-2021.

dos pelo Sistema Único de Saúde (SUS), a população negra representa 67%, e a branca, 47,2% do público total atendido. Da mesma forma, a maior parte dos atendimentos se concentra em usuários/as com faixa de renda entre um quarto e meio salário mínimo, distribuições que evidenciam que a população de mais baixa renda e a população negra são, de fato, SUS-dependentes. Já em relação aos planos de saúde, situação contrária pode ser percebida. Em 2008, 34,9% da população branca e reduzidos 17,2% da população negra contavam com acesso a plano de saúde privado, percentual que, apesar de crescente nos últimos anos, mantém as desigualdades raciais verificadas. Os planos de saúde tendem a ofertar uma maior rapidez no atendimento, o que, em alguns casos, como em atendimentos de urgência e emergência ou cirurgias, pode ser determinante para a integridade da pessoa após a ocorrência do agravo. Assim, o acesso à rede privada de saúde não significa, muitas vezes, melhor qualidade de atendimento; no entanto, ainda oferece à população, em alguns segmentos da saúde, opções de cuidados mais rápidos, que são determinantes na recuperação e na qualidade de vida".

"A mesma lógica da pronta disponibilidade do equipamento público com boa qualidade investigativa se vale para a oferta de exames preventivos; porém, no caso de saúde da mulher, a oferta ainda é precária e revela a permanência da desigualdade de acesso entre mulheres brancas e negras, entre aquelas residentes nas áreas urbanas e rurais e entre as regiões mais pobres do país, como a Norte e Nordeste, onde se situa a maior parte da população vivendo abaixo da linha de extrema pobreza. O percentual de mulheres brancas de 40 anos ou mais que, em 2008, havia realizado exame clínico de mamas, no período inferior a um ano, foi de 45,1%, e, para aquelas que realizaram mamografia, foi de 40,2%. Já para as mulheres negras na mesma faixa etária, este percentual foi de 33,1% e 28,7%, respectivamente. Esta diferença no acesso aos procedimentos é ainda mais significante entre as mulheres de 40 anos ou mais da zona rural, pois 50,9% nunca fizeram o exame clínico de mamas e 60,6% nunca realizaram uma mamografia, enquanto, na zona urbana, 21,3% não realizaram exame clínico e 28,7 não realizaram mamografia".

"Frente a estes indicadores e considerando que estes exames são cruciais para a prevenção e diagnóstico precoce dos tipos de cânceres que mais acometem a população feminina, bem como que existe a recomendação de que as mulheres com 40 anos ou mais de idade realizem o exame clínico de mamas uma vez ao ano, estas mulheres que não conseguem realizar ações de promoção da saúde provavelmente sofrerão os impactos ainda mais significantes em sua vida, prejudicando toda sua organização social, pois, sem prevenção, os estágios de diagnósticos tardios de cânceres demandam intervenções mais invasivas, como a retirada completa das mamas e histerectomia, além de protocolos de quimioterapias e radioterapias. Os indicadores de saúde, quando cruzados com as características socioeconômicas, revelam a importante relação entre saúde, seus determinantes sociais e a organização do sistema de saúde. A compreensão deste conjunto é fundamental para instrumentalizar a elaboração de políticas e programas voltados para o combate às desigualdades, principalmente na saúde, onde se busca construir um SUS equitativo no acesso e pautado na integralidade da saúde. A boa qualidade de saúde gera condições para a inserção dos sujeitos nas diferentes esferas da sociedade de maneira digna e decente e consolida sua autonomia e cidadania".[10]

No que alude à **previdência e assistência social**, "no Brasil, a proporção de idosos – pessoas com 60 anos ou mais – que recebe algum benefício da previdência ou assistência social é uma das mais altas da América Latina. Em 2009, de acordo com a PNAD, 77,4% da população idosa recebiam algum benefício. No período analisado, chama atenção o fato de só as mulheres brancas terem apresentado evolução positiva neste indicador. Em 1995, 71,4% delas recebiam algum benefício previdenciário ou assistencial, passando para 75,4% em 2009. Homens brancos e negros e mulheres negras apresentaram praticamente o mesmo percentual nos dois anos considerados nesta análise. Isto se justifica pelo fato de só as mulheres brancas terem evoluído positivamente na proporção de população urbana que recebia o benefício, enquanto todos os outros grupos apresentaram uma ligeira queda. Por sua vez, no meio rural, onde a previdência não tem vínculo contributivo obrigatório, a proporção aumentou para todos os grupos. As mais beneficiadas foram as mulheres brancas, grupo este em que houve uma variação de 8,2 pontos percentuais (p.p.); seguido pelo dos homens negros, com 6,5 pontos; pelo das mulheres negras, com 5,2 pontos, e, finalmente, o dos homens brancos, com evolução de apenas 4,1 p.p. entre 1995 e 2009".

"O nível de proteção social também é medido pela cobertura direta e indireta da previdência na população em idade ativa, que contempla a força de trabalho potencial do país, com pessoas que tenham 10 anos ou mais. Esta cobertura considera tanto os contribuintes diretos da previdência pública, do funcionalismo público, os segurados especiais da previdência rural quanto seus cônjuges e dependentes. Exatamente por ser um dado mais sensível à situação do mercado de trabalho, reflete também as discriminações verificadas neste. Assim, o grupo que está em melhores condições são os homens brancos, com

[10] IPEA. Instituto de Pesquisas Econômicas Aplicadas. *Retrato das Desigualdades de Gênero e Raça.* 4ª ed. Brasília: IPEA, 2011, p. 23. Disponível em: <https://www.ipea.gov.br/retrato/pdf/revista.pdf>. Acesso em 29-11-2021.

cobertura de 70,7%, em 2009, e as mulheres negras são as menos protegidas socialmente, com 56,0% de cobertura. No que diz respeito ao pilar que corresponde à previdência complementar privada, os dados do Retrato mostram que – dadas as características do sistema brasileiro – esta é uma modalidade pouco acessada pela população brasileira. No total, apenas 3,6% da população contribuíam para este componente da previdência, sendo que, entre a população branca, o percentual era de 5%, e, entre a negra, de apenas 2,2%".

"Quando olhamos a distribuição percentual das pessoas que contribuem para a previdência privada por faixa de rendimento e por grupo social, observa-se que apenas para os homens brancos a maior concentração está entre os que recebem 10 salários mínimos ou mais, com percentual de 36,6%. Para mulheres brancas (34,5%), homens negros (37%) e mulheres negras (57,1%) contribuem mais à previdência privada as pessoas com rendimento de até três salários mínimos. Ressalte-se o fato de a grande maioria dos domicílios que recebem benefícios assistenciais ser chefiada por negros/as. Neste sentido, em 2006, 70% dos domicílios que recebiam Bolsa Família eram chefiados por negros/as. Ou seja, tanto os dados da assistência social, quanto os da previdência contribuem para dar visibilidade a uma realidade de discriminações por sexo e raça que reforçam a necessidade de adoção de medidas que visem à valorização e promoção de igualdade de gênero e raça nas políticas públicas".[11]

Quando comparado o critério de **trabalho doméstico remunerado**, "a porcentagem relativa de homens e mulheres no trabalho doméstico remunerado em relação ao universo total de ocupados manteve-se estável no Brasil. O contingente de mulheres dedicadas ao trabalho doméstico remunerado, 17,1%, em 2009, permanece expressivamente superior ao total de homens: 1,0% no mesmo ano. As desigualdades raciais também se mantiveram inalteradas: em 2009, 12,6% das mulheres brancas ocupadas eram trabalhadoras domésticas, enquanto 21,8% das mulheres negras desempenhavam a mesma função. As diferenças regionais também merecem destaque: os percentuais de trabalhadoras domésticas negras na população ocupada são relativamente mais altos nas regiões Sudeste (25,1%), Sul (24,5%) e Centro-Oeste (23,7%), que nas regiões Norte (18,5%) e Nordeste (18,4%). A última edição do Retrato das Desigualdades, publicada em 2008, ressaltou a crescente diminuição de meninas e jovens ocupadas com o trabalho doméstico remunerado, evidenciando-se um contínuo e sustentando processo de envelhecimento da categoria. A tendência se confirma segundo os da-

[11] IPEA. Instituto de Pesquisas Econômicas Aplicadas. *Retrato das Desigualdades de Gênero e Raça*. 4ª ed. Brasília: IPEA, 2011, p. 25. Disponível em: <https://www.ipea.gov.br/retrato/pdf/revista.pdf>. Acesso em 29-11-2021.

dos de 2009: do total de mulheres ocupadas em trabalho doméstico neste ano, 2,5% tinham entre 10 e 15 anos, e 2,6%, entre 16 e 17. Em 1995, eram 8,6% e 7,6%, respectivamente. No entanto, manteve-se inalterada a diferença de inserção de mulheres negras e brancas em idade escolar, indicando a permanência da desigualdade racial como um marcador estruturante da realidade do trabalho doméstico no Brasil. Em 2009, 4,1% das mulheres brancas de idade entre 10 e 17 anos estavam ocupadas em trabalho doméstico, enquanto 5,6% das mulheres negras desempenhavam a mesma função".

"Outro dado alarmante apresentado neste bloco é a proporção de trabalhadoras domésticas sem renda própria no Brasil: 0,5% em 2009. O que este indicador nos sugere é que mais de 30 mil mulheres em todo o país têm trabalhado, nos dias de hoje, em condições análogas à de trabalho escravo. O enfrentamento desta situação, no caso do trabalho doméstico, é dificultado pela diferenciação constitucional estabelecida sobre a natureza, as condições e os direitos do/a trabalhador/a doméstico/a em relação aos/às demais trabalhadores/as brasileiros/as, a qual impede a fiscalização, desestimula a formalização e dificulta a organização desta categoria de trabalhadores/as. Merece destaque também a tendência de queda da proporção de trabalhadoras domésticas que residem no domicílio onde trabalham. Em 1995, 12% das trabalhadoras domésticas moravam em seus locais de trabalho. Em 2009, este percentual era de 2,7%. Aqui se observa também uma tendência de diminuição da diferença percentual entre mulheres negras e brancas. Para o grupo das mulheres brancas, a queda percentual, entre 1995 e 2009, é de 7,6 pontos percentuais (de 9,7% para 2,1%), enquanto, para as negras, a queda é de 10,6 pontos (de 13,7% para 3,1%)".

"A proporção de trabalhadoras domésticas com carteira assinada se manteve praticamente inalterada com relação aos dados de 2007, registrando o percentual total de 26,4% em 2009. Manteve-se, também, a disparidade entre mulheres brancas (29,3% em 2009) e negras (24,6% no mesmo ano), reforçando o caráter estruturante da discriminação racial também neste campo. Vale ressaltar a expressiva diferença, no rendimento médio mensal de 2009, entre as trabalhadoras domésticas com e sem carteira assinada: aquelas que possuíam carteira assinada ganhavam, em média, R$ 568,50 por mês – acima, portanto, do salário mínimo –, enquanto as que não possuíam tinham rendimento mensal de R$ 321,10. É importante destacar que o rendimento médio das trabalhadoras domésticas permanece, em geral, abaixo do salário mínimo, mas a posse de carteira altera esta condição para a média da categoria. A diferença de rendimento entre as trabalhadoras brancas e negras se manteve nos últimos 15 anos. Em 2009, trabalhadoras negras ganhavam, em média, R$364,80, e trabalhadoras brancas, R$ 421,60. No entanto, esta diferença é menor para o grupo de trabalhadoras domésticas com carteira assinada, o que reforça a importância da formalização do trabalho doméstico remunerado, bem como da política de valorização do salário mínimo, como estratégias de enfrentamento às desigualdades raciais e de superação da pobreza".[12]

Com relação aos indicadores **de habitação e saneamento**, no ano de 2009, 39,4% dos domicílios eram chefiados por homens negros; 12,8% eram chefiados por homens brancos; 26,8% eram chefiados por mulheres negras e 21,0% eram chefiados por mulheres brancas. "Essas questões materializam o caráter desigual da sociedade brasileira, explicitando as desigualdades sociais, de raça e de gênero. Em relação às condições de acesso da população aos serviços públicos essenciais, nota-se que ocorre um aumento gradual na proporção de domicílios com abastecimento adequado de água. O crescimento mais significativo no acesso ao serviço se verifica entre os domicílios de chefia negra. Em 1995, apenas 76,6% destes domicílios contavam com abastecimento de água adequado. Esta proporção chega a 90,1% em 2009. Ainda que significativo, este aumento não se equipara à cobertura do serviço entre a população branca (94,8% em 2009). A menor cobertura do serviço se dá, entretanto, em domicílios com trabalhadoras domésticas chefes ou cônjuges de cor/raça negra (88,5%), enquanto, nas casas chefiadas pelas trabalhadoras brancas, este número chega a 93,3%".

"O serviço que oferece menor cobertura populacional é o de esgotamento sanitário, com um percentual de domicílios atendidos de apenas 68,9% em áreas urbanas. Quando se trata de domicílios rurais, a cobertura é ainda menor, não passando de 31,6% no ano de 2009. Não há diferenças significativas entre os domicílios chefiados por mulheres e por homens, no entanto, as diferenças referentes à raça/cor e à renda são visíveis. Enquanto entre a população branca em geral 77,1% dos domicílios contam com esgotamento sanitário adequado, apenas 60% da população negra dispõe do serviço. As disparidades se mantêm quando olhamos para os domicílios chefiados por mulheres brancas e negras. Entre as primeiras, a cobertura é de 78,4%, enquanto, entre as últimas, é de apenas 61,8%. Também aqui o aumento mais significativo na cobertura se deu entre os domicílios com chefes negros (12 e 9 pontos percentuais, respectivamente). Estes dados evidenciam que a questão do provimento de serviços sanitários básicos não se resume à situação de pobreza, tendo em vista que os piores indicadores se apresentam entre a população negra. O adensamento excessivo é também um importante indicativo das condições habitacionais

[12] IPEA. Instituto de Pesquisas Econômicas Aplicadas. *Retrato das Desigualdades de Gênero e Raça*. 4ª ed. Brasília: IPEA, 2011, p. 29. Disponível em: <https://www.ipea.gov.br/retrato/pdf/revista.pdf>. Acesso em 29-11-2021.

dos domicílios. Esta situação é mais comum em domicílios chefiados por homens do que naqueles chefiados por mulheres, no entanto, estas disparidades estão gradualmente diminuindo. Enquanto, no início da série acompanhada neste estudo (1995), a proporção de domicílios com adensamento excessivo era de 9,8%, para aqueles chefiados por homens, e de 6,2%, para os chefiados por mulheres, em 2009, esses números chegam a 4,5% e 4,3%, respectivamente. Tal padrão pode estar relacionado ao tipo de chefia característica de cada um dos sexos. Ainda que as famílias chefiadas por homens tendam a ser mais numerosas e mais propensas ao adensamento excessivo, esta é uma realidade que está se modificando".

Assim, "ao tomar o conjunto de domicílios em assentamentos subnormais, observa-se que esta proporção se encontra estável no período considerado (em torno de 4%, o que corresponde a, aproximadamente, 2 milhões de domicílios). Destes, apenas 33,9% possuem chefia branca, e por volta de 66% apresentam chefia negra. Os dados mostram ainda que, enquanto o percentual de domicílios em assentamentos subnormais vem diminuindo para os chefes brancos, vem aumentando em especial para aqueles que apresentam chefia de mulheres negras (aumento de 11 pontos percentuais desde 1995). Os dados em geral indicam, portanto, uma significativa melhoria nas condições de habitalidade dos domicílios ao longo dos últimos 15 anos. Entretanto, no que diz respeito aos assentamentos subnormais, a cada vez mais desigual proporção aponta para uma maior e crescente vulnerabilidade nas condições de habitação das famílias chefiadas principalmente por mulheres negras".[13]

No tocante ao **acesso a bens duráveis e exclusão digital**, quando comparado o ano de 2009, "assistiu-se, nos últimos 15 anos, a uma melhora significativa do poder aquisitivo da população, em um primeiro momento, resultante da estabilização da economia em meados da década de 1990, e, nos anos 2000, devido a um esforço de política pública na direção da consolidação do mercado interno, mediante elevação da renda e da massa salarial, impulsionando-se, assim, o acesso aos bens duráveis pela população brasileira. De 1995 até 2009, a proporção de domicílios que não possuíam geladeira passou de 25,2% para 6,6%; no caso do fogão, neste mesmo período, passa de 1,5 para 1,0%. Os 73,5% de domicílios sem máquina de lavar passam a 55,8% em 2009. No entanto, quando se desagregam os dados por localização do domicílio e por sexo e cor/raça do chefe de domicílio, as desigualdades sobressaem. Em 2009, enquanto 37,9% dos domicílios urbanos chefiados por

[13] IPEA. Instituto de Pesquisas Econômicas Aplicadas. *Retrato das Desigualdades de Gênero e Raça.* 4ª ed. Brasília: IPEA, 2011, p. 30-31. Disponível em: <https://www.ipea.gov.br/retrato/pdf/revista.pdf>. Acesso em 29-11-2021.

brancas ou brancos não dispõem da máquina de lavar, esta proporção é de 91,2% para os domicílios rurais chefiados por negras ou negros. Ressalte-se que a posse de tais bens impacta fortemente na utilização do tempo pela mulher, sobre a qual, em geral, recai a responsabilidade pelas tarefas domésticas. Quando se fala em proporção de domicílios que não possuem telefone fixo ou móvel, verifica-se uma importante redução, passando de 77,9%, em 1995, para 15,8% em 2009. No entanto, as desigualdades regionais e raciais são bastante relevantes. Em 2009, enquanto 29,4% dos domicílios do Nordeste não possuíam telefone, fixo ou móvel, esta proporção cai para 9,7% na região Sudeste, e para 8,4% na região Sul. A proporção de domicílios sem telefone chefiados por brancas ou brancos, em 2009, foi de 10,4%, enquanto, naqueles chefiados por negras ou negros, esta proporção sobe para 21,1% – mais que o dobro".

"Outro conjunto importante de indicadores contidos nesta seção diz respeito ao acesso às tecnologias da informação e comunicação. Em que pese a redução verificada na proporção de domicílios que não possuíam microcomputador no Brasil – que passou de 87,6%, em 2001, para 65,4% em 2009 –, nota-se que as maiores quedas ficaram concentradas nas regiões Sul e Sudeste, e nas áreas urbanas em geral, ao passo que, nas regiões Norte e Nordeste e nas áreas rurais, a redução percebida na proporção de domicílios sem microcomputador, neste mesmo período, foi menor, tendo havido com isto um aprofundamento das desigualdades regionais quando se fala em acesso à infraestrutura necessária à inclusão digital".

"Vale também destacar as desigualdades verificadas na proporção da população de 10 anos ou mais de idade que já acessou a internet de algum local. Em 2009, enquanto 46,8% da população urbana de 10 anos ou mais de idade já tinha acessado a internet, no meio rural, esta proporção reduz-se para 13,7%. Ao considerar-se a população negra residente em domicílios rurais, esta proporção reduz-se ainda mais – 10,4% em 2009. Para esta população, para a qual se verificam indicadores piores em todas as dimensões da vida sobre as quais esta publicação lança luz, adiciona-se a configuração de um 'apartheid digital', cujo desdobramento é uma estrutural exclusão em campos diversos relacionados à vida social. Permanecem intocadas para esta população negra e residente em áreas rurais as formas de sociabilidade, cidadania e atuação na esfera pública, que, de outro modo, a partir do acesso às novas tecnologias de informação e comunicação, seriam impulsionadas e potencializadas. O mero provimento da infraestrutura, embora condição indispensável para o acesso à informação e ao conhecimento disponíveis, não implica necessariamente inclusão digital, pois instrução e conhecimentos mínimos são necessários para tanto. A redução das brechas digitais não será alcançada a partir do provimento do acesso se este não estiver acompanhado de um processo de formação de usuários, focado na orientação para o seu preparo e motivação, tendo por pano de fundo a compreensão e o dimensionamento da relação entre sujeito, informação, conhecimento e mediação tecnológica".[14]

Com relação ao **tempo dedicado nos afazeres domésticos**, "em 2009, 69,4% da população com mais de 10 anos e 70,8% da população com mais de 16 anos cuidavam dos afazeres domésticos. Praticamente não há diferença entre as populações branca e negra, mas ela é bastante significativa em relação aos sexos: 49,1% dos homens com mais de 10 anos declararam cuidar destes afazeres, em face de 88,2% das mulheres, resultado bastante semelhante ao da população com mais de 16 anos. Na divisão do trabalho doméstico entre os sexos, percebe-se que, desde os cinco anos de idade, são as meninas e mulheres que recebem a atribuição da realização destes afazeres, situação intensificada a partir dos 10 anos de idade. No Brasil, em 2009, na população com idade entre 5 e 9 anos, 14,6% dos meninos cuidavam do trabalho doméstico, enquanto 24,3% das meninas tinham esta atribuição. Os meninos dedicavam em média 5,2 horas por semana a esta atividade, enquanto as meninas, 6,1. Na população entre 10 e 15 anos, no mesmo ano, os meninos dedicavam em média 10,2 horas por semana a este trabalho, enquanto as meninas, 25,1 horas".

"Essas diferenças perduram ao longo da vida de homens e mulheres. Nos domicílios, conforme aumenta o número de filhos, menor é a proporção de homens que cuidam dos afazeres domésticos. Nas famílias com nenhum filho, 54,6% dos homens e 94% das mulheres se dedicam a estas atividades. Nos domicílios com cinco filhos ou mais, são apenas 38,8% dos homens, para 95,7% das mulheres cuidando destes afazeres. Esta diferença é ainda maior quando se considera a localização rural ou urbana do domicílio: 34,3% dos homens com cinco filhos moradores da zona rural realizam trabalham doméstico, enquanto 42,2% dos homens da zona urbana fazem o mesmo. Estes números revelam um dado interessante nos domicílios brasileiros: com até um filho, as famílias conseguem repartir um pouco melhor as atividades domésticas entre homens e mulheres. Mas, conforme o número de filhos aumenta, tende-se a reproduzir estruturas mais convencionais nesta distribuição de trabalho, e a mulher se responsabiliza mais pelo trabalho doméstico".

[14] IPEA. Instituto de Pesquisas Econômicas Aplicadas. *Retrato das Desigualdades de Gênero e Raça*. 4ª ed. Brasília: IPEA, 2011, p. 32-33. Disponível em: <https://www.ipea.gov.br/retrato/pdf/revista.pdf>. Acesso em 29-11-2021.

Assente-se que "a desigualdade na responsabilização pelas tarefas domésticas é tão estruturante, que mesmo a posse de bens duráveis, os eletrodomésticos da chamada linha branca (fogão, geladeira e máquina de lavar), não interfere de forma decisiva da distribuição, nem no tempo gasto nos afazeres domésticos. Apenas a posse de máquina de lavar impacta o número de horas despendidas nesta atividade: as mulheres que a possuem dedicam 25,4 horas semanais, passando para 28,2 horas quando não têm acesso a este bem, e os homens, de 10,1 para 11,6 horas. Em relação à renda, pode-se dizer que esse fator tem pouca relação com o número de horas dedicadas pelos homens aos afazeres domésticos. Mas, em relação ao tempo feminino, é o fator que exerce maior influência: 93% das mulheres ocupadas com até 1 salário mínimo se dedicam aos afazeres domésticos, em uma média de 25,2 horas por semana. Entre aquelas que recebem mais de 8 salários mínimos, 76,7% fazem o mesmo. Esta variação provavelmente se dá pela contratação de trabalho doméstico remunerado, exercido quase que exclusivamente por mulheres. Com o aumento da renda, ocorre, portanto, a delegação destes afazeres para outras mulheres. Isto é confirmado quando se verifica que, nos domicílios em que há trabalhadoras domésticas morando, 57% das mulheres se dedicam a estes afazeres, enquanto, nos domicílios sem estas trabalhadoras, são 89,9% das mulheres realizando estas atividades".

"Todo esse tempo utilizado nos afazeres domésticos terá impacto na jornada total de trabalho – que considera a ocupação principal e o trabalho doméstico – de homens e mulheres. Embora a jornada semanal do trabalho principal seja maior para homens que para as mulheres – 42,9 e 35,6 horas, respectivamente –, em 2009, entre a população ocupada, os homens trabalhavam, incluindo a vida doméstica, 47,7 horas na semana, enquanto as mulheres trabalhavam 55,3 horas. Portanto, o que este conjunto de dados sobre o uso do tempo indica é que a atribuição permanente do trabalho doméstico às mulheres, além de reservar a elas o reino da casa, representa uma sobrecarga de trabalho que elas terão de considerar se escolherem, ou necessitarem, trabalhar fora de suas casas. Trata-se, assim, de uma atribuição determinante no destino da vida social de homens e mulheres".[15]

Finalmente, quando comparadas as **estatísticas sobre vitimização**, são importantes informações em questões como a sensação de segurança da população e a vitimização por roubo, furto, tentativa de roubo e furto, e agressão física. "Em relação às ocorrências de roubo e furto, de modo geral, os homens enfrentam, proporcionalmente, mais

[15] IPEA. Instituto de Pesquisas Econômicas Aplicadas. *Retrato das Desigualdades de Gênero e Raça*. 4ª ed. Brasília: IPEA, 2011, p. 36-37. Disponível em: <https://www.ipea.gov.br/retrato/pdf/revista.pdf>. Acesso em 29-11-2021.

este tipo de situação. Cerca de 4% deles foram vítimas de roubo e 4,5% de furto, no período de um ano, ao qual a pesquisa se referiu. Para as mulheres, estes valores são um pouco menores, alcançado 3,2% e 3,5% respectivamente. Estes dados confirmam a ideia de que a população masculina vivencia um tipo de violência praticado no espaço público, enquanto as mulheres, conforme se verá a seguir, enfrentam, com mais intensidade, a violência no espaço doméstico. Não há diferenças significativas entre brancos e negros quando se trata de incidência de furtos e roubos, a não ser em algumas categorias específicas, como faixas de renda mais elevadas (6,6% dos negros com renda de 5 a 8 salários mínimos haviam sido vítimas de roubo, frente a 5,4% dos brancos) e população mais jovem (5% dos negros de 25 a 29 anos haviam sido roubados, contra 4,5% dos brancos). No entanto, as diferenças raciais aparecem claramente quando se analisa a proporção de pessoas que, sendo vítimas de roubo ou furto, procuraram a polícia. Mais da metade das vítimas de roubo (51,7%) não procuraram a polícia para denunciar a situação. Entre os brancos, esta proporção é menor (47,2%), e entre os negros, o valor supera a média nacional, alcançando 55,8% (e chegando a 61% entre negros do Nordeste). O mesmo se verifica entre as mulheres, pois enquanto 52% das brancas buscaram suporte policial, esta proporção se reduz para apenas 43% ao se considerar o conjunto de mulheres negras".

"De modo geral, uma parcela pequena da população relatou ter sido vítima de agressão física em 2009: apenas 1,6% do total. Esta proporção não varia muito em relação à raça ou ao sexo, alcançando 1,3% dos brancos, 1,8% dos negros, 1,8% dos homens e 1,3% das mulheres. O detalhamento deste tipo de violência, contudo, evidencia importantes questões para uma análise a partir da perspectiva de gênero. Especificamente em relação ao local em que ocorre a agressão física, é possível perceber que 80% dos homens que sofreram este tipo de violência a sofreram em um local público, enquanto apenas 12,2% foram agredidos em suas próprias residências. Em sentido oposto, 43,1% das mulheres vítimas de agressão física estavam em suas residências, ao passo que 49% estavam em lugares públicos. Estes dados apontam para uma possível quebra da sensação de segurança no espaço doméstico (ou da segurança propriamente dita), agravada quando se verifica quem são os autores desta agressão. Entre os homens, 46,4% dos autores eram pessoas desconhecidas, mas somente 2% eram cônjuges ou ex-cônjuges, e 5,7% eram parentes. Para 26% das mulheres, a violência era perpetrada por seus próprios companheiros ou ex-companheiros, e para 11,3%, por algum parente. Ainda que em uma proporção alta (29%), a agressão física de mulheres por desconhecidos era menos significativa que a de homens".

"Considerando-se apenas a população que sofreu agressão física de cônjuges e ex-cônjuges, tem-se que 56% das mulheres procuraram alguma unidade policial, enquanto somente 32,3% dos homens o fizeram. Vale notar que as barreiras verificadas para acesso às instâncias policiais por parte da população negra vítima de roubo ou furto se repetem aqui: enquanto 61,6% das mulheres brancas haviam procurado a polícia, este valor é 10 pontos mais baixo quando se trata de mulheres negras (51,9%). Ao se indagar o motivo de não terem procurado apoio nas instituições de segurança pública, as mulheres informaram que: não queriam envolver a polícia (27,7%), tinham medo de represálias (23%) ou resolveram sozinhas (21,5%). Apenas 9,4% delas acreditavam que este tipo de agressão não era importante a ponto de demandar uma ação policial. Entre os homens que sofreram agressão de suas companheiras, 24,7% acreditavam não ser este um fato importante, e somente 2,3% tinham algum medo de represálias. Ou seja, ainda que este seja apenas um caso muito específico de violência – somente física –, é possível perceber o quanto as características da violência sofrida por homens e por mulheres são diferenciadas e o quanto os aspectos de gênero são determinantes para entendê-las e enfrentá-las".[16]

1.3. Relatório da Organização das Nações Unidas (ONU)

Segundo o relatório da ONU no ano de 2020, constatou-se que no Brasil houve declínio no combate à desigualdade de renda, ocasionando o aumento da pobreza. A partir de meados da década de 1990, o Brasil experimentou duas décadas de reduções sem precedentes na desigualdade de renda: seu coeficiente de Gini caiu de 60 em 1995 para 51 em 2015. Essa redução é explicada principalmente em razão da diminuição das disparidades nos rendimentos do trabalho. Níveis crescentes de educação, aumentos de salários-mínimos e um impulso para a transição dos trabalhadores do emprego informal para o formal, associado a um crescimento econômico sólido, reduziram as disparidades salariais (Neri, 2018; Paiva, 2016). Além desses fatores, políticas sociais promovidas pelo Governo tiveram importante papel nesse período, com redistribuição fiscal estimada para responder por até metade da queda na desigualdade de renda líquida (Ferreira, Firpo e Messina, 2014).

Dentre os programas de proteção implementados no Brasil para reduzir a desigualdade, destacam-se:

[16] IPEA. Instituto de Pesquisas Econômicas Aplicadas. *Retrato das Desigualdades de Gênero e Raça.* 4ª ed. Brasília: IPEA, 2011, p. 38-39. Disponível em: <https://www.ipea.gov.br/retrato/pdf/revista.pdf>. Acesso em 29-11-2021.

1º – **Previdência Social Rural**, lançada em 1992, oferece aos moradores rurais mais velhos que trabalharam na mineração, agricultura e pesca uma pensão mensal equivalente a um salário mínimo. Como um esquema projetado para cobrir aqueles com baixa capacidade ou incapacidade para participar nas pensões contributivas, essas transferências contribuíram consideravelmente para a redução da pobreza. Em 2008, o número de brasileiros rurais que viviam em extrema pobreza foram estimados em 4 milhões de pessoas a menos do que seria sem essas transferências governamentais (Barrientos, Debowicz e Woolard, 2014). Crianças que moram na mesma casa que aquelas que recebem pensões também se beneficiaram do programa de distribuição de renda;

2º – Lançado em 1996, o **Benefício de Prestação Continuada** é voltado para idosos e pessoas com deficiência que vivem em domicílios ganhando uma renda *per capita* não superior a um quarto do salário-mínimo. Beneficiários – que somavam 3,7 milhões de pessoas em 2010 – recebem mensalidades equivalentes a um salário-mínimo. Assim como na Previdência Social Rural, alguns compartilham o rendimento com os membros da família, de modo que a corresidência também foi considerada ligada a uma redução do trabalho infantil (ibid.);

3º – Por meio do programa de transferência condicional de renda denominado **Bolsa Família**, lançado em 2003, as famílias beneficiárias são obrigadas a garantir frequência escolar das crianças, preencher um calendário completo de imunização e participar do acompanhamento pré-natal para mães grávidas e monitoramento do desenvolvimento infantil. O programa atingiu 14 milhões de famílias em 2013 (ibid.).

Comparado na perspectiva coletiva, esses programas sociais conseguiram aumentar a renda de milhões de brasileiros, custando menos de 3% do produto interno bruto (PIB) por ano (ibid.). Apesar desse impacto positivo, a desigualdade continua elevada e há espaço para expansão da proteção social. Contudo, mudanças nas circunstâncias econômicas e políticas nos últimos anos colocam em risco perspectivas futuras de redução da desigualdade no Brasil. Isso porque, após um crescimento robusto nas duas décadas anteriores, o país sofreu uma forte recessão de meados de 2014 até o final de 2016. Posteriormente, o governo implementou medidas de austeridade, incluindo o congelamento dos gastos do governo federal. A informação disponível indica que o coeficiente de Gini parou de diminuir em 2015. Por conseguinte, a pobreza tem aumentado. Após as eleições gerais de 2018, o futuro da proteção social e de outras políticas sociais no Brasil é incerto. Dos três programas descritos acima, o direito ao *Benefício de Prestação Continuada* é estabelecido na Constituição Federal, e o Presidente da República anunciou planos para aumentar o Bolsa Família durante sua campanha eleitoral. Em face da pressão constante para cortar os gastos públicos e reduzir o *deficit* fiscal, o novo governo propôs uma reforma do sistema de previdência, que irá diminuir os gastos gerais com programas sociais (Loyens, 2019). Resta saber qual o impacto de tais mudanças de política econômica para a população e para a desigualdade no país.[17]

Ressalta-se que ao invés de certas nações se direcionarem na redução de desigualdades, na maioria dos países da América Latina e do Caribe agravou o distanciamento de renda durante a década de 1990 – em razão da forte instabilidade econômica e disparidades salariais cada vez maiores – diminuindo a partir dos anos 2000. Todavia, a desigualdade parou de diminuir ou até mesmo aumentou na Argentina (desde 2014), no Brasil (desde 2015) e no México (desde 2010). Os indicadores adicionais mostram que a renda está cada vez mais concentrada no topo da escala de renda, inclusive em alguns países onde o coeficiente de Gini diminuiu. Para se ter ideia da intensa desigualdade, a parcela da renda auferida pelo 1% mais rico da população aumentou em 59 de 100 países ou áreas com dados de 1990 a 2015. Em 2015, o 1% do topo ganhava mais de 20% de toda a renda em 18 países com dados, incluindo Brasil, Chile, Índia, Federação Russa, Tailândia, Turquia, Emirados Árabes Unidos e Estados Unidos. Enquanto o Brasil viu o coeficiente de Gini cair rapidamente, a parcela da renda do 1% do topo antes de impostos e transferências aumentou de 26,2% em 2001 para 28,3% em 2015.[18]

1.4. Concentração de renda no Brasil

Conforme estudo do IBGE, "a análise da distribuição de rendimentos de uma população é o ponto de partida para os estudos de desigualdades econômicas e pobreza monetária. O formato da curva de distribuição, seus indicadores estatísticos básicos, os rendimentos apropriados por parcelas da população e indicadores de concentração de renda permitem delinear um conjunto de perspectivas importantes para a avaliação do desenvolvimento socioeconômico de um país".[19]

Consoante o sociólogo Luís Henrique Paiva, coordenador de estudos em seguridade social do Instituto de Pesquisa Econômica Aplicada (IPEA), "o Brasil está entre os dez países mais desiguais do mundo".

---

17 UNITED NATIONS. *Inequality in a Rapidly Changing World*. World Social Report 2020, p. 28. Department of Economic and Social Affairs. Disponível em: <https://www.un.org/development/desa/dspd/wp-content/uploads/sites/22/2020/02/World-Social-Report2020-FullReport.pdf>. Acesso em 30-11-2021.

18 Ibid.

19 IBGE. Instituto Brasileiro de Geografia e Estatística. *Síntese de Indicadores Sociais: Uma Análise das Condições de Vida da população Brasileira – 2020*. Estudos e Pesquisas, p. 49. Disponível em: <https://biblioteca.ibge.gov.br/visualizacao/livros/liv101760.pdf.> Acesso em 01-12-2021.

Isso porque, conforme a Agência Senado, "a publicação Síntese de Indicadores Sociais, divulgada pelo IBGE em 2020, trouxe estimativas do Banco Mundial com base no índice de Gini, instrumento criado pelo matemático italiano Conrado Gini para medir o grau de concentração de renda no grupo a ser avaliado. A variação numérica é de zero a um, sendo zero quando todos têm a mesma renda e um representando o extremo oposto. Nesse ranking da desigualdade, o Brasil apresenta 0,539 pelo índice de Gini, com base em dados de 2018. Está enquadrado entre os dez países mais desiguais do mundo, sendo o único latino-americano na lista onde figuram os africanos. O Brasil é mais desigual que Botsuana, com 0,533 pelo índice de Gini, pequeno país vizinho a África do Sul com pouco mais que dois milhões de habitantes. O Brasil possui a 2ª maior concentração de renda entre mais de 180 países".

"Visto do topo da pirâmide social, o Brasil é um dos recordistas em concentração de renda no mundo. Relatório da Organização das Nações Unidas (ONU) divulgado no final de 2019, portanto antes da pandemia, mostrou que o 1% da população mais rica detinha 28,3% da renda do país, quase um terço do total. No levantamento comparativo com outras nações, o Brasil só perdia para o Catar e estava atrás do Chile, o terceiro colocado, com 23,7% da renda total. Nem a populosa Índia, com todos os problemas religiosos e étnicos, tinha uma concentração de renda tão elevada. Se ampliar a faixa de 1% para os 10% dos brasileiros mais ricos, a participação na renda do país sobe para 41,9% do total. Ou seja, os outros 90% da população conseguem menos do que 60% da renda total, só para evidenciar a tamanha disparidade".[20]

De acordo com a Síntese de Indicadores Sociais do IBGE, "em 2019, a parcela de 10% de pessoas com menores rendimentos domiciliares *per capita* percebia uma parcela de 0,8% do total de rendimentos. À metade da população brasileira correspondia 15,6% dos rendimentos observados, cabendo aos 10% com maiores rendimentos 42,9% de todo o rendimento recebido pelas pessoas em 2019. Esse padrão é muito similar ao observado em 2012. Em relação a 2015, embora a maior parte da curva esteja acima da curva de 2019, há coincidência no décimo superior. Quando essa sobreposição de curvas ocorre, não é possível afirmar graficamente em qual delas a desigualdade é maior. Em 2019, com dados da PNAD Contínua, o índice de Gini do rendimento domiciliar per capita do Brasil foi de 0,543, apresentando aumento em relação a 2012 (0,540), ano inicial da série do indicador, e a 2015 (0,524), menor índice da referida série. A desigualdade monetária no nível das Grandes Re-

---

[20] SENADO FEDERAL. Agência Senado. *Recordista em desigualdade, país estuda alternativas para ajudar os mais pobres*. Cintia Sasse. Publicado em 12/3/2021. Disponível em: <https://www12.senado.leg.br/noticias/infomaterias/2021/03/recordista-em-desigualdade-pais-estuda-alternativas-para-ajudar-os-mais-pobres>. Acesso em 1-12-2021.

giões brasileiras mostra um padrão sistemático no período em análise, no qual a Região Sul é aquela com menor desigualdade de rendimentos (0,467 em 2019), em contraste com a Região Nordeste, cujo Gini foi de 0,559 em 2019. Esta última, aliás, foi a Região que apresentou maior crescimento percentual do indicador entre 2012 e 2019 (2,4%) e a única a apresentar crescimento percentual em relação ao ano anterior (2,5%) (Gráfico 2). Nesse contexto, três Municípios das Capitais na Região se destacaram como os mais economicamente desiguais: Recife (0,612), João Pessoa (0,591) e Aracaju (0,581). A única capital a ficar abaixo do patamar de 0,500 no País foi Goiânia (Goiás), com Gini de 0,468".

Além disso, "regionalmente as diferenças são significativas. Assim como observado na análise do Gini, a Região Nordeste apresentou a evolução da distribuição de rendimentos mais desfavorável para os mais pobres, com redução de 28,9% no período para o primeiro décimo e 14,5% para o segundo. Houve decréscimo de participação até a metade da distribuição e ganho nas parcelas seguintes. Na Região Sudeste, à exceção dos 10% com maiores rendimentos que tiveram ganho de 2,3% na parcela apropriada do rendimento domiciliar per capita entre 2012 e 2019, todos os demais segmentos apresentaram perdas de participação, com destaque para o primeiro décimo (-10,1%). A maior queda percentual de participação no último décimo ocorreu na Região Centro-Oeste (-9,3%), porém com queda concomitante de 6,5% no primeiro décimo. A desigualdade racial, histórica na estruturação da sociedade brasileira, é evidenciada na análise da desigualdade de rendimentos. O rendimento domiciliar per capita médio da população preta ou parda, ao longo do período compreendido entre 2012 e 2019, permaneceu cerca de metade do observado para a população branca. Esse rendimento foi, em 2019, de R$ 981 para a população preta e parda e R$ 1.948 para a branca. Embora a distribuição geral da população brasileira por cor ou raça tenha sido de 42,7% para a população branca e 56,3% para a preta e parda, em 2019, essa estava sobrerrepresentada entre os 10% com menores rendimentos, compondo 77% desse grupo. No outro extremo, entre os 10% com maiores rendimentos, a população branca era maioria (70,6%). Essa discrepância entre participação na população e nos décimos, segundo cor ou raça, mostrou-se mais forte na Região Sudeste".[21]

No que se refere à remuneração padrão, "o rendimento médio domiciliar *per capita*, em 2019, foi de R$ 1.406 para o total da população brasileira. As Regiões Sudeste (R$ 1.720) e Sul (R$ 1.701) apresentaram os rendimentos mais elevados, representando, aproximadamente, o dobro

[21] IBGE. Instituto Brasileiro de Geografia e Estatística. *Síntese de Indicadores Sociais: Uma Análise das Condições de Vida da população Brasileira – 2020*. Estudos e Pesquisas, p. 50-55. Disponível em: <https://biblioteca.ibge.gov.br/visualizacao/livros/liv101760.pdf>. Acesso em 01-12-2021.

do rendimento domiciliar per capita das Regiões Norte (R$ 872) e Nordeste (R$ 884). Esse padrão de diferença nos patamares de rendimento domiciliar per capita se alterou pouco desde 2012. A análise das taxas de crescimento do rendimento domiciliar per capita, no mesmo período, mostra que houve aumento de 7,8% no Brasil, à exceção da Região Norte, que apresentou queda de 1,5% em seu valor médio. As demais Regiões tiveram aumentos significativos, com destaque para a Região Nordeste, com 10,6%. Todavia, conforme visto no tópico anterior, mesmo com esse aumento acima da média, a Região se manteve como a mais desigual do País e com desigualdade crescente no período".

"A média tem por característica ser influenciada por valores extremos, o que, em um contexto de distribuição muito desigual dos rendimentos, acaba elevando o rendimento médio no Brasil por influência dos altos rendimentos nos estratos superiores. A mediana, embora de compreensão menos imediata que a média, remete a um indicativo mais próximo à realidade de grande parte da população brasileira. A mediana equivale ao meio da distribuição, ou seja, o rendimento mediano domiciliar per capita é aquele correspondente ao que até metade da população tem acesso. No Brasil, o rendimento domiciliar per capita mediano equivalia a cerca de 60% do rendimento médio e foi de R$ 861, em 2019, inferior, portanto, ao valor do salário mínimo nacional vigente nesse ano (R$ 998). Nas Regiões Norte e Nordeste, a mediana se situava apenas um pouco acima de R$ 500, sendo menos da metade da mediana observada nas Regiões Sul e Sudeste. Vitória e Florianópolis foram os Municípios das Capitais com maiores rendimentos médio e mediano do País (acima de R$ 3.000 e R$ 1.800, respectivamente). Já o Maranhão foi a Unidade da Federação que apresentou os menores rendimentos médio e mediano, R$ 637 e R$ 406, nessa ordem".

Ademais, "é possível também observar as desigualdades de rendimentos pelas diferenças entre os limites máximos e mínimos em cada segmento, que são muito mais significativas no topo. No último décimo, há uma discrepância grande entre as pessoas na classe entre 90% e 95% e mais de 95% de rendimento domiciliar per capita: enquanto as primeiras tinham um rendimento médio mensal de R$ 3.443, nos 5% com rendimentos mais elevados na distribuição esse valor mais que dobra (R$ 8.612). Interessante notar também que há certa homogeneidade de rendimentos até os 95% da população, quando os valores da média e da mediana entre as partições apresentam pouca ou nenhuma diferença. Nos últimos 5%, essa diferença chega a quase R$ 2.000, denotando a forte concentração de renda no topo da distribuição e desigualdade interna nos 5% com maiores rendimentos auferidos pela PNAD Contínua. Ademais, na Tabela 6, observa-se que, no período, apenas o primeiro décimo da distribuição teve redução no rendimento domiciliar per capita médio e mediano da ordem de -10,8% e -18,1%, respectivamente".[22]

Outro mecanismo hábil para avaliar a desigualdade econômica toma por base o valor do salário-mínimo, que é referência nacional de padrão mínimo de vida para a população. "Nesse sentido, 11,8% da população brasileira, em 2019, viviam com até o valor de 1/4 de salário mínimo per capita mensal (cerca de R$ 250) e quase 30% com até 1/2 salário mínimo per capita (R$ 499). No Nordeste, quase metade da população tinha até esse último patamar de renda mensal. No outro extremo da distribuição, no Brasil, 4,1% tinham rendimento per capita superior a 5 salários mínimos (R$ 4 990), no Distrito Federal, 12,9% das pessoas apresentavam esse rendimento. O rendimento domiciliar per capita de até 1/2 salário mínimo ou até 3 salários mínimos de rendimento domiciliar total é o limite para cadastramento da população no Cadastro Único de Programas Sociais do Governo Federal – CadÚnico, que é a porta de entrada de acesso a uma série de benefícios assistenciais como o Bolsa Família. Mais recentemente, o CadÚnico foi um dos meios para identificar beneficiários para o pagamento de auxílio emergencial durante a pandemia de Covid-19. A classe de rendimento de até 1/4 de salário mínimo per capita, por sua vez, é o rendimento familiar máximo para acesso ao Benefício de Prestação Continuada da Lei Orgânica da Assistência Social – BPC-LOAS, direito assistencial constitucionalmente assegurado a idosos e pessoas com deficiência".

"A relevância dessas classes de rendimento domiciliar per capita em frações de salários mínimos para as políticas públicas assistenciais, e, em especial, para as transferências de renda às famílias assistidas, é evidenciada na análise da decomposição do rendimento domiciliar em seus três principais componentes: trabalho; aposentadorias e pensões; e outros rendimentos (que inclui além das transferências acima mencionadas, os rendimentos provenientes de seguro-desemprego, aplicações financeiras, alugueis, doações etc.). A origem de rendimento proveniente de remuneração de todos os trabalhos é a preponderante para todas as classes de salários mínimos, respondendo por 72,5% do rendimento domiciliar total, em 2019, e variando de 58,6% entre os domicílios com menores rendimentos até 73% entre aqueles com mais de 3 salários mínimos *per capita*".

Por fim, considerando o total da população, "chama atenção o aumento da participação de aposentadorias e pensões, entre 2012 e 2019, que passou de 18,1% para 20,5% do rendimento domiciliar total. En-

[22] IBGE. Instituto Brasileiro de Geografia e Estatística. *Síntese de Indicadores Sociais: Uma Análise das Condições de Vida da população Brasileira – 2020*. Estudos e Pesquisas, p. 57-59. Disponível em: <https://biblioteca.ibge.gov.br/visualizacao/livros/liv101760.pdf>. Acesso em 01-12-2021.

tretanto, esse crescimento está concentrado entre aqueles com mais rendimentos (aumento de 14,1% no período para as pessoas com rendimento domiciliar *per capita* acima de 3 salários-mínimos). O peso de aposentadorias e pensões no rendimento domiciliar para as pessoas com até 1/4 de salário-mínimo *per capita*, que era de 8,0%, em 2012, reduziu-se ainda mais, em 2019, passando para 7,0% (queda de 12,1%). Para esses últimos, a participação do componente 'outros rendimentos' é bem mais significativa, sendo responsável por mais de 1/3 do rendimento total em 2019. É razoável supor que, para esse segmento, os benefícios de assistência social (Bolsa Família, BPC-LOAS, entre outros) sejam preponderantes para esse resultado".[23]

1.5. Relatório da Oxfam Brasil

De acordo com relatório da Oxfam – que é uma organização da sociedade civil brasileira –, de março de 2020 a novembro de 2021, a riqueza dos 10 homens mais ricos dobrou, enquanto que a renda de 99% da humanidade está pior, por causa da Covid-19. Além disso, "a fortuna de 252 homens é maior do que a riqueza combinada de todas as mulheres e meninas da África, América Latina e Caribe: 1 bilhão de pessoas. Desde 1995, o 1% mais rico acumulou quase 20 vezes mais riqueza global do que os 50% mais pobres da humanidade. Estima-se que 20 dos bilionários mais ricos emitem, em média, até 8.000 vezes mais carbono do que o bilhão de pessoas mais pobres".

Segundo o Resumo Executivo, "um novo bilionário surge a cada 26 horas desde o início da pandemia. Os dez homens mais ricos do mundo dobraram suas fortunas, enquanto mais de 160 milhões de pessoas foram empurradas para a pobreza. Nesse meio tempo, estima-se que 17 milhões de pessoas morreram de Covid-19, uma escala de perda que não era vista desde a Segunda Guerra Mundial. Todas essas questões fazem parte do mesmo e profundo mal. É a desigualdade que está destruindo nossas sociedades. É a violência que é instalada em nossos sistemas econômicos. É a desigualdade que mata. A pandemia de coronavírus tornou-se efetivamente mais mortal, mais prolongada e mais prejudicial aos meios de subsistência por conta da desigualdade".

"A desigualdade de renda é um indicador mais assertivo para saber se você morrerá de Covid-19 do que a idade. Milhões de pessoas ainda estariam vivas atualmente se tivessem tido acesso a uma vacina,

[23] IBGE. Instituto Brasileiro de Geografia e Estatística. *Síntese de Indicadores Sociais: Uma Análise das Condições de Vida da população Brasileira – 2020*. Estudos e Pesquisas, p. 59-60. Disponível em: <https://biblioteca.ibge.gov.br/visualizacao/livros/liv101760.pdf>. Acesso em 01-12-2021.

mas elas estão mortas, sem ter tido nenhuma chance, enquanto as grandes farmacêuticas continuam mantendo o controle monopolista dessas tecnologias. Este apartheid de vacinação está tirando vidas e aumentando as desigualdades em todo o mundo. Instituições incluindo o FMI, o Banco Mundial, o Credit Suisse e o Fórum Econômico Mundial estimaram que a pandemia desencadeou um aumento na desigualdade nos países em todo o mundo. As pessoas mais pobres do mundo e os grupos racializados estão arcando com o ônus das mortes decorrentes da pandemia. Em alguns países, as pessoas mais pobres têm quase quatro vezes mais chances de morrer de Covid-19 do que as mais ricas. Pessoas originárias de Bangladesh tinham cinco vezes mais chances de morrer de Covid-19 em comparação com a população britânica branca na Inglaterra durante a segunda onda da pandemia. Essas divisões atuais estão diretamente ligadas a legados históricos de racismo, incluindo escravidão e colonialismo. Isso também é expresso pelo fato de que a distância entre nações ricas e pobres deve aumentar pela primeira vez em uma geração. Pessoas que vivem em países de baixa e média renda têm cerca de duas vezes mais chances de morrer da infecção por Covid-19 do que pessoas que vivem em países ricos".

Finalmente, há que se registrar cinco fatos sobre os dez homens mais ricos do mundo: "1° – A riqueza dos dez homens mais ricos dobrou, enquanto a renda de 99% da humanidade decaiu, em razão da Covid-19; 2° – O patrimônio dos 10 homens mais ricos do mundo é maior do que o dos 3,1 bilhões de pessoas mais pobres; 3° – Se os 10 homens mais ricos gastassem um milhão de dólares cada um por dia, seriam necessários 414 anos para gastar suas fortunas combinadas; 4° – Se os 10 bilionários mais ricos se sentassem no topo de suas fortunas combinadas empilhadas em notas de dólares norteamericanos, eles chegariam quase na metade do caminho para a Lua; 5° – Um imposto único de 99% sobre o aumento repentino nos lucros decorrentes da Covid-19 obtidos pelos 10 homens mais ricos do mundo poderia pagar vacinas suficientes para todo o mundo e preencher as lacunas de financiamento em medidas climáticas, de saúde universal e proteção social e nos esforços para combater a violência de gênero em mais de 80 países, enquanto ainda deixaria esses homens com US$ 8 bilhões a mais do que tinham antes da pandemia".

"A desigualdade entre os países também está aumentando, ela é impulsionada por muitos países mais pobres não terem acesso a vacinas contra a Covid-19 dos monopólios farmacêuticos, uma deterioração na sustentabilidade de sua dívida e (em mais de 100 países) cortes nos gastos sociais. Os dados da Oxfam sugerem que 85% dos 107 empréstimos relacionados à Covid-19 concedidos pelo FMI levarão 73 países à austeridade assim que a crise ceder. Dois terços de todos os países de renda baixa e média-baixa já cortaram seus orçamentos para educação desde o início da pandemia – orçamentos que já eram em grande parte insuficientes antes do início da pandemia". Ademais, "à medida que a Covid-19 se espalhava, os bancos centrais injetavam trilhões nas economias em todo o mundo, com o objetivo de manter a economia mundial equilibrada. Grande parte desse estímulo foi para os mercados financeiros e, de lá, para o patrimônio dos bilionários. Os governos injetaram US$ 16 trilhões na economia global desde o início da pandemia e, consequentemente, os bilionários viram suas fortunas aumentarem em US$ 5 trilhões, passando de US$ 8,6 trilhões para US$ 13,8 trilhões desde março de 2021,92 à medida que a intervenção do governo aumentou preços das ações".[24]

[24] OXFAM Brasil. *A Desigualdade mata.* A incomparável ação necessária para combater a desigualdade sem precedentes decorrente da Covid-19. Relatório, 2022, p. 7-10 e 18. Disponível em: <https://www.oxfam.org.br/justica-social-e-economica/forum-economico-de-davos/a-desigualdade-mata/>. Acesso em 16-01-2022.

2. Estratificação social

De acordo com o Dicionário Houaiss, o vocábulo *estratificação* significa o "processo de diferenciação das diversas camadas sociais que compõem uma sociedade, agrupadas a partir de suas relações e dos valores culturais, o que vem a constituir sua separação em classes, estados ou castas".[25]

Segundo o Dicionário de Etnologia e Sociologia, a **estratificação social** "define-se como processo social, proveniente ora de competição ou conflito, ora de divisão do trabalho social que conduz à sobreposição de um certo número de camadas ou estratos sociais, isto é, à formação de um sistema, mais ou menos fixo, de castas, estados, ou classes dentro de uma determinada sociedade. (Young). A aceitação de misteres profissionais: políticos, militares, religiosos e outros com seu estatuto respectivo já envolve a estratificação. É por isso que Wiese a interpreta como processo de integração e equilibração de grupos parciais dentro de um grupo total, pois as funções específicas de cada grupo precisam ser definidas em relação ao conjunto. Assim nascem todas as espécies de direitos, privilégios, costumes e. padrões distintos de comportamento".

"Young enumera três fatores que caracterizam as camadas sociais explicando suas relações recíprocas: 1) o sentido de cooperação e auxilio mútuo, oriundo de interesses comuns. A atuação individual é predeterminada, até um certo ponto, por esses fatores; 2) o sentido de inferiorida.de em relação à camada superior. Daí se explica a concessão, por vezes espontânea, de privilégios; 3) o sentido de superioridade de todo estrato em relação ao estrato inferior. Fortalece-se assim a atitude de dominação. Quanto à estabilidade do sistema de estratificação, Young observa que: 1) uma mudança cultural e social, por meio de migrações, difusão cultural ou invenções, pode levar certos grupos a quebrar as barreiras existentes e a levantar outras; 2) ela está em relação ao grau de cultura e comunicação. Do exposto vê-se que todo sistema de estratificação contém uma graduação social resultante de um processo

[25] HOUAISS. *Dicionário da língua portuguesa*. Rio de Janeiro: Objetiva, 2009, p. 840.

de avaliação recíproca entre as diversas camadas. Na estratificação étnica ou política a avaliação é simultânea com o encontro ou embate dos grupos diferentes, ao passo que a estratificação econômica ou profissional, mesmo em sociedades relativan1ente homogêneas, consiste em um processo lento e sujeito a muitas oscilações".[26]

Na perspectiva etno-sociológica, Thurnwald expõe o processo de estratificação da seguinte forma: "O encontro de povos de origem étnica diversa e de horizontes culturais diferentes, principalmente de pastores e agricultores (mas, naturalmente, também de um desses com caçadores) desenvolve processos de avaliação recíproca que conduzem a uma posição superior e influente, mormente (mas nem sempre) nas famílias dos pastores. Toda preferência por famílias de determinada descendência, posse ou outras qualidades deve ser considerada como estratificação. Ela condiciona, naturalmente, também a desvalorização de famílias ou pessoas de origem, atividade ou função diversas, na sociedade total. Assim rompe-se o princípio igualitário da sociedade homogênea, embora, frequentemente, continue existindo, por muito tempo, dentro de camadas de origem idêntica. É preciso distinguir estratificação étnica e estratificação social que repousa ora sobre a posse de símbolos de valor ou de monopólios econômicos, ora sobre relações com o poder central". "Ao lado desses tipos, Dunkmann distingue ainda a estratificação natural (ou biológica) da sociedade em idades e sexos. Wiese aponta relações e processos sociais entre os quais figuram como: 1) meios de estratificação: destacar-se, graduar, feudalizar, enobrecer, privilegiar, classificar, limitar, decentralizar; 2) fenômenos de estratificação: subida e queda de classes, prestígio; 3) fontes de estratificação: formação de aristocracia, proletariado, castas, estados sociais, feudalismo, capitalismo, endogamia, formação de clãs, urbanização, moda, riqueza e pobreza, cultura intelectual e física, seleção".[27]

De acordo com o *Dicionário de Política*, "o conceito de estratificação, tal como é usado atual mente na sociologia, é em grande parte sinônimo do conceito de desigualdade social: indica que os homens estão colocados em posições diferentes no que respeita ao acesso aos bens sociais a que todos, em geral, aspiram, mas cuja disponibilidade é escassa. É importante frisar a natureza social da estratificação, de modo que nao se confundam as desigualdades sociais com as desigualdades naturais. É evidente que os homens não são iguais; não só diferem quanto às características físicas (peso, estatura, cor dos olhos e dos cabelos, sexo, saúde, força física, etc.), como também quanto à capacidade

[26] WILLEMS, Emílio; BALDUS, Herbert. *Dicionário de Etnologia e Sociologia*. São Paulo: Companhia Editora Nacional, 1939, p. 95-96.

[27] Ibid., p. 96-97.

mental. Estas diferenças não são por si capazes de explicar as desigualdades sociais, embora possam influir em certos casos. Numa sociedade que atribui grande importância à capacidade de manejar as armas, o indivíduo dotado de grande vigor físico levará vantagem sobre outro de débil musculatura e de saúde fraca. Uma coisa é, portanto, o problema de analisar como é que uma certa sociedade, em confronto com as demais, atribui enorme valor às qualidades militares, e outra ver como é que tais qualidades se distribuem pela população. Por outro lado, sabemos que certas características, geralmente tidas por 'naturais', sofrem a influência das condições sociais, como, por exemplo, a estatura, a fecundidade e outras mais. O fato de as desigualdades naturais e sociais não coincidirem demonstra-o precisamente a grande variabilidade que os sistemas revelam de época para época e de uma sociedade para outra. Isto significa, em outras palavras, que os mecanismos mediante os quais são distribuídos bens e valores sociais dependem mais da estrutura da sociedade que da distribuição das características, qualidades e capacidades 'naturais'."

Para compreender o fenômeno da estratificação, há que se mencionarem os processos de diferenciação, avaliação e atribuição de recompensas existentes na sociedade. "Como base do fenômeno da estratificação, encontramos o fato fundamental da diferença das posições e dos papéis sociais, ou seja, a divisão do trabalho. Numa sociedade onde não houvesse divisão do trabalho, onde todos os homens exercessem as mesmas atividades de modo substancialmente idêntico, não se criariam formas de estratificação. O fato de nenhuma sociedade conhecida do passado e do presente ter sido imune a alguma forma, mesmo embrionária, de divisão do trabalho faz surgir imediatamente a seguinte pergunta: se a diferenciação dos papéis é um pré-requisito da estratificação, isto implicará também em que toda forma de divisão do trabalho e de diferenciação dos papéis produza necessariamente alguma forma de estratificação? A experiência histórica sugere uma resposta afirmativa. De fato, jamais existiu sociedade que não tenha conhecido alguma forma de classificar os diversos papéis na dimensão inferior-superior e de os conferir aos indivíduos. O processo de diferenciação das posições sociais envolve sempre um processo de avaliação diferencial das mesmas. A grande mutabilidade das formas que o processo de avaliação assume demonstra, contudo, que não existe vínculo necessário entre a existência de papéis diversos e a sua disposição numa escala hierárquica".

"Com efeito, a avaliação diferencial das posições sociais não é um elemento que entre na definição dos papéis a que tais posições correspondem. Nas sociedades industriais do Ocidente, por exemplo, existe a tendência a avaliar mais o trabalho intelectual que o manual, mais o trabalho manual das fábricas que o do campo. No entanto, é claro que pode haver sociedades onde a escala dos valores é diferente. Uma sociedade em constante estado de guerra com os seus vizinhos, não só tenderá a estimular as virtudes militares na população, como a atribuir às profissões um valor particularmente elevado. Em geral, a escala de valores em que assenta a avaliação de inferioridade-superioridade dos papéis sociais numa determinada sociedade reflete, por um lado, a importância relativa das tarefas que essa sociedade tem de enfrentar para garantir a própria sobrevivência e, por outro, a necessidade que têm os que ocupam posições elevadas de manter a sua superioridade. Em toda sociedade tende a haver um certo consenso sobre o modo de avaliar a importância relativa dos vários papéis sociais; mas, se não existir tal consenso, isso indicará que a sociedade está passando por transformações tais, que farão surgir um novo sistema de estratificação".[28]

"Além dos processos de diferenciação e avaliação, outro dos processos que fazem parte do fenômeno geral da estratificação é o chamado processo de atribuição das recompensas. Como antes falamos de avaliação diferencial, falaremos aqui de recompensas diferenciais atribuídas aos que preenchem os diversos papéis sociais. É costume classificar estas recompensas em três categorias que, dada a sua importância, são também frequentemente consideradas como as três dimensões essenciais do processo de estratificação: a riqueza, o prestígio e o poder. A riqueza é a forma mais generalizada de recompensa nas modernas sociedades ocidentais, sobretudo porque, em sua forma monetária, é um bem rapidamente transformável em outros bens e, por isso, define amplamente o estilo de vida de uma pessoa, O prestígio indica, em vez disso, o grau de honra, deferência ou respeito, ligada a uma determinada posição social, ao exercício de uma profissão ou ao desempenho de um papel. O conceito de prestígio é eminentemente relativo; com relação ao alto dirigente que controla a atividade gigantesca de uma grande sociedade financeira, o empregado subalterno de uma pequena empresa goza indubitavelmente de um prestígio muito baixo. Se o empregado se confrontasse constantemente com o alto dirigente, o prestígio de que goza acabaria por ser até uma recompensa negativa. Em relação ao homem de trabalhos pesados e ao contínuo, contudo, o empregado goza de um certo prestígio e, portanto, ao comparar-se com eles, seu prestígio adquire o valor de uma recompensa positiva. Finalmente, o poder é uma recompensa de natureza particular, porquanto não só determina em larga medida a distribuição das outras recompensas, como também só é recompensa para quem o exerce. A falta de poder não pode, de fato, ser considerada como relativa a uma

[28] BOBBIO, Norberto; MATTEUCCI, Nicola; PASQUINO, Gianfranco. *Dicionário de Política*. Volume 1. 6ª ed. Brasília/DF: Editora UNB, 1994, p. 443-444.

hipotética cota zero: quem não tem poder não pode senão suportar o de quem o possui".

"É muito frequente a curva de distribuição destas três categorias de recompensas seguir um desenvolvimento análogo e existir uma alta correlação entre elas, no sentido de que, quem possui muita riqueza, goza também, em geral, de elevado prestígio e exerce considerável poder. Há, porém, muitíssimas exceções a esta regra; podemos dizer, com efeito, que, em certos casos, as diversas recompensas são capazes de se compensar mutuamente. A baixa renda de que goza, por exemplo, um magistrado é compensada pelo seu elevado prestígio, ao passo que um hábil agiota poderá ganhar muito com a sua atividade, mas não certamente em termos de consideração social. Toda sociedade dispõe de mecanismos particulares, regulados por um sistema por vezes complexo de normas ou sanções, para transformar um tipo de recompensa em outro; para transformar, por exemplo, a riqueza em poder e vice-versa, a riqueza em prestígio, etc. Foi aventada a hipótese de que um indivíduo que tenha alcançado uma certa posição na escala da riqueza, por exemplo, tenderá a equilibrar a própria posição igualmente nas demais dimensões, isto é, a eliminar os chamados desequilíbrios ou incongruências de *status*. A figura do parvenu constitui um caso exemplar desse tipo de incongruências".

Nesse sentido, "a literatura o descreve como um enriquecido ansioso por ver reconhecida a sua posição por quem, desde o nascimento, faz parte da classe superior; procurará imitar os gostos e o estilo de vida do grupo ao qual ambiciona pertencer, solicitará a admissão nos círculos das pessoas superiormente colocadas, tentará ligar-se a elas com vínculos de natureza pessoal, ser admitido à sua mesa e, por fim, desposar uma das suas filhas. Pelo contrário, o nobre endividado ou o financeiro que perdeu tudo num dia aziago na Bolsa lutarão desesperadamente por manter a elevada posição anteriormente ocupada, mostrando um nível de consumo superior àquele que efetiva mente a situação lhes consente. Em toda sociedade existem vários obstáculos à transformação de um componente do *status* em outros e, por isso, não obstante a tendência ao equilíbrio entre os diversos componentes, sempre se verifica m fenômenos de incongruência. Se esta não atingir só os indivíduos, mas também grupo s sociais inteiros, é provável que ela se torne a base da formação de ações coletivas e de movimentos sociais tendentes a modificar o sistema de estratificação. As incongruências de *status* são, de fato, uma das fontes primárias da mudança social".[29]

Impende mencionar ainda as mudanças na estratificação social. "As mudanças no sistema de estratificação podem ser essencial men-

[29] BOBBIO, Norberto; MATTEUCCI, Nicola; PASQUINO, Gianfranco. *Dicionário de Política*. Volume 1. 6ª ed. Brasília/DF: Editora UNB, 1994, p. 444-445.

te de dois tipos, se bem que eles se apresentem com frequência unidos e combinados num único processo. Temos, em primeiro lugar, as mudanças na forma da estratificação. Se representarmos esta, como é habitual, por meio d e uma pirâmide, teremos uma base muito larga que se estreita rapidamente e m direção ao vértice (como, por exemplo, nas sociedades baseadas na agricultura), ou então uma pirâmide com uma base mais estreita, ou ainda duas pirâmides unidas entre si pela base. Esta forma, segundo alguns, é a mais apta a representar as modernas sociedades industriais avançadas, cuja característica predominante seria o enorme desenvolvimento da classe média em relação às classes extremas, mas, sobretudo, a redução quantitativa das classes inferiores fundadas no trabalho manual. Nas mudanças deste tipo pode-se depois distinguir dois aspectos. O primeiro é de natureza objetiva e depende das transformações da estrutura sócio-profissional, originadas nos processos de mudança tecnológica. Tais processos faz em desaparece r algumas categorias profissionais, ao mesmo tempo que fazem surgir outras, gerando, em consequência, fenômenos de mobilidade social de caráter coletivo. O segundo aspecto é, pelo contrário, de natureza subjetiva e depende do modo como tais transformações são percebidas e interpretadas. O desenvolvimento quantitativo da classe média, por exemplo, pode ser interpretado, por um lado, com o fenômeno de mobilidade social ascendente e, por outro, ser considerado com o fenômeno de proletarização das classes médias".

"O segundo tipo de mudanças na estratificação se refere, em vez disso, ao modo como os indivíduos são destinados aos diversos papéis sociais e consequentes estratos. A tal propósito, distingue-se entre mecanismos de natureza adscritiva e mecanismos de natureza aquisitiva. Os primeiros predominam nas sociedades em que a posição social de um indivíduo é determinada por características fundamentalmente hereditárias; os segundos, ao invés, ressaltam a importância da capacidade adquirida pelo indivíduo para o desempenho de um determinado papel, não levada em conta a posição social da família de origem, nem a sua integração em grupos sociais particularmente privilegiados, tanto em sentido positivo como negativo. Muitos sociólogos sustentam que os mecanismos adscritivos são típicos de sociedades tradicionais e estáticas, enquanto que as sociedades modernas e dinâmicas tendem a privilegiar o mérito individual e, consequentemente, os mecanismos aquisitivos. Todavia, a simples constatação de que as capacidades individuais são também resultado das diferentes oportunidades oferecidas aos vários estratos sociais, e de que até as sociedades mais dinâmicas revelam taxa elevadíssima de hereditariedade nas posições sociais, faz com que toda afirmação deste tipo deva ser considerada de forma muito relativa, se não se quiser cair numa mera declaração de princípios de índole ideológica".

Finalmente, "o estudo da estratificação não pode ser separado das implicações ideológicas inevitavelmente ligadas à problemática da desigualdade social. Isto foi há pouco recalcado a respeito sobretudo da teoria funcionalista da estratificação formulada, pela primeira vez, num ensaio de K. Davis e W. Moore, em 1940. Estes autores defendem que a estratificação não só é universal como também inevitável e necessária, porquanto não seria possível motivar os indivíduos a ocuparem posições elevadas de grande responsabilidade se a elas não fosse atribuída uma cota excessivamente elevada de recompensas em termos de riqueza, poder e prestígio. Contra esta tese, observou Tumin e outros que a necessidade de recompensas diferenciais depende dos valores culturalmente dominantes na nossa civilização e não de características atribuíveis à natureza humana, e que, por conseguinte, é admissível, em princípio, uma sociedade onde os estímulos ao preenchimento dos vários papéis sociais não deem lugar à desigualdade de posições".[30]

Dentre as fontes de estratificação social, destaca-se a aristocracia. Tal modelo de estruturação opõe-se radicalmente à igualdade, visto que a sociedade é dividida entre "nobres" e "plebeus". Nesse regime político, o governo ou autoridade é atribuída a uma classe de pessoas integrantes de uma "casta" ou "elite" em razão de sua nobreza, de sua fortuna, de sua bravura ou de seu talento.[31] Conforme Alexis de Tocqueville, "a bem da verdade, uma aristocracia não tem mais que dois meios de conservar sua influência sobre o povo: governá-lo ou unir-se a ele para moderar quem o governa. É preciso, em outros termos, que os nobres sejam donos do povo ou que se tornem seus chefes". Isso por reputar uma alegada superioridade entre as pessoas: "em cada um dos lugares do território em que existe, encontram-se um ou vários indivíduos que, situados naturalmente acima dos demais por causa de seu nascimento ou de sua riqueza, tomam as rédeas do governo ou se lhes outorga".[32]

2.1. Desigualdade estamental e de classes

Para Jean-Jacques Rousseau, a desigualdade entre os homens se origina de dois fatores: I – diferenças naturais; e II – diferenças morais

[30] BOBBIO, Norberto; MATTEUCCI, Nicola; PASQUINO, Gianfranco. *Dicionário de Política*. Volume 1. 6ª ed. Brasília/DF: Editora UNB, 1994, p. 445.

[31] SILVA, De Plácido e. *Vocabulário Jurídico*. 26ª ed. Rio de Janeiro: Forense, 2005, p. 132.

[32] TOCQUEVILLE, Alexis de. *Igualdade social e liberdade política*. São Paulo: Nerman, 1988, p. 70 e 85.

ou políticas. "Concebo na espécie humana dois tipos de desigualdade: uma eu chamo de natural ou física, por ser estabelecida pela natureza, e que consiste na diferença das idades, da saúde, das forças do corpo e das qualidades do espírito ou da alma; a outra, que podemos chamar de desigualdade moral ou política, por depender de uma espécie de convenção e por ser estabelecida, ou pelo menos autorizada, pelo consentimento dos homens. Esta consiste nos diferentes privilégios de que alguns desfrutam em prejuízo dos outros, como o de ser mais ricos, mais honrados, mais poderosos do que estes, ou mesmo o de se fazer obedecer por eles".[33] Assim, a desigualdade estamental ou de classes decorre de fatores alheios ao próprio indivíduo, uma vez que promana da sociedade em que convive.

De acordo com Fábio Konder Comparato, "a ideia de que os seres humanos são essencialmente iguais, não obstante as diferenças biológicas e culturais que os distinguem entre si, brotou pela primeira vez na História durante o chamado período axial. Mas nem por isso as desigualdades começaram a desaparecer desde logo. No mundo antigo e medieval, tirante alguns momentos fugazes em que existiu a prática de uma vida social igualitária, como na Atenas democrática, em certas fases da república romana e nas primeiras comunidades cristãs, a desigualdade sempre foi o princípio dominante e incontestado. Mesmo nesses momentos excepcionais, contudo, tratava-se de uma igualdade muito relativa. Em Atenas, no período de apogeu da democracia, entre 501 e 338 a. C., o número de cidadãos, isto é, de pessoas consideradas livres e iguais em direitos, não ultrapassava 15% da população total. Os restantes eram privados de alguns ou de todos os direitos, por serem considerados seres inferiores: eram as mulheres, os metecos (isto é, estrangeiros) e os escravos. O primitivo comunitarismo cristão, de que os *Atos dos Apóstolos* nos dão testemunho, nada mais significava, na consciência dos fiéis, do que a prefiguração neste mundo do Reino Celeste, numa preparaçao necessária à volta iminente de Jesus Cristo à Terra para o juízo final. Os primeiros cristãos, por conseguinte, jamais cuidaram de instituir uma organização social permanente neste mundo. Quando o apóstolo Paulo proclamou que 'não há judeu nem grego, não há escravo nem livre, não há homem nem mulher; pois todos vós sois um só em Cristo Jesus', ele claramente não se opunha à persistência transitória dessas desigualdades sociais cá na Terra, pois elas não atentavam contra o princípio da igualdade absoluta de todas as almas perante Deus".

[33] ROUSSEAU, Jean-Jacques. *A origem da desigualdade entre os homens*. São Paulo: Penguin Classics Companhia das Letras, 2017, p. 33.

"Até o advento do mundo moderno, as desigualdades de posição social sempre foram de duas ordens: elas se estabeleceram na base de um sistema de privilégios, ou com fundamento na riqueza patrimonial. A sociedade dividida em estamentos, ordens ou castas foi a regra em todas as civilizações antigas. Sob esse aspecto, é incorreta a afirmação do *Manifesto Comunista*, de que 'a história de todas as sociedades, até o presente, é a história da luta de classes'. A ordem ou estamento difere da classe social, na medida em que cada estamento rege-se por um direito próprio, ao passo que na sociedade de classes há um só sistema jurídico, comum a todas elas. Assim, enquanto a ordem estamental é legalmente hierarquizada, com o reconhecimento de privilégios a determinados grupos, as classes sociais não se distinguem pelo seu estatuto jurídico, mas pela diferença de fortuna entre uma classe e outra; mas exatamente, pela separação entre uma classe minoritária, que monopoliza os bens de produção, e outra, composta pela maioria da população, despida dessa propriedade dos bens de produção, e que deve submeter-se à classe empresarial. Além disso, na antiga sociedade estamental a desigualdade jurídica não existia apenas entre os diferentes estamentos, mas vigorava também no interior de cada clã, tribo ou família alargada. Só o chefe ou *pater* – e a palavra significava, nas origens, antes *poder* do que geração ou paternidade – tinha plena capacidade jurídica; ou seja, só ele podia exercer direitos e contrair obrigações. Abaixo do chefe, numa escala descendente de sujeitos, situavam-se os familiares, os clientes e os escravos. Em correspondência a essa concentração absoluta de poder na cabeça ou chefia do grupo – de onde adveio o regime político monárquico – vigorava em todas as famílias o direito de primogenitura: o filho mais velho, e só ele, sucedia o *pater*, como titular de todo poder sobre as pessoas e os bens da família".[34]

Assim, "a desagregação desse sistema, na Grécia e em Roma, engendrou a sociedade de classes, na qual o sistema de privilégios cedeu lugar à desigualdade de fortunas, desigualdade que se alimenta a si própria. Com efeito, no interior da família alargada do mundo antigo, embora somente o chefe tivesse direitos, ninguém vivia na miséria. O chefe tinha o dever de sustentar a todos os seus dependentes – familiares, clientes (no campo), agregados (cidade) e servos –, em troca da obediência absoluta que deles exigia, na guerra e na paz. O chefe era bem um pai ou patrão (palavra derivada de *pater*). A partir do momento em que os laços de clientela foram rompidos, surgiu, para os que assim se viram libertos da sujeição familiar, a necessidade de proverem por si mesmos à próprio subsistência, com o agravo adicional de não serem

---

[34] COMPARATO, Fábio Konder. *Ética: Direito, moral e religião no mundo moderno*. 2ª ed. São Paulo: Companhia das Letras, 2006, p. 558-560.

proprietários de terras de lavoura. O conflito social era inevitável. As diferentes experiências de oligarquia e democracia, em substituição ao regime monárquico tradicional, sempre foram, por isso, na Grécia e em Roma, momentos de grande agitação social, senão de aberta guerra civil. Os pobres contavam com a força numérica, pois os ricos formam naturalmente a minoria em todas as sociedades. Com base nisso, começaram por exigir a igualdade de voto nas decisões políticas. Ao chegarem ao poder, não hesitaram em espoliar os homens de posses e em condená-los ao exílio (Platão chegou a tomar tais fatos como característica própria do regime democrático. 'A democracia começa pois a existir quando os pobres, vitoriosos, condenam à morte alguns do partido adversário, tanto no governo da cidade, quanto na distribuição de cargos públicos, a qual é determinada por sorteio')."

"Bastava, porém, que uma crise econômica se alastrasse, ou se levantasse uma ameaça de guerra, para que a classe pobre sucumbisse à tentação de voltar, de certa forma, ao *status* antigo, aceitando a instituição de uma tirania. A reação a esse extremo apresentava-se, sempre, sob a forma de uma restauração dos ricos no poder, reconstituindo o regime oligárquico. E o ciclo recomeçava. Por isso Aristóteles fez questão de ressaltar que as revoltas e guerras civis originam-se em regra da desigualdade social (*Política*, 1301 *b*, 26 e *ss*.). Daí sua conclusão de que a oligarquia e a democracia, em seu entender as principais variedades de constituição política apresentam um grave risco de instabilidade, pois ambas se fundam numa clara dissociação entre ricos e pobres. Das duas, porém, acrescenta ela, a democracia é o regime menos instável, pois nas oligarquias costumam produzir-se duas espécies de dissensões: a rivalidade dos grupos oligárquicos entre si e a revolta dos pobres governados contra os ricos que os governam; ao passo que nas democracias não surgem, em geral, dissensões no seio do povo. A melhor das constituições corretas, segundo Aristóteles, é aquela na qual o poder supremo pertence à classe média, que deve, por isso mesmo, ser mais numerosa em relação aos ricos e aos pobres, a fim de assegurar a estabilidade política. Com efeito, argumenta ele, os cidadãos ricos e poderosos não querem nem sabem obedecer aos governantes, enquanto os miseráveis vivem em estado de perpétua abjeção: não só ignoram a arte do governo, mas também se acostumam a obedecer como escravos e não como homens livres. Os ricos, de seu lado, não se dispõem a obedecer, e somente sabem comandar como déspotas (Política, 1295 *b*, 5 e *ss*.)".[35]

[35] COMPARATO, Fábio Konder. *Ética: Direito, moral e religião no mundo moderno*. 2ª ed. São Paulo: Companhia das Letras, 2006, p. 560-561.

2.2. Desigualdades no mundo moderno

Segundo Fábio Konder Comparato, "na civilização feudal, que precedeu imediatamente o surgimento do mundo moderno no Ocidente, voltou a instaurar-se o regime de desigualdade social em ordens ou estamentos. A igualdade de condição jurídica entre os homens foi até mesmo considerada, então, um desvalor, uma verdadeira desordem. No *Tratado das ordens e simples dignidades*, que fez publicar na França em 1610, Charles Loyseau justificou, com argumentos de diversa natureza, a justiça e excelência da divisão da sociedade em três ordens ou estamentos, a saber: Uns dedicam-se particularmente ao serviço de Deus; outros, a conservar o Estado pelas armas; outros, a alimentá-lo e mantê-lo pelos exercícios da paz". Essa tripartição social obedeceria, segundo ele, em primeiro lugar a uma razão de disciplina:

"Não podemos viver juntos em igualdade de condições, mas é preciso, por necessidade, que uns comandem e que os outros obedeçam. Os que comandam têm várias ordens, posições sociais e graus. Os soberanos senhores comandam a todos os de seus Estados, dirigindo seus comandos aos grandes, os grandes aos medíocres, os medíocres aos pequenos e aos pequenos ao povo. A Providência instituiu graus diversos e ordens distintas, a fim de que, se os inferiores (*minores*) dão testemunho da deferência (*reverentia*) aos superiores (*potiores*), e se os superiores retribuem os inferiores com o amor (*dilectio*), realiza-se a verdadeira concórdia e conjunção (*contextio*), a partir da diversidade. A comunidade não poderia, com efeito, subsistir de modo algum, se a ordem global (*magnus ordo*) da disparidade (*differentia*) não a preservasse. Que a criação não possa ser governada na igualdade é o de que nos instrui o exemplo das milícias celestes: há anjos e arcanjos, que manifestamente não são iguais, uns diferem dos outros em poder (*potestas*) e em ordem (*ordo*)".

O que impressiona, nessa defesa política e teleológica da desigualdade estamental, é que ela veio a lume quase um século depois que Lutero já havia lançado, publicamente, o seu desafio radical à estrutura hierárquica da Igreja Católica. Para o grande Reformador, todos os fiéis cristãos são rigorosamente iguais, em dignidade e direitos, como sacerdotes do Cristo Salvador, não mais se justificando, portanto, a separação tradicional entre o clero e o laicato. O movimento reformador foi o primeiro a assentar um golpe decisivo no princípio da desigualdade estrutural, que vigorou no feudalismo europeu durante vários séculos. Mas isso não significou, bem entendido, que a Reforma Protestante tivesse vindo proclamar a igualdade de todos os homens em matéria religiosa; o que, aliás, sempre foi incompatível com o espírito do monoteísmo missionário".[36]

Com efeito, "o ataque aos privilégios do outro estamento superior do feudalismo – a nobreza – somente teve início em meados do século XVII, com os movimentos dos *Diggers* e dos *Levellers*, no bojo da guerra civil inglesa. Se tudo isso ocorria dentro do ecúmeno cristão-europeu, já desde o início do século XV, mais exatamente desde 1415, com a conquista pelos portugueses aos mouros da praça de Ceuta, no Norte da África, os povos da Europa começaram a avançar dominadoramente sobre outras terras, fora do velho continente. Sem dúvida, a escravidão dos povos vencidos – pelo menos dos guerreiros – representou, desde sempre, uma consequência normal de todas as guerras. Mas a questão ética que então se pôs era nova para a consciência cristã: – Podem os fiéis escravizar os infiéis em guerras justas nas novas terras conquistadas? Essas guerras de conquistas são justas? A Igreja Católica, pela voz do papa, não demorou em responder pela afirmativa. Na bula *Romanus Pontifex*, de 8 de janeiro de 1454, dirigida ao rei de Portugal, Nicolau V enviou suas bênçãos apostólicas ao monarca português sobre os empreendimentos de ocupação e pilhagem das terras africanas, com a escravização dos seus habitantes, louvando o sagrado intuito missionário que animava os europeus".

"A escravidão das populações africanas, assim instaurada, distinguiu-se, porém, daquela anteriormente praticada pelos árabes na África, pois esta atingia sem discriminação brancos e negros, e tinha um caráter antes de tudo doméstico: os escravos serviam à família do senhor. Para os europeus, de modo diverso, o tráfico teve por objeto, desde o início, tão-só a população negra, e inseriu-se, a partir do século XVI, no empreendimento das culturas agroexportadoras, organizadas em forma capitalista nos grandes domínios rurais do continente americano. As mesmas necessidades de exploração capitalista das ricas jazidas de minério e pedras preciosas, descobertas na América ibérica, explicam também a expansão do regime servil dos aborígenes a todo o continente. A pseudojustificativa ética dessa prática nefanda foi a propalada inferioridade das populações escravizadas. Já nos referimos ao debate ocorrido no concílio de Valladolid, em 1550, entre Bartolomeu de las Casas e Juan Ginés de Sepúlveda, sobre se os índios americanos faziam ou não parte do gênero humano. Quanto aos africanos, a mesma questão continuou na prática em aberto até o século XIX. Somente em 1926 a Liga das Nações aprovou, em um tratado internacional de maior amplitude, a proibição do tráfico de escravos. Quanto à escravidão em si, porém, as altas partes contratantes declararam-se dispostas

[36] COMPARATO, Fábio Konder. *Ética: Direito, moral e religião no mundo moderno*. 2ª ed. São Paulo: Companhia das Letras, 2006, p. 562-563.

a promover a sua abolição completa apenas 'progressivamente, e assim que possível' (Afirmação Histórica dos Direitos Humanos)".[37]

Na lição de Fábio Konder Comparato, "um dos méritos incontestáveis da Revolução Francesa foi o de haver proclamado pela primeira vez na Europa, em 1791, a emancipação dos judeus e a abolição de todos os privilégios religiosos. Por um decreto da Convenção, datado de 11 de agosto de 1792, proibiu-se também o tráfico de escravos para as colônias. Mas a pressão dos interesses ligados à exploração dos latifúndios coloniais tornou-se irresistível com a instauração do regime do Consulado: o decreto foi revogado em 1802. O movimento igualitário da Revolução Francesa só não conseguiu derrubar a barreira da desigualdade entre os sexos, a qual fora pioneiramente denunciada por Poulain de la Barre, num opúsculo publicado em 1673, denúncia reiterada em 1739 na Inglaterra, num panfleto sob o pseudônimo *Sophia*. A igualdade de gênero, assim reivindicada, só começou a ser reconhecida em fins do século XIX, mas a humanidade deste início do segundo milênio da era cristã ainda está longe de a ter completado".

Por último, "o advento da civilização burguesa, que aboliu os privilégios e a sociedade estamental mediante a instituição da chamada isonomia ou igualdade perante a lei, serviu na realidade de pano de fundo para que se desenvolvesse, de modo rápido e devastador, a mais profunda desigualdade de posses e bens que a humanidade jamais conheceu. Ao antigo açambarcamento de bens materiais veio acrescentar-se um outro fator, capaz de gerar muito maior desigualdade: o monopólio do saber tecnológico. As empresas e os Estados capitalistas asseguraram a sua dominação universal numa guerra travada em duas frentes: no interior de cada nação, pelo aprofundamento da divisão entre classes proprietárias e classes trabalhadoras não proprietárias; no plano internacional, com a retomada em novas bases do antigo sistema colonial. Em ambas as frentes, a profunda desigualdade econômica gerou uma correspondente discriminação social: o trabalhador subordinado, ou o pobre em geral, de um lado, e os povos colonizados, ou acuados ao subdesenvolvimento, de outro lado, foram condenados a assumir, irremediavelmente, uma posição de inferioridade".[38]

2.3. Hierarquias sociais

A *hierarquia social* consiste nas posições que os indivíduos ocupam na sociedade. "Pode-se dizer ainda que seu conceito está atrelado

[37] COMPARATO, Fábio Konder. *Ética: Direito, moral e religião no mundo moderno*. 2ª ed. São Paulo: Companhia das Letras, 2006, p. 563-564.

[38] Ibid., p. 565-566.

às divisões de níveis existentes dentro da estrutura social, levando-se em consideração diversos fatores, tais como: gênero, raça e etnia. Historicamente, a hierarquia social já fazia parte das civilizações antigas, destacando, sobretudo, as condições econômicas das famílias. Durante o Feudalismo, por exemplo, a sociedade era dividida em três classes sociais: o clero (membro principal da igreja católica), a nobreza (representada pelos senhores feudais) e os servos (camada pertencente aos camponeses). Tais diferenças são responsáveis pela criação de *status* e consequentemente da criação de uma estratificação social que, mesmo nos dias atuais, ainda permanecem divididas em categorias semelhantes à época feudal: classe alta, classe média e classe baixa. A diferença destas classificações entre a Idade Média e a Idade Contemporânea está na possibilidade dos grupos prosperarem e atingir a camada social mais elevada (mobilidade social ascendente) ou o contrário (mobilidade social descendente)".

Sem embargo, "com a expansão do capitalismo entre os séculos XVIII e XXI, a sociedade sofreu diversas transformações, desde os padrões de vida até os hábitos culturais e interesses das classes. Com isso, também intensificou-se as desigualdades sociais. Para sociologia, esse é o ponto de partida para compreensão da existência de separação de grupos. Karl Marx, filósofo e economista alemão, dedicou os estudos a essas classificações. Para ele, as classes sociais são resultantes da posição assumida pelos indivíduos na cadeia produtiva e de maneira objetiva definiu que só existem dois níveis de ocupação: aqueles que oferecem a força de trabalho (proletário) e aqueles que exploram essa força e recebem os lucros (burguesia). Marx era contra o monopólio de poder econômico da burguesia e tornou-se conhecido pelas fortes críticas à dinâmica do capitalismo. Max Weber, considerado um dos pais da Sociologia Clássica, foi outro estudioso da área que levantou questionamentos acerca da hierarquia social. Na sua visão, as distinções de classes na sociedade têm influências de vários fatores e não apenas o econômico. Inclui-se ainda o *status* e o poder de um indivíduo conseguir se sobrepor a outro em um determinado grupo".[39]

Nesses casos, são levados em consideração os prestígios proporcionados pela educação, hábitos culturais, amizades, atuações políticas e até mesmo por estilos de vida adotados, por exemplo. "Para representar a hierarquia social costuma-se utilizar a imagem de uma pirâmide, onde a sua base, mais larga, representa a maioria dos indivíduos de uma sociedade (classe baixa). A parte do meio da figura e o seu topo equivalem à concentração dos grupos de classe média e alta, respecti-

[39] MARQUES, Mayanna. *Hierarquia Social*. Conceito e contexto histórico. Postado em 04/11/2020. Disponível em: <https://www.educamaisbrasil.com.br/enem/sociologia/hierarquia-social>. Acesso em 01-12-2021.

vamente. O formato da pirâmide remete à possibilidade de ascensão dos indivíduos e suas classificações podem ser feitas a partir de diversos critérios, como renda, escolaridade e qualidade de vida, por exemplo. O Instituto Brasileiro de Geografia e Estatística (IBGE) é um dos órgãos oficiais que realiza pesquisas de domicílio para avaliar e classificar os grupos sociais no país".

Comumente, para formular a pirâmide que representa a hierarquia social no Brasil, "são levados em consideração a remuneração recebida pelos membros da família, mas há possibilidade de ser realizado outros estudos incluindo fatores diversos, a exemplo da localização da residência e bens disponíveis no imóvel, como automóveis, TV, máquina de lavar, geladeira, além de outros itens. As classes sociais brasileiras são divididas em A, B, C, D e E, sendo a 'A' a mais alta e a 'E' a mais baixa. A classificação também segue como parâmetro o valor do salário mínimo em vigência no Brasil, R$ 1.045 (novembro/2020). Se a soma de todos os rendimentos da família for de até dois salários mínimos, esse indivíduo pertence à classe E. Para aqueles cuja renda familiar varia entre dois e quatro salários mínimos, o órgão os classificam como classe D; estão na classe C o grupo familiar que totaliza o rendimento entre quatro e dez salários mínimos. Já as famílias da classe B somam os rendimentos entre 10 e 20 salários mínimos e no topo da pirâmide encontra-se a classe A, representada pelo grupo que possui renda acima de 20 salários mínimos".[40]

Outrossim, conforme o sociólogo Márcio Aguiar, "as Hierarquias Sociais constituem-se um dos temas fundadores das Ciências Sociais. De Marx a Max Weber, dentre outros, essa problemática é fundamental. Na Filosofia Moral esses estudos sempre foram associados aos privilégios e ao sentimento de Honra Social. No Brasil, a questão do preconceito e da discriminação, estão implicados na associação entre a raça e classe. Esse texto pretende fazer um esclarecimento preliminar sobre esses conceitos. Karl Marx, sem dúvida nenhuma, foi um dos que mais se preocupou com os estudos das hierarquias sociais. Sua interpretação do capitalismo bem como das possibilidades de sua superação estão intimamente ligados à sua teoria das classes sociais. Para Marx, as classes sociais são realidades objetivas decorrentes de posições que os sujeitos ocupam na esfera produtiva. A posse ou ausência do capital define o pertencimento a uma das classes fundamentais: burgueses ou proletários. Essas posições na estrutura social implicariam na criação de interesses e orientações que possibilitariam uma ação comum entre

---

[40] MARQUES, Mayanna. *Hierarquia Social*. Conceito e contexto histórico. Postado em 04/11/2020. Disponível em: <https://www.educamaisbrasil.com.br/enem/sociologia/hierarquia-social>. Acesso em 01-12-2021.

os membros de uma mesma classe. O seu conceito de classe só tem sentido no corpo de sua teoria geral do funcionamento do capitalismo".

"No Brasil temos algumas hierarquias que combinam com a classe, raça ou a cor a que estão intimamente ligadas ao processo de formação de nossas diferenças sociais. Sabemos que atualmente com o desenvolvimento científico das ciências naturais e sociais o conceito de raça é cada vez mais questionado em sua eficácia científica. Não existe nenhuma pesquisa que comprove que a cor da pele, ou outras características físicas implicariam em certos comportamentos morais ou qualidades essenciais a um determinado povo como se acreditava no final do século XIX. No final da segunda guerra mundial depois do holocausto nazista, houve um esforço muito grande por parte de geneticistas, biólogos, antropólogos e sociólogos no sentido de banir o conceito de raça das ciências. As pesquisas de Marx e Durkheim bem como antropólogos como Franz Boas demonstraram que o mundo social tinha uma especificidade própria, diferente das ordens naturais. O conceito de cultura seria muito mais viável para se pensar as diferenças humanas do que o conceito de raça. O mundo social está intimamente ligado a um universo simbólico que lhe dá sentido e significado".

"Se do ponto de vista da natureza o conceito de raça não se sustenta para discutir nossas diferenças, apesar disso, ele ainda opera na vida social. Os seres humanos se pensam e se classificam enquanto pertencentes às raças. Sociologicamente poderíamos dizer que a raça é uma construção social. Ou seja, a cor ou raça de uma pessoa está associada a certo significado simbólico. Sabemos que ser negro e branco no Brasil implicam em diferenças de tratamento, por exemplo, no acesso ao mercado de trabalho ou no critério estético. No caso brasileiro nossa noção nativa de cor pode ser associada a uma derivação a ideia de raça. A raça ou a cor funciona como um critério relevante no preenchimento de posições na estrutura de classes. Nesse sentido, a raça funciona como um mecanismo adscritivo de criação de desvantagens no acesso ao mercado de trabalho e outros setores da vida social".[41]

Dentre os fatores que fundamentam as hierarquias sociais no Brasil, destacam-se os elementos: i – cor; ii – gênero; iii – classe; e iv – padrão estético. "O Gênero é uma das dimensões fundamentais na construção das hierarquias sociais. Pode-se observar que esse conceito começa a ser considerado importante para se pensar nossas hierarquias a partir da década de oitenta com a ascensão dos chamados Novos Movimentos Sociais. Benhabib e Cornell demonstram como o surgimento do movimento feminista e a chamada nova esquerda levam a uma

[41] AGUIAR, Márcio Mucedula. *A construção das hierarquias sociais: classe, raça, gênero e etnicidade.* Cadernos de Pesquisa do CDHIS – n. 36/37 – ano 20 – 2007, p. 83-84.

reestruturação teórica a partir da perspectiva feminista. Poderíamos ampliar, não só o movimento feminista, mas também o movimento negro e outros movimentos que colocam problemas aos conceitos desenvolvidos pela tradição ocidental. [...] A mulher negra no Brasil é discriminada duas vezes: por ser mulher e por ser negra. Retomemos o depoimento da estudante negra, que ressalta claramente a intersecção de vários fatores na construção das hierarquias associadas às mulheres negras. Há uma dimensão ligada à classe social. Ou seja, essas mulheres sofrem a discriminação associada à falta de recursos econômicos e à sua posição subalterna ligada ao trabalho manual. Para uma compreensão melhor dessa desigualdade não se pode deixar de acrescentar a dimensão étnicoracial, as mulheres negras pertencem a um grupo social historicamente discriminado. Suas características físicas ligadas à negritude foram estigmatizadas. Pensemos no padrão estético. Numa cultura de forte viés eurocêntrico o belo está associado à pele branca, cabelos lisos e olhos claros. Nossos meios de comunicação, livros didáticos reforçam um padrão de beleza que coloca a mulher negra numa condição de inferioridade".

"Nas novelas e programas infantis as protagonistas em sua maioria são brancas, na década de oitenta, boa parte das apresentadoras de programas infantis eram brancas. Nas novelas, a maioria das personagens negras exercem atividades subalternas como domésticas, criadas e ajudantes. Agora recentemente que essa dimensão começa a ser repensada, principalmente pela pressão das organizações do Movimento Negro. Associa-se a mulher negra às atividades manuais, muitas pessoas consideram 'natural' as empregadas domésticas serem negras. Bernardino em seu estudo sobre a hierarquia e cor entre empregadas domésticas demonstra como essas hierarquias beneficiam as mulheres brancas de classe média: 'O estudo sobre empregadas domésticas revela algumas ambiguidades do processo de urbanização do Brasil, entre elas o fato de que a emancipação das mulheres brancas de classe média não se estendeu às mulheres negras pobres (Cf, Guimarães, 2002). Ao contrário, foi através da condição oprimida destas últimas que as mulheres brancas de classe média alcançaram o seu grau de liberdade, salvando-se das eventuais tiranias no âmbito doméstico' (Joaze Bernardino). Como se pode observar a dimensão de gênero assume um papel importante na construção das hierarquias sociais. No caso da mulher negra é necessário acrescentar essa dimensão ligada à cor ou raça. Ou seja, a compreensão da situação das mulheres negras depende da intersecção desses dois fatores: o gênero a cor ou raça".[42]

[42] AGUIAR, Márcio Mucedula. *A construção das hierarquias sociais: classe, raça, gênero e etnicidade.* Cadernos de Pesquisa do CDHIS – n. 36/37 – ano 20 – 2007, p. 85-87.

Por fim, cabe mencionar acerca da *etnicidade*. Na definição de Thurnwald, a palavra "étnico" – em inglês *ethnic* e em alemão *ethnisch* ou *volklich* – significa "um grupo de famílias da mesma descendência e da mesma tradição. *Raça* só se refere à constituição hereditária e física de uma sociedade, *cultura* somente ao tradicional equipamento civilizador em equilíbrio".[43] "Segundo Hofbauer, foi o antropólogo Franz Boas, o primeiro pensador a se rebelar contra o valor explicativo atribuído à raça. Boas reivindicava uma separação absoluta entre a Raça (âmbito biológico) e a Cultura ou Culturas Humanas. Boas conseguiu demonstrar que o âmbito biológico não tem quase influência nenhuma sobre o desenvolvimento das culturas humanas. No final dos anos 60 alguns antropólogos começaram a perceber que o conceito de cultura não conseguia analisar certas situações do mundo empírico. Observa-se que as fronteiras das culturas não coincidiam com as fronteiras grupais. Era possível que dois grupos compartilhassem características em comum como língua e religião e, no, entanto se sentissem diferentes um do outro. Os estudos de Frederik Barth sobre os grupos Étnicos e suas fronteiras demonstrou que não existem diferenças objetivas que levem a seres humanos criarem grupos étnicos diferentes".

"Os grupos escolhem alguns sinais ou traços diacríticos, como por exemplo, a cor da pele, a vestimenta ou tipo de cabelo para afirmarem sua diferença em relação a outros grupos. Portanto, a identidade é sempre um fenômeno relacional, processual e contrativo. A questão da identidade e da etnicidade apontam para um caráter mais subjetivo de construção de nossas identidades sociais e hierarquias. Podemos perceber que a classe, raça e etnicidade são conceitos importantes para se pensar as fronteiras das diferenças. Talvez a reflexão sobre essas fronteiras seja essencial para que um dia tenhamos uma sociedade onde não existam fronteiras da diferença, mas respeito e convívio harmônicos entre as mesmas".[44]

2.4. Nominalismo discriminatório

Conforme o Dicionário de Filosofia, o "nominalismo" é uma doutrina dos filósofos *nominales* ou nominalistas, que constituíram uma das grandes correntes da Escolástica. "Nada fora da alma, nem por si nem por algo de real ou de racional que lhe seja acrescentado, de qual-

[43] WILLEMS, Emílio; BALDUS, Herbert. *Dicionário de Etnologia e Sociologia*. São Paulo: Companhia Editora Nacional, 1939, p. 98.

[44] AGUIAR, Márcio Mucedula. *A construção das hierarquias sociais: classe, raça, gênero e etnicidade*. Cadernos de Pesquisa do CDHIS – n. 36/37 – ano 20 – 2007, p. 88.

quer modo que seja considerado e entendido, é universal, pois é tão impossível que algo fora da alma seja de qualquer modo universal (a menos que isso se dê por convenção, como quando se considera universal a palavra 'homem', que é particular), quanto é impossível que o homem, segundo qualquer consideração ou qualquer ser, seja o asno" (In Sent., I, d. II, q. 7 S-T). "Do ponto de vista positivo, o nominalismo admite que o universal ou conceito é um signo dotado da capacidade de ser predicado de várias coisas. Ao traçar uma breve história do N., a propósito de Nizólio, Leibniz dizia que 'são nominalistas todos os que acreditam que, além das substâncias singulares, só existem os nomes puros e, portanto, eliminam a realidade das coisas abstratas e universais'".[45]

Segundo Ivo Fernando da Costa, "o nominalismo se apresenta como uma resposta ao problema dos universais: puros nomes ou termos sem referente ontológico algum. Para o nominalismo, fora da alma não existem 'humanidade', 'homem em geral' ou qualquer outro termo universal. Os universais são, na verdade, atos ou objetos concretos de tal modo semelhantes que se escolhe usar um mesmo termo para se referir a uma coletividade. Logo, somente termos singulares designam a realidade entendida em sua essência contingente. Neste sentido, para Hume, ideias abstratas conotam realidades particulares com nomes que lhes conferem um significado mais abrangente. A razão desta associação feita pela mente está na semelhança e no costume que será o responsável por vincular na imaginação certos objetos particulares usados convencionalmente sob um idêntico termo. Uma consequência do nominalismo seria a impossibilidade da certeza, redundando em uma espécie de ceticismo ou em um probabilismo O ceticismo, em seu turno, termina por afirmar que o estado natural da mente é a indiferença ou incerteza dada a contingência da experiência particular. Uma vez que não há universais, eles não podem predicar-se verdadeiramente de realidades objetivas. Consequentemente, sem pelo menos uma premissa universal, não é possível ter um argumento dedutivo válido. Restam, então, argumentos prováveis fundamentados na indução e derivados de premissas singulares. Em outros termos, nunca se alcançará a certeza pois a razão não se alça para além do particular".[46]

Sem embargo, a adoção literal do nominalismo finda violando profundamente o postulado básico da igualdade entre as pessoas. Isso porque, para a *corrente nominalista*, as assimetrias são elementos pre-

[45] ABBAGNANO, Nicola. *Dicionário de Filosofia*. Tradução de Alfredo Bosi. São Paulo: Martins Fontes, 2007, p. 715.

[46] COSTA, Ivo Fernando da. *A influência do nominalismo nas concepções de causalidade e justiça em Hume*. Cadernos de ética e filosofia política, 2(37), p. 90-91. USP. Universidade de São Paulo. Disponível em: <https://www.revistas.usp.br/cefp/article/view/154171>. Acesso em 15-12-2021.

sentes no universo, imperando-se a desigualdade sobre as coisas, de modo a afastar-se os ideais igualitários.

De acordo com Anacleto de Oliveira Faria, "para o os nominalistas, segundo os quais nada se pode conceber além daquilo que se apalpa e se vê, a existência da unidade da espécie humana outra coisa não é que mera palavra: *flatus vocis*. Em verdade, o que se encontra no universo é a desigualdade: diferenças naturais e sociais, oriundas da diversidade de ordem física (brancos ou pretos, fortes ou fracos, sãos ou doentes, lúcidos ou deficientes mentais, etc.) ou de ordem social (ricos e pobres, governantes e governados). A consequência prática dessa posição é a aceitação dos privilégios existentes no mundo ou a justificação de pretensas superioridades biológicas ou sociais. Com efeito, se não existe a unidade da espécie humana, a adequação com a realidade, tornam-se, se não defensáveis, ao menos justificáveis, os privilégios de nascimento, de índole aristocrática; os de riqueza, próprios de uma sociedade tipo mercantil ou burguês; os de uma elite dirigente (a 'nova classe', a que alude Milovan Djilas), típicos dos estados totalitários. De igual maneira, como decorrência do nominalismo aplicado à noção de igualdade, surgem teses racistas como a proclamada pelo nazismo de que 'há maior distância entre as mais baixas formas, ainda chamadas humanas, e as raças superiores, de que entre o mais inferior dos homens e os mais elevados macacos' (Jacques Maritain)".[47]

A aplicação dessa teoria nefasta finda por violar gravemente preceitos fundamentais, que foram conquistados com inefáveis sacrifícios pela humanidade. Isso porque, conforme Anacleto de Oliveira Faria, "o nominalismo aplicado ao problema da igualdade conduz à tese da superioridade do 'super-homem' de Nietzsche ou de Dostoievski: 'Tudo é permitido ao homem inteligente', salientava Ivan Karamazof, enquanto Raskolnikof se atribuía o direito de matar uma velha usurária para realizar fins 'sociais' que tinha em mente; como conduz, outrossim, à plena justificação do domínio dos estados mais fortes sobre os mais fracos. Sintetizando a posição nominalista sobre o objeto de nossa tese, o conhecido cientista Alexis Carrel, no não menos conhecido *L'Homme, Cet Inconnu*, afirmava: A igualdade dos direitos (dos indivíduos) é uma ilusão. O idiota e o homem de gênio não podem ser iguais perante a lei. É absurdo dar-lhe (ao idiota) o mesmo poder eleitoral que ao indivíduo completamente desenvolvido... Em vez de nivelar as desigualdades orgânicas e mentais, deveremos exagerá-las; construiremos assim grandes homens. É preciso abandonar a ideia perigosa de abater os fortes, enaltecer os fracos e, desta maneira, fazer pulular os medíocres".[48]

---

[47] FARIA, Anacleto de Oliveira. *Do princípio da igualdade jurídica*. São Paulo: Revista dos Tribunais, 1973, p. 37.

[48] Ibid., p. 38.

Assim, afiguram-se flagrantemente inconstitucionais teorias nominalistas que afastem o direito à igualdade – que é assegurado a todos os seres humanos – porquanto transgride, violentamente, o Estado Democrático de Direito, a Constituição Federal e normas internacionais de direitos humanos. Registre-se ainda que configura crime inafiançável e imprescritível eventual alegação de "superioridade entre raças" (art. 5º, XLII, CF/1988), além de ser crime contra a humanidade (art. 7º, 1, "c", "d", "h", "i", "j", "k", Estatuto de Roma do Tribunal Penal Internacional).

3. Diversidade humana, biológica e cultural

Segundo o Dicionário Houaiss, o vocábulo *diversidade* significa a "qualidade daquilo que é diverso, diferente, variado, variedade". Também pode ser compreendido como um "conjunto variado" ou a própria "multiplicidade".[49] Em razão da diversidade, é comum ocorrer "desacordos", "contradições" e até mesmo "oposições" de ideias, culturas, projetos de vida ou visões de mundo. Com efeito, "a maior parte das sociedades contemporâneas é multicultural, multiétnica ou mestiças. Isso significa que se caracterizam por uma enorme variedade de identidades simbólicas e expressivas".[50]

A diversidade pode ser estudada sob diversas perspectivas, sendo mencionadas a seguir a diversidade humana, a diversidade biológica e a diversidade cultural.

3.1. Diversidade humana

A *diversidade humana*, além de retratar a "variedade genética" dentro das espécies/populações, apresenta-se como uma das características essenciais da própria natureza, pois possibilita diretamente a convivência pacífica da sociedade. "A 'categoria' denominada seres humanos, do ponto de vista biológico, apenas representa mais uma das espécies animais do planeta, cuja semelhança entre humanos é tão imensa, que não poderia sequer dividi-las em raças (Cardoso, 2011). As características físicas, sob o ponto de vista cultural e social, são consideradas como diferenciais (a exemplo de cor da pele, cabelo, texturas, formas, etc.) não apresentam praticamente nenhuma importância genética. Assim, com a mesma importância pela qual se deve tratar a preservação da biodiversidade para a manutenção do equilíbrio da

[49] HOUAISS. *Dicionário da língua portuguesa.* Rio de Janeiro: Objetiva, 2009, p. 701.

[50] ALVAREZ, Maria Luisa Ortíz. *A questão da diversidade cultural no processo de integração latino-americana: o grande desafio do século XXI.* Universidade de Brasília, 2007, p. 2.

natureza, faz-se necessário também a valorização da diversidade humana diante da saúde e riqueza da sociedade moderna".[51]

De acordo com Cibele Verani, "a humanidade sempre teve reações variadas pelas diferenças que percebiam entre si e os vários povos com os quais tinham contato. Guerreiros; viajantes; comerciantes; e lendas relatavam a seus pares, desde a mais remota antiguidade, as exoticidades dos demais. As reações eram e são variadas: desde o medo e a repulsa, até a curiosidade e o apreço (Mair, 1965; Laraia, 1986; Maggie, 1996). Aspectos culturais e físicos imediatamente perceptíveis da singularidade dos 'outros', como vestimentas; ornamentos corporais; estatura; cor da pele, cabelos e olhos; e língua, ressaltavam a singularidade mais aparente. Os 'costumes' mais estranhos, porém, sobressaiam aos que tinham a oportunidade de passar um certo tempo maior entre os 'estrangeiros' e outras diferenças mais profundas entre os povos só poderiam ser apreendidas por um olhar mais detalhado: historiadores como Heródoto são tidos, por alguns, como os primeiros 'antropólogos', por se preocuparem com a organização das sociedades que descrevia, e não somente com os acontecimentos históricos, buscando assim uma razão, uma causalidade para os eventos (Mair, op. cit.)".

"As explicações sobre a diversidade humana sempre ressaltaram com mais ênfase os aspectos negativos dos 'outros', tendo como parâmetro as características positivas, físicas e culturais, dos povos sob cujo ponto de vista se pensava a diferença. Chega-se até a negar a qualidade de 'humano' aos demais povos. Alguns exemplos: entre os povos indígenas brasileiros, a autodesignação, a rigor, enfatiza as qualidades de 'seres humanos'; 'gente'; 'povo de Deus' de cada povo. E para os demais restam termos, no mínimo, desagradáveis, como 'os agressivos selvagens'; 'os comedores de carne de mamíferos ou de cobra' ou outra característica repulsiva. Já nos primeiros séculos da colonização luso-espanhola, o estatuto de 'seres com alma' chegou a ser negado aos habitantes tradicionais das Américas, sendo objeto de discussões acirradas no âmbito da Igreja Católica. A esta atitude a antropologia chama de 'etnocentrismo', uma atitude generalizada entre as sociedades humanas de valorizarem ao máximo como as melhores, as mais corretas, suas formas de viver; agir; sentir e pensar coletivamente. Outros exemplos demonstram atitudes mais positivas em relação à alteridade, como na Primeira Carta ao Rei de Portugal, em que Caminha descreveu os 'índios' como alegres e inocentes como crianças, sem notarem que estavam expondo suas 'vergonhas'. Rousseau, um crítico da sociedade europeia, cunhou a ideia do 'bom selvagem' e as cortes europeias

[51] Governo do Estado de São Paulo. *Diversidade Humana: 7 bilhões de outros*. Campanha Educativa. Compêndio Legislativo, p. 2-3. Disponível em: <http://www.eap.sp.gov.br/cecad/pdf/Compendio_Diversidade_Humana_Outubro.pdf>. Acesso em 29-12-2021.

deleitavam-se com a exoticidade animal e humana do 'Novo Mundo'. Segundo Maggie (op. cit. : 226), foi a partir do século XVI, com a expansão colonial europeia, que caracteres como a cor da pele e outros traços físicos dos povos encontrados por exploradores passou a ser um aspecto privilegiado no imaginário europeu, como marcador das diferenças entre os povos. A autora cita Camões, em Os Lusíadas, que, ao descrever um encontro com um habitante da África, disse acerca daquela parte do mundo: 'Onde jazem os povos a quem nega O filho de Clymenes a cor do dia', e ainda, mais adiante: 'hum estranho...de pele preta'".

Dessa forma, "a partir desta época, igualmente, o pensamento europeu começou a desenvolver uma forma específica de classificar e pensar 'as coisas do mundo'. A ânsia pelo saber, separando-se da Religião e da Filosofia, tornara-se Ciência, buscando dar conta de um novo mundo de proporções multicontinentais. Os critérios da observação sistemática e da classificação em hierarquias racionais foram aplicados às novas formas de vida (vegetal; animal e humanas) que passaram a conhecer. A escravização dos povos indígenas sul-americanos e africanos, trouxe contradições políticas e morais no pensamento colonial e os critérios de classificação das diversidades vegetais e animais foram tomados como critérios principais de demarcação das diferenças humanas. Segundo Maggie (op.cit.: 225-226), 'as diferenças são a própria matéria do pensamento, desde a passagem da natureza à cultura, mas foi nesse encontro entre povos distantes que se levou a troca simbólica a níveis tão intensos.' A noção de Raça, e sua associação de características biológicas; comportamentais e sociais foi, neste longo período que se estendeu até o século XX, a expressão científica do racismo colonial luso-espanhol. Na cultura luso-hispânica, este movimento teve desdobramentos importantes que incluíram, como no Brasil, a política de incentivo aos movimentos migratórios – desde a importação escravagista da África até as tentativas de 'branqueamento' do povo brasileiro (Seyferth, 1996), no século XIX – e influenciaram os estudos raciais acadêmicos até meados do século XX".

"Darwin e sua obra *A origem das espécies* foi um importante marco da revolução metodológica que expressava uma 'síntese revolucionária' na ciência classificatória naturalista das espécies. Sua teoria da evolução biológica das espécies introduziu uma visão dinâmica que desvinculou das ciências classificatórias naturais das explicações da origem 'inata' das diferenças entre as espécies. Não obstante, desde meados do século XIX até meados do século XX, nos debates científicos sobre Raça, este pensamento dinâmico não se havia consolidado. Segundo Ventura dos

Santos (1996:125-127), a obra de Darwin e de outros, com modelos evolucionistas, levaram um longo tempo para se consolidarem nas Ciências Antropológicas que se baseavam na construção de categorias como 'tipos raciais' e 'raças'. Somente pouco antes da metade do século XX, quando autores como Franz Boas (1940) e Stocking (1968) levantaram as influências das condições ambientais na constituição das diversidades humanas, o que Santos chama de 'segunda revolução darwinista' na Antropologia 'Física' (biológica) se consolidou. O conceito de raça, nas ciências antropológicas, foi substituído então pela categoria 'população' (cf. Ventura dos Santos, op.cit. :125-129), construída a partir de critérios estatísticos e genéticos, cuja ênfase estava mais em seus aspectos dinâmicos, e na separação, por inspiração da biologia experimental, estes critérios dos extrabiológicos (socioculturais)".

Registre-se que "o clima do pós-guerra europeu, em fins da década de 40 e na dos 50, trouxe reações radicalmente contrárias aos fundamentos da eugenia levada ao extremo pela política nazista. Esta transição foi significativamente marcada na Assembleia da UNESCO (*United Nations Educational and Scientific Organization*) de 1949 (cf. Ventura dos Santos, op. cet.: 129-132). Nesta Assembleia, Boas e alguns antropólogos, como Lévi-Strauss (Raça e História) foram convidados a participar e exerceram influência no relatório final, contrária à ênfase na diversidade racial como explicativa de fenômenos socioculturais e ambientais. A negação da diversidade biológica e sua influência em certas características individuais dos grupos humanos, levou a uma reação de geneticistas; biólogos e antropólogos físicos, que tiveram a oportunidade de participar de outra reunião, cuja conclusão não foi, segundo Ventura dos Santos, muito diferente da anterior, embora resguardasse um espaço para se pensar a diversidade biológica humana".[52]

Mário Sérgio Cortella, em excelente estudo sobre a diversidade humana, preleciona: "o Brasil é um dos países com a maior diversidade cultural, natural, geográfica e biológica do mundo. Reúne pessoas de todos os tipos, origens, gêneros, sotaques e religiões. Há, no entanto, quem veja essa pluralidade não como fonte de riqueza, mas como razão para criar barreiras. Quem, em vez de enxergar o outro como diferente, o vê como inferior, seja pela etnia, religião de onde vem, condição social ou pela orientação sexual. Ainda que se exalte a mistura que forma o diversificado mosaico humano existente no Brasil, no dia a dia vemos manifestações que rechaçam as diferenças. Em vez de encararmos a pluralidade como patrimônio, em algumas ocasiões, nos mostramos uma sociedade adversa à diversidade. Observados o

[52] VERANI, Cibele. *Diversidade Humana*. NESPISI/ENSP/Fiocruz. Disponível em: <http://www.dbbm.fiocruz.br/ghente/ciencia/diversidade/>. Acesso em 29-12-2021.

preconceito presente em situações do nosso cotidiano. A atitude preconceituosa é deletéria para quem dela for alvo e também para quem a pratica. A vítima, obviamente, padece de forma mais aguda e sofrida. O vitimador, por sua vez, tendo agido de forma consciente ou não, é também vitimado pela própria tolice mental, indigência espiritual ou fragilidade moral".

Para modificar situações desse viés que tanto prejudica a humanidade, afigura-se necessário edificar nova consciência e práticas efetivas de recusa à discriminação, bem como empreender o nosso melhor esforço – tanto físico, mental e social. "Isso significa usar todos os instrumentos disponíveis (pedagógicos, legais, morais) para prevenir e desestimular qualquer manifestação cuja intenção e resultado seja segregar, excluir, vitimar ou discriminar qualquer ser humano, em qualquer circunstância, em qualquer lugar, em qualquer tempo. A existência de uma legislação, por exemplo, que puna manifestações de preconceito, por si só, não basta para impedir situações dessa natureza. Contudo, é fundamental que as leis estejam em vigor. A uma legislação se obedece por temor ou convicção, mas coibir o preconceito é um princípio ético que está além do âmbito da legalidade. É uma questão de decência no convívio. Afinal de contas, nós – homens e mulheres – vivemos juntos. E, com isso, afirmamos a nossa condição de humanos com outros humanos. Aliás, para seres humanos, não existe vivência, apenas convivência. A nossa humanidade é compartilhada. Ser humano é ser junto!" Assim, a sociedade é um espaço no qual se pulsa pelo convívio das diferenças.[53]

Ademais, "é preciso entender que a Diversidade é um patrimônio! As grandes conquistas da nossa espécie se deram pela cooperação, não pela competição. Logo, é preciso achar alternativas que melhorem o nosso modo de convívio. Quando se fala do homem primitivo (o pré-histórico ou o homem das cavernas), muitos o imaginam como um ser violento. É preciso lembrar, no entanto, que a nossa estruturação como espécie se deu em grande parte pela capacidade de cooperaçao entre os indivíduos. Nós não fomos um animal que trouxe competição como modo de vida. Aliás, se não fôssemos um animal cooperativo, nem sequer teríamos sobrevivido. As outras espécies, que são mais fortes e velozes, têm bem mais condições de sobrevivência do que nós. Somos extremamente frágeis. Para termos força, precisamos viver juntos o tempo todo. Somos seres gregários. O radical 'greg', do indo-europeu, significa 'rebanho'. Temos de viver em rebanho, por isso, 'congregamos'. E, pelo mesmo motivo, precisamos ter cuidado para não

[53] CORTELLA, Mário Sérgio. *A diversidade: aprendendo a ser humano.* São Paulo: Littera, 2020, p. 13-17.

'segregar'. Há pessoas que, em vez de fortalecer os mecanismos de congregação, consideram mais fácil segregar – seja no ambiente familiar, social ou escolar".

"Se o fato de ser gregária assegurou a sobrevivência de nossa espécie, o que confere riqueza à nossa condição é justamente a nossa diversidade. Se o segredo da vida é a biodiversidade, o segredo da vida humana é a antropodiversidade, a diversidade do ser humano. É a diferença que traz a beleza. Uma paisagem idêntica é monótona. O deserto ganha beleza quando temos nuances e variações na areia. Nos polos, o gelo contínuo tem beleza em um primeiro momento, mas depois o cenário é de monotonia. A beleza brota da diversidade. Por isso gostamos de ramalhetes. E até quando oferecemos um buquê de rosas, entremeamos com folhas verdes para romper a monotonia cromática. Na orquestra sinfônica, o que apreciamos é a diferença de sons em harmonia. A metáfora musical ajuda bastante na nossa reflexão, porque o que é uma música senão a harmonia da diversidade? Sem a diversidade dos acordes e a diferença de andamentos, teríamos uma monotonia e um ruído em vez de música. Imagine o quanto teríamos de redução do nosso repertório de emoção estética se não fosse a diversidade". Assim, "a ética se junta à estética", devendo cada um de nós reagir, recusar e afastar tudo aquilo que ameace a nossa condição de uma vida futura coletiva digna, alegre e feliz.[54]

3.2. Diversidade biológica

Conforme a Universidade Federal do Rio Grande do Sul, o conceito de *diversidade biológica* "esteve inicialmente associado ao número de espécies que habitavam determinado espaço geográfico, sendo sinônimo de riqueza específica. Com o passar do tempo, a abundância dessas espécies no ambiente, a variação entre os organismos da mesma espécie, entre outros aspectos, foram somando-se ao conceito, alterando-o profundamente. Dessa forma, o conceito contemporâneo de diversidade biológica procura referir e integrar toda a variedade e variabilidade que encontramos em organismos vivos, nos seus diferentes níveis, e os ambientes nos quais estão inseridos".[55]

[54] CORTELLA, Mário Sérgio. *A diversidade: aprendendo a ser humano*. São Paulo: Littera, 2020, p. 116-120.

[55] UFRGS. Universidade Federal do Rio Grande do Sul. *Diversidade Biológica*. Disponível em: <http://www.ufrgs.br/patrimoniogenetico/conceitos-e-definicoes/diversidade-biologica>. Acesso em 29-12-2021.

O conceito de diversidade também foi utilizado no tocante à diversidade biológica humana. Segundo Cibele Verani, "às classificações da diversidade humana, baseadas na morfologia física e no conceito de raça, sobrepunham-se igualmente aspectos do comportamento e formas de pensar e sentir (aspectos socioculturais). O evolucionismo darwinista inspirara, inicialmente, uma hierarquização da diversidade humana e das 'raças' em que a raça 'branca' estaria no ápice da escala de evolução, devido à sua 'superioridade' tecnológica e, acreditava-se, moral (etnocentrismo evolucionista que, na antropologia social ou cultural, teve também grande influência). Não obstante, com a influência do evolucionismo darwinista e da biologia experimental do início do século XX, as classificações da antropologia física passaram, das características morfológicas à inclusão de parâmetros mais profundos da biologia humana, como os grupos sanguíneos; as características da hereditariedade genética; da estatística, com as sequências médias de caracteres genéticos e da teoria da probabilidade. A associação entre a antropologia biológica e a genética faz parte deste movimento que aprofundou o olhar científico da morfologia para as moléculas e que, segundo Ventura dos Santos (op. cit.: 126-129), consistiu em um movimento metodológico significativo, designado como a 'segunda revolução darwinista'. A associação entre antropologia e genética faz parte deste movimento metodológico. Os antropólogos físicos, atualmente, buscam mais medir a distribuição de certas substâncias no sangue; a pressão sanguínea e de sequências genéticas específicas em determinados grupos humanos".

"Os estudos da antropologia física estariam assim, mais próximos dos estudos arqueológicos; médicos e genéticos, voltados, no contexto do processo saúde-doença, para as interações adaptativas entre a biologia humana e o meio-ambiente natural e sociocultural. Para uma revisão crítica e síntese dos rumos da Antropologia Física atual, ver Gould (1991). A genética, aprofundando mais o enfoque metodológico, ganhou um estatuto que passou de disciplina puramente científica para a de técnica, com a engenharia genética. É particularmente decisivo para as questões atuais sobre a diversidade humana, na bioética e na antropologia social, o emprego da engenharia genética, o decifrar da cadeia de DNA humano, e a ênfase no 'genoma'. A 'Nova Genética', fruto das revisões críticas pós-modernas, define-se enquanto técnica terapêutico-preventiva de doenças herdadas e como uma engenharia".[56]

Constata-se a diversidade biológica humana no fato de que cada humano é um ser único, de modo que cada indivíduo se distingue dos

[56] VERANI, Cibele. *Diversidade Humana*. NESPISI/ENSP/Fiocruz. Disponível em: <http://www.dbbm.fiocruz.br/ghente/ciencia/diversidade/>. Acesso em 29-12-2021.

demais. Cada pessoa traz em si mesmo um conjunto de genes, traduzindo-se no seu genoma. De acordo com Jean Hiernaux, "o conjunto de genomas dos indivíduos que constituem uma população é o seu genoma coletivo". Para a interpretação da diversidade biológica da humanidade contemporânea, "o antropobiologista deve basear as tentativas de interpretação da diversidade biológica humana no conjunto das teorias da Genética das Populações. Dois métodos se lhe oferecem. O primeiro consiste em escolher entre as muitas situações susceptíveis de serem investigadas, aquelas que mais se aproximam de um dos modelos que a Genética das Populações atualmente pode manejar, ou seja, prever as consequências evolutivas. O segundo tenta destrinçar o papel dos diversos mecanismos evolutivos e da influência do meio na gênese de um setor da diversidade humana ou mesmo da sua totalidade. O primeiro método, suscetível de conduzir a conclusões bem mais rigorosas, só pode esclarecer situações particulares; o segundo que aborda situações muito mais complexas, apenas consegue privilegiar um conjunto de hipóteses".[57]

Dessa forma, para o biólogo, não há dois seres humanos idênticos: cada um de nós é único. De fato, o número de combinações possíveis de caracteres hereditários que variam no homem excede o número estimado de elétrons no universo: além disso, a diversidade biológica não provém apenas do patrimônio hereditário que cada indivíduo traz consigo, mas também sofre influência de múltiplos fatores do milênio (alimentação, patologias infecciosas, falta de higiene, condição socioeconômica, etc.)[58]

Considerando a dificuldade de interpretar a diversidade biológica de um conjunto de populações (quer se trate de aldeias de um grupo étnico ou de povos de uma região, ou de uma nação, de um continente ou da Terra inteira), "o antropobiologista vai tentar destrinçar as partes referentes aos vários mecanismos evolutivos na gênese dessa diversidade: dos fenômenos aleatórios, da seleção, da migração e das mutações, às quais se juntam as influências diretas do meio e do sistema de uniões, para os caracteres de expressão fenotípica sensível a tais fatores".[59]

Assim, a diversidade biológica humana decorre não só de componentes genéticos do próprio indivíduo (elementos intrínsecos), mas também sofre influência por parte de fatores externos, ou seja, o ambiente (elementos extrínsecos). Por sua vez, as diferenciações físicas

[57] HIERNAUX, Jean. *A diversidade biológica humana*. Lisboa: Fundação Calouste Gulbenkian, 1980, p. 13 e 31.

[58] HIERNAUX, Jean. *Égalité ou inégalité des races?* Paris: Hachette, 1969, p. 7 e 26-30.

[59] HIERNAUX, Jean. *A diversidade biológica humana*. op. loc cit., p. 45-46.

têm por objetivo proporcionar a sobrevivência do homem ao meio em que vive – sobretudo o clima – a exemplo da cor da pele. "Para Vallois, a coloração da pele é mais escura nos habitantes do mato e das savanas do que nos da floresta (distinção entre os tipos campestre e silvestre), 'o que resulta talvez de que entre estes últimos, o ecrã de folhagem atenua a ação da luz...'. 'Diz-se, frequentemente, que esta cor negra é uma adaptação à vida nos países quentes: teria por fim proteger dos raios solares'".[60]

3.3. Diversidade cultural

A cultura, por se tratar de comportamento social, naturalmente é variada de acordo com o tempo e o espaço. Consoante Felix Kessing, o sentido científico do vocábulo *cultura* "aproxima-se mais do sentido original da palavra, que é derivada do verbo latino *colere* (cultivar ou instruir) e do substantivo *cultus* (cultivo ou instrução). Cultura, no sentido mais amplo, é o comportamento cultivado, isto é, a totalidade da experiência adquirida e acumulado pelo homem e transmitida socialmente, ou ainda, o comportamento adquirido por aprendizado social".[61]

Pode-se definir também a *cultura* como: "aquele todo complexo que compreende o saber, a crença, a arte, a moral, o direito, o costume e quaisquer outras qualidades e hábitos adquiridos pelo homem na sociedade. – Tylor (1871). (Todos os) padrões de vida historicamente criados, explícitos e implícitos, racionais, irracionais e não-racionais que existem em qualquer momento dado como guias potenciais da conduta dos homens – Kluckhohn e Kelly (1945). A massa de reações motoras, hábitos, técnicas, ideias e valores adquiridos e transmitidos – e o comportamento deles decorrentes. – Kroeber (1948). A parte do ambiente feita pelo homem. Herskovits (1955)". Quando dois grupos de culturas diferentes entram em contanto com o outro, ficam em situação viável de um tomar elementos culturais do outro, ou mais comumente, a situação de cada um receber elementos "difundidos" do outro. Se o contato e a difusão cultural ocorrerem com certa continuidade, o processo de transferência é chamado de aculturação. Além disso, a cultura é fenômeno "contínuo", visto que a tradição cultural é acumulada sem solução de continuidade. "Uma vez inventados, os elementos culturais

[60] HIERNAUX, Jean. *A diversidade biológica humana*. Lisboa: Fundação Calouste Gulbenkian, 1980, p. 165-166.

[61] KEESING, Felix. *Antropologia Cultural*. A ciência dos costumes. Vol. 1. Rio de Janeiro: Fundo de Cultura, 1972, p. 49.

passam por aprendizagem de indivíduo a indivíduo. Têm de ser transmitidos de uma geração a outra e deles devem participar os membros vivos do grupo em causa. Qualquer interrupção na cadeia de aprendizagem acarretaria o desaparecimento deles. Num sentido amplo, toda a cultura humana desde o seu início tem continuidade no intelecto humano educado".[62]

Na lição de Cibele Varani, "no campo das antropologias não-biológicas (etnologia; antropologia social e cultural), há uma diversidade de abordagens. A noção de cultura é básica para se compreender os movimentos pelos quais passou esta disciplina, inicialmente parte da Antropologia (geral, sem distinções) do início do século XIX, e que pretendia abordar todos os aspectos das questões acerca da diversidade humana. O mesmo debate que, na Antropologia Física (biológica) substitui o conceito de Raça pelo de População, desde meados do século XIX até meados do Século XX, ocorreram no âmbito da Antropologia de cunho mais social, em que a diversidade humana transitou pelos conceitos de Raça; Etnia e Cultura. E se confunde com a própria história da disciplina".

Relativamente ao conceito de *cultura*, "algumas das principais correntes teóricas que influenciaram variações do mesmo são: o evolucionismo e suas influências no difusionismo e na sociologia francesa de Durkheim e Mauss; o marxismo e a sociologia de Marx Weber; e o estruturalismo de Lévi-Strauss. O funcionalismo inglês e as vertentes culturalistas americanas também se inserem neste campo. Tylor e Boas foram os que mais enfatizaram o adjetivo cultural ligado à antropologia, em um movimento iniciado na Inglaterra, em início do século XIX, e nos Estados Unidos. Mas na França, com a Sociologia de Comte bem solidificada enquanto disciplina independente das demais Ciências Humanas, Durkheim; Mauss e Lévi-Strauss são autores importantes que vinculam a Antropologia Social à Sociologia, como uma subdisciplina desta última. A noção de cultura é o cerne de uma antropologia que separava o determinismo biológico 'racial' das manifestações de comportamento aprendidas pelos indivíduos de uma sociedade após o nascimento. Estes aspectos eram considerados então como de ordem 'ambiental' no debate das relações entre Raça e Cultura. Para efeitos didáticos, cito aqui a definição de cultura de Tylor (1871, apud Mair, op.cit.:15-16): Cultura é (...) 'conhecimentos; crenças; artes; moral; leis; costume e quaisquer outras capacidades e hábitos adquiridos pelo homem como membro da sociedade'."

[62] KEESING, Felix. *Antropologia Cultural*. A ciência dos costumes. Vol. 1. Rio de Janeiro: Fundo de Cultura, 1972, p. 49 e 63-64.

"Na prática, o estudo da cultura refere-se a costumes; maneiras e técnicas tradicionais específicas de uma sociedade. Esta vertente culturalista da Antropologia considerava-se mais próxima da Antropologia Física; da Linguística; e da Arqueologia. Sua ênfase maior era em descrever e entender a diversidade humana. Lévi-Strauss, critica e sintetiza a definição de cultura mais utilizada: 'hábitos; atitudes; comportamentos; maneiras próprias de agir sentir e pensar de um povo' e enfatiza a 'estrutura subconsciente de pensamento'. Para o estruturalismo de Lévi-Strauss, a diversidade humana não é importante, e sim a similaridade humana de pensamento. Nesta teoria, o conceito de cultura ganha um sentido residual. 'Residual, porém irredutível', como coloca Carneiro da Cunha (1986), em que a identidade de grupo é fundamental na construção da Pessoa Humana. Para o a antropologia atual, cultura é um sistema simbólico (Geertz, 1973), característica fundamental e comum da humanidade de atribuir, de forma sistemática; racional e estruturada, significados e sentidos 'às coisas do mundo'. Observar; separar; pensar e classificar; atribuindo uma ordem totalizadora ao mundo, é fundamental para se compreender o conceito de cultura atualmente definido como 'sistema simbólico', e sua diversidade nas sociedades humanas, mesmo neste período atual de modernidade tardia".[63]

Na lição de Felix Keesing, "a maior parte das grandes sociedades é multicultural: os Estados Unidos, vistos como uma sociedade íntegra, têm uma vasta rede de relações sociais que compreende tribos indígenas, bairros chineses, aldeias hispano-americanas, estudantes de países estrangeiros. As comunidades fronteiriças do mundo também, como os portos e as cidades dos países subdesenvolvidos, costumam ter grupos alienígenas e imigrantes de formação cultural variada, mais ou menos independentes e integrados em uma sociedade pluralista. Evidentemente, nesses últimos grupos mais diversificados de população, o conceito de 'uma sociedade' adquire um sentido menos nítido do que no caso do grupo homogêneo pequeno: tendem para um composto de muitas subsociedades ou sistemas sociais e poderão ter muitos laços externos com outras populações e sistemas".[64]

Assente-se que a criação e o desenvolvimento de diversas culturas não decorrem principal ou unicamente em razão do *habitat*, embora seja limitativo e estimulante. "Escrevendo em 1920, Kroeber encerrou as discussões de seu tempo, dizendo que os fatores diretamente 'determinantes' dos fenômenos culturais são 'não a Natureza, que dá ou

[63] VERANI, Cibele. *Diversidade Humana*. NESPISI/ENSP/Fiocruz. Disponível em: <http://www.dbbm.fiocruz.br/ghente/ciencia/diversidade/>. Acesso em 29-12-2021.

[64] KEESING, Felix. *Antropologia Cultural*. A ciência dos costumes. Vol. 1. Rio de Janeiro: Fundo de Cultura, 1972, p. 68-69.

nega materiais', mas 'o estado geral de conhecimento e de progresso tecnológico do grupo; em suma, as influências históricas ou culturais'. Deduz-se então que mesmo o ambiente mais favorável e os recursos mais abundantes permanecerão passivos até que a inventiva do homem comece a trabalhar". Ademais, a diversidade da capacidade inventiva do homem manifesta-se por meio da "cultura material", que são as coisas externas feitas artificialmente destinadas a uma função (artefatos). Os artefatos são feitos a partir de matéria-prima por meio da manipulação da tecnologia. São exemplos da "cultura material" os hábitos alimentares, o vestuário, a habitação, o ambiente comunal, as ferramentas, a cerâmica, os têxteis, etc.[65]

Considerando que a *diversidade cultural* constitui um dos mecanismos para a "plena realização dos direitos humanos e das liberdades fundamentais", a ONU publicou a Declaração Universal sobre a Diversidade Cultural. Para fins da referida Declaração, o vocábulo *cultura* é considerado como "o conjunto dos traços distintivos espirituais e materiais, intelectuais e afetivos que caracterizam uma sociedade ou um grupo social e que abrange, além das artes e das letras, os modos de vida, as formas de viver em comunidade, os sistemas de valores, as tradições e as crenças" (Preâmbulo).

Assim, a diversidade cultural é um patrimônio comum da humanidade. A cultura adquire formas diversas através do tempo e do espaço. Essa diversidade manifesta-se na originalidade e na pluralidade das identidades que caracterizam os grupos e as sociedades que compõem a humanidade. Fonte de intercâmbios, de inovação e de criatividade, a diversidade cultural é tão necessária para o gênero humano como a diversidade biológica o é para a natureza. Neste sentido, constitui o patrimônio comum da humanidade e deve ser reconhecida e consolidada em benefício das gerações presentes e futuras (art. 1°).

Nas nossas sociedades cada vez mais diversificadas, torna-se indispensável garantir a interação harmoniosa e a vontade de viver em conjunto de pessoas e grupos com identidades culturais plurais, variadas e dinâmicas. As políticas que favorecem a inclusão e a participação de todos os cidadãos garantem a coesão social, a vitalidade da sociedade civil e a paz. Definido desta forma, o pluralismo cultural constitui a resposta política à realidade da diversidade cultural. Inseparável de um contexto democrático, o pluralismo cultural é propício aos intercâmbios culturais e ao desenvolvimento das capacidades criadoras que nutrem a vida pública (art. 2°). Além disso, a diversidade é um fator que promove o desenvolvimento. A diversidade cultural amplia

[65] KEESING, Felix. *Antropologia Cultural*. A ciência dos costumes. Vol. 1. Rio de Janeiro: Fundo de Cultura, 1972, p. 188-189 e 307-332.

as possibilidades de escolha à disposição de todos; é uma das origens do desenvolvimento, entendido não apenas em termos de crescimento econômico, mas também como meio de acesso a uma existência intelectual, afetiva, moral e espiritual satisfatória (art. 3º).

A defesa da diversidade cultural constitui um imperativo ético, inseparável do respeito pela dignidade da pessoa humana. Implica o compromisso de respeitar os direitos humanos e as liberdades fundamentais, em particular os direitos das pessoas que pertencem a minorias e os dos povos autóctones. Sem embargo, ninguém pode invocar a diversidade cultural para violar os direitos humanos garantidos pelo direito internacional, nem para limitar seu alcance (art. 4º).

Dada a alta relevância, os direitos culturais são parte integrante dos direitos humanos, os quais são universais, indissociáveis e interdependentes. O desenvolvimento de uma diversidade criativa exige a plena realização dos direitos culturais, tais como são definidos no artigo 27º da Declaração Universal dos Direitos Humanos e nos artigos 13º e 15º do Pacto Internacional dos Direitos Econômicos, Sociais e Culturais. Qualquer pessoa deverá poder expressar-se, criar e difundir suas obras na língua que desejar e, em particular, na sua língua materna; qualquer pessoa tem direito a uma educação e uma formação de qualidade que respeite plenamente sua identidade cultural; qualquer pessoa deve poder participar na vida cultural que escolha e exercer as suas próprias práticas culturais, dentro dos limites que impõe o respeito pelos direitos humanos e pelas liberdades fundamentais (art. 5º).

Ademais, a diversidade cultural deve ser acessível a todos. Desse modo, ao assegurar a livre circulação das ideias através da palavra e da imagem, deve-se zelar para que todas as culturas possam-se expressar e darem-se a conhecer. A liberdade de expressão, o pluralismo dos meios de comunicação, o multilinguismo, a igualdade de acesso às expressões artísticas, ao conhecimento científico e tecnológico – inclusive em formato digital – e a possibilidade, para todas as culturas, de estar presente nos meios de expressão e de difusão, são garantias de diversidade cultural (art. 6º).

O patrimônio cultural é uma fonte de criatividade. Qualquer criação tem por origem as tradições culturais, mas apenas se desenvolve plenamente em contato com outras culturas. É por essa razão que o patrimônio, em todas as suas formas, deverá ser preservado, valorizado e transmitido às gerações futuras como testemunho da experiência e das aspirações humanas, de modo a fomentar a criatividade em toda a sua diversidade e estabelecer um verdadeiro diálogo entre as culturas (art. 7º). Perante as mudanças econômicas e tecnológicas atuais, que abrem amplas perspectivas para a criação e a inovação, deve-se prestar uma atenção particular à diversidade da oferta criativa, ao justo reconhecimento dos direitos dos autores e artistas, bem como ao caráter específico dos bens e serviços culturais que, na medida em que são portadores de identidade, de valores e de sentido, não devem ser considerados como meras mercadorias ou bens de consumo (art. 8º).

Os Estados devem promover políticas culturais catalizadoras da criatividade. Ao mesmo tempo que asseguram a livre circulação das ideias e das obras, as políticas culturais devem criar condições propícias para a produção e a difusão de bens e serviços culturais diversificados, através de indústrias culturais que disponham de meios para se desenvolverem aos níveis local e mundial. Compete a cada Estado, respeitando as obrigações internacionais, definir sua política cultural e aplicá-la utilizando os meios de ação que considere mais adequados, através de apoios concretos ou de quadros normativos apropriados (art. 9º).

Por fim, tendo em vista os desequilíbrios que atualmente se verificam nos fluxos e intercâmbios de bens culturais à escala mundial, torna-se necessário reforçar a cooperação e a solidariedade internacionais destinadas a permitir que todos os países, em particular os países em vias de desenvolvimento e os países em transição, estabeleçam indústrias culturais viáveis e competitivas nos planos nacional e internacional (art. 10).[66]

[66] UNESCO. United Nations Educational, Scientific and Cultural Organization. *Declaração Universal sobre a Diversidade Cultural.* Disponível em: <http://www.unesco.org/new/fileadmin/MULTIMEDIA/HQ/CLT/diversity/pdf/declaration_cultural_diversity_pt.pdf>. Acesso em 29-12-2021.

4. Direito à igualdade

4.1. Introdução

Conforme Alecio Lovatto, "a questão da igualdade emerge da própria condição humana. O homem, como ser racional, questiona-se sobre o porquê de um tratamento desigual havido ou prestes a ocorrer se, na situação concreta, inexiste elemento algum a justificar a diferenciação. Nenhum ser humano admite ser discriminado". A igualdade emerge, então, entre os grandes temas da Filosofia do Direito e da Teoria do Estado.[67]

O princípio da igualdade, além de ser um valor, é norma constitucional básica, chamada também de princípio da isonomia, consistindo na igualdade fático-jurídica de todos diante da lei. O seu objetivo é extinguir privilégios. "O direito grego possuía dois princípios: o da *isonomia* (igualdade perante a lei) e o de *eunomia* (o de respeito à lei), como conceitos compatíveis e que se opunha à tirania".[68]

"O princípio da igualdade não é apenas um princípio do Estado Democrático de Direito, mas também um princípio do Estado Social. "Independentemente do problema da distinção entre 'igualdade fática' e 'igualdade jurídica' e dos problemas econômicos e políticos ligados à primeira (ex.: políticas e teorias da distribuição e redistribuição de rendimentos), o princípio da igualdade sob o ponto de vista jurídico-constitucional, assume relevo enquanto princípio da igualdade de oportunidades (*Equality of opportunity*) e de condições reais de vida. Garantir a 'liberdade real' ou 'liberdade igual' (*gleiche Freiheit*) é o propósito de numerosas normas e princípios consagrados na Constituição. Esta igualdade conexiona-se, por um lado, com uma política de 'justiça

[67] LOVATTO, Alecio Adão. *O princípio da igualdade e o erro penal tributário*. Porto Alegre: Livraria do Advogado, 2008, p. 19.

[68] FERREIRA, Pinto. *Comentários à Constituição Brasileira*. 1° Volume. Arts. 1° a 21. São Paulo: Saraiva, 1989, p. 62.

social' e com a concretização das imposições constitucionais tendentes à efetivação dos direitos econômicos, sociais e culturais".[69]

4.2. Ideia da igualdade

Com espeque em Anacleto de Oliveira Faria, "antes do advento do Cristianismo, não se pode considerar a ideia da igualdade, senão como valor apenas teórico e que, na melhor das hipóteses, dizia respeito, unicamente, à parcela livre da população. Com efeito, a tese da igualdade não apresenta qualquer sentido de efetividade, se se admitir, como natural, a existência de duas categorias de seres humanos: livres e escravos. E, como é notório, a divisão dos homens nessas classes foi admitida sem hesitação, quer pelos governos constituídos, quer pelos mais distinguidos filósofos pré-cristãos, como Aristóteles e Cícero (R. Von Mayr, *Historia del Derecho Romano*). Le Fur, por exemplo, assinala: 'Os cidadãos, que consideravam ultrajante o trabalho manual, não atingiam a um décimo da população', em que predominava a 'multidão de escravos' (Louis de Fur, *Les Grands Problèmes du Droit*). Na mesma ordem de ideias, o economista J. Fred Bell lembra que, na Antiguidade, 'a escravatura era uma instituição necessária', salientando, em particular, que 'nenhum outro povo foi tão eficiente no abastecimento do mercado de escravos quanto os romanos'. Chega mesmo a afirmar que, num só dia, no mercado de Delos, se tenha vendido o número de dez mil escravos (J. Fred Bell, *História do Pensamento Econômico*). Pelos motivos acima expostos, Bergson tachou de 'falsas as antigas democracias, porque edificadas sobre a escravidão, que as inquinava de vício fundamental' (Henri Bergson, *Le Deux Sources de la Morale et de la Religion*)".[70]

De acordo com Hermann Heller, a ideia da igualdade concedida a "tudo o que tem rosto humano" é uma ideia de origem especificamente cristã, pois na Antiguidade havia duas possibilidades naturais para o homem: ser livre ou ser escravo. "O cristianismo não aboliu, certamente, a escravidão, ao dar um caráter mais interior ao conceito de liberdade, mas veio a admitir uma condição humana igual e livre, a qual, precisamente porque era independente de todas as relações sociais, conformava-se também com a escravidão. Em compensação, na esfera da liberdade interior, que era onde tinha origem o seu destino religioso, todos os homens, pelo simples fato de serem tais, gozavam de

---

[69] CANOTILHO, José Joaquim Gomes. *Direito Constitucional e Teoria da Constituição*. 3ª ed. Coimbra: Almedina, 1999, p. 402-403.

[70] FARIA, Anacleto de Oliveira. *Do princípio da igualdade jurídica*. São Paulo: Revista dos Tribunais, 1973, p. 6.

igual consideração. Nesse sentido fala o próprio Lutero 'da liberdade cristã' mesmo quando, de maneira altamente conservadora, sublinha a negação de liberdade no exterior, imposto pelo Direito Natural relativo, devido à inclinação do homem ao pecado".

"A Reforma, entretanto, com as guerras da religião a que deu lugar, e mesmo prescindindo da ética econômica do calvinismo, contribuiu em elevado grau para a secularização da consciência geral. Os homens esperavam, após tanto sacrifício, a segura e a paz unicamente de um poder estatal que fosse independente de toda legitimação eclesiástica. Na história do pensamento, a velha ideia da liberdade e da igualdade recebe já antes um conteúdo profano; já é compreendida de uma maneira política e, pouco depois, talvez com Tomás Moro, também econômica, no sentido de um direito da razão". Assim, em razão da natureza racional, os homens são originariamente iguais e livres, de modo que a sociedade civil não pode impedir a lógica imanente da exigência político-social, consistente nos direitos de liberdade e igualdade. Isso porque "enquanto se extraíram consequências de caráter político-social da ideia cristã da liberdade e igualdade interiores da pessoa perante Deus, a sociedade civil já não podia valer como uma ordem definitiva".[71]

Da mesma forma, Louis Le For assinala: "com o Cristianismo, aparecem as duas ideias que constituem os fundamentos primeiros da democracia contemporânea, a liberdade e a igualdade de natureza". Baseando-se na lição do apóstolo São Paulo, prossegue: "Todo homem, livre ou escravo, grego ou bárbaro, judeu ou pagão, tem uma alma imortal, uma consciência que não provém de nenhum poder humano; todos os homens possuem, pois, por tal fato, sem distinção de raça ou sexo, uma igualdade de natureza; eles são iguais diante de Deus, que lhes é Pai Comum; tal é para o Cristianismo o verdadeiro fundamento da fraternidade entre todos os homens".[72] Segundo Jacques Maritain, "a concepção realista da igualdade de natureza é uma herança da tradição judeu-cristã, é um pressuposto natural do pensamento e da vida cristãs. O cristianismo confirma e acentua o sentido concreto da igualdade de natureza afirmando o seu caráter histórico e genealógico e ensinando que se trata dum parentesco propriamente dito, por descenderem todos os homens do mesmo casal original e serem irmãos em Adão antes de o serem em Jesus Cristo".[73]

---

[71] HELLER, Hermann. *Teoria do Estado*. São Paulo: Mestre Jou, 1968, p. 150-152.

[72] FARIA, Anacleto de Oliveira. *Do princípio da igualdade jurídica*. São Paulo: Revista dos Tribunais, 1973, p. 6-7.

[73] MARITAIN, Jacques. *Princípios duma política humanista*. Rio de Janeiro: Agir Editora, 1960, p. 131-132.

Ademais, John Fred Bell propugna a mesma tese: "Os ensinamentos da Igreja e do Cristianismo eram revolucionários. Jesus ensinou a dignidade do homem; condenou a escravatura e frisou a irmandade dos homens. Denunciou a acumulação de riquezas e a exploração dos menos aquinhoados. Esses ensinamentos estavam em flagrante contraste com os dos filósofos gregos, os quais favoreciam a escravatura e não admitiam a dignidade do trabalho e das ocupações".[74]

Para Thomas More, em sua obra *A Utopia*, o único meio de promover a felicidade pública é com aplicação do princípio da igualdade, sendo rechaçado o direito de propriedade em seu sentido absoluto, isto é, sem limites. "Ora, a igualdade é, creio, impossível num Estado em que a posse é particular e absoluta; porque cada um se apoia em diversos títulos e direitos para atrair para si tudo quanto possa, e a riqueza nacional, por maior que seja, acaba por cair na posse de um reduzido número de indivíduos que deixam aos outros apenas indigência e miséria. Eis o que invencivelmente me persuade que o único meio de distribuir os bens com igualdade e justiça, e de fazer a felicidade do gênero humano, é a abolição da propriedade. Enquanto o direito de propriedade for o fundamento do edifício social, a classe mais numerosa e mais estimável não terá por quinhão senão miséria, tormentos e desesperos".[75]

A ideia da igualdade entre os indivíduos também constitui fundamento da teoria contratualista de Rousseau, tanto nos direitos e deveres quanto no tratamento a ser concedido pelo Estado: "Os compromissos que nos ligam ao corpo social só são obrigatórios por serem mútuos, e sua natureza é tal que, ao cumpri-los, não se pode trabalhar para outrem sem trabalhar também para si mesmo. O pacto social estabelece tal igualdade entre os cidadãos que todos eles se comprometem sob as mesmas condições e devem gozar dos mesmos direitos. Assim, pela natureza do pacto, todo ato de soberania, isto é, todo ato autêntico da vontade geral, obriga ou favorece igualmente todos os cidadãos, de sorte que o soberano conhece somente o corpo da nação e não distingue nenhum daqueles que a compõem".[76]

Para Alexis de Tocqueville, a igualdade promove a perfectibilidade do homem. "A igualdade sugere ao espírito humano muitas ideias que não lhe teriam vindo sem ela, e modifica quase todas as que já possuía. Tomo por exemplo a ideia da perfectibilidade humana, porque é uma das principais que a inteligência poderia conceber e porque constitui sozinha uma grande teoria filosófica, cujas consequências se

---

[74] BELL, John Fred. *História do Pensamento Econômico*. 2ª ed. Rio de Janeiro: Zahar Editores, 1976, p. 65.

[75] MORE, Thomas. *A Utopia*. Os Pensadores. São Paulo: Nova Cultural, 1997, p. 49-50.

[76] ROUSSEAU, Jean-Jacques. *O Contrato Social*. São Paulo: Martins Fontes, 1996, p. 39-41.

fazem ver a cada instante na conduta dos negócios públicos. A ideia da perfectibilidade é tão antiga quanto o mundo; não foi a igualdade que a fez nascer, mas lhe dá um caráter novo".

Nesse sentido, "à medida que as castas desaparecem, que as classes se aproximam, que os homens, ao se misturar tumultuosamente, fazem com que os usos, os costumes e as leis variem; que sobrevêm fatos novos, que novas verdades são trazidas à luz, que antigas opiniões desaparecem e que outras tomam o seu lugar, a imagem de uma perfeição ideal e sempre fugidia apresenta-se ao espírito humano. Então, verificam-se a cada instante, contínuas alterações ante os olhos de cada homem".[77]

Por fim, o princípio da igualdade foi consagrado nas Declarações de Direitos. "De mero princípio de moral religiosa, que o fora, de início com a revelação dos livros sagrados, passara a postulado de direito, norma reguladora da conduta do homem e da sociedade. E, como as Declarações se haviam tornado o capítulo mais importante dos Códigos Políticos dos Estados, constituindo, mesmo, em alguns, o preâmbulo, o milenar postulado adquiriu, por fim, a força, o vigor e o prestígio de preceito constitucional. O princípio jurídico igualitário era, efetivamente, o marco que separava dois mundos: o antigo, em que havia homens livres e escravos, e o moderno, onde todos gozavam de liberdade. O tratamento igual, para pessoas iguais em condições e circunstâncias, apresentava-se como o signo de uma nova civilização. Não havia, na letra da lei, pelo menos, mais escravos, nem mesmo mais homens privilegiados: todos eram iguais perante a lei, porque cessara o reino do privilégio e começava o do direito comum".[78]

4.3. Evolução histórica da igualdade

De acordo com Adilson José Moreira, para a compreensão do desenvolvimento do direito à igualdade, faz-se necessária a análise sob a perspectiva política, filosófica e de cidadania presentes em cada momento histórico.

4.3.1. Igualdade no império grego

No império grego, "a reflexão sobre o princípio da igualdade tem início em um momento histórico bem específico: o surgimento da

[77] TOCQUEVILLE, Alexis de. *A democracia na América*. 2ª ed. Belo Horizonte: Itatiaia; São Paulo: Ed. Universidade de São Paulo, 1977, p. 340-341.

[78] JACQUES, Paulino. *Da igualdade perante a lei*. (Fundamento, conceito e conteúdo). 2ª ed. Rio de Janeiro: Revista Forense, 1957, p. 25-26.

democracia como regime político. O propósito do exercício coletivo do poder político pressupõe a ideia de que todos os cidadãos possuem o mesmo direito de participar na formação da vontade estatal, motivo pelo qual eles possuem o mesmo *status* na comunidade política. Se as normas jurídicas deverão governar o comportamento de todas as pessoas vistas como seres livres, todas elas devem ser reconhecidas como indivíduos moralmente capazes de se envolver nessa atividade. A vida democrática estabelece o princípio da isonomia como um pressuposto central dessa ordem política na qual as normas são dirigidas à generalidade dos indivíduos, que podem dizer que são livres porque são capazes de determinar o próprio destino. Os gregos fundam então o reflexo sobre o tema da cidadania, termo que indica o pertencimento jurídico e político característico dessa forma de organização social que é a democracia, regime que permitirá ao homem afirmar-se como livre. A democracia permite uma vida livre porque está constituída pelos institutos da *isonomia* e *isegoria*. O primeiro indica a igualdade de todos os cidadãos perante a lei; o segundo designa o direito de todo cidadão poder participar do processo de formação da vontade estatal".

Afora o aspecto político, sobreleva o aspecto filosófico. "A filosofia contribuirá para o aperfeiçoamento da experiência democrática ao afirmar a necessidade do aprimoramento moral dos seres humanos envolvidos nessa nova situação. A igualdade também possui uma dimensão moral porque pressupõe que as pessoas terão como objetivo o interesse comum. Por esse motivo, a reflexão política nasce junto com a reflexão moral, uma vez que o espaço público deve ser o local no qual as pessoas poderão exercer e crescer moralmente por meio do exercício das virtudes morais e políticas. A cidadania e a democracia serão assim construídas a partir da noção da igualdade moral entre todos os membros da comunidade política, o que estabelece a possibilidade de estabilidade desse regime político no qual as pessoas exercem o poder coletivamente. A sociedade política terá como paradigma fundamental a correspondência entre os valores que expressam a justa medida que rege a conduta do indivíduo e as normas que governam a comunidade política. O marco fundamental para a constituição da vida política no mundo grego é a criação da lei positiva. É a partir dela que os cidadãos obterão acesso à vida política: a lei escrita é o fator que faz nascer a esfera pública porque institui as regras para a existência comum".

Outro aspecto relevante é o da cidadania. "A cidadania nasce no mundo grego como resultado da articulação de três fatores principais: a invenção da política como processo de resolução das questões comunitárias, a publicização das normas jurídicas e o aparecimento da democracia como regime político. A cidadania surge dentro dessa realidade como um *status* atribuído ao indivíduo em função do reconhecimento da igualdade jurídica entre todos os membros da comunidade; ela passa a ser governada por um regime político em que esses mesmos cidadãos estabelecem as diretrizes-guias, o que se torna possível pela constituição do espaço público como local do exercício da função política. Vemos então que a cidadania é um instituto criado pelos gregos. Seu aparecimento respondia a uma série de exigências individuais e coletivas que colocaram a necessidade de se estabelecer critérios de pertencimento à comunidade política. A cidadania impunha uma plena identificação dos interesses do indivíduo com os da cidade. A vida cívica presente na democracia ateniense estabelecia um conjunto de valores que tinha por função reforçar a identificação do cidadão com os interesses públicos".[79]

Assente-se que para os gregos, "o fator que fundamenta as relações sociais dentro da comunidade política é a *philia*, elemento último de todas as relações humanas. Esse termo designa o vínculo social que torna possível as relações sociais em todos os níveis, desde a relação comum da amizade, passando pela relação entre familiares, até chegar à relação política. A *philia*, termo geralmente traduzido para as línguas modernas como amizade, foi entendido pelos gregos como um valor moral que se apresenta como elemento central da ética e da política. A *philia* é o elemento central da moral, pois é por seu intermédio que a relação moral com o outro será exteriorizada; é também o princípio fundamental da vida política, pois permitirá a construção da concórdia necessária para a manutenção da ordem social. Fomentar a *philia* entre os cidadãos deve ser um ideal para o legislador, pois ela garante a unidade da cidade. Enquanto a justiça tem um caráter institucional que impele os indivíduos a observarem as leis, a *philia* se estabelece sobre o homem como um valor em si que se fundamenta na virtude. A justiça pretende estabelecer formas de equidade sobre elementos que são, de início, desiguais; a *philia* visa a uma igualdade em um plano no qual as diferenças materiais ou sociais têm uma importância menor ou, pelo menos, encontram-se subordinadas a ela".

Desse modo, "a reflexão sobre o nascimento da igualdade no mundo grego nos mostra como certas dimensões da igualdade surgiram e se consolidaram nesse momento histórico. Para operar como um elemento central do regime democrático, a igualdade precisa ser um preceito que congrega uma dimensão jurídica e política; o *status* jurídico opera como pressuposto do *status* político. A possibilidade de ação dentro do espaço público requer também uma formação moral adequada, motivo pelo qual a igualdade também compreende uma dimensão

[79] MOREIRA, Adilson José. *Tratado de Direito Antidiscriminatório*. São Paulo: Editora Contracorrente, 2020, p. 184-188.

moral, porque a formação ética do indivíduo é um requisito para o reconhecimento da igualdade de direitos do outro. A dimensão moral da igualdade torna possível a construção de uma ordem pública baseada na formação de vínculos de sociabilidade entre os que são cidadãos. [...] A cidadania surge como uma forma de identidade que pretende eliminar no plano político as desigualdades presentes nos outros campos sociais". Assim, a experiência grega cria duas dimensões centrais de igualdade: consistentes na dimensão política e moral.[80]

4.3.2. *Igualdade no império romano*

Conforme Adilson José Moreira, a experiência democrática no mundo romano contribuiu significativamente para o desenvolvimento histórico do princípio da igualdade ao enfatizar sua dimensão jurídica. "A noção de igualdade está vinculada à atribuição do *status* jurídico de *persona* aos indivíduos; eles existem como membros de uma comunidade política, mas com um caráter notoriamente jurídico. Os sujeitos humanos também serão tidos como portadores de direitos, desde que tenham o *status civitatis*, a condição de cidadãos. As pessoas agora têm uma existência jurídica construída a partir do gozo de categorias de direitos destinadas a proteger as dimensões da vida dos cidadãos. Igualdade dentro desse contexto implicará de maneira ainda mais clara os conceitos de generalidade da norma jurídica, além da necessidade de que todos os membros da comunidade política sejam tratados da mesma maneira".

Assim, "surge então no mundo romano dois elementos de fundamental importância para a evolução histórica do princípio da igualdade. A ascensão do homem individual como portador de direitos e deveres, ou seja, como uma pessoa jurídica. Decorrente desse novo estatuto do homem, temos o desenvolvimento de outro fenômeno: a fusão do indivíduo concreto com a noção de pessoa, o que leva as normas jurídicas a se referirem ao indivíduo como um ente genérico identificado com um conjunto de papeis socialmente construídos. Essa fusão entre indivíduo e *persona*, ou entre o sujeito e a norma, implica, entre outras coisas, a funcionalização do homem que começa a constituir-se como um meio para a estabilidade da organização social, a despeito de sua personalidade concreta".

O império romano contribui sobremodo no conceito de igualdade ao especificar a sua dimensão jurídica. "A compreensão dos seres humanos como um ponto de imputação jurídica opera como um

[80] MOREIRA, Adilson José. *Tratado de Direito Antidiscriminatório*. São Paulo: Editora Contracorrente, 2020, p. 188-190.

parâmetro central para o processo de universalização dos direitos, o que permitirá a afirmação da igualdade como um princípio normativo, como algo que vincula as relações entre diferentes atores sociais e as relações deles com as instituições estatais. A dimensão lógica da igualdade se torna mais clara nesse momento no qual a atribuição de um mesmo *status* a todas as pessoas permite que elas sejam vistas como pessoas jurídicas, lugar do qual poderão formular demandas de direitos. Estão presentes nesse momento histórico a noção de que igualdade possui uma dimensão moral; esse preceito só pode fazer sentido em uma realidade na qual as pessoas reconhecem que os outros possuem o mesmo valor moral. A ênfase na dimensão jurídica da igualdade estabelece elementos relevantes para a compreensão desse princípio. Ele não poderá ser pensado primordialmente como produto de alguma identidade natural de uma pessoa, mas sim do *status* que ocupa dentro de uma sociedade juridicamente organizada".[81]

4.3.3. *Igualdade na era medieval*

Na era medieval, o cristianismo moldou a compreensão do mundo e do ser humano. "O ser humano é uma criatura de Deus. A sua natureza, a sua história e o seu destino são conhecidos pelas Escrituras. Ele não é um ser autárquico, como entendiam os gregos e os romanos; a significação de sua vida só poderia ser dada por Deus. O homem medieval vê-se cindido entre o dilema da relação do corpo e da alma. Cada sintoma do corpo remete necessariamente à alma; por outro lado, é pelo corpo que a alma pode alcançar a sua salvação pelo prenúncio da ressurreição dos corpos. O homem medieval possui ainda um espírito que o anima e o inspira. Nesse novo espaço cultural, configura-se uma nova imagem do homem e uma nova formulação do Direito. A essa concepção do ser humano e da cidadania corresponde uma estrutura social e jurídica específicas. A natureza não se apresenta mais como princípio de racionalidade que informa os ideais que estruturaram a vida social no mundo antigo. A natureza e a ordem social sao produtos da criação divina".

Nesse sentido, "a igualdade nesse período histórico será pensada a partir da ideia de que todos os seres humanos possuem uma origem e objetivos comuns que serão estabelecidos pela vontade divina. Todos são criaturas de Deus e isso significa que todos sao pessoas que possuem uma alma, sede da mente racional, mas também meio a partir do qual as pessoas podem estabelecer contato com o plano superior.

[81] MOREIRA, Adilson José. *Tratado de Direito Antidiscriminatório*. São Paulo: Editora Contracorrente, 2020, p. 190-194

A igualdade não decorre da capacidade moral de todas as pessoas poderem compreender a si mesmas e o mundo a partir do exercício de suas capacidades racionais, mas sim porque todos fazem parte de um mesmo plano de criação divina. Não se trata mais de uma igualdade moral entre pessoas, mas sim daqueles que seguem a vontade transcendental expressa na própria constituição da sociedade".[82]

4.3.4. *Igualdade na era renascentista*

O período renascentista representou o momento inicial da formação do individualismo moderno. "A realização pessoal se torna um objetivo de grande relevância porque será agora identificada com os interesses da cada um e não apenas com as expectativas sociais em torno da pessoa. Ocorre uma separação gradual entre as aspirações particulares e as expectativas da tradição. A individualidade surge como um valor cardeal de uma sociedade na qual transformações ocorridas na base material da existência promovem modificações significativas no plano cultural. Os seres humanos não esquecem que são criações divinas, mas adquirem a consciência de pertencerem a si mesmos em primeiro lugar. A sua consciência deixa de ser um lugar privilegiado de contato com Deus para se tornar um espaço de fruição pessoal e também de exercício da razão. Essa mudança de perspectiva antropológica estabelece as bases da divisão entre espaço público e privado quando se separam paulatinamente a personalidade individual dos papéis sociais pensados como naturalmente criados".

Ademais, "outro elemento de grande importância no plano político surge com este novo paradigma: a recuperação do republicanismo. Esse movimento tem início nas cidades italianas que se constituem como repúblicas independentes. O Renascimento representa um momento de grande importância para o desenvolvimento da igualdade e da cidadania. Ela novamente se assenta sobre o ideal antropológico que guarda referências importantes com o mundo antigo, principalmente com um aspecto importante, o ideal da educação do cidadão para uma vida em comunidade, como se depreende dos princípios do humanismo cívico. Além disso, a ética renascentista coloca novamente o problema da interioridade da lei moral que a pessoa sábia observa naturalmente. Vemos acontecer um fenômeno de grande importância, a utilização do princípio da subjetividade para se pensar o Direito, pressuposto básico do Direito Natural moderno, pressuposto central da reflexão sobre a igualdade. A cidadania renascentista representa, assim, um momento

[82] MOREIRA, Adilson José. *Tratado de Direito Antidiscriminatório*. São Paulo: Editora Contracorrente, 2020, p. 195-197.

de estruturação de categorias centrais para o pensamento jurídico posterior, e o mais importante para a presente exposição é a transformação do ser humano como pressuposto do pensamento jurídico"

Agora, o destino do ser humano não estava mais escrito pela vontade divina, de modo que o ser humano assume a posição de centro do universo. "Os valores culturais passam a ter um significado propriamente humano, deixando de se referir à realidade transcendente como fonte de justificação da ação. O imobilismo da ordem social é paulatinamente substituído pela livre iniciativa do homem que será agora o centro de referência de um mundo onde se multiplicam as possibilidades de significação da existência humana. Paralelamente a essa descoberta da liberdade como fundamento ontológico da vida humana, há também a descoberta da consciência como sede de verdade. A consciência individual adquire um novo estatuto, qual seja, um espaço interno sede de valores propriamente humanos. A relativização de valores no mundo renascentista, decorrente da superação progressiva da ideia de que a totalidade do mundo se ordena em função da presença de Deus, produz uma nova postura, em que os valores se referem à existência relativa de cada uma. [...] A existência humana não gravita mais em torno de Deus: a consciência individual torna-se um novo centro de perspectiva, pressuposto essencial do individualismo renascentista. A esfera do infinito deixa de ser uma característica apenas da divindade para também se tornar um símbolo da consciência humana".[83]

4.3.5. *Igualdade na era moderna*

Na era moderna, além do império da racionalidade, o ser humano assume o *status* de sujeito de direitos, exsurgindo, por consequência, o princípio da igualdade. "Na modernidade, sujeito e razão estão intrinsecamente unidos, e o surgimento do ser humano como sujeito possibilitará a criação de um mundo regido por leis racionais e inteligíveis para o pensamento humano. Não estando mais guiado por uma razão objetiva, ele surge como liberdade e criação. [...] O pensamento humanista terá um papel central no processo de construção do princípio moderno de igualdade porque recupera elementos centrais da reflexão moral e política: os seres humanos como seres racionais que podem viver de acordo com normas de conduta, as quais representam o acordo político entre pessoas de mesmo *status* moral e político. O individualismo e o racionalismo serão responsáveis pela recuperação da ideia de que as pessoas possuem uma mesma igualdade moral baseada no

[83] MOREIRA, Adilson José. *Tratado de Direito Antidiscriminatório.* São Paulo: Editora Contracorrente, 2020, p. 197-199.

pressuposto da igualdade jurídica como indivíduos. Vemos renascer a noção jurídica de pessoa, de um ente que possui direitos públicos subjetivos, processo que abrirá caminhos para as transformações políticas que estabelecerão a igualdade e a liberdade como preceitos centrais da ordem política".

Desse modo, "a liberdade dos modernos opera então na medida em que as pessoas poderão agora gozar de liberdades individuais protegidas por normas jurídicas contidas em Constituições que representarão o contrato político entre pessoas igualmente situadas. O reconhecimento dessa igualdade decorre diretamente do conceito de razão presente dentro desse momento histórico. O processo de formação da cidadania moderna está marcado pela ascensão de um novo paradigma filosófico. Tal fato está ligado à ascensão do ser humano como sujeito do conhecimento, fundamento no novo paradigma presente na modernidade". O conceito moderno de igualdade perpassa sobre o individualismo, já que, o ser humano é um ser autônomo, dono da própria vontade, sendo um sujeito livre e racional. Além disso, o individualismo eleva o ser humano como um critério e valor fundante da própria organização social, de modo que as normas sociais devem garantir a coexistência das liberdades dos indivíduos.[84]

Com efeito, "a análise dos fundamentos da igualdade moderna mostra as formas a partir das quais suas dimensões serão articuladas nesse momento histórico. Sua dimensão lógica decorre da concepção da subjetividade metafísica como princípio de organização da reflexão jurídica e moral e permite a elaboração das bases sobre as quais a dimensão política será elaborada. O sujeito moderno será mais uma vez categorizado como uma pessoa jurídica, como um ponto de imputação de direitos e deveres; ele será visto como um sujeito de direitos, expressão que designa um *status* a partir do qual as pessoas poderão demandar direitos públicos subjetivos. Essa dimensão jurídica da igualdade está relacionada com a dimensão política da igualdade; a primeira determina a forma de existência dentro de uma sociedade política organizada de forma democrática. Esse modo de organização política assume a forma de um Estado Liberal de Direito, de uma instância política que tem o propósito de proteger a liberdades dos indivíduos. A dimensão política da igualdade moderna está relacionada com o objetivo de proteger uma esfera de ação que se identificará com o espaço público, mas também com o espaço privado".

Registre-se que "a identidade moderna também mostra a importância da dimensão moral da igualdade: estamos agora diante de uma

[84] MOREIRA, Adilson José. *Tratado de Direito Antidiscriminatório*. São Paulo: Editora Contracorrente, 2020, p. 202-208.

situação na qual a construção de uma sociedade democrática pressupõe a compreensão das pessoas como sujeitos morais autônomos, sujeitos que se reconhecem como atores sociais competentes, requisito para a construção de uma sociedade solidária. A dimensão política da igualdade demonstra que os direitos individuais possuem um caráter intersubjetivo; eles são instrumentos a partir dos quais as pessoas podem se reconhecer e reconhecer os outros como agentes sociais. A igualdade não operará apenas a partir de um processo de reconhecimento do outro a partir de uma perspectiva jurídica, mas a proteção de um espaço de ação individual também será responsável pela construção de espaço psicológico, o que passa a ter maior inteligibilidade a partir das noções de individualismo e de subjetividade".

Finalmente, "o princípio da igualdade no mundo moderna recupera alguns elementos presentes no mundo antigo, mas a partir de novos elementos, notoriamente nas doutrinas do individualismo e do racionalismo. A igualdade será também um elemento regulador da vida política democrática na medida em que se torna um objetivo buscado por todos que participavam dos movimentos revolucionários. Ela se tornará um elemento central da noção de esfera pública, que novamente volta a pautar a vida política, dimensão que será marcada pelo princípio da legalidade, elemento central da organização jurídica dos Estados modernos. A reflexão filosófica novamente volta oferecer os elementos para uma práxis marcada pelo ideal da solidariedade entre os membros da comunidade política. O sujeito moderno também se afirmará como um sujeito psicológico, como um sujeito individualizado cuja realização também está relacionada com suas particularidades psicológicas. Esse objetivo só poderá ser alcançado na medida em que a dimensão política e jurídica da igualdade permite o florescimento da dimensão psicológica desse princípio. O sujeito humano se reconhecerá como um indivíduo na medida em que a igualdade política e a igualdade jurídica garantem a afirmação da autonomia pública e a autonomia privada".[85]

4.4. Histórico normativo

Historicamente, as diversas codificações humanas aplicaram, em certa medida, preceitos que objetivavam a igualdade na perspectiva normativa. Isto é, a lei regulava conflitos sociais e oferecia resposta propondo direitos e deveres iguais, conforme os valores então vigentes em um determinado contexto espaço-temporal. A título de exemplo, determinava a *Lei de Talião* que se o ato individual causasse dano a

[85] MOREIRA, Adilson José. *Tratado de Direito Antidiscriminatório*. São Paulo: Editora Contracorrente, 2020, p. 209-211.

outrem, deveria sofrer o mesmo mal: "mas se resultar dano, então darás vida por vida; olho por olho, dente por dente, mão por mão, pé por pé; queimadura por queimadura, ferida por ferida, golpe por golpe" (Livro de Êxodo, versículos 23, 24, 25). Esses mandamentos surgiram após três meses de partida do cativeiro no Egito, no qual o povo de Israel acampou no deserto do Sinai, aos sopés do Monte Sinai. O povo, recém-saído do cativeiro, sofrido por isso, agora padecia as vicissitudes do deserto, tendo, em razão disso, se rebelado contra a autoridade de Moisés, vindo a cometer desordens de monta. Moisés, em uma de suas subidas ao monte, recebeu de Deus as seguintes determinações, contidas no livro de Êxodo".

O *Código de Hamurabi* aplicava a mesma sanção, tanto para quem furtava bens de Deus ou da Corte quanto para quem recebia o objeto do furto. "Se alguém furta bens do Deus ou da Corte deverá ser morto; e mais quem recebeu dele a coisa furtada também deverá ser morto" (Capítulo II, 6º). Como se vê, a igualdade punitiva era manifesta. No tocante ao direito público, a *Lei das XII Tábuas* previa a igualdade ao determinar "que não se estabeleçam privilégios em lei. (Ou que não se façam leis contra indivíduos)" (Tábua Nona, art. 1º).[86]

Posteriormente, foram concedidos direitos iguais a certas categorias de indivíduos, a exemplo da *Magna Carta de 1215*, que conferia aos homens livres do Reino um rol de direitos enumerados. O texto continha a seguinte redação: "concedemos também a todos os homens livres do reino, por nós e por nossos herdeiros, para todo o sempre, todas as liberdades abaixo remuneradas, para serem gozadas e usufruídas por eles e seus herdeiros, para todo o sempre [...]".[87] Da mesma forma, a *Declaração de Direitos de 1689* (*Bill of Rights*), que declarava ilegal a cobrança de impostos sem a aprovação parlamentar, em respeito à igualdade tributária. A norma continha os seguintes dizeres: "que é ilegal toda cobrança de impostos para a Coroa sem o concurso do Parlamento, sob pretexto de prerrogativa, ou em época e modo diferentes dos designados por ele próprio" (art. 4).[88]

Em seguida, a *Declaração de Direitos da Virgínia de 1776*, que precedeu a Declaração de Independência dos EUA, reconheceu uma série

---

[86] BUENO, Manoel Carlos. *Código de Hamurabi, Manual dos Inquisidores, Lei das XII, Lei de Talião.* Leme-SP: Edijur, 2018, p. 14; 77-79; 93.

[87] USP. Universidade de São Paulo. *Magna Carta de 1215*. (*Magna Charta Libertatum*). Comissão de Direitos Humanos da USP. Disponível em: <http://www.direitoshumanos.usp.br/index.php/Documentos-anteriores-cria-da-Sociedade-das-Na%C3%A7%C3%B5es-at%C3%A9-1919/magna-carta-1215-magna-charta-libertatum.html>. Acesso em 16-10-2021.

[88] USP. Universidade de São Paulo. *Declaração de Direitos de 1689* (*Bill of Rights*). Comissão de Direitos Humanos da USP. Disponível em: <http://www.direitoshumanos.usp.br/index.php/Documentos-anteriores-cria-da-Sociedade-das-Na%C3%A7%C3%B5es-at%C3%A9-1919/a-declaracao-inglesa-de-direitos-1689.html>. Acesso em 16-10-2021.

de direitos naturais ao ser humano, notadamente a igualdade entre as pessoas. A norma continha a seguinte redação: "todos os homens são, por natureza, igualmente livres e independentes, e têm certos direitos inatos, dos quais, quando entram em estado de sociedade, não podem por qualquer acordo privar ou despojar seus pósteros e que são: o gozo da vida e da liberdade com os meios de adquirir e de possuir a propriedade e de buscar e obter felicidade e segurança" (art. 1º).[89]

Nesse mesmo passo, com a Revolução Francesa, o direito à igualdade foi assegurado expressamente em um catálogo de direitos na *Declaração de direitos do homem e do cidadão de 1789*. O artigo 1º foi categórico ao assegurar que a igualdade é inerente ao ser humano, fenômeno este que ocorre desde o seu nascimento: "Os homens nascem e são livres e iguais em direitos. As distinções sociais só podem fundamentar-se na utilidade comum".[90]

Posteriormente, a *Declaração Universal dos Direitos Humanos de 1948* também consagrou o direito à igualdade a todo indivíduo desde o seu nascimento: "Todos os seres humanos nascem livres e iguais em dignidade e em direitos. Dotados de razão e de consciência, devem agir uns para com os outros em espírito de fraternidade" (art. 1º). Em seguida, o *Pacto Internacional sobre Direitos Civis e Políticos de 1966* garante a igualdade entre as pessoas: "Os Estados Partes do presente Pacto comprometem-se a assegurar a homens e mulheres igualdade no gozo de todos os direitos civis e políticos enunciados no presente Pacto" (art. 3º). Finalmente, a *Convenção Americana sobre Direitos Humanos de 1969* assegura a igualdade das pessoas perante à lei: "Todas as pessoas são iguais perante a lei. Por conseguinte, têm direito, sem discriminação, a igual proteção da lei" (art. 24).

Como se vê, historicamente as normas jurídicas reconheceram o "princípio da igualdade" nos seus textos, elevando-o ao *status* de direito positivo, não ficando apenas na condição de direito natural.

4.5. Igualdade e seres humanos

A igualdade constitui um postulado inerente às pessoas em razão das características que lhes são comuns, isto é, liga-se à condição

---

[89] USP. Universidade de São Paulo. *Declaração de Direitos do Bom Povo de Virgínia – 1776*. Comissão de Direitos Humanos da USP. Disponível em: <http://www.direitoshumanos.usp.br/index.php/Documentos-anteriores-cria-da-Sociedade-das-Na%C3%A7%C3%B5es-at%C3%A9-1919/declaracao-de-direitos-do-bom-povo-de-virginia-1776.html>. Acesso em 16-10-2021.

[90] USP. Universidade de São Paulo. *Declaração de direitos do homem e do cidadão de 1789*. Comissão de Direitos Humanos da USP. Disponível em: <http://www.direitoshumanos.usp.br/index.php/Documentos-anteriores-cria-da-Sociedade-das-Na%C3%A7%C3%B5es-at%C3%A9-1919/declaracao-de-direitos-do-homem-e-do-cidadao-1789.html>. Acesso em 16-10-2021.

da natureza humana que cada indivíduo traz em si mesmo. Em outras palavras, todos os seres humanos ostentam igualdade de natureza, porquanto os indivíduos de todas as cores e de todas as condições são designados pelo mesmo nome de "homem".[91]

O pensamento sofístico, partindo do pressuposto da natureza biológica comum dos homens, aproximou a tese da igualdade natural com a ideia de humanidade. "Por natureza são todos iguais, quer sejam bárbaros ou helenos" defenderá o sofista Antifon; "Deus criou todos os homens livres, a nenhum fez escravos", proclamava Alcidamas. "No pensamento estoico assume o princípio da igualdade um lugar proeminente: a igualdade radica no fato de todos os homens se encontrarem sob um *nomos* unitário que os converte em cidadãos do grande Estado universal. Quer dizer: direitos de todo o mundo e não apenas direitos limitados ao espaço da *polis*. Aqui se visualiza já a ideia de universalização ou planetarização dos direitos do homem. No mundo romano, o pensamento estóico tentará deslocar a doutrina políticas. É clássica a posição de Cícero: 'a lei verdadeira é a razão coincidente com a natureza na qual todos participam' (*ratio naturae quae est lex divina et humana*). E não menos clássicas são as palavras poéticas de Terêncio: 'Eu sou homem e nada do que é humano me é alheio'".[92]

Nesse sentido, igualdade entre os seres humanos decorre da própria natureza do homem, que tem como primeira característica promover a sua conservação. De acordo com Cícero, na obra *Dos Deveres*, "a natureza pôs em todo ser animado o instinto de conservação, para defender seu corpo e sua vida, para evitar o que prejudica, para procurar todo o necessário com que viver: o alimento, o abrigo e outras coisas desse gênero. Deu, a cada espécie, nos dois sexos, uma atração mútua que os leva à multiplicação, e certo cuidado de sua prole". Além disso, os seres humanos assemelham-se pelo uso da razão: "O homem percebe as consequências, a origem, a marcha das coisas, compara umas com outras, liga e reata o futuro ao passado; envolve, de um golpe de vista, todo o curso de sua vida, e faz provisão do necessário para seguir em frente. Mas o que é, sobretudo, próprio do homem é a procura da verdade".[93]

Para Thomas Hobbes, a igualdade resulta da condição natural do ser humano. "A natureza fez os homens tão iguais quanto às faculdades do corpo e do espírito que, embora por vezes se encontre um

---

[91] MARITAIN, Jacques. *Princípios duma política humanista*. Rio de Janeiro: Agir Editora, 1960, p. 108-109.

[92] CANOTILHO, José Joaquim Gomes. *Direito Constitucional e Teoria da Constituição*. 3ª ed. Coimbra: Almedina, 1999, p. 357.

[93] CÍCERO, Marco Túlio. *Dos Deveres*. São Paulo: Edipro, 2019, p. 32-33.

homem manifestadamente mais forte de corpo, ou de espírito mais vivo do que outro, mesmo assim, quando se considera tudo isto em conjunto, a diferença entre um e outro homem não é suficientemente considerável para que qualquer um possa com base nela reclamar qualquer benefício a que outro não possa também aspirar, tal como ele. Porque quanto à força corporal o mais fraco tem força suficiente para matar o mais forte, quer por secreta maquinação, quer aliando-se com outros que se encontrem ameaçados pelo mesmo perigo. Quanto às faculdades do espírito, encontro entre os homens uma igualdade ainda maior do que a igualdade de força. Porque a prudência nada mais é do que experiência, que um tempo igual igualmente oferece a todos os homens, naquelas coisas a que igualmente se dedicam. Desta igualdade quanto à capacidade deriva a igualdade quanto à esperança de atingirmos nossos fins".[94]

Na lição de Montesquieu, a igualdade dos homens decorre das leis da natureza, dada a condição de serem iguais entre si. "Antes de todas estas leis, estão as leis da natureza, assim chamadas porque derivam unicamente da constituição de nosso ser. Para bem conhecê-las, deve-se considerar um homem antes do estabelecimento das sociedades. As leis da natureza serão aquelas que receberia em tal estado. O homem no estado de natureza teria mais a faculdade de conhecer do que conhecimentos. Está claro que suas primeiras ideias não seriam especulativas: pensaria na conservação do seu ser, antes de buscar a origem deste ser. Tal homem sentiria no início apenas sua fraqueza; sua timidez seria extrema. Neste estado, todos se sentem inferiores; no limite, cada um se sente igual aos outros. Ao sentimento de sua fraqueza, o homem acrescentaria o sentimento de suas necessidades".[95]

No mesmo sentido, David Hume assinala: "toda a gente reconhece que há grande uniformidade nas ações humanas em todas as nações e em todas as épocas, e que a natureza humana sempre permanece igual em seus princípios e em suas operações. Os mesmos motivos produzem sempre as mesmas ações; os mesmos eventos resultam das mesmas causas. A ambição, a avareza, o amor-próprio, a vaidade, a amizade, a generosidade e o espírito público, paixões misturadas em vários graus e distribuídas pela sociedade têm sido, desde o começo do mundo, e ainda são, a fonte de todas as ações e empreendimentos que se têm sempre observado entre os homens".[96]

---

[94] HOBBES, Thomas. *Leviatã*. Os pensadores. São Paulo: Nova Cultural, 2000, p. 107-108.

[95] MONTESQUIEU. *O espírito das leis*. 3ª ed. São Paulo: Martins Fontes, 2005, p. 13-14.

[96] HUME, David. *Investigação acerca do entendimento humano*. Os pensadores. São Paulo: Nova Cultural, 1996, p. 91.

Na perspectiva filosófica de Immanuel Kant, a igualdade é elemento inerente ao ser humano, haja vista que o homem, como ser racional, "existe como fim em si mesmo, não só como meio para o uso arbitrário desta ou daquela vontade. Pelo contrário, em todas as suas ações, tanto nas que se dirigem a ele mesmo como nas que se dirigem a outros seres racionais, ele tem sempre de ser considerado simultaneamente como fim. O imperativo prático será, pois, o seguinte: *Age de tal maneira que uses a humanidade, tanto na tua pessoa como na pessoa de qualquer outro, sempre e simultaneamente como fim e nunca simplesmente como meio*". Assim, todos os seres humanos existem como fim em si mesmo, expressando a mesma igualdade como sujeito de direitos, figurando como titular das relações jurídicas, e nunca como mero objeto. Além disso, o homem é um ser dotado de razão e vontade cuja verdadeira finalidade da natureza é promover a sua conservação e o seu bem-estar, ou seja, os indivíduos buscam, em síntese, a sua felicidade. A felicidade é, pois, o interesse comum almejado por todos, sendo expressão da igualdade persecutória.[97]

Spinoza compartilha do mesmo entendimento, ou seja, o ser humano direciona-se a promover a sua autoconservação e o seu bem-estar, sendo estes um interesse igualitário dos homens. O primeiro elemento, a autoconservação, liga-se ao desejo de continuar existindo em sua integralidade permanentemente. "Proposição 6. *Cada coisa esforça-se, tanto quanto está em si, por perseverar em seu ser*. Demonstração: [...] nenhuma coisa tem em si algo por meio do qual possa ser destruída, ou seja, que retire a sua existência; pelo contrário, ela se opõe a tudo que possa retirar a sua existência. E esforça-se, assim, tanto quanto pode e está em si, por perseverar em seu ser. Proposição 7. *O esforço pelo qual cada coisa se esforça por preservar em seu ser nada mais é do que a sua essência atual*. Proposição 8. *O esforço pelo qual cada coisa se esforça por preservar em seu ser não envolve nenhum tempo finito, mas um tempo indefinido*. Demonstração: [...] o esforço pelo qual uma coisa existe não envolve, de maneira alguma, um tempo definido, mas, pelo contrário, ela continuará, em virtude da mesma potência pela qual ela existe agora, a existir indefinidamente, desde que não seja destruída por nenhuma causa exterior. Logo, esse esforço envolve um tempo indefinido".

Ademais, o ser humano esforça-se na satisfação das suas necessidades, assim como na obtenção de tudo aquilo que propicie a alegria. "Proposição 28. *Esforçamo-nos por fazer com que se realize tudo aquilo que imaginamos levar à alegria; esforçamo-nos, por outro lado, por afastar ou destruir tudo aquilo que a isso se opõe, ou seja, tudo aquilo que imaginamos*

[97] KANT, Immanuel. *Fundamentação da Metafísica dos Costumes*. Lisboa: Edições 70, 2011, p. 72-73 e 24.

levar à tristeza. Demonstração: Esforçamo-nos por imaginar, tanto quanto podemos, aquilo que imaginamos levar à alegria, isto é, esforçamo-nos, tanto quanto podemos, por considerá-lo como presente, ou seja, como existente em ato. Ora, o esforço da mente, ou a sua potência de pensar, é, por natureza, igual e simultâneo ao esforço do corpo, ou à sua potência de agir. Portanto, esforçamo-nos ao máximo por fazer com que isso exista, isto é, fazer com que isso exista é o nosso apetite e a nossa inclinação. Isso quanto à primeira parte da proposição. Por outro lado, se imaginamos que aquilo que julgamos ser causa de tristeza, isto é, aquilo que odiamos, é destruído, então nos alegraremos. Portanto, nos esforçaremos por destruí-lo, ou seja, por afastá-lo de nós, por não considerá-lo como presente".[98]

Ontologicamente, a igualdade é ínsita aos indivíduos coletivamente considerados. Isso porque o ser humano constitui um ser físico e espiritual, dotado de características comuns que abrange os dois sexos, sendo titulares de direitos e obrigações na ordem social. Em outros termos, é um ser vivente que possui um conjunto de atributos específicos decorrentes da mesma origem, ou seja, ligam-se à natureza humana, cujos atos expressam a humanidade.

Segundo o Dicionário de Etnologia e Sociologia, "a humanidade entra na existência empírica e espiritual da história, isto é, na vida, de duas maneiras: primeiro nas grandes formações separadas das raças dos povos, grupos, agregados sociais em geral; segundo: em forma de relações pessoais íntimas. Onde sempre se encontram homens eles se reconhecem como tais, se distinguem juntamente do resto do mundo (consciência da espécie). Eles se significam mutuamente meio social e não simplesmente meio ambiente. Ainda que se levantem montanhas e abismos entre eles, embora os separem costumes e hábitos, cultura e até a língua, eles têm a consciência nítida de poder entrar reciprocamente e relações íntimas (Dunkmann). As concretizações da humanidade são, portanto e principalmente, as relações íntimas entre homens em geral (Dunkmann) que pressupõem como única qualidade de seus elementos serem homens e mais nada".[99]

Na concepção filosófica, a expressão "humanidade" identifica-se, entre outros, pelo seu conteúdo, sujeito, racionalidade e simpatia. Conforme o Dicionário de Filosofia, o *conteúdo* é substância ou essência do homem, no significado aristotélico adotado pela metafísica clássica. Nesse sentido, S. Tomás dizia: Humanidade "significa os princípios

---

[98] SPINOZA, Benedictus de. *Ética*. Tradução de Tomaz Tadeu. 2ª ed. Belo Horizonte: Autêntica, 2014, p. 105 e 118.

[99] WILLEMS, Emílio; HERBERT, Baldus. *Dicionário de Etnologia e Sociologia*. São Paulo: Companhia Editora Nacional, 1939, p. 119-120.

essenciais da espécie, tanto formais quanto materiais, não levando em conta os princípios individuais. A H. é aquilo em virtude do que o homem é homem; e em homem é homem não porque tem os princípios individuais, mas porque tem os princípios essenciais da espécie". Por sua vez, o *sujeito* refere-se ao gênero humano, ou seja, à espécie humana como entidade biológica. Nesse sentido, fala-se, p. ex., da história ou dos feitos da humanidade na terra, ou da evolução biológica da humanidade. A seu turno, o elemento *racionalidade* consiste na natureza racional do homem, "dotada de dignidade e, portanto, fim para si mesma. Esse é o significado que essa palavra assume na segunda fórmula do imperativo categórico de Kant: 'Age de tal maneira que trates a H [humanidade]. (*Menschheit*), tanto na tua pessoa quanto na pessoa de qualquer outro, sempre também como fim, nunca somente como meio' (Grundlegung der Met. der Sitten, II). A H. [humanidade] na pessoa dos homens é objeto do respeito (v.), que, para Kant, é o único sentimento moral (Met. der Sitten, II, § 11)". Finalmente, a *simpatia* existente na humanidade consiste na capacidade de compreensão dos outros ou na simpatia para com eles. "Nesse sentido, a melhor definição desse termo foi dada por Kant: "H. [humanidade] (*Humanitàt*) significa, por um lado, o sentimento universal da simpatia e, por outro, a faculdade de poder comunicar pessoal e universalmente; essas são duas propriedades que, juntas, constituem a sociabilidade própria da H. [humanidade] (*Menschheit*), graças à qual ela se diferencia do isolamento animal' (Crít. do Juízo, § 60; cf. Antr., § 88)".[100]

Assim, o conceito de "humanidade" liga-se ao ser humano pelas características que lhes são comuns. Thomas Hobbes também entende "que todos os homens possuem fundamentalmente a mesma potência física e intelectual e que as diferenças são insignificantes. Pessoas de diferente idade, raça ou habilidade, consideramo-las desiguais nesses aspectos. Podemos dizer que os seres humanos só são iguais ou desiguais em relação a determinadas características que devem ser especificadas. Não tem sentido afirmar que 'todos os homens são iguais'. Alguns podem ser quanto a uma característica particular; todos, não. A única característica que é comum a todos é a 'natureza humana'; mas isso é uma afirmação tautológica. Igualdade e desigualdade de características são, sem dúvida, conceitos descritivos. Com efeito, que *A* e *B* tenham a mesma idade, nacionalidade ou rendimentos é coisa que pode empiricamente verificar-se; tanto como a afirmação de que *A* tem maior habilidade ou aptidão que *B*. Estas asserções, descritivas e não normativas, têm sido chamadas juízos distintivos de valores".

[100] ABBAGNANO, Nicola. *Dicionário de Filosofia*. Tradução de Alfredo Bosi. São Paulo: Martins Fontes, 2007, p. 518.

Em razão dos elementos naturais existentes nos seres humanos, aplicam-se lhes a igualdade de tratamento e de distribuição. "*Igualdade de tratamento*: se duas ou mais pessoas são 'tratadas de forma igual' ou não, isso é também uma questão empírica. A e B são tratados de modo igual por C, se C atribui a A e B o mesmo benefício específico (por exemplo, um voto), o mesmo ônus (um ano de serviço militar), ou então a mesma cota de um determinado benefício ou encargo (salário, gravame fiscal). Se A pode votar, mas B não, se A é chamado ao exército, mas B isentado, se A recebe um salário maior do que B, então A e B têm um tratamento desigual sob esses aspectos. O fato de que A e B tenham de receber uma distribuição igual ou desigual depende da norma de distribuição aplicável. Pelo que respeita à norma de distribuição, A e B são tratados de maneira igual, não porque ambos sejam alvos da mesma concessão, mas porque a regra lhes é aplicada de modo imparcial. Tratando-se do direito de voto reservado aos brancos, brancos e negros são tratados de modo igual sempre que aqueles tenham o direito de votar e estes não. Qualquer regra de distribuição pode ser aplicada de modo parcial ou imparcial. O tratamento segundo as regras predominantes, quaisquer que sejam suas determinações, é sempre igualitário como imparcial".

Igualdade de distribuição: "Que duas pessoas quaisquer sejam tratadas de modo igual em relação a uma determinada regra de distribuição, é coisa que se há de distinguir do fato de elas terem de ser tratadas assim em virtude dessa regra. As regras de distribuição apresentam a seguinte forma geral: todo benefício específico (o direito de voto, por exemplo) ou ônus (um imposto geral sobre a receita) deve ser distribuído ou negado a uma pessoa, se ela possuir ou não uma característica específica (a de ser, por exemplo, um cidadão de mais de vinte anos, branco, comprar cigarros). Ou, então, a cota de um benefício específico (o salário, por exemplo) ou de um ônus (imposto sobre rendimentos) estará em relação com a totalidade ou grau de uma determinada característica que a pessoa tem (sua habilidade, sua renda)".[101]

4.6. Sociedade e igualdade

Além do aspecto natural da humanidade, a igualdade liga-se diretamente aos valores sociais. Originalmente, o ser humano apresenta um traço fundamental, consistente na dependência de outros indivíduos para a realização plena da sua natureza. "É certo, não há dúvida,

[101] BOBBIO, Norberto; MATTEUCCI, Nicola; PASQUINO, Gianfranco. *Dicionário de Política*. Vol. I. 11ª ed. Brasília: Editora UNB, 1998, p. 598.

que outros animais também vivem em bandos ou grupos (abelhas, formigas, castores) numa forma de manifestação gregária, não qual não está ausente, inclusive, uma repartição de funções que acaba por dar lugar a uma certa organização. Contudo, é bem de ver, não se fala aí da existência de uma autêntica sociedade. Na verdade, é esta resultante da atuação própria e exclusiva do homem. Só há, pois, sociedades humanas. Isoladamente o homem não se basta a si próprio. Na procura da felicidade envida um esforço permanente no sentido de satisfazer aos seus interesses, e, muitas vezes, o atingimento destes depende de uma atividade coordenada entre diversos homens. Sociedade vem a ser toda forma de coordenação das atividades humanas objetivando um determinado fim e regulada por um conjunto de normas".[102]

Assim, a interdependência enseja a formação da sociedade como elemento que favorece a satisfação das diversas necessidades humanas. Cada membro exerce papel importante, pois agrega valor, contribui para os demais prestando auxílio nas inúmeras atividades realizadas pelo homem, propiciando ainda a troca de experiências e conhecimentos, surgindo a igualdade entre as pessoas.

Na perspectiva do direito natural, a igualdade reside em um direito superior e antecedente a toda lei positiva humana. Isso porque a igualdade constitui forma de se alcançar a justiça, sendo que esta independe de promulgação de lei formal. "O jusnaturalismo se superpõe à norma e a antecede. Mesmo na hipótese, perante a ausência de Estado ou de poder, o direito justo existe. As normas de direito positivo devem ser inspiradas na lei maior, a lei natural, que diz respeito à natureza das coisas e à natureza do homem".[103]

A igualdade também é elemento ínsito no estado de natureza do homem. Conforme John Locke, "para compreendermos corretamente o poder político e ligá-lo à sua origem, devemos levar em conta o estado natural em que os homens se encontram, sendo este um estado de total liberdade para ordenar-lhes o agir e regular-lhes as posses e as pessoas de acordo com sua conveniência, dentro dos limites da lei da natureza, sem pedir permissão ou depender da vontade de qualquer outro homem. Estado também de igualdade, no qual qualquer poder e jurisdição são recíprocos, e ninguém tem mais do que qualquer outro; nada há, pois, de mais evidente que criaturas da mesma espécie e da mesma ordem, todas aquinhoadas aleatoriamente com as mesmas vantagens da natureza e com uso das mesmas faculdades, terão também se ser iguais umas às outras sem subordinação ou sujeição. Hooker

[102] BASTOS, Celso Ribeiro Bastos. *Curso de Teoria do Estado e Ciência Política*. 4ª ed. São Paulo: Saraiva, 1999, p. 12.

[103] VENOSA, Sílvio de Salvo. *Introdução ao Estudo do Direito*. 2ª ed. Atlas: São Paulo: 2007, p. 42.

sabiamente considera essa igualdade dos homens por sua natureza como tão evidente em si mesma e indubitável, que a toma por fundamento da obrigação de amor recíproco entre os homens, sobre o qual baseia os deveres que temos uns para com os outros, donde deriva as grandes máximas de justiça e caridade. Eis as suas palavras: 'O mesmo incentivo natural levou os homens ao conhecimento de que não lhes incumbe menos amor ao próximo do que a si mesmos; por verem que tudo quanto é igual deve ter necessariamente a mesma medida; se só posso desejar receber o bem, mesmo tanto das mãos de qualquer um quanto qualquer pessoa possa desejar de todo o coração, como poderia eu esperar ver qualquer parte do meu interesse satisfeita, a menos que tenha eu próprio o cuidado de satisfazer desejo igual de outrem, que sem dúvida nele existe, eis que também de natureza idêntica à que tenho? Oferecer-lhe algo que lhe repugne ao desejo deve necessariamente afligi-lo em todos os sentidos tanto quanto a mim; de sorte que, se pratico o mal, devo esperar por sofrimento, não havendo motivo algum para que terceiros revelem por mim maior amor do que eu mesmo lhes testemunhe; portanto, o meu desejo de ser amado pelos meus iguais em natureza tanto quanto seja possível impõe-me o dever natural de mostrar para com eles afeição igual; dessa relação de igualdade entre nós mesmos e terceiros que são como nós, nenhum homem ignora as várias regras e princípios estabelecidos pela razão natural para a direção da vida' (Pol. Ecl. liv. I.)".[104]

De outra banda, sob a ótica positivista, o direito à igualdade é fenômeno sociojurídico, uma vez que é assegurado normativamente pelo corpo social. A sociedade, mediante as suas leis, é que confere tratamento igual ou desigual aos seres humanos. Vale dizer, a igualdade ou desigualdade decorre dos valores sociais expressos na norma jurídica, pois dependem dos princípios vigorantes na sociedade em um determinado espaço e tempo histórico manifestado na lei.

A história humana está repleta de exemplos que violam profundamente o direito à igualdade. A título de ilustração, na obra *Política*, Aristóteles defendia o ato ignóbil da escravidão de um ser humano por outrem em razão da "conveniência" do determinismo a que estão sujeitos, por reputar pertencerem a "casta inferior" e por ser "justa" a escravidão; além da "superioridade" do homem em comparação com a mulher:[105]

"Mas qual de nós pretende ser escravo por natureza? Para quem tal situação é conveniente e certa? Ou será que a escravatura não é uma

---

[104] LOCKE, John. *Segundo Tratado sobre o Governo*. Texto integral. São Paulo: Martin Claret, 2006, p. 23-24.

[105] ARISTÓTELES. *Política*. Os pensadores. São Paulo: Nova Cultural, 2000, p. 149-151.

violação da natureza? Não há dificuldade em responder a esta pergunta, tanto em relação ao motivo quanto ao fato. Isso porque é conveniente, e não apenas necessário, que alguém faça as leis e outros as obedeçam; desde o momento em que nascem, os homens estão determinados uns para sujeição, outros para o comando. Existem muitas espécies de comandantes e comandados (e mandar é melhor quando os mandados são melhores – por exemplo, dirigir homens é melhor do que dirigir animais selvagens; o trabalho é melhor quando executado por operários melhores); em todas as coisas que compõem um conjunto formado por partes, por mais contínuas e discretas que elas sejam, sempre vem à luz a diferença entre o comandante e o comandado. Essa dualidade existe nas criaturas vivas como consequência da natureza".

"Do mesmo modo, o homem é superior e a mulher inferior, o primeiro manda e a segunda obedece; este princípio, necessariamente, estende-se a toda humanidade. Portanto, onde houver essa diferença que há entre alma e corpo, ou entre homens e animais, a casta inferior será escrava por natureza, e é melhor para os inferiores estar sob o domínio de um senhor. Assim, quem pode pertencer a outrem, e portanto pertence, e participa com ele o bastante para aprender mas não aprende, é um escravo por natureza. Uma vez que os animais inferiores não concebem a razão, obedecem a paixões. Sem dúvida, o uso dos escravos e dos animais domésticos não é muito diferente, uma vez que em ambos o corpo atende às necessidades da vida. A natureza distinguiu os corpos do escravo e do senhor, fazendo o primeiro forte para o trabalho servil e o segundo esguio e, se bem que inútil para trabalho físico, útil para a vida política e para as artes, tanto na guerra quando na paz. E, sem dúvida, se os homens diferem uns dos outros na mera forma de seus corpos tanto quanto as estátuas dos deuses diferem dos homens, tudo indica que as classes inferiores devem ser escravas das superiores. É evidente, portanto, que alguns homens são livres por natureza, enquanto outros são escravos, e que para estes últimos a escravidão é conveniente e justa".

Platão, na obra *República*, também negava o direito à igualdade entre as pessoas, uma vez que defendia a "superioridade" do homem em relação à mulher:[106]

"S. – Você conhece alguma atividade humana em que o sexo masculino não se demonstre, em todos os aspectos, superior ao sexo feminino? Ou seria realmente o caso de nos determos a falar da tecelagem, da preparação de doces e dos temperos, em que o sexo feminino parece levar ampla vantagem e não seria de todo ridículo que fosse suplantado?

[106] PLATÃO. *A República*. Obra completa. Coleção: Grandes Obras do Pensamento Universal. 2ª ed. São Paulo: Escala, 2007, p. 171.

G. – Você está com razão ao afirmar que, via de regra, o sexo feminino é inferior ao masculino. Isso não quer dizer que as mulheres, sob muitos aspectos, são superiores a muitos homens. Em tese, porém, é como você diz. Assim, na administração do Estado não há nenhuma função própria do homem ou da mulher enquanto tal, mas as inclinações são casuais em ambos e por natureza a mulher tem o mesmo e todo o direito de assumir funções como o homem, embora ela seja inferior. G. – Por certo".

No direito romano, conforme José Carlos Moreira Alves, a liberdade não era um direito de todos os indivíduos, pois o ser humano tinha que cumprir certos requisitos para adquirir a personalidade jurídica. Eram duas as condições, consistentes em: a) ser livre; e b) ser cidadão romano. "No direito romano, os homens ou são livres ou escravos. A liberdade é a regra; a escravidão é a exceção. Várias eram as causas da escravidão". Várias eram as causas da escravidão, dividindo-se entre as do *ius gentium* e as do *ius civile*. As causas do *ius gentium* decorriam da captura pelo inimigo e o nascimento. "Quanto à captura, podia ela ocorrer em tempo de paz ou de guerra. Na paz, quando entre Roma e outro Estado não havia tratado de amizade; na guerra, o vencedor escravizava o vencido. Se o capturado era estrangeiro, tornava-se escravo do romano; se romano, do estrangeiro. Demais, não tendo o escravo personalidade jurídica, se um cidadão romano fosse reduzido à escravidão, por captura, seus direitos, em Roma, ficavam em suspenso; se ele conseguisse fugir e voltar ao território romano, readquiria-os em decorrência da ficção do *postliminium*, pela qual era ele considerado como se jamais tivesse sido escravo; se, porém, morresse escravo, a Lei Cornélia, de 81 a. C. – e isso para evitar graves consequências em matéria de sucessão hereditária –, criou outra ficção: considerava-se o cidadão romano como tendo morrido no instante da captura, ou seja, quando ainda era livre".

"Quanto ao nascimento, era a condição da mãe que determinava a do filho: quem nascia de escrava, ainda que o pai fosse livre, seria escravo. Mas a genitora, entre a concepção e o parto, podia mudar de condição (assim, por exemplo, quando da concepçao, era livre, mas ao dar à luz já se tornara escrava). Qual, então, o momento que se levava em conta para determinar-se a condição do filho? No direito clássico, era o instante do nascimento; se a mãe, livre durante quase toda a gestação, pouco antes do parto se tornava escrava, o filho nasceria escravo. No direito pós-clássico, mudou-se a orientação com base no princípio de que o nascimento se tem por nascido quando se trate do seu interesse: se a mãe tivesse sido livre em qualquer momento da gestação, o filho nasceria livre".[107]

[107] ALVES, José Carlos Moreira. *Direito Romano*. Volume I. 5ª ed. Rio de Janeiro: Forense, 1983, p. 116-118.

No direito romano, a segunda causa da escravidão era o *ius civile*. "No direito pré-clássico, tornavam-se escravos: a) o que não prestava declarações ao censo; b) o que, convocado, não se apresentava ao exército; c) o desertor; d) aquele que os romanos entregavam ao inimigo ou à nação estrangeira que ele tivesse ofendido; e) o ladrão preso em flagrante; f) o devedor insolvente; e g) a *filius familias* vendido pelo *pater familias*. Em todos esses casos, os nele incursos, para se tornarem escravos, tinham de ser vendidos no estrangeiro, pois nesse período vigorava o princípio de que o cidadão romano não podia ser reduzido à escravidão em Roma. No direito clássico, quase todas essas causas ou já não existem ou caem em desuso. Em compensação, surgem outras. Assim, nesse período, tornam-se escravos: a) o condenado à morte ou a trabalhos forçados nas minas; b) a mulher livre que, notificada três vezes pelo dono do escravo a não continuar mantendo relações carnais com este, não atendesse às notificações; c) o maior de 20 anos que, fingindo-se escravo, se deixasse vender como se o fosse, para dividir o preço com o comparsa que o alienara; a princípio, aquele podia reivindicar sua condição de homem livre, mas, no direito clássico, não mais o pode fazer, pois, com a prática do ato, se torna realmente escravo; e d) o liberto que fosse ingrato ao seu antigo dono". Em ambas as hipóteses, o escravo podia ser liberto por meio da manumissão (*manumissio*) ou por disposição de lei. A manumissão era o ato pelo qual o senhor libertava o seu escravo da condição de domínio.[108]

Da mesma forma, na era pós-clássica, a igualdade não constituía um direito concedido a todos os indivíduos; ao contrário, continuava-se a admitir expressamente a escravidão da pessoa humana por outro indivíduo, conforme as *Institutas do Imperador Justiniano*:[109]

Título III

Do Direito das Pessoas

A suma divisão concernente ao direito das é esta: todos os homens ou são livres ou são escravos"

§ 2º. No que toca à escravidão, trata-se de uma instituição do direito das gentes mediante a qual alguém se acha, contra a natureza, sujeito ao poder de outrem.

§ 3º. Os escravos assim são chamados pelo fato de serem os cativos [prisioneiros de guerra] cuja venda é ordenada pelos imperadores, e assim costumam ser conservados, não os matando; também são geralmente chamados de mancípia por serem capturados pela mão dos inimigos.

---

[108] ALVES, José Carlos Moreira. *Direito Romano*. Volume I. 5ª ed. Rio de Janeiro: Forense, 1983, p. 118-120.

[109] JUSTINIANUS. Flavius Petrus Sabbatius. *Institutas do Imperador Justiniano*. Incluindo Novelas CXVIII e CXXXVIII. Bauru, SP: Edipro, 2001, p. 25.

§ 4º Os escravos nascem escravos ou se tornam escravos; nascem escravos de nossas escravas; tornam-se escravos seja mediante o direito das gentes, seja pelo cativeiro, seja mediante o direito civil, quando um homem livre, maior de vinte anos, consente em ser vendido a fim de compartilhar do preço. Na condição de escravo inexiste qualquer diferença.

§ 5º. Entre os livres há muitas diferenças, sendo uns nascidos livres e outros, libertos.

No nefasto período da escravidão no império romano, o valor atribuído ao escravo dependia da utilidade proporcionada pelos serviços que pudesse executar ao seu senhor, além da avaliação do escravo depender da dedução das respectivas despesas, conforme o *Digesto* (Livro 7, Título Sétimo, 6, §§ 1º, 2º e 3º):[110]

---

§ 1. Se o escravo tiver menos de cinco anos, ou se for enfermo, ou de tal sorte que o senhor não possa dele tirar serviço algum, não se lhe dará valor.

§ 2. Na avaliação não se levará em conta o valor de estima ou de afeição, como, por exemplo, se o senhor estimava o escravo e o empregava em seus deleites.

§ 3. Em suma, a avaliação somente pode ser feita depois de deduzidas as despesas necessárias.

Assim, o conceito de igualdade varia conforme o entendimento da sociedade em um certo espaço e momento histórico, sendo o conceito de "igualdade" resultado dos valores dos membros que compõem o respectivo grupo social. Na atualidade, como forma de proteger o ser humano das vicissitudes dos detentores do poder, as normas internacionais assumem papel imprescindível, uma vez que salvaguardam os seres humanos mesmo quando as normas domésticas falham, ou quando os próprios Estados são os violadores dos direitos individuais.

Portanto, a igualdade é um valor social que requer constante evolução interpretativa, a fim de proteger o ser humano em sua plenitude.

4.7. Idealismo igualitário

O idealismo igualitário opõe-se à corrente nominalista. Para a *corrente idealista*, "a unidade da espécie humana é, como nota Maritain, de 'uma ideia subsistente, de um Homem em si, sediado acima do tempo, e cujos indivíduos, empenhados na vida concreta são sombras sem

[110] DIGESTO OU PANDECTAS do Imperador Justiniano. Volume II. Livros 5-11. Tradução brasileira por Manoel da Cunha Lopes e Vasconcellos. 1ª ed. São Paulo: YK Editora, 2017, p. 119.

substâncias; a seus olhos essa abstração realizada é a própria realidade'. Como consequência dessa assertiva, segue-se que deve reinar entre os homens uma igualdade absoluta. As desigualdades verificadas no universo, os idealistas as dividem em duas categorias: as de ordem física, 'estabelecidas pela natureza' e as de ordem social, 'resultantes de uma convenção e autorizadas pelo consentimento dos homens' (J. J. Rousseau). As primeiras são, em si mesmas, de pequena importância; e se aumentaram, tal fato resultou das desigualdades sociais ou estruturais, que se originaram das condições diversas de vida entre os indivíduos. Essas desigualdades sociais são formalmente condenadas; não devem existir. Como afirma o grande filósofo Jacques Maritain, 'o Homem em si não saberia ser desigual a si mesmo; ele é ultrajado em sua dignidade essencial toda vez que um indivíduo difere de um outro'."

"O idealismo, destarte, postula um igualitarismo absoluto, defende uma 'igualdade pura e simples, de ordem aritmética, a igualdade da pura unidade repetida, do puro intermutável e do puro homogêneo', reclamando, outrossim, por consequência, que a espécie humana se transforme em 'massa tão indiferenciada quanto possível, repelindo de seu seio, como uma ofensa ou sacrilégio, toda desigualdade qualitativa' (Jacques Maritain). Na origem desse igualitarismo absoluto difícil não é encontrar, como bem salienta Ihering, 'a malevolência e a inveja' ou, no dizer sempre citado Maritain, 'o ódio de toda a superioridade, a inveja, o ressentimento coletivo, a sede de punir a outrem pelos revesses e humilhações que sofreu' (R. Von Ihering). Oportuna, neste particular, a referência de Jean Jacques Chevalier à circunstância de que as teses igualitárias de pregoeiro máximo das mesmas – Rousseau – teriam resultado em grande parte do ressentimento dum 'orgulhoso coração de plebeu, constantemente ferido ao contado da sociedade aristocrática anti-igualitária, cujas condescendências lhe eram tão insuportáveis quanto os desdéns'. Aliás, nessa ordem de ideias, Rui Barbosa, na *Oração aos Moços*, atribuía como causa do igualitarismo absoluto, 'os desvarios da inveja, do orgulho e da loucura'".[111]

Todavia, há que mencionar que "dentro da tese igualitária, devem ser situados aqueles que, como os publicistas italianos Luigi Einaudi e Alexandre Groppali, defendem a 'igualdade inicial nas condições da vida em sociedade'. Ou, ainda, 'l'uguaglianza nei punti di partenza'. Por seu turno, Groppali, verificando o risco da aplicação absoluta de tal princípio, salienta que se impunha fosse o mesmo aplicado 'com critérios justos'. Mas, esquecido dessa justa proporcionalidade, apaixonando-se pela total 'igualdade inicial das condições de vida em sociedade',

[111] FARIA, Anacleto de Oliveira. *Do princípio da igualdade jurídica*. São Paulo: Revista dos Tribunais, 1973, p. 38-40.

investe contra a disseminação hereditária, instituto que, no entender do mestre italiano, gera 'privilégio não justificado por motivos de intrínseco valor e que constitui o obstáculo maior do desígnio de assegurar a todos uma igualdade efetiva e não só formal'".[112]

4.8. Realismo igualitário

A *corrente realista*, propugnada pelos partidários do realismo, constitui meio-termo entre os extremos das correntes nominalistas e idealistas. "Para o realismo, existem homens singularmente considerados, como, outrossim, existe a humanidade. Consoante os defensores desta posição, a unidade ou igualdade de natureza entre os homens não é uma simples palavra, nem a exigência lógica de uma espécie abstrata. A propósito do assunto, convém transcrever a lição de Ives Simon: 'Afirmar a realidade da natureza humana, uma e a mesma em todos os homens, não envolve crença em algum tipo platônico. É apenas no espírito que a natureza humana possui a condição de unidade positiva. No mundo real, os traços que modelam a natureza humana universal existem em estado de individualidade. Como dizia João de S. Tomaz, duas coisas, cada uma das quais é idêntica a uma terceira coisa, não são idênticas entre si se a terceira coisa é virtualmente múltipla. Desde o instante mesmo de sua criação, os homens são diferentes e desiguais sob incontáveis aspectos; todavia, é supremamente exato descrevê-los como criaturas iguais, pois, em cada um deles, o mesmo sistema de característica inteligíveis proporciona à realidade individual aptidão para existir' (Ives Simon)."

"Esta é a posição que se nos afigura verdadeira, de modo que podemos concluir com Afonso Arinos, aplicando os princípios em foco ao tema objeto desta dissertação: 'A ideia de igualdade deve ser fundada não no conceito da igualdade natural entre os homens, mas no reconhecimento da universalidade do homem'. Contra o nominalismo, acentua o realismo a existência da humanidade – 'a unidade do gênero humano'; contra o idealismo, ressalta o realismo a existência, no mundo, de diversidades, quer naturais, quer sociais, entre os homens. Segundo Maritain, 'as desigualdades que diversificam a vida humana e nela intensificam com a abundância das trocas não lesam, em nenhuma das dignidades que comporta e dos direitos que funda, a unidade do gênero humano. Todo homem é homem por sua essência, mas nenhum homem é homem por essência'. Portanto, reconhecemos no universo

[112] FARIA, Anacleto de Oliveira. *Do princípio da igualdade jurídica*. São Paulo: Revista dos Tribunais, 1973, p. 40-41.

a igualdade e as desigualdades: a unidade da espécie humana e as variações de condições inúmeras entre os homens. No que tange a estas últimas, oportuna é a lição de Ranelletti: o que a natureza faz desigual, não podem os homens tornar igual".

Sem embargo, convém assinalar que, para esta última corrente, deve haver o primado da igualdade sobre as desigualdades existentes. "A igualdade deve ser primeira, enquanto concerne aos direitos fundamentais e à dignidade comum do ser humano; as desigualdades, pelo motivo acima exposto, 'são e devem ser segundas'. Realmente, os direitos básicos da pessoa, o direito à vida e à sobrevivência, ou à fundação de uma família, por exemplo, são universais e vigoram para todos os homens (Jaques Maritain). Pelo que acima ficou exposto, segue-se a conclusão de que o conceito de igualdade não pode ser absoluto (como pretendiam os idealistas), mas se apresenta como sendo proporcional. Proporcional, em primeiro lugar, porque varia de acordo com as exigências precípuas do ser humano. Como acima se afiançou, no que tange aos direitos fundamentais, mister se faz seja absoluta a igualdade; entretanto, à medida que descemos na hierarquia desses direitos, surgem, normais, as desigualdades, quer naturais, quer sociais. Proporcional, também, porque longe de ser algo imutável, a verdadeira igualdade, concernindo a homens, singularmente considerados, deve levar em conta as diversidades entre os mesmos verificadas. Com efeito, o tratamento igual a pessoas que ocupam situações diversas constituiria autêntica iniquidade. Prevalece, nesse particular, a asserção de Barker, citada por Temístocles Brandão Cavalcanti: 'Todos têm o mesmo direito, mas não o direito às mesmas coisas'. No mesmo diapasão, Carlos Maximiliano acentuara: 'A igualdade consiste em tratar igualmente as coisas iguais e desigualmente as desiguais; pois a igualdade absoluta, matemática, é de fato o paradoxo da igualdade'".[113]

Por último, Rui Barbosa arremata: "a regra da igualdade não consiste senão em quinhoar desigualmente aos desiguais, na medida em que se desigualam. Nessa desigualdade social, proporcionada à desigualdade natural, é que se acha a verdadeira lei da igualdade. Tratar com desigualdade a iguais, ou a desiguais com igualdade, seria desigualdade flagrante, e não igualdade real. Os apetites humanos conceberam inverter a norma universal da criação, pretendendo, não dar a cada um, na razão do que vale, mas atribuir o mesmo a todos, como se todos se equivalessem. Esta blasfêmia contra a razão e a fé, contra a civilização e a humanidade, é a filosofia da miséria".[114]

---

[113] FARIA, Anacleto de Oliveira. *Do princípio da igualdade jurídica*. São Paulo: Revista dos Tribunais, 1973, p. 43 -46.

[114] BARBOSA, Rui. *Oração aos Moços*. Texto integral. São Paulo: Martin Claret, 2003, p. 39

5. Igualdade e discriminação

5.1. Introdução

É comum a definição de igualdade como um critério de justiça, consistente em tratar os iguais de maneira igual e desigualmente os desiguais. Todavia, esse preceito não se mostra suficiente para definir o conceito de igualdade. Dentre várias indagações, destacam-se: quem são os "iguais" e os "desiguais"? Quais são os critérios adotados para categorizar alguém como "igual" ou "desigual"? Quais são as medidas aceitáveis em prol de tais indivíduos? Tais benefícios devem ser concedidos permanente ou temporariamente? Além disso, o tratamento distintivo é razoável? Tal discrímen favorece a igualdade entre as pessoas ou a prejudica? A medida distintiva é compatível com os valores do Estado Democrático de Direito e com a Constituição?

Tais questionamentos são relevantes, visto que as diferenças fazem parte da vida humana e ninguém é idêntico a outrem, pois todos, em alguma medida, são diferentes das demais pessoas. Exemplo, os agentes políticos possuem certas prerrogativas para permitir o exercício do mandato eletivo. Contudo, deve-se distinguir racionalmente o que se compreende como "prerrogativa" e o que seja "privilégio" – que é vedado em um Estado Republicano, pois impera a igualdade formal entre os cidadãos (art. 1°, *caput*, CF/1988). Diante disso, é justificável racionalmente que certos agentes políticos sejam titulares de imunidade parlamentar relativamente às suas opiniões, palavras e votos no exercício do mandato, conforme previsto constitucionalmente (art. 53, CF/1988). Entretanto, não se afigura crível a concessão de imóvel funcional ou pagamento de auxílio moradia a parlamentares (atualmente no valor de R$ 5.500,00),[115] já que tal benefício não é concedido a servi-

[115] "Os senadores que não ocupam apartamentos funcionais podem optar por um auxílio-moradia no valor mensal de R$ 5.500,00, com a finalidade de cobrir despesas com aluguel ou diária de hotel. O auxílio-moradia só será pago mediante a apresentação da nota fiscal emitida pelo estabelecimento hoteleiro ou do recibo emitido pelo locador do imóvel residencial ocupado pelo parlamentar". Fonte: Transparência, Senado Federal. Disponível em: <https://www12.senado.leg.br/transparencia/sen/auxilio-moradia-e-imoveis-funcionais>. Acesso em 08-12-2021.

dores públicos de essencial importância para a sociedade (professores, médicos e policiais p. ex.), sem contar que tais autoridades já recebem um dos maiores salários da República (atualmente em R$ 33.763,00), de modo que podem pagar com o próprio salário o aluguel da moradia – como os demais servidores públicos que não têm imóvel próprio.

Assim, a medida distintiva favorecedora de uma pessoa em relação às outras somente se mostra admissível quando guardar compatibilidade com os valores constitucionais, ou seja, quando constitua um instrumento necessário para permitir a finalidade insculpida na Lei Fundamental (desigualação instrumental) ou para reduzir as desigualdades existentes, que excluem certos grupos de bens essenciais, a exemplo da moradia, alimentação, saúde, isto é, tudo aquilo que impede o ser humano de ter uma vida digna (desigualação mitigadora). Na *desigualação instrumental*, o tratamento diferenciado concedido pelo ordenamento jurídico constitui meio de atender a certa finalidade de interesse da sociedade, a exemplo da concessão de porte de arma aos policiais, a fim de terem condições materiais de garantir a segurança pública (art. 144, CF/1988). Por sua vez, na *desigualação mitigadora*, a medida destina-se a diminuir graves diferenças fáticas, econômicas e sociais que existem entre as pessoas, com o escopo de auxiliar na construção de uma sociedade mais justa, a exemplo do programa distrital "Prato Cheio", que concede valor de R$ 250,00 por mês a famílias em situação de insegurança alimentar e nutricional; bem como a isenção do pagamento de inscrição em concurso público aos candidatos que estejam desempregados integrantes de família de baixa renda.

As medidas de "desigualação mitigadora" assumem papel fundamental no Estado Democrático de Direito, haja vista que tal modelo de Estado deve atentar-se para a diversidade social e para as inúmeras necessidades humanas. Medidas dessa natureza promovem a igualdade na perspectiva substancial, isto é, expressa um valor social de justiça que beneficia a coletividade em sua dimensão mais profunda, de modo a "incluir" os "excluídos" ou "compensar" os que estão em situação de "desvantagem". Vale dizer, por meio de determinados instrumentos intencionalmente dirigidos, certos benefícios essenciais – existentes na comunidade política – são repartidos àqueles que até então não possuíam condições de usufruir de certos bens materiais ou jurídicos.

Dessa forma, a discriminação válida constitucionalmente é a que preenche os seguintes requisitos: *i – necessidade* (o tratamento diferenciado mostra-se como único meio de realizar a atividade a que se propõe); *ii – nexo de causalalidade* (a vantagem concedida deve ser um mecanismo lógico suficiente para criar o novo regime jurídico, ocasionando a relação entre "causa" (medida discriminadora) e "efeito" (benefício gerado); *iii – razoabilidade* (a medida deve ser justificável em razão das características da atividade, assim como na perspectiva dos fatos e da realidade social); *iv – abstração* (repetibilidade do benefício a outros casos futuros de natureza idêntica, devendo-se estender a todos os sujeitos que se enquadrem na mesma situação); *v – valorativamente aceitável* (a vantagem deve respeitar os princípios e regras constantes na Constituição, ou seja, retirar o seu fundamento de validade na Lei Maior).

Exemplificadamente, o benefício de prestação continuada (BPC), no valor de um salário-mínimo mensal não é concedido a todas as pessoas, mas somente a determinados indivíduos que se encontrem na previsão fática constante na lei. Ou seja, fazem jus ao referido benefício a pessoa com deficiência e o idoso com sessenta e cinco anos ou mais que comprovem não possuir meios de prover a própria manutenção nem de tê-la provida por sua família. A comprovação da condição de pessoa idosa é feita mediante a apresentação de documento hábil para comprovar a idade (1ª hipótese), ao passo que a pessoa com deficiência, para os efeitos desse benefício, é aquela que tem impedimento de longo prazo de natureza física, mental, intelectual ou sensorial, o qual, em interação com uma ou mais barreiras, possa obstruir sua participação plena e efetiva na sociedade em igualdade de condições com as demais pessoas (2ª hipótese). Nessas condições, a Lei nº 8.742, de 7 de dezembro de 1993, regulamentou o BPC, de modo que a norma atende aos critérios acima expostos da "necessidade", "nexo de causalidade", "razoabilidade", "abstração" e "valorativamente aceitável", sendo a medida notadamente constitucional, já que a pessoa com deficiência – impossibilitada de participar plenamente da sociedade por esta característica – não está em condições de igualdade para disputar o mercado de trabalho em comparação com as demais pessoas.

Também atende ao princípio da igualdade – respeitando a Constituição – a Lei nº 13.982/2020, que concede o pagamento de auxílio emergencial no valor de RS 600,00 (seiscentos reais) mensais ao trabalhador que cumprir cumulativamente os seguintes requisitos: "I – seja maior de 18 (dezoito) anos de idade; II – não tenha emprego formal ativo; III – não seja titular de benefício previdenciário ou assistencial ou beneficiário do seguro-desemprego ou de programa de transferência de renda federal, ressalvado, nos termos dos §§ 1º e 2º, o Bolsa Família; IV cuja renda familiar mensal *per capita* seja de até 1/2 (meio) salário-mínimo ou a renda familiar mensal total seja de até 3 (três) salários mínimos; V – que, no ano de 2018, não tenha recebido rendimentos tributáveis acima de R$ 28.559,70 (vinte e oito mil, quinhentos e cinquenta e nove reais e setenta centavos); e VI – que exerça atividade na condição de: a) microempreendedor individual (MEI); b) contribuinte individual do Regime Geral de Previdência Social que contribua na forma do *caput* ou do inciso I do § 2º do art. 21 da Lei nº 8.212, de 24 de julho de 1991; ou c) trabalhador informal, seja empregado, autônomo ou desempregado, de qualquer natureza, inclusive o intermitente inativo, inscrito no Cadastro Único para Programas Sociais do Governo Federal (CadÚnico) até 20 de março de 2020, ou que, nos termos de autodeclaração, cumpra o requisito do inciso IV" (art. 2º, Lei nº 13.982/2020).

Com efeito, medidas dessa natureza amenizam desvantagens fáticas e econômicas existentes na sociedade, constituindo meio de aproximar indivíduos em situação desfavorável a uma condição menos prejudicial em relação de competitividade às demais pessoas, favorecendo, por conseguinte, a isonomia, ou seja, a igualdade substancial.

Nesse sentido, Celso Antônio Bandeira de Mello arremata: "Há ofensa ao preceito constitucional da isonomia quando: I – A norma singulariza atual e definitivamente um destinatário determinado, ao invés de abranger uma categoria de pessoas, ou uma pessoa futura e indeterminada. II – A norma adota como critério discriminador, para fins de diferenciação de regimes, elemento não residente nos fatos, situações ou pessoas por tal modo desequiparadas. É o que ocorre quando pretende tomar o fator 'tempo' – que não descansa no objeto – como critério difencial. III – A norma atribui tratamentos jurídicos diferentes em atenção a fator de discrímen adotado que, entretanto, não guarda relação de pertinência lógica com a disparidade de regimes outorgados. IV – A norma supõe relação de pertinência lógica existente em abstrato, mas o discrímen estabelecido conduz a efeitos contrapostos ou de qualquer modo dissonantes dos interesses prestigiados constitucionalmente. V – A interpretação da norma extrai dela distinções, discrímens, desequiparações que não foram professadamente assumidos por ela de modo claro, ainda que por via implícita".[116]

5.2. Fases concepcionistas da igualdade

A concepção sobre a igualdade amoldou-se no decorrer do tempo com a evolução da mentalidade acerca dos valores humanos, especialmente com a democratização das nações. "Foi uma alteração não pacífica. Foi um ir e vir, de forma gradual, intermediada de oposições, retrocessos e lutas. Foi um caminho entre um conceito vazio, meramente formal, até uma busca de materialização social. Três fases, segundo Maria Gloria Garcia, verificam-se na evolução da concepção do princípio da igualdade: a) igualdade como prevalência da lei; b) igualdade

[116] MELLO, Celso Antônio Bandeira de. *Conteúdo jurídico do princípio da igualdade*. 3ª ed. São Paulo: Malheiros, 2006, p. 47-48.

como proibição do arbítrio ou de discriminações; e c) junto com as concepções anteriores, se acrescenta a intencionalidade material, no sentido da justiça".[117]

Na *primeira fase*, da *igualdade como prevalência da lei*, significa que "todos são iguais perante a lei". "Forma-se a classe dos cidadãos, objetivo a ser atingido pela generalidade da lei. O juiz deve obediência estrita à lei. Esta é geral e abstrata, igual para todos. Há uma igualdade absoluta e, por isso mesmo, utópica, constituindo-se um princípio puramente formal. A *segunda fase*, a da *igualdade como proibição do arbítrio ou de discriminações*, abandona a ideia da igualdade absoluta, ou seja, de que os homens são iguais em todos os aspectos. Há a igualdade de razão. E, consequentemente a de dignidade. Isso não significa que seja uma igualdade absoluta entre os homens, seria relativa em razão das próprias relações sociais. Garcia vê, nessa fase, duas orientações: 'uma puramente formal de justificação material suficiente para a qualificação igual ou desigual das situações e outra, entrando decididamente na análise dos critérios materiais que presidem ao juízo qualificativo das decisões iguais ou desiguais, para efeitos do seu tratamento jurídico, tenta determinar materialmente a medida do arbítrio e inviabilizar certos critérios, em si mesmos dicriminatórios'. Daí, em face da relatividade do princípio, os iguais devem ser tratados de forma igual e os desiguais de forma desigual, na medida exata da diferença. Disso resulta que, 'existindo situações iguais, a sua regulamentação jurídica deve ser idêntica e, existindo situações diferentes, a sua regulamentação jurídica deve ser diferenciada'."

Diante disso, "a igualdade é um conceito comparativo, ou seja, a igualdade pressupõe uma comparação. Esta exige: 'a) duas situações ou objetos que se comparam em função de b) um aspecto que se destaca do todo e c) que serve de termo de comparação'. Portanto, se a igualdade exige comparação, ela é relativa, o que exige valoração. E 'a igualdade relativa só pode, pois, determinar-se em função de certo critério e este, por sua vez, encontra-se necessariamente relacionado com o fim a atingir com a qualificação das situações concretas como iguais' (Maria Garcia). O critério passa a ser essencial para a determinação da igualdade como uma justificação material. Do critério puramente formal passa-se à materialização do princípio da igualdade com a exigência de que ele, critério, tenha uma justificação suficiente e objetiva no fim almejado pela consequência jurídica. Se não for uma justificativa suficiente e objetiva, haverá arbítrio e, consequentemente, violação do princípio da igualdade. Ainda, na segunda fase, situa-se a concepção

[117] LOVATTO, Alecio Adão. *O princípio da igualdade e o erro penal tributário*. Porto Alegre: Livraria do Advogado, 2008, p. 20-21.

de que o princípio da igualdade deve coincidir com o princípio da proibição de discriminações materialmente desrazoáveis, como, v. g., usar um critério que ofende a dignidade humana".

Finalmente, "na *terceira fase*, acrescenta-se a *intencionalidade material*, no sentido da justiça". "Não basta o uso de critérios qualificativos das situações. Eles são instrumentos para alcançar determinados fins, ou seja, a justiça, com o que se efetiva a igualdade. Igualdade em sentido estrito – político-jurídico – é um momento da justiça. Em sentido amplo – axiológico-normativo –, identifica-se com a própria justiça, segundo Maria Glória Garcia. Direciona-se o princípio para a justiça social. E 'sendo a igualdade social uma modalidade de igualdade material, atinge-se por referência a um conjunto de valores que variam consoante as sociedades e as épocas'. E qual é o conjunto de valores? Aquele que a consciência social impõe. Este 'conjunto de valores essenciais difundidos pela sociedade irá dar corpo à igualdade social que se pretende alcançar'. É o entendimento democrático do princípio da igualdade".[118]

5.3. Conceito de igualdade

De acordo com o dicionário Caldas Aulete, o vocábulo *igualdade* significa a "relação entre duas coisas iguais; identidade; completa semelhança; conformidade; paridade. Identidade de condições entre os membros da mesma sociedade".[119] Conforme o dicionário Houaiss, a locução *igualdade* traduz-se no "fato de não se apresentar diferenças de qualidade ou valor, ou de, numa comparação, mostrarem-se as mesmas proporções, dimensões, naturezas, aparências, intensidades; uniformidade; paridade, estabilidade", sendo um "princípio segundo o qual todos os homens são submetidos à lei e gozam dos mesmos direitos e obrigações".[120]

Na lição de Plácido e Silva, o vocábulo *igualdade*, do latim *aequalitas*, de *aequalis* (igual, semelhante), indica a semelhança de caracteres ou elementos que compõem duas coisas. "Assim, a igualdade é a uniformidade de grandeza, de razão, de proporção, de extensão, de peso, de altura, enfim, de tudo que possa haver entre duas ou mais coisas. É a evidência de coisas perfeitamente similares ou idênticas, de modo

[118] LOVATTO, Alecio Adão. *O princípio da igualdade e o erro penal tributário*. Porto Alegre: Livraria do Advogado, 2008, p. 22-24.

[119] AULETE, Caldas. *Dicionário Contemporâneo da Língua Portuguesa*. Volume III. 3ª ed. Rio de Janeiro: Delta, 1974, p. 1901.

[120] HOUAISS. *Dicionário da língua portuguesa*. Rio de Janeiro: Objetiva, 2009, p. 1045.

que uma se apresenta como uma semelhança da outra, com os mesmos requisitos e elementos em que se possam exibir. Embora a igualdade tenha consigo o sentido de identidade, as coisas iguais não se confundem numa só: distinguem-se de per si, mostrando, no entanto, estreita uniformidade entre elas. Em certos casos, porém, a igualdade não deve ser tomada em tamanho rigor, de modo que se exija um realismo absoluto, em relação a seu conceito jurídico. É assim que duas coisas podem não se apresentar materialmente iguais e, no entanto, podem exprimir uma igualdade".

Nesse sentido, a *igualdade* pode ser compreendida como "princípio jurídico instituído constitucionalmente, em virtude do qual todas as pessoas, sem distinção de sexo ou nacionalidade, de classe ou posição, de religião ou de fortuna, têm perante a lei os mesmos direitos e as mesmas obrigações. Mas, pela instituição do princípio, não dita o Direito uma igualdade absoluta. A igualdade redunda na igual proteção de todos, na igualdade das coisas que sejam iguais e na proscrição dos privilégios, isenções pessoais e regalias de classe, que se mostrariam desigualdades. Desse modo, a igualdade perante a lei é perante a lei e perante a justiça, para a proteção ou castigo, para a segurança de direitos ou imposição de normas coercitivas. A igualdade entende-se civil ou política. A civil compreende a igualdade perante a lei civil, comercial, penal e administrativa. Quanto a esta há restrições relativas ao estrangeiro, desde que para certos cargos há a condição da nacionalidade brasileira. A igualdade política também oferece a mesma exceção, visto que os estrangeiros não podem partilhar dos cargos eletivos para a administração pública ou para a constituição do governo. E, mesmo em certos casos, os estrangeiros naturalizados encontram-se excluídos dessa participação".[121]

Segundo Norberto Bobbio, a igualdade constitui um valor fundamental, proclamando-se que *todos os homens são (ou nascem) iguais*. "Esta máxima aparece e reaparece no amplo arco de todo o pensamento político ocidental, dos estoicos ao cristianismo primitivo, para renascer o novo vigor durante a Reforma, assumir dignidade filosófica em Rousseau e nos socialistas utópicos, e ser expressa em forma de regra jurídica propriamente dita nas declarações de direitos, desde o fim do século XVIII até hoje. Na realidade, o significado axiológico da máxima depende também da qualidade, ainda que subentendida, com relação à qual se exige que os homens, todos os homens, sejam considerados iguais. Em nenhuma das acepções historicamente importantes, a máxima pode ser interpretada como uma exigência de que todos os homens sejam iguais em tudo. A ideia que a máxima expressa é que

[121] SILVA, De Plácido e. *Vocabulário Jurídico*. 26ª ed. Rio de Janeiro: Forense, 2005, p. 696.

os homens devem ser considerados iguais e tratados como iguais com relação àquelas qualidades que, segundo as diversas concepções do homem e da sociedade, constituem a essência do homem, ou a natureza humana enquanto distinta da natureza dos outros seres, tais como o livre uso da razão, a capacidade jurídica, a capacidade de possuir, a dignidade social, ou, mais sucintamente, a dignidade. Uma vez interpretado seu significado específico através da análise das ideias morais, sociais e políticas da doutrina que a formulou, seu significado emotivo depende precisamente do valor que cada doutrina atribui àquela qualidade em relação à qual se exige que os homens sejam tratados de modo igual".[122]

Desse modo, além da característica de promover o equilíbrio entre coisas contrapostas (relação proporcional), o conceito ideal de igualdade é aquele que objetiva equalizar as diferenças de maneira permanente entre os homens que integram a sociedade, atentando-se não só o aspecto formal, mas sobretudo o aspecto substancial, de modo a se alcançar a isonomia (relação distributiva).[123]

Para Nicola Abbagnano, a *igualdade* é a "relação entre dois termos, em que um pode substituir o outro. Geralmente, dois termos são considerados iguais quando podem ser substituídos um pelo outro no mesmo contexto, sem que mude o valor do contexto. Esse significado foi estabelecido por Leibniz (Op., ed. Gerhardt, VII, p. 228), mas Aristóteles limitava o significado dessa palavra ao âmbito da categoria de quantidade, e que dizia eram iguais as coisas 'que têm em comum a quantidade'. A noção de I. [igualdade] assim generalizada (como possibilidade de substituição) presta-se tanto para as relações puramente formais de equivalência ou de equipolência quanto às relações políticas, morais e jurídicas que se denominam de igualdade. P. ex., a I. [igualdade] dos cidadãos perante a lei pode ser reduzida à possibilidade de substituição dos cidadãos nas situações previstas pela lei sem que mude o procedimento da lei, de tal forma que, p. ex., o réu por um crime *d* nas circunstâncias *c* pode ser substituído por qualquer outro réu do mesmo crime na mesma circunstância, sem que o procedimento legal seja alterado. Do mesmo modo, pode-se descrever a I. [igualdade] moral ou jurídica dizendo que, nela, *x*, que se encontre em determinadas condições, possui prerrogativas ou possibilidades não diferentes das possuídas por qualquer outro *x* nas mesmas condições. Está claro que o juízo de I. [igualdade] só pode ser pronunciado com base em determinado contexto, com base na determinação das condições às quais

[122] BOBBIO, Norberto. *Igualdade e Liberdade*. 2ª ed. Rio de Janeiro: Ediouro, 1997, p. 23-25.
[123] Ibid., p. 43.

os termos devem satisfazer para serem considerados substituíveis (cf. PEIRCE, Coll. Pap., 3 42-44)".[124]

Olivier Jouanjan, citado por Alecio Lovatto, conceitua a igualdade como "a proibição de favorecer ou desfavorecer certas pessoas ou certos grupos de pessoas por meio do direito. Tira-se de tal conceito que uma diferença ou uma identidade de tratamento é justificado desde que repouse sobre uma diferença ou uma semelhança objetiva ao olhar do sentido e fim da norma. Se a gente se atém a essa estrita lógica do conceito jurídico da igualdade, a justificação de uma diferença ou de uma identidade de tratamento por motivos práticos tirados das condições de aplicação da norma deve ser considerada como estranha à ideia de igualdade. Ela não pertence à definição da noção jurídica de igualdade, mas aparece como uma limitação, agindo do exterior – os necessitados da administração – e não inerente à essência da igualdade".

Por sua vez, Pérez Luño define a igualdade sob o ponto de vista lógico, significando "a coincidência ou equivalência parcial entre diferentes entes. Esta categoria é distinta da identidade, que entranha a coincidência absoluta de um ente consigo mesmo, e da semelhança, que evoca a mera afinidade ou aproximação entre diferentes entes. Para ele, a dimensão lógica da igualdade desdobra-se em três caracteres básicos: a) como noção, exige que se parta de uma pluralidade de pessoas, objetos ou situações (dois ou mais entes que se equiparam); b) tem uma dimensão relacional (relações bilaterais ou multilaterais), sendo fundamental que se estabeleça um determinado nexo entre vários seres; c) 'a relação de igualdade se explicita na comparação entre os entes dos quais se prediz'. Nesse ponto, emerge como relevante um *tertium comparationis*, ou seja, o elemento presente nos seres tornando possível a comparação. Decorre, portanto, que dois seres, no mínimo, são iguais ou enquadráveis na mesma classe lógica, quando o *tertium comparationis* for o mesmo, sendo ele elemento definidor da classe. E são desiguais quando o *tertium comparationis*, ou seja, o elemento comum definidor da classe não se encontre presente nos dois seres. Assim, é fundamental a identificação do *tertium comparationis* para se poder afirmar que dois ou mais seres são ou não iguais. 'A exigência de um juízo comparativo explicita-se pela necessidade de estabelecer quais entes e quais aspectos dos mesmos vão ser considerados relevantes para efeito de igualdade'".[125]

---

[124] ABBAGNANO, Nicola. *Dicionário de Filosofia*. Tradução de Alfredo Bosi. São Paulo: Martins Fontes, 2007, p. 534.

[125] LOVATTO, Alecio Adão. *O princípio da igualdade e o erro penal tributário*. Porto Alegre: Livraria do Advogado, 2008, p. 24-25.

Segundo Martínez Tapia, citado por Alecio Lovatto, "a igualdade é um conceito normativo e não descritivo. Centra-se não naquilo que existe, mas no que deve-ser. Na medida em que o princípio da igualdade cogita do dever-ser, tem-se um ideal normativo. Mas um ideal normativo que é um princípio ético elementar, como um comando ético dirigido às normas, e, consequentemente, aos legisladores, de como devem ser tratados os seres humanos, i. é, com igualdade, emergindo o princípio da igualdade como uma grande metanorma. 'Mas não é uma descrição de fatos. Por isso, o horizonte imediato em que se desenvolve a igualdade é o Direito: a igualdade é, antes de tudo, ou, ao menos, inicialmente, igualdade jurídica e não real'. E acrescenta Martínez Tapia, dizendo que a igualdade não é uma qualidade das pessoas, nem das normas ou instituições, 'senão propriamente uma relação puramente formal entre dois ou mais objetos de conhecimento e que se pode culminar em os mais diversos conteúdos. Toda igualdade é, pois, relativa e necessita, ao menos, dois sujeitos que, obviamente, hão de possuir alguma característica comum'. Mas a comparação deve ser de dados relevantes. É a igualdade positiva. A igualdade negativa caracteriza-se pela proibição de discriminar".[126]

Para John Rawls, a igualdade correlaciona-se ao fenômeno do amplo acesso distributivo: "cada pessoa deve ter um direito igual ao sistema mais extenso de iguais liberdades fundamentais que seja compatível com um sistema similar de liberdades para as outras pessoas. As desigualdades sociais e econômicas devem estar dispostas de tal modo que tanto (a) se possa razoavelmente esperar que se estabeleçam em benefício de todos como (b) estejam vinculadas a cargos e posições acessíveis a todos". Assim, "todos os valores sociais – liberdade e oportunidade, renda e riqueza, e as bases sociais do autorrespeito – devem ser distribuídos de forma igual, a não ser que uma distribuição desigual de um ou de todos esses valores seja vantajosa para todos".[127] Em outras palavras, "1. Toda pessoa tem o mesmo direito a um esquema plenamente válido de iguais liberdades básicas que seja compatível com um programa similar de liberdades para todos. 2. As desigualdades sociais e econômicas devem satisfazer duas condições. Em primeiro lugar, devem estar associadas a cargos e posições abertos a todos em igualdade de oportunidades; em segundo lugar, devem supor o maior benefício para os membros menos avantajados da sociedade".[128]

[126] LOVATTO, Alecio Adão. *O princípio da igualdade e o erro penal tributário*. Porto Alegre: Livraria do Advogado, 2008, p. 25-26.

[127] RAWLS, John. *Uma teoria de justiça*. Edição revista. São Paulo: Martins Fontes, 2016, p. 73 e 75.

[128] RAWLS, J.; FRIED, Ch.; SEN, A.; SCHELLING, T. C. *Libertad, Igualdad y Derecho*. S. M. McMurrin (Ed.). Barcelona: Ariel, 1988, p. 13.

André de Carvalho Ramos define o vocábulo *igualdade* como "um atributo de comparação do tratamento dado a todos os seres humanos, visando assegurar uma vida digna a todos, sem privilégios odiosos. Consequentemente, o direito à igualdade consiste na exigência de um tratamento sem discriminação odiosa, que assegure a fruição adequada de uma vida digna".[129]

Para Manoel Gonçalves Ferreira Filho, o princípio da igualdade pode significar juridicamente dois sentidos diversos. O primeiro é a *igualdade de direitos* ou *igualdade civil*, isto é, consiste em uma "igualdade de aptidão, uma igualdade de possibilidades, uma igualdade virtual". Em decorrência disso, "os homens são igualmente aptos a gozar de direitos, mas não afirma que têm eles um exercício igual desses direitos" (Colliard). O segundo sentido é o da *igualdade de fato* ou *igualdade real*, ou seja, uma igualdade em prol de todos de modo a conferir "um igual exercício atual de direitos" (Colliard). Ademais, o princípio da igualdade limita a atividade do legislador e dos intérpretes das leis. "Como limitação ao legislador, proíbe-o de editar regras que estabeleçam privilégios em razão de classe ou posição social, da raça, da religião, da fortuna ou do sexo do indivíduo. Inserido o princípio na Constituição, a lei que o violar será inconstitucional. É também um princípio de interpretação. O juiz deverá dar sempre à lei o entendimento eu não crie privilégios, de espécie alguma. E, como o juiz, assim deverá proceder todo aquele que tiver de aplicar uma lei".

Todavia, esse princípio não é absoluto. "As próprias constituições ao consagrá-lo nem por isso renegam outras disposições que estabeleçam desigualdade". Assim, não é dado invocar a proibição de tratamento desigual quando a própria Constituição, implícita ou explicitamente, permite a desigualdade, a exemplo de cargos públicos privativos de brasileiro nato, ocasião em que os estrangeiros ou os brasileiros naturalizados não fazem jus.[130]

Assente-se que, conforme Marnoco e Souza, "o direito de igualdade não se pode entender como o nivelamento absoluto de todos os indivíduos, sem atenção alguma pelas suas qualidades especiais e pelos seus merecimentos. As desigualdades naturais entre os homens não se podem pôr forma alguma fazer desaparecer, visto se fundarem na diversidade das suas qualidades físicas, intelectuais e Moraes. O direito até se converte numa injustiça, quando é atribuído em proporções iguais a indivíduos que se encontram em condições diversas. O direito

[129] RAMOS, André de Carvalho. *Curso de Direitos Humanos*. 8ª ed. São Paulo: Saraiva, 2021, p. 675.

[130] FERREIRA FILHO, Manoel Gonçalves. *Curso de Direito Constitucional*. 7ª ed. São Paulo: Saraiva, 1978, p. 268

de igualdade unicamente se pode admitir, no sentido de uma paridade de direitos numa correspondente paridade de condições. As condições de existência são desiguais para todos os indivíduos, desde o seu ingresso na vida. Ajuntam-se a estas condições as qualidades hereditárias e as disposições inatas mais ou menos dissimilantes, e veja-se se é possível considerar os indivíduos iguais, de um modo absoluto, como quer uma forma degenerada de democracia. Quanto mais a vida social se desenvolve, tanto mais o princípio da divisão do trabalho adquire importância, e tanto mais os indivíduos devem diferir uns dos outros, pelas suas qualidades e aptidões".

Ademais, a igualdade pode revestir de quatro formas: *a) igualdade perante a lei*, consistindo que todos os cidadãos formam uma coletividade de indivíduos, na qual a lei se aplica de maneira uniforme e indistintamente; *b) igualdade perante a justiça*, traduzindo-se na exclusão de jurisdições privilegiadas ou de exceção entre os indivíduos; *c) igualdade perante as funções públicas*, consistindo na admissão isonômica de todos os cidadãos para o exercício destas funções, bastando que atendam aos requisitos exigidas pela lei; e *d) igualdade perante os tributos*, consistindo no dever de todos os contribuintes pagarem impostos para custear as despesas do Estado.[131]

No magistério de Geraldo Ataliba, a igualdade é elemento essencial no Estado Republicano. "Princípio constitucional fundamental, imediatamente decorrente do republicano, é o da isonomia ou igualdade diante da lei, diante dos atos infralegais, diante de todas as manifestações do poder, quer traduzidas em normas, quer expressas em atos concretos. Firmou-se a isonomia, no direito constitucional moderno, como direito público subjetivo a tratamento igual de todos os cidadãos pelo Estado. Como, essencialmente, a ação do Estado reduz-se a editar a lei ou dar-lhe aplicação, o fulcro da questão jurídica postulada pela isonomia substancia-se na necessidade de que as leis sejam isonômicas e que sua interpretação (pelo Executivo e pelo Judiciário) leve tais postulados até suas últimas consequências no plano concreto da aplicação. Igualdade diante do Estado, em todas as suas manifestações. Igualdade perante a Constituição, perante a lei e perante todos os demais atos estatais. A isonomia, como quase todos os princípios constitucionais, é implicação lógica do magno princípio republicano, que a fecunda e lhe dá substância".[132]

De acordo com Adilson José Moreira, o termo *igualdade* tem sido definido a partir de várias perspectivas ao longo da história, poden-

---

[131] MARNOCO E SOUZA. *Constituição Politica da Republica Potuguêsa*. Commentario. Coimbra: F. França Amado, 1913, p. 50-52.

[132] ATALIBA, Geraldo. *República e Constituição*. 2ª ed. São Paulo: Malheiros, 2004, p. 158-159.

do-se identificar alguns aspectos que lhe são característicos. "Primeiro, o termo igualdade implica relações de correspondência entre pessoas e situações que possuem uma ou mais qualidades em comum quando comparadas a partir de um critério juridicamente relevante. Não estamos falando de pessoas ou de situações idênticas, mas de pessoas e situações que possuem traços que as equiparam do ponto de vista jurídico. Segundo, a igualdade implica uma relação qualitativa porque os critérios a partir do qual as pessoas são comparadas possuem relevância jurídica; eles designam fatores legalmente protegidos de forma que as pessoas não sofram tratamento desvantajoso a partir deles. Terceiro, as relações de igualdade são estabelecidas a partir de certas características que ao longo do tempo se tornaram legalmente relevantes por serem parâmetros a serem observados para o alcance da justiça. Quarto, o conceito de igualdade pode ser visto como uma relação quantitativa a partir dos conceitos de justiça presentes em uma dada sociedade. A justiça tem sido pensada ao longo do tempo como uma expressão da igualdade porque representa o tipo de valoração social sobre padrões de distribuição e de alocação de direitos e oportunidades".

"Quinto, a noção de igualdade suscita a pergunta sobre as pessoas que devem ser comparadas a partir de um critério socialmente relevante. Assim, a igualdade pode significar a igualdade entre indivíduos ou pode ser uma igualdade entre grupos sociais. Sexto, esse preceito constitucional levanta a questão sobre quais são os critérios a partir dos quais as relações qualitativas entre as pessoas estarão baseadas. Sétimo, a noção de igualdade está baseada na avaliação das relações entre identidade e diferença, critérios importantes para analisarmos que formas de igualdade são relevantes na aplicação de casos específicos. A igualdade opera então como um tipo de acomodação entre as diversas formas de identidade presentes em uma dada realidade, identidades formadas a partir de parâmetros de valoração social que situam as pessoas em lugares distintos nas várias hierarquias sociais".[133]

Para Ronald Dworkin, o direito à igualdade significa que "indivíduos têm direito à igual consideração e ao igual respeito no projeto e administração das instituições políticas que os governam. O direito à igual consideração e ao igual respeito é mais abstrato que as concepções-padrão de igualdade que distinguem as diferentes teorias políticas. [...] as disposições políticas que não manifestam igual consideração e igual respeito são aquelas estabelecidas e administradas por homens e mulheres poderosos que, reconheçam-no ou não, têm mais consideração e respeito pelos membros de uma classe particular, ou por pessoas

[133] MOREIRA, Adilson José. *Tratado de Direito Antidiscriminatório*. São Paulo: Contracorrente, 2020, p. 138-139.

dotadas de certos talentos ou ideias particulares. Ela se apoia nesse pressuposto para configurar a ignorância das partes contratantes. Os homens que não sabem a que classe pertencem não podem, conscientemente ou inconscientemente, conceber instituições que favoreçam sua própria classe. Os homens que não fazem ideia de sua própria concepção do bem não podem agir de modo a favorecer aqueles que defendem um ideal em detrimento daqueles que defendem outro".[134]

Nesse sentido, o direito à igualdade contém três elementos, a saber: *i* – *equipariedade* (consiste no tratamento equiparável entre as pessoas, ou seja, é o proceder de forma análoga aos indivíduos integrantes da mesma relação); *ii* – *consideração* (traduz-se na reverência, no apreço ao outro ser humano no tocante ao seu modo de viver a vida, aos seus planejamentos e idealizações, de forma a levá-los em conta no proceder da conduta individual, a fim de não prejudicar as demais pessoas); *iii* – *respeito* (consiste na conduta de deferência relativamente às opiniões, interesses e projetos de vida de outrem, demonstrando acatamento pelas escolhas de cada um. Em razão disso, veda-se a ofensa, o menoscabo ou importunação no que se refere às perspectivas individuais).

O elemento "equiparação" promove a simetria na relação entre dois ou mais sujeitos. O elemento "consideração" implica a aceitação do outro e a atribuição de relevância às suas perspectivas pessoais; ao passo que o elemento "respeito" resulta em conduta tolerante e não ofensiva aos demais indivíduos.

Assim, a *igualdade* consiste em conceder direitos e impor deveres comuns, atribuindo o mesmo respeito e consideração aos indivíduos, isto é, a concessão de tratamento civilizado e cordial de maneira uniforme às pessoas, sem favorecimentos ou discriminações, de modo a garantir as prerrogativas individuais e aceitar as escolhas de cada um, não ultrajando os anseios alheios.

5.3.1. Igualdade aristotélica

Na lição de Aristóteles, igualdade liga-se à justiça, e para atingi-la, deve-se adotar uma posição intermediária na relação entre duas coisas postas em confronto, ou seja, é o equilíbrio entre duas pessoas (aspecto subjetivo) comparativamente aos objetos distribuídos (aspecto objetivo). Assim, a igualdade constitui mecanismo contra a iniquidade. "Agora está claro que há também um ponto intermediário entre as duas iniquidades envolvidas em cada caso. E esse ponto é a equidade, pois em todo tipo de ação em que haja o mais e o menos há também

[134] DWORKIN, Ronald. *Levando os direitos à sério*. 3ª ed. São Paulo: WMF Martins Fontes, 2010, p. 279-280.

o que é igual. Se, então, o injusto é iniquo, o justo é equitativo, como todos os homens supõem que seja, mesmo sem discussão. E como é um ponto intermediário, o justo será o meio-termo. A igualdade implica ao menos duas coisas. O justo deve ser a um só tempo intermediário, igual e relativo (para certas pessoas). Como intermediário, deve estar entre certas coisas (que são, respectivamente, maiores e menores); como igual, envolve duas coisas; e, como justo, o é para certas pessoas. O justo, portanto, envolve ao menos quatro termos, uma vez que duas são as pessoas para as quais ele é de fato justo, e duas são as coisas em que ele se manifesta: os objetos distribuídos".

"E a mesma igualdade existirá entre as pessoas e entre as coisas envolvidas, pois a mesma relação que há entre as segundas (as coisas envolvidas) também existe entre as primeiras. Se não forem iguais, não irão receber coisas iguais, e isso é origem de disputas e reclamações: ou quando os iguais têm e recebem partes desiguais, ou quando os desiguais recebem partes iguais. Isso fica claro pelo fato de que os prêmios devem ser distribuídos 'de acordo com o mérito', pois todos os homens concordam que a distribuição justa deve corresponder ao merecimento em algum sentido, embora nem todos lhe especifiquem a mesma espécie. O justo, então, é uma espécie de termo proporcional (sendo a proporção não apenas uma propriedade o tipo de número que consiste em unidades abstratas, mas do número em geral). A proporção é uma igualdade de razões e envolve ao menos quatro termos (isso é evidente, mas também acontece com a proporção contínua, que usa um termo em duas posições e o menciona duas vezes; por exemplo: 'a linha A está para a linha B assim como a linha B está para a linha C'. A linha B foi mencionada duas vezes, e, por ser usada em duas posições, os termos proporcionais serão quatro)".[135]

Como se vê, a igualdade é composta por traços fundamentais, a saber: *i – relação* (é a equivalência comparativa entre duas coisas ordenadas entre si. Nesse caso, os elementos são analisados paralelamente, a exemplo de "A" em relação "B"); *ii – coisas diversas* (são os elementos postos em confronto, ou seja, as unidades individuais isoladamente consideradas); *iii – adequação entre os objetos* (consiste na correspondência proporcional, isto é, a atribuição das mesmas consequências se as coisas comparadas ostentarem idêntica natureza ou condição). Além desses, pode se incluir outro critério, que atende aos anseios da atualidade: *iv – justificabilidade valorativa* (podem ser concedidas eventuais vantagens ou prerrogativas a certas pessoas desde que a medida seja justificável racionalmente, com a finalidade de atingir determinados valores promovedores do bem comum, principalmente a justiça).

[135] ARISTÓTELES. *Ética a Nicômaco*. Jandira, SP: Principis, 2021, p. 110-111.

Nessa perspectiva, pode-se ilustrar no exemplo de dois indivíduos (aspecto subjetivo), em comparação à concessão de determinados bens jurídicos, como a liberdade e a imunidade parlamentar (aspecto objetivo). Quando se refere à liberdade, trata-se de bem jurídico geral, um direito de todos os indivíduos, pois liga-se à própria natureza humana, sendo indissociável ao homem. Já o segundo objeto jurídico – a imunidade parlamentar – constitui uma exceção à coletividade das pessoas, sendo um direito atribuído exclusivamente a quem estiver no exercício do mandato eletivo. Assim, tal vantagem não se estende a todas os indivíduos, mas somente aos eleitos pelo povo para representá-los no Poder Legislativo. Por conseguinte, não viola o direito à igualdade a concessão de certas vantagens quando ligar-se a determinados indivíduo por razões fundamentadas e objetivamente consideradas.

Diante disso, o bem jurídico concedido às pessoas pode expressar natureza comum ou específica. Quando se tratar de *natureza comum*, os bens devem ser concedidos a todos os indivíduos, uma vez que o elemento reside nos seres humanos na condição de sujeitos de direitos, a exemplo do direito à vida, à liberdade, à dignidade, o acesso ao Poder Judiciário, etc. Noutro giro, quando o bem for de *natureza específica*, a vantagem deve ser atribuída somente àqueles que ostentem característica ou função particularizada, ou seja, quando detiverem certa condição própria em relação à generalidade das pessoas, a exemplo da gratuidade da justiça – que é concedida apenas aos hipossuficientes economicamente –, assim como a reserva de vagas em concursos públicos aos candidatos portadores de deficiência, entre outras hipóteses. Portanto, os bens jurídicos de natureza específica, por se tratar de um benefício não extensível à coletividade, devem ser concedidos com o fim de promover a justiça.

5.4. Estrutura da igualdade

De acordo com Humberto Ávila, a igualdade é estruturada por quatro elementos, a saber: i – sujeitos; ii – medida de comparação; iii – elemento indicativo da medida de comparação; e iv – finalidade da diferenciação.

Os *sujeitos* são as pessoas que integram a relação de igualdade a serem comparados entre si. "A compreensão dos sujeitos deve ser feita, porém, do modo mais amplo possível, por dois motivos. Um deles diz respeito ao fato de que, quando se fala em sujeitos, se está fazendo menção ao envolvimento que o raciocínio de igualdade contrai, direta ou indiretamente, com a relação entre sujeitos. A referência a pessoas não deve levar ao entendimento de que o raciocínio de igualdade não implica a relação com outros elementos, tais como pessoas jurídicas, coisas, situações ou atividades. Na verdade, o raciocínio de igualdade é comparativo de quaisquer objetos (fatos, situações ou atividades) relacionados a sujeitos que, no que concerne a eles, tenham interesses juridicamente protegidos. Não é por outro motivo que a doutrina menciona, como elemento estrutural da igualdade, a comparação entre duas ou mais 'entidades', tangíveis ou intangíveis".

A *medida de comparação* refere-se à unidade comum objeto de confronto. "Os sujeitos podem ser comparados com base na idade, no sexo, na capacidade econômica, e assim sucessivamente. A questão central é, precisamente, saber como escolher a medida de comparação, dentre as tantas disponíveis, e qual deve ser a relação existente entre a medida de comparação e a finalidade que justifica a sua utilização". Nesse caso, a distinção reside na diferenciação factual existente entre os sujeitos comparados. "No entanto, não basta ter existência para que a medida de comparação seja válida. É preciso que, além disso, ela seja pertinente à finalidade que justifica sua utilização".[136]

O *elemento indicativo da medida de comparação* é o dado objetivo componente do cotejo da relação fundada entre coisas distintas. "Há uma relação fundada entre a medida de comparação e o seu elemento indicativo quando existe um vínculo de correspondência estatisticamente fundada entre o elemento indicativo e a medida de comparação. Por exemplo, a idade, para a maior parte dos casos, é elemento indicativo da capacidade de discernimento: um jovem de doze anos normalmente não tem capacidade para avaliar maduramente os acontecimentos da vida pública de um país, ao passo que um homem de trinta e cinco anos geralmente tem condições de fazê-lo. Vale dizer que entre a idade (elemento indicativo da medida de comparação) e a capacidade de discernimento (medida de comparação) existe uma relação de causa e efeito, uma correlação, no sentido de uma relação de dependência entre os dois elementos de tal sorte que a presença de um elemento leva à do outro (ter doze anos normalmente afasta a existência de capacidade de discernimento ou ter trinta e cinco anos geralmente leva à existência de capacidade de discernimento)".

Além disso, "nesse ponto, pode haver dois tipos de relação entre os elementos indicativos: uma relação entre dois elementos indicativos de tipos diferentes; e uma relação entre dois elementos indicativos de tipos iguais. Os elementos indicativos são de tipos diferentes quando dizem respeito a propriedades diferentes. A capacidade de discernimento pode se aferida pela idade ou pelo nível de instrução, cada uma

[136] ÁVILA, Humberto. *Teoria da Igualdade Tributária*. São Paulo: Malheiros, 2008, p. 42-45.

dessas propriedades fazendo referência a uma realidade diversa. A diferença de tipo pode levar à promoção da medida de comparação em graus diferentes. Por exemplo, a idade mede melhor a agilidade física do que a elasticidade corporal, na medida em que pessoas idosas, por hipótese, ainda que portadoras de grande elasticidade, perdem sua coordenação motora com o passar dos anos. Dentre elementos indicativos de diferentes tipos, deve ser escolhido aquele que contribui mais para a existência da medida de comparação. Os elementos indicativos são do mesmo tipo, mas de graus diferentes, quando dizem respeito às mesmas propriedades, existentes em graus distintos".[137]

A *finalidade da diferenciação* consiste na descoberta do objetivo perquirido pela medida distintiva. "A finalidade é um estado de fato que precisa ser atingido como aspecto graduável de um estado de coisas ou critério de sua graduação, dependendo do caso. Se é a finalidade a ser perseguida que, em última análise, vai permitir verificar a correção da medida de comparação utilizada, a sua definição assume extrema relevância, pois a sua manipulação pode significar não apenas deixar de promover uma finalidade constitucionalmente posta, como expressar a restrição oblíqua da própria igualdade. Em razão disso, é preciso verificar, relativamente à igualdade, o modo como a finalidade deve ser definida, como ela deve ser fundamentada e comprovada e quais as suas espécies".

Impende salientar que "as finalidades que podem servir de parâmetro para a escolha das medidas de comparação são aquelas previstas no sistema normativo constitucional", ou seja, as medidas distintivas devem guardar compatibilidade com as finalidades previstas na Constituição Federal. Assim, "a indicação da finalidade não pode ser ambígua nem contraditória, nem tampouco implícita. Deve, em vez disso, ser clara, coerente e expressa. Afinal, se é dever do ente estatal tratar todos igualmente, a não ser que haja um motivo para tratá-los diferentemente, deve demonstrar com 'suficiente determinação' a finalidade que justifica a distinção".[138]

5.5. Igualdade e comparação

Na relação igualitária, a comparação entre objetos diversos constitui elemento relevante na aferição das desigualdades. De acordo com Olivier Jouanjan, citado por Alecio Lovatto, "o conteúdo concreto da igualdade depende da estrutura das situações às quais o princípio se

[137] ÁVILA, Humberto. *Teoria da Igualdade Tributária*. São Paulo: Malheiros, 2008, p. 47-53.
[138] Ibid., p. 63-69.

aplica", e o princípio da igualdade contém uma "autonomia normativa que consiste na operação intelectual de comparação que preside, necessariamente, sua colocação em obra. A língua alemã manifesta de outro modo isso perfeitamente: *Gleichheit* (igualdade) e *Vergleich* (comparação)". A operação intelectual específica para aplicar o princípio da igualdade exige a comparação. "Comparar é, no sentido próprio, discriminar: é procurar na diversidade do real das estruturas de ordem, separando e reagrupando os objetos para a utilização de critérios pertinentes ao olhar de um princípio unitário, de um *tertium comparationis*" (Pérez Luño). Albuquerque comunga do mesmo entendimento, "para quem a igualdade representa um conteúdo comparativo, no sentido de que ela pressupõe uma comparação, sendo, portanto, relativa, envolvendo, como destinatários, os órgãos criadores do direito, os de aplicação e fiscalização do direito e os titulares dos direitos fundamentais".[139]

Gavara de Cara, citado por Alecio Lovatto, distingue a aplicação da comparação em três fases: *a) aportação*: nesta fase demonstra-se a existência do elemento comparativo, destacando-se a relevância do elemento fático de comparação; *b) adequação*: nesta fase analisa-se os argumentos e contra-argumentos sustentados pelas partes a favor ou contra o termo comparativo aduzido; e *c) aceitação*: nesta fase faz-se a análise dos elementos relevantes em torno da decisão definitiva que deve adotar o Tribunal Constitucional, partindo do termo de comparação desde a finalidade até a perspectiva comparativa. "Parece mais adequada a expressão identificação – identificação do termo de comparação – para a primeira fase, uma vez que se busca qual é o *tertium comparationis*; análise da adequação, para a segunda, em razão de que se verifica se há adequação entre os comparados em face do termo de comparação; e aceitação, para a terceira, em face da aceitação ou não do termo de comparação em relação aos comparados".

Na primeira fase – identificação do termo de comparação – o elemento fático comparativo é o fato, o critério, a situação objetiva ou aspecto concreto utilizado para sustentar a comparação que permite deduzir a diferenciação normativa (Gavara de Cara). A descoberta do termo comparativo é o primeiro estágio da concretização do princípio da igualdade. "Esse elemento que faz a ligação entre dois fatos, entre duas normas, numa situação objetiva, deve ser descoberto, identificado, suscitado. Como diz o Tribunal Constitucional português: 'enquanto conceito relacional, a medida do que é igual e deva ser tratado como igual depende da matéria a tratar e do ponto de vista de que estabelece

[139] LOVATTO, Alecio Adão. *O princípio da igualdade e o erro penal tributário*. Porto Alegre: Livraria do Advogado, 2008, p. 44.

a comparação, em termos de determinar quais são os elementos essenciais e não essenciais num juízo acerca da admissibilidade ou inadmissibilidade de soluções jurídicas dessemelhantes e eventualmente mesmo discriminatórias. Ou seja, quando é que duas situações reais da vida são equiparáveis, quando as similitudes entre elas sobrelevam das diferenças e, por isso, o juízo de valor sobre a materialidade que lhes serve de suporte conduz à necessidade de um igual tratamento jurídico' (Acórdão n. 231/94)".[140]

Na segunda fase – análise da adequação – consiste na fixação das "similitudes e diferenças entre os elementos fáticas de comparação para determinar os pressupostos de adequação do termo de comparação para efeitos da aplicação do princípio de igualdade a partir da existência e exigência de determinação prévia de uma real igualdade de situações" (Gavara de Cara). "Se não houver semelhança entre as pessoas ou situações jurídicas, não há por que analisar o princípio da igualdade. Havendo traços comuns entre as pessoas ou situações jurídicas, há que se questionar se são relevantes ou não, idôneas ou não, porquanto, se irrelevantes ou inidôneas, não há por que comparar. Nesta fase, analisam-se os argumentos e contra-argumentos sustentados pelas partes para a fixação das semelhanças e diferenças do termo de comparação. Essa análise é fundamental para que haja a aceitação do termo de comparação, ou seja, é necessário que se constate que o termo de comparação suscitado está realmente presente para que se exija tratamento igual ou que ele seja diferente para se cogitar tratamento diverso".

Na terceira fase – a aceitação – "analisam-se os elementos prescritivos relevantes para a decisão definitiva, com a atenção focada na finalidade e na perspectiva de comparação, ou seja, 'a determinação das razões pelas quais se realiza a comparação' as razões que justificam o tratamento igual ou as razões que justificam o tratamento desigual (finalidade) e 'o modo ou forma de articulação do termo de comparação que permite medir a específica atitude de equiparação ou de diferenciação dos elementos fáticos utilizados para a comparação' (perspectiva). Para Gavara de Cara: 'a perspectiva de comparação articula-se em última instância em função da relação de consistência entre a diferenciação, seu elemento fático e sua finalidade. O juízo de igualdade requer um termo de comparação que, quando implica tratamento distinto dos pressupostos de fato análogos, tenha caráter normativo ao estabelecer consequências jurídicas distintas, embora, pelo contrário, fica excluído do âmbito de proteção do princípio da igualdade um tratamento igual de pressupostos de fato diversos quando tem somente caráter fático, i.

[140] LOVATTO, Alecio Adão. *O princípio da igualdade e o erro penal tributário*. Porto Alegre: Livraria do Advogado, 2008, p. 47-49.

é, a pressupostos de fatos distintos estabelece-lhes as mesmas consequências jurídicas', porquanto para hipóteses diversas não se cogita a mesma consequência jurídica".

Em outras palavras, "deve haver coerência entre as medidas adotadas e o fim perseguido, uma vez que a *ratio legis* é elemento valorativo para justificar a diferenciação entre as normas, especialmente quando se traz argumentos constitucionais para a justificação do tratamento diferenciado. Se o fundamento da diferenciação é com base na Constituição que se estabelece, esse tratamento diferenciado deve ter aceitação plena".[141]

5.6. Fundamentos da igualdade

Com fulcro em John Rawls, o fundamento da igualdade decorre das características imanentes dos seres humanos. Em razão disso, exsurge a condição inafastável de serem tratados sob os princípios da justiça. Tal fundamento se aplica a três níveis básicos.

O primeiro nível é o da *administração de instituições como sistemas públicos de normas*. "Nesse caso, a igualdade é essencialmente justiça como regularidade. Implica a aplicação imparcial e a interpretação constante das leis que estejam de acordo com preceitos tais como o de tratar casos semelhantes de maneira semelhante (da forma como isso é definido por estatutos e precedentes) e outros do mesmo tipo. A igualdade nesse nível é o elemento menos controverso na ideia de justiça do senso comum".

O segundo nível é da *aplicação da igualdade à estrutura substantiva das instituições*. "Nesse caso, o significado da igualdade é especificado pelos princípios de justiça, que exigem que sejam atribuídos iguais direitos fundamentais a todos. É presumível que isso exclua os animais; decerto eles têm alguma proteção, mas seu *status* não é igual ao dos seres humanos. Porém esse resultado continua inexplicado".

Por último, o terceiro nível refere-se a *quais tipos de seres se devem as garantias de justiça*, ou seja, a identificação dos destinatários das medidas promovedoras da igualdade. "A resposta natural parece ser que são precisamente as pessoas morais que têm direito à justiça igual. As pessoas têm duas características distintivas: primeiro, são capazes de ter (e se presume que têm) uma concepção do próprio bem (expresso por um plano racional de vida); e, sem segundo lugar, são capazes de

[141] LOVATTO, Alecio Adão. *O princípio da igualdade e o erro penal tributário*. Porto Alegre: Livraria do Advogado, 2008, p. 50-51.

ter (e se presume que adquirem) um sendo de justiça, um desejo normalmente efetivo de aplicar e agir segundo os princípios da justiça, pelos menos em um grau mínimo. Deve-se observar que a personalidade moral está aqui definida como uma potencialidade que se concretiza normalmente no devido tempo. É essa potencialidade que põe em ação as exigências da justiça. Vemos, então, que a capacidade para a personalidade moral é uma condição suficiente para ter o direito à justiça igual. Suponho que a grande maioria da humanidade possua capacidade para ter um sendo de justiça e, por conseguinte, essa questão não levanta um problema prático grave. O essencial é que a personalidade moral basta para tornar algum um sujeito de reivindicações".[142]

5.7. Igualdade como valor e princípio fundamental

A igualdade é um *valor*, pois se trata de um conteúdo representativo de importância basilar no ordenamento jurídico. Em razão da relevância intrínseca à convivência social, a igualdade – juntamente com outros princípios fundamentais – ostenta superioridade no sistema normativo.

Nesse sentido, "Pérez Luño lembra que os valores constitucionais têm tríplice dimensão: a) fundamentadora, no plano estático, do conjunto de disposições e instituições constitucionais, assim como do ordenamento jurídico em seu conjunto. Por isso, a doutrina germânica concebe-os como 'valores fundamentais' (*Grundwerte*) e a Constituição espanhola como 'valores superiores', para acentuar a significação de núcleo básico e informador de todo o sistema jurídico-político; b) orientadora, em sentido dinâmico, de ordem jurídico-político perante umas metas ou fins predeterminados, que torne ilegítima qualquer disposição normativa que persiga fins distintos ou obstaculize a consecução daqueles enunciados no sistema axiológico constitucional; c) crítica, enquanto sua função, como a de qualquer outro valor, reside na sua idoneidade para servir de critério ou parâmetro de valoração para apreciar de forma justa fatos ou condutas. 'De forma que é possível um controle de todas as restantes normas do ordenamento no que possam conter de valor ou desvalor, por sua conformidade ou infração dos valores constitucionais'. Tais valores 'têm objetividade enquanto constituem um sistema de preferências éticas criadas pelos homens num momento histórico determinado, socialmente compartilhadas, e das quais se servem para avaliar a realidade e encaminhar sua atividade para determinados objetivos'. Assim, a igualdade passa a ser o elemento

[142] RAWLS, John. *Uma teoria de justiça*. Ed. revista. São Paulo: Martins Fontes, 2016, p. 622-624.

fundamentador de interpretação de todo o ordenamento jurídico. Vai ser o elemento orientador da hermenêutica teleológica e evolutiva da Constituição e o critério para medir a legitimidade das diversas manifestações do sistema de legalidade, não só por seu caráter axiológico, como pelo normativo".[143]

A igualdade também é um *princípio fundamental*, pois constitui um dos elementos que formam a base inicial e que serve de sustentáculo da Constituição republicana, irradiando os seus efeitos sobre toda a sociedade, que deve velar por esse princípio. Segundo Robert Alexy, os "princípios" são normas que expressam "mandamentos de um determinado tipo, a saber, mandamentos de otimização. Como mandamentos, pertencem eles ao âmbito deontológico", ou seja, aludem aos "conceitos de dever, proibição, permissão e de direito a algo". Por sua vez, a igualdade como "valor" correlaciona-se ao nível axiológico, isto é, traduz-se no "conceito de bom",[144] manifestando os juízos morais da comunidade politicamente organizada.

Nos termos da Constituição Federal, a igualdade é um direito e uma garantia fundamental (Título II, art. 5º, CF/1988). Dada a sua importância de natureza prevalente, a igualdade é um cânone suprapositivo: "vale lembrar, com Forsthoff, que o Tribunal Constitucional da Alemanha, repetidas vezes, afirmou que o princípio da igualdade, como regra jurídica, tem um caráter suprapositivo, anterior ao Estado, e que mesmo se não constasse do texto constitucional, ainda assim teria de ser respeitado".[145]

Nas palavras de Uadi Lammêgo Bulos, "a igualdade constitucional mais do que direito é um princípio, uma regra de ouro, que serve de diretriz interpretativa para as demais normas constitucionais. Daí o Supremo Tribunal Federal apontar o seu tríplice objetivo: limitar o legislador, a autoridade pública e o particular". (Precedente: STF, Pleno, MI 58/DF, Rel. p/ acórdão Min. Celso de Mello, DJ, 1, de 19-4-1991, p. 4.580). "Como limite ao legislador, a isonomia impede que ele crie normas veiculadoras de desequiparações ilícitas e inconstitucionais. Enquanto limite à autoridade pública, os presidentes da República não podem praticar ações discriminatórias e os membros do Poder Judiciário não devem dar azo, em suas sentenças, ao cancro da desigualdade. Daí os mecanismos de uniformização de jurisprudência, tanto na órbita constitucional (recursos extraordinário e ordinário) como na infracons-

[143] LOVATTO, Alecio Adão. *O princípio da igualdade e o erro penal tributário*. Porto Alegre: Livraria do Advogado, 2008, p. 51-52.

[144] ALEXY, Robert. *Teoria dos Direitos Fundamentais*. São Paulo: Malheiros, 2008, p. 145-147.

[145] MENDES, Gilmar Ferreira; COELHO, Inocêncio Mártires; BRANCO, Paulo Gustavo Gonet. *Curso de Direito Constitucional*. São Paulo: Saraiva, 2007, p. 148.

titucional (leis processuais). No posto de limite à conduta do particular, a isonomia não se coaduna com atos discriminatórios, eivados de preconceito, racismo, maledicências diversas, propiciando a responsabilização civil ou criminal dos infratores".[146]

5.8. Igualdade social

A igualdade na sociedade afigura-se importante na medida em que se concentra na aplicação real da isonomia no âmbito do corpo social, e não apenas sob a ótica jurídico-formal. Vale dizer, detém-se na igualdade material dos membros da sociedade, e não na igualdade meramente legal, de modo a indagar acerca dos meios para alcançá-la.

Na lição de Jorge Miranda, "atenção particularíssima suscita a dicotomia igualdade jurídica-igualdade social ou igualdade perante a lei (como é frequente dizer) – igualdade na sociedade. Sem dúvida, merece ser acolhida se se toma a primeira como mera igualdade jurídico-formal ou como igualdade liberal, inspirada numa concepção jusracionalista, e a segunda como igualdade jurídico-material, ligada a uma atitude crítica sobre a ordem social e econômica existente e à consciência da necessidade e da possibilidade de a modificar (seja qual for a orientação política que se adote). É válida ainda, enquanto se distinguem não tanto duas espécies de preceitos jurídicos quanto dois momentos ou planos: o da atribuição dos direitos em igualdade e o da fixação das incumbências do Estado e da sociedade organizada perante as condições concretas das pessoas".

Com efeito, "os direitos são os mesmos para todos; mas, como nem todos se acham em igualdade de condições de os exercer, é preciso que essas condições sejam criadas ou recriadas através da transformação da vida e das estruturas dentro das quais as pessoas se movem. Já não seria correta a contraposição, se se supusesse estar diante de dois princípios estanques ou opostos: 1º) porque a igualdade social como igualdade efetiva, real, material, concreta, situada pode ou deve considerar-se imposta pela própria noção de igualdade jurídica, pela necessidade de lhe buscar um conteúdo pleno; 2º) porque, mesmo quando a igualdade social se traduz na concessão de certos direitos ou até de certas vantagens especificamente a determinadas pessoas – as que se encontram em situações de inferioridade, de carência, de menor proteção – a diferenciação ou a discriminação (positiva) tem em vista alcançar a igualdade e tais direitos ou vantagens configuram-se como instru-

[146] BULOS, Uadi Lammêgo. *Curso de Direito Constitucional*. 9ª ed. São Paulo: Saraiva, 2015, p. 560-561.

mentais no rumo para esses fins. A afirmação (ou a sedimentação) da igualdade social vai-se fazendo em correspondência com a passagem da igualdade jurídica de programática a preceptiva em domínio crescentemente alargados".[147]

Não obstante, a igualdade formal (ou jurídica) constitui um mecanismo de obtenção da igualdade real (material), uma vez que a norma igualizadora possui força jurídica obrigatória, isto é, impõe um novo dever-ser. "A igualdade jurídica é – como sublinha um autor, Vittorio Mathieu – condição preliminar da igualdade real. Até admitindo que uma igualdade real preexiste em virtude de qualquer coisa, ela não subsistiria sem a garantia do direito. Não se forma uma sociedade de iguais se os seus membros não têm, antes de mais, o direito de ser iguais. Sem a garantia do direito, a igualdade ficaria privada de efeito. Mas a igualdade jurídica é também a condição para que a igualdade real seja real. É assim porque o Estado não pode desinteressar-se dos meios para produzir uma igualdade real. O Estado não pode limitar-se a garantir uma igualdade real derivada de outra fonte, porque não existe outra fonte. Deve produzi-la, ele mesmo, esta igualdade, se se quer que haja, pelo menos, um início de aplicação. Ora, o meio de que o Estado dispõe para exercer qualquer ação é a lei".

Castanheira Neves, citado por Jorge Miranda, salienta que "a definição de uma igualdade jurídica abstrata não pode considerar-se como fim último que a si se baste, mas tão-só como um primeiro e relativo momento, como um instrumento e ponto de apoio para uma igualdade material que há de conseguir-se para além daquela através da complementar intervenção das outras duas dimensões. E desse modo o estatuto abstrato sem pretender ser rígido e de determinação acabada, tem não só de aceitar o desenvolvimento e a integração normativa de uma igualdade participada e constitutiva realização histórica do direito como terá ainda de sofrer as diferenciações e modificações concretas exigidas por uma material intenção de igualdade e justiça sociais".[148]

Na lição de Jorge Miranda, "a experiência histórica mostra que: *a)* Que são coisas diferentes a proclamação do princípio da igualdade e a sua aceitação e aplicação prática; ou a consagração constitucional e a realização legislativa – até porque o princípio comporta manifestações diversas consoante os setores e os interesses em presença e sofre as refrações decorrentes do ambiente da cada país e de cada época; *b)* Que, a par da construção jurídica a fazer e refazer constantemente, importa indagar da cultura cívica dominante na comunidade, das ideias precon-

---

[147] MIRANDA, Jorge. *Manual de Direito Constitucional*. Tomo IV. Direitos Fundamentais. 2ª ed. Coimbra: Coimbra Editora, 1998, p. 202-203.

[148] Ibid., p. 203-204.

cebidas e dos valores aí assentes, da 'Constituição viva', da realidade constitucional; *c)* Que a conquista da igualdade não se tem conseguido tanto em abstrato quanto em concreto, através da eliminação ou da redução de sucessivas desigualdades; e tem sido fruto quer da difusão das ideias quer das lutas pela igualdade travadas por aqueles que se encontram em situações de marginalização, opressão e exploração; *d)* Que, embora a superação destas ou daquelas desigualdades nunca seja definitiva e, por vezes, até venha acompanhada do aparecimento de novas desigualdades, o ideal de uma sociedade alicerçada na igualdade (ou na justiça) é um dos ideais permanentes da vida humana e um elemento crítico de transformação não só dos sistemas jurídicos mas também das estruturas sociais e políticas".[149]

A Constituição Federal de 1988, com seu espírito de Constituição Cidadã, trouxe vários dispositivos com o escopo de promover a igualdade na perspectiva material. A começar pelo preâmbulo, na Carta Magna a igualdade surge como uma das finalidades do Estado Democrático de Direito: "Nós, representantes do povo brasileiro, reunidos em Assembleia Nacional Constituinte para instituir um Estado Democrático, destinado a assegurar o exercício dos direitos sociais e individuais, a liberdade, a segurança, o bem-estar, o desenvolvimento, a *igualdade* e a justiça como valores supremos de uma sociedade fraterna, pluralista e sem preconceitos, fundada na harmonia social e comprometida, na ordem interna e internacional, com a solução pacífica das controvérsias, promulgamos, sob a proteção de Deus, a seguinte Constituição da República Federativa do Brasil".

Além disso, a igualdade é um objetivo fundamental, visto que a República Federativa do Brasil tem por finalidade "promover o bem de *todos*, sem preconceitos de origem, raça, sexo, cor, idade e quaisquer outras formas de discriminação" (art. 3º, IV, CF/1988).

A igualdade também é aplicada no âmbito das relações internacionais do País, uma vez que o Brasil é regido, entre outros princípios, pela "*igualdade* entre os Estados" (art. 4º, V, CF/1988).

Registre-se que a igualdade é o primeiro postulado no tocante aos direitos e deveres individuais e coletivos, constante dos direitos e garantias fundamentais: "Todos são *iguais* perante a lei, sem distinção de qualquer natureza, garantindo-se aos brasileiros e aos estrangeiros residentes no País a inviolabilidade do direito à vida, à liberdade, à igualdade, à segurança e à propriedade, nos termos seguintes" (art. 5º, *caput*, CF/1988). A igualdade de gênero também é assegurada categori-

[149] MIRANDA, Jorge. *Manual de Direito Constitucional*. Tomo IV. Direitos Fundamentais. 2ª ed. Coimbra: Coimbra Editora, 1998, p. 204.

camente pela Lei Fundamental: "homens e mulheres são *iguais* em direitos e obrigações, nos termos desta Constituição" (art. 5º, I, CF/1988).

Ademais, a igualdade é princípio adotado pela Administração Pública relativamente à composição do seu quadro efetivo de funcionários, uma vez que "os cargos, empregos e funções públicas são acessíveis aos *brasileiros* que preencham os requisitos estabelecidos em lei, assim como aos *estrangeiros*, na forma da lei" (art. 37, I, CF/1988).

Afora isso, a igualdade é um princípio basilar no tocante às limitações do poder de tributar, visto que "é vedado à União, aos Estados, ao Distrito Federal e aos Municípios: instituir tratamento *desigual* entre contribuintes que se encontrem em situação equivalente, proibida qualquer distinção em razão de ocupação profissional ou função por eles exercida, independentemente da denominação jurídica dos rendimentos, títulos ou direitos" (art. 150, II, CF/1988).

Outrossim, a redução das desigualdades constitui um dos princípios gerais da atividade econômica: "A ordem econômica, fundada na valorização do trabalho humano e na livre iniciativa, tem por fim assegurar a todos existência digna, conforme os ditames da justiça social, observados os seguintes princípios: VII – redução das *desigualdades* regionais e sociais" (art. 170, VII, CF/1988).

Da mesma forma, no que se refere ao capítulo da seguridade social, a igualdade aplica-se no disciplinamento da saúde, pois "a saúde é direito de *todos* e dever do Estado, garantido mediante políticas sociais e econômicas que visem à redução do risco de doença e de outros agravos e ao acesso universal e *igualitário* às ações e serviços para sua promoção, proteção e recuperação" (art. 196, CF/1988); assim como a igualdade é um dos princípios da assistência social, uma vez que "a assistência social será prestada *a quem dela necessitar*, independentemente de contribuição à seguridade social" (art. 203, *caput*, CF/1988), bem como no tocante à educação: "a educação, direito de *todos* e dever do Estado e da família, será promovida e incentivada com a colaboração da sociedade, visando ao pleno desenvolvimento da pessoa, seu preparo para o exercício da cidadania e sua qualificação para o trabalho" (art. 205, CF/1988).

A igualdade também é um princípio regedor da cultura, haja vista que "o Estado garantirá a *todos* o pleno exercício dos direitos culturais e acesso às fontes da cultura nacional, e apoiará e incentivará a valorização e a difusão das manifestações culturais" (art. 215, *caput*, CF/1988); assim como a igualdade é um cânone do direito ambiental, pois "*todos* têm direito ao meio ambiente ecologicamente equilibrado, bem de uso comum do povo e essencial à sadia qualidade de vida, impondo-se ao

Poder Público e à coletividade o dever de defendê-lo e preservá-lo para as presentes e futuras gerações" (art. 225, *caput*, CF/1988), etc.

Como se vê, a Constituição Federal possui inúmeros preceitos normativos (regras e princípios) que preveem a igualdade como um postulado a ser aplicado em diversos segmentos, de modo a favorecer a realização da igualdade material na sociedade.

5.9. Critérios de igualdade

De acordo com Norberto Bobbio, há vários critérios para se promover a igualdade, consistentes em atribuir: "partes iguais para todos"; "partes iguais aos iguais"; "partes iguais a um grupo relativamente grande"; "igualdade proporcional"; "dar a cada um segundo o próprio merecimento"; "distribuições desiguais correspondentes a diferenças relevantes"; "distribuições desiguais justas"; "igualdade processual"; e "nivelamento da riqueza".

I – Partes iguais para todos: "essencialmente concebido, um sistema moral ou jurídico é igualitário, se todos os benefícios ou encargos forem distribuídos, em partes iguais, por rocios. É este o princípio aristotélico da Igualdade numérica – 'serem igual e identicamente tratados no número e volume das coisas recebidas' (Política, 1301 b) –, aplicado a tudo quanto cada um deve receber ou renunciar. É também esse o princípio utilitarista enunciado por Mill – 'todos contam por um, ninguém por mais de um' – na distribuição de todos os benefícios e gravames. Um tratamento igual para todos sob todos os aspectos foi defendido por alguns anarquistas do século XIX: a Igualdade de ocupação (participação dos intelectuais nos trabalhos manuais), de consumo (comida e vestido semelhantes para todos) e, particularmente, de educação eliminariam, enfim, as desigualdades das características pessoais, como as do talento e da inteligência, acabando por forjar uma espécie humana uniforme. O problema que nos interessa aqui não é se tal sociedade' é desejável ou talvez possível, mas se podem existir regras assim. As normas de distribuição concernem sempre a certos benefícios ou encargos a atribuir a determinadas pessoas. Há até princípios gerais, como os da Revolução Americana ou da Revolução Francesa, que proclamam que é necessário reconhecer a todos os mesmos direitos fundamentais, o que equivale a dizer que os respectivos Governos os hão de reconhecer a todos os cidadãos, seja qual for o sistema político. Se igualitarismo significasse partes iguais de tudo para todos, todas as regras existentes seriam, na prática, não igualitárias".

II – Partes iguais aos iguais: "o mesmo Aristóteles ampliou o critério de igualitarismo para abranger as regras que atribuem 'partes iguais aos iguais', ou seja, partes iguais de qualquer tipo especificado aos que forem iguais em alguma característica específica. Inversamente, uma regra é não-igualitária 'quando os iguais têm partes desiguais ou os não-iguais partes iguais' (Ética a Nicômaco, 1131 a). Cabe agora aqui a crítica contrária. Toda regra de distribuição imaginável se revela igualitária em tal sentido, já que toda regra atribui o mesmo benefício ou ônus a todos os que possuem a mesma característica específica, e não aos que são desiguais nesse sentido. Sufrágio universal significa que qualquer cidadão adulto terá um voto, mas que os menores ou dementes não terão nenhum. O sufrágio dos brancos significa que o direito de voto se concede a todos os cidadãos adultos de raça branca, mas não às pessoas de cor. Ao invés, uma regra não-igualitária neste sentido constitui uma impossibilidade lógica. Uma regra não pode estabelecer que os iguais – compreendidos aqueles que possuem a característica especificada pela regra – obterão partes desiguais e os não-iguais, partes iguais. Praticar a discriminação racial significa dar o mesmo tratamento aos da mesma cor e conceder partes desiguais aos que não são iguais quanto a tal característica".

III – Partes iguais a um grupo relativamente grande: "já que a regra de distribuição se refere a uma certa classe de pessoas que devem ser tratadas de maneira igual, poder-se-ia observar – como faz Berlin (1961, 135) – que uma regra é mais igualitária que outra se garante 'a um maior número de pessoas (ou classes de pessoas) o recebimento de um tratamento análogo em circunstâncias específicas'. Para sermos mais precisos, uma distribuição de benefícios é tanto mais igualitária quanto maior é a classe de pessoas que os recebem, em comparação com o número das excluídas. O sufrágio universal, que exclui apenas os menores e os dementes, é mais igualitário que um sistema que exclua também os negros. Privar do direito de voto as mulheres é mais inigualitário que privar os negros, se estes constituem menos da metade da populaçao, mas é menos inigualitário, se a maioria é de cor. Ao sustentar a Igualdade de direitos políticos para os proprietários, Locke era mais igualitário que os seus predecessores, mas menos igualitário que os defensores sucessivos do sufrágio universal. Por outro lado, uma norma que atribui encargos é tanto mais igualitária quanto maior é a classe de pessoas a que é imposta. Isentar os estudantes do serviço militar é menos igualitário do que alistá-los".

"Este critério tem a grande vantagem de que igualitarismo e inigualitarismo se tornam conceitos comparativos. Do ponto de vista da ciência empírica, ele é superior aos conceitos meramente classificatórios e pode eventualmente permitir a quantificação. A sua desvantagem é que todas as regras do gênero 'a cada um segundo a sua necessidade' se tornarão altamente inigualitárias, a menos que ocorra ser relativamente grande a parte da população que possua o mesmo elevado grau de necessidade. Um imposto geral sobre a receita seria muito igualitário; mas, ao contrário, seria profundamente inigualitário o imposto progressivo sobre a renda, porquanto dividiria os contribuintes, não apenas em duas classes, mas num grande número de níveis, impondo uma carga fiscal maior ao número geralmente pequeno dos que gozam de maiores rendimentos. O imposto progressivo sobre a renda só se tornará mais igualitário quando a grande maioria se situar no nível mais elevado. Até mesmo o princípio da Igualdade de oportunidades seria, não obstante a sua denominação, inigualitário, uma vez que proporciona a quem carece de certas oportunidades vantagens maiores que àqueles que já as possuem".

IV – Igualdade proporcional. Esse critério propugna a concessão de benefícios àqueles que menos possuam e a imposição de encargos aos mais favorecidos. "Nós somos impelidos a considerar igualitárias a atribuição de benefícios maiores aos mais necessitados e a prescrição de impostos progressivos sobre a renda. E o são se o igualitarismo for entendido no sentido da 'Igualdade proporcional' ou da 'Igualdade das relações' de Aristóteles (Política, 1301 b). Pode-se dizer que uma regra de distribuição satisfaz esta exigência desde que a quantidade de benefício ou de ônus atribuída a uma pessoa constitua uma função monótona crescente da característica pessoal especificada pela regra: quanto maior for a característica, tanto maior será a parte. Dois indivíduos quaisquer são tratados de forma igual neste sentido, quando a diferença da cota atribuída a cada um corresponde igualmente ao grau em que ambos diferem no que respeita à característica especificada".

"Todavia, com base neste critério, qualquer regra imaginável se tornaria igualitária, como sucede exatamente com o princípio das partes iguais aos iguais. Com efeito, todas as regras de distribuição não atribuem apenas 'partes iguais aos iguais' e 'partes desiguais aos não-iguais', como o fazem também "proporcionalmente" às desigualdades destes. Ambas as regras, 'a cada um conforme a sua necessidade' e 'a cada um conforme a própria estatura', atribuem partes diferentes a pessoas diferentes, na proporção em que estas diferem em necessidade e estatura. Um imposto fixo e um imposto progressivo sobre a renda satisfazem a ambas as exigências da Igualdade proporcional. O ideal de Marx era antes o princípio de 'a cada um conforme a sua necessidade' do que o de 'a cada um conforme o seu trabalho'. Contudo, ele não negou que esta última regra também fosse igualitária, já que 'o direito dos produtores (receber meios de consumo) é proporcional ao trabalho por eles prestado; a Igualdade consiste em que a avaliação se baseia num mesmo denominador, o trabalho'. Ela é, portanto, um princípio igualitário, conquanto "reconheça tacitamente os dotes desiguais dos indivíduos e, portanto, a capacidade produtiva como privilégios naturais". Até as regras que estabelecem apenas duas categorias são igualitárias segundo este critério. Tanto o sufrágio universal como o sufrágio restrito aos brancos tratam as pessoas de harmonia com a sua desigualdade – em relação à característica especificada. Então a Igualdade numérica não é senão um caso específico de Igualdade proporcional".

V – Dar a cada um segundo o próprio merecimento. Nesse critério, sobressai o mérito individual na conquista dos benefícios. "Aristóteles contrapõe às vezes a Igualdade, não à Igualdade proporcional em geral, mas à 'Igualdade proporcional ao mérito' (Política, 1301 a). A quantidade de benefícios há de ser proporcionada ao grau, não de uma característica qualquer dos beneficiários, hipoteticamente definida por uma regra, mas de uma característica específica, o mérito relativo. Quanto mais uma pessoa merece, maior será a sua recompensa; por isso, partes iguais a pessoas de iguais merecimentos. Qualquer critério de distribuição que descure então o mérito não será realmente igualitário. Desta vez não se pode certamente afirmar que qualquer regra se revela igualitária. A crítica é antes de que o igualitarismo é neste caso definido mais em termos avaliatórios do que em termos descritivos. O próprio Aristóteles considera que uma distribuição é igualitária, neste sentido, se 'os valores relativos das coisas dadas correspondem aos das pessoas que os recebem' (Política, 1280 a). Ora, o valor relativo das coisas dadas pode ser, em geral, objetivamente verificado e mensurado; e isto vale igualmente para as características pessoais, como a idade e a renda, e até a inteligência e a aptidão para uma determinada tarefa. Pelo contrário, o valor relativo da pessoa que recebe, isto é, o grau do seu merecimento, é, evidentemente, objeto de avaliação subjetiva e não de verificação objetiva. Afirmações que estabelecem que A possui mais mérito (ou duas vezes mais) que B, no sentido de que A possui um maior valor moral, são juízos genuínos de valor e não juízos caracterizantes".

VI – Distribuições desiguais correspondentes a diferenças relevantes: "atualmente, a versão mais comum da Igualdade proporcional é a seguinte: uma regra de distribuição é igualitária se, e apenas se, as diferenças na distribuição correspondem a diferenças relevantes das características pessoais; por outras palavras, se a característica especificada é relevante em relação ao gênero de benefícios ou encargos a distribuir. Sendo a idade e a cidadania relevantes com relação ao direito de voto, é igualitário limitar o privilégio aos cidadãos adultos. A riqueza é relevante para a imposição de impostos; portanto, o imposto fixo ou o imposto progressivo sobre a renda são igualitários. Inversamente, uma regra é inigualitária, tanto se se baseia em diferenças de características não relevantes, como se não leva em conta as relevantes. Sexo, cor ou riqueza não são relevantes para o fato de votar; a limitação deste direito aos homens, ou aos brancos, ou aos proprietários, não é igualitária. A riqueza é relevante para a tributação; por conseguinte, o imposto indireto é inigualitário, pois impõe uma contribuição de igual medida aos adquirentes pobres e ricos".

"Tal como o mérito do indivíduo, a relevância de uma característica pessoal é um termo avaliatório e não descritivo. Enquanto que o atribuir a uma pessoa características como a idade ou a renda constitui um dado de fato, os juízos que estabelecem que tais características são relevantes ou não em relação a um certo tipo de distribuição são juízos de valor. O fato de que a idade seja importante para votar, mas que não o seja a cor, não significa de modo algum que seja justo exigir uma idade mínima para votar, mas que seja injusto basear o direito do voto na cor. É inigualitário – e isto quer dizer que é injusto – tratar de modo desigual pessoas que possuem em comum a mesma característica relevante; mas as concessões desiguais a pessoas que são diferentes sob aspectos relevantes são igualitárias, isto é, justas. Ou melhor, 'uma diferença de tratamento exige uma justificação relativa às diferenças relevantes e suficientes que existem entre quem tem direito' (Ginsberg, 1965, 79)".[150]

VII – Distribuições desiguais justas: "o igualitarismo é às vezes definido diretamente em relação à justiça e não indiretamente, ou seja, mediante a relevância. Segundo artigo recente, 'o que se opõe verdadeiramente à Igualdade é a desigualdade de tratamento arbitrário, isto é, a desigualdade injustificável ou iníqua'. De onde se seguiria que uma desigualdade de tratamento justificável ou equitativa seria 'verdadeiramente' igualitária. Então, se a discriminação racial é igualitária ou não, é coisa que dependeria ainda de ela ser considerada justa ou injusta. Isto é um exemplo do que desejaria chamar falácia da definição ao revés. Consiste em definir um termo de valor 'bom' ou 'desejável', por exemplo, em relação a termos descritivos como 'felicidade' ou 'aprovação'. Ora, se 'bom' significa o mesmo que 'fator de felicidade', ou 'desejável' o mesmo que 'aprovado pela maioria', seria autocontraditório afirmar que uma coisa que causa felicidade é ruim ou que uma coisa é indesejável, mas aprovada pela maioria. A afirmação de Aristóteles de que 'o injusto é desigual, o justo igual' é outro caso da mesma falácia. Aqui o conceito normativo de justiça é definido em termos de igualitarismo, que, para Aristóteles, é também um termo descritivo, como

150 BOBBIO, Norberto; MATTEUCCI, Nicola; PASQUINO, Gianfranco. *Dicionário de Política*. Volume 1. 6ª ed. Brasília/DF: Editora UNB, 1994, p. 598-601.

já vimos ('dando partes iguais aos iguais'). Pelo contrário, não é contraditório dizer que um imposto progressivo sobre os rendimentos é inigualitário e, contudo, justo. Temos também o processo inverso. O igualitarismo, um conceito que desejamos tenha uma função descritiva, é definido mediante o conceito normativo de justiça. Se a afirmação 'a regra X é igualitária' significa a mesma coisa que 'a regra X é justa (ou justificável ou equitativa)', então é contraditório considerar justo e não igualitário um imposto progressivo sobre os rendimentos, ou injusto mas igualitário um imposto indireto".

VIII – Igualdade processual: "a Igualdade está também ligada à justiça para quem considera o igualitarismo um princípio 'processual': 'tratem-se as pessoas de modo igual, a menos que e enquanto não exista uma justificação para tratá-las de modo desigual' (Frankena in Brandt, 1962, 8). Tomado neste sentido, o igualitarismo não se refere absolutamente a uma característica das regras de distribuição, mas à própria regra de distribuição, ou seja: 'todas as pessoas devem ser tratadas de modo igual, a menos que se encontrem boas razões para tratá-las de maneira diversa'. É verdade que esta 'injunção de Igualdade não constitui por si mesma uma regra positiva de ética, mas uma norma para adotar outras regras' (Monroe, 1964, 36). É uma regra normativa (para adotar regras fundamentais). Trata-se de um princípio que não é meramente normativo, mas é também exclusivamente processual, compatível com qualquer regra discriminatória de distribuição que se julgue 'justificada' ou fundada em 'boas razões'. Tal critério de igualitarismo não nos permite classificar regras substanciais de distribuição em regras igualitárias e não igualitárias".

"A tentativa de uma determinação frutífera do conceito de Igualdade tem sido baldada até agora. Resumindo: se o igualitarismo se definisse como 'partes iguais a todos', nenhuma regra seria igualitária; se significasse 'partes iguais aos iguais' ou 'Igualdade proporcional', toda regra o seria; e qualquer regra poderia ser igualitária se baseada em definições relativas ao mérito, às diferenças relevantes ou à justiça. A Igualdade processual não designa sequer uma das características das regras de distribuição. 'Partes iguais a um grupo relativamente grande' continua sendo a definição mais aceitável; mas já chamamos a atenção para o fato de que a sua aplicação conduz a resultados muitas vezes opostos à intuição. Com efeito, até os fautores da discriminação racial tendem a considerar inigualitário restringir os benefícios assistenciais aos brancos, independentemente da necessidade (mesmo que a grande maioria da população seja branca), e igualitário, ao invés, efetuar pagamentos assistenciais em benefício dos necessitados, independentemente da raça (mesmo que os necessitados sejam uma pequena minoria)".[151]

IX – Nivelamento da riqueza. Norberto Bobbio propõe novo critério distributivo. "Proponho que se chame igualitária uma regra de distribuição quando ela nivele, ou pelo menos reduza, as diferenças entre as quantidades de bens. As regras igualitárias de distribuição também podem ser chamadas regras de nivelamento. Ao contrário, uma regra de redistribuição que deixe intactas as desigualdades de benefícios ou ônus anteriores, ou até as aumente, é inigualitária. O exemplo que apresentamos antes é um caso de aplicação de uma regra de nivelamento. Tirar 3 de A e nada de B seria ainda igualitário, já que a diferença entre seus bens (5 – 2 = 3) é agora menor que inicialmente (8 – 2 = 6); mas é menos igualitário do que se seus bens fossem totalmente igualados, como no primeiro exemplo. Por outro lado, tirar 1 de A e 1 de B não seria igualitário, pois não alteraria a diferença entre os seus bens, 6; e, com maior razão, tirar 1 de A e 2 de B (a diferença seria agora de 7). Estes exemplos demonstram que uma regra de redistribuição só poderá ser chamada igualitária ou não em relação a uma distribuição anterior. O igualitarismo converte-se num conceito ordinal – vantagem que esta definição partilha em comum com a 'definição menos insatisfatória' antes examinada. Pelo que respeita a uma determinada distribuição, uma regra de redistribuição será tanto mais igualitária quanto menor for, no fim, a diferença entre os bens em comparação com início. Recapitulando: se inicialmente A possui 8 e B 2, tomar 3 de A e dar 3 a B é mais igualitário que tomar 3 de A e nada de B".

Segundo Bobbio, "os nossos exemplos tornam claro, além disso, que as distribuições iguais podem conduzir a redistribuições não igualitárias e vice-versa. Um imposto indireto é uma regra de redistribuição inigualitária, porquanto constitui um peso maior para os adquirentes mais pobres e não reduz as diferenças de riqueza. Pelo contrário, um imposto progressivo sobre a renda é uma regra de nivelamento e, como tal, igualitária. O conceito de nivelamento vem, nesse caso, remediar justamente os defeitos da definição antes examinada. Mesmo existindo Igualdade de direito à propriedade, ela é distribuída de modo desigual em quase todas as sociedades. Tal desigualdade é mais o resultado da hereditariedade, do estado social ou da capacidade pessoal do que de uma distribuição deliberada do Governo. Um nivelamento total dos bens exigiria, como é óbvio, o uso de distribuições acentuadamente desiguais, ou seja, que se tirasse dos ricos para dar aos pobres. Um resultado que se poderia alcançar pela tributação ou pela socialização

[151] BOBBIO, Norberto; MATTEUCCI, Nicola; PASQUINO, Gianfranco. *Dicionário de Política*. Volume 1. 6ª ed. Brasília/DF: Editora UNB, 1994, p. 602.

ao menos dos meios de produção. Sua 'posse comum' eliminaria, segundo o Manifesto comunista, a possibilidade da exploração de uma classe por outra; e, "com a abolição das distinções de classe, todas as desigualdades sociais e políticas delas derivadas desapareceriam por si, automaticamente".

Dessa forma, "um nivelamento completo dos bens, conquanto almejável, é geralmente tido por utópico. Mesmo que tal meta fosse atingida num determinado momento, as diferenças reapareceriam depressa, não sendo por outro motivo, ao menos porque 'os homens são desiguais' no que tange às qualidades pessoais; é por isso que o poder e a influência se acham necessariamente distribuídos de forma desigual em todos os sistemas políticos e sociais. Nivelar a riqueza significa, em geral, não tanto eliminar, como reduzir as desigualdades existentes quanto à propriedade. De acordo com a definição proposta, este gênero de distribuição, embora menos igualitário, é igualmente igualitário. O é nas palavras de Rousseau; 'Por Igualdade temos de entender, não que o grau de poder e de riqueza é absolutamente idêntico para todos, mas que... nenhum cidadão é bastante rico para comprar outro, nem há nenhum tão pobre que seja forçado a vender-se a si mesmo' (Contrato social, livro II, c. XI). Por outro lado, nem sequer a distribuição igual de dinheiro levará a uma felicidade igual. Além disso, felicidade, satisfação ou utilidade não são benefícios tangíveis que possam ser distribuídos ou redistribuídos a A e B por C, nem de modo igual nem desigual".[152]

5.9.1. Critério fático-normativo

Para esta corrente, como forma de aferir o respeito ao princípio da igualdade, além de outros critérios, pode-se adotar o *critério fático-normativo*, que consiste em avaliar a adequação da medida ou bem jurídico concedido na relação comparativa entre duas ou mais coisas diversas na perspectiva dos fatos e do regime jurídico. O primeiro elemento é a "avaliação comparativa" (realização de confronto na concessão de determinada medida ou bem jurídico entre dois ou mais sujeitos). O segundo elemento são os "fatos" (análise dos acontecimentos sob a ótica da sua conjuntura como um todo). O terceiro elemento traduz-se nas "normas" (conjunto de preceitos legais ou contratuais que regulam as relações entre os sujeitos).

Esse critério pode ser utilizado como forma de avaliar se determinado objeto ou benefício viola ou não o direito à igualdade. Em pri-

[152] BOBBIO, Norberto; MATTEUCCI, Nicola; PASQUINO, Gianfranco. *Dicionário de Política*. Volume 1. 6ª ed. Brasília/DF: Editora UNB, 1994, p. 603.

meiro lugar, parte-se da comparação dos fatos existentes, ou seja, aquilo que existe realisticamente. A título de ilustração, pode-se mencionar o salário mensal recebido por empregado em decorrência da relação de trabalho. Nesse caso, confronta-se o salário recebido entre dois ou mais empregados. Em segundo lugar, parte-se para o cotejo das circunstâncias do objeto confrontado – inclusive os resultados da atividade –, assim como o regime jurídico a que está sujeito. Adotando-se o mesmo exemplo, nesse momento pode-se avaliar se os empregados estão vinculados à mesma empresa ou se empresas distintas, o local da prestação do serviço, bem como verificar a natureza da função exercida, o tempo de serviço, o regime contratado, o plano de carreira, eventual cargo de chefia, outros benefícios contratuais, etc. Naturalmente, em respeito ao princípio da isonomia, a distinção entre essas circunstâncias modificará o resultado final, ou seja, o valor salarial recebido por dois ou mais empregados.

Com efeito, as diferenças fáticas e jurídicas ocasionam profundas mudanças no resultado final do objeto comparado, a exemplo da discrepância no tocante ao salário dos jogadores de futebol da quarta divisão (série D) em relação aos jogadores da primeira divisão (série A). Nesse caso, é válido o discrímen, haja vista a disparidade entre o retorno econômico auferido pelos clubes das séries "A" e "D", que repercute no pagamento de salários aos respectivos atletas (clubes que recebem mais dinheiro pagam mais aos atletas, ao passo que clubes que recebem menos logicamente pagam menos). Acerca desse assunto, em 2016, a Confederação Brasileira de Futebol (CBF) divulgou a média salarial dos jogadores, sendo que mais de 80% dos atletas recebiam até R$ 1.000,00 (mil reais) por mês, e 96,08% recebiam até R$ 5.000,00 (cinco mil reais) mensalmente.[153]

Em 2021, foram realizadas novas pesquisas, conforme noticiado pelo jornal *O Estado de S. Paulo*. "De acordo com o Estudo, o Brasil possui 7.020 clubes registrados, sendo que 874 agremiações são profissionais ativas. A região Sudeste é a que aloja a maior parte desses times (39%) e a que paga melhor também (média de R$ 15 mil). Já os vencimentos mais baixos estão concentrados no Nordeste (em torno de R$ 1.000). O País possui mais de 360 mil atletas registrados, sendo que 25% são profissionais. Para Marco Aurélio Cunha, ex-diretor da CBF e atualmente executivo de futebol do Avaí, além da concorrência ser muito grande no meio do futebol, o mercado é seletivo. 'O gargalo é muito fino. Vamos imaginar que entre as Séries A, B e C tenham 60

---

[153] CBF. Confederação Brasileira de Futebol. *Raio-X do futebol: salário dos jogadores*. Dados foram divididos em três partes: registro, transferências e salários. 23/02/2016 às 10:34 | Assessoria CBF. Disponível em: <https://www.cbf.com.br/a-cbf/informes/index/raio-x-do-futebol-salario-dos-jogadores>. Acesso em 19-12-2021.

times com cada clube dispondo de 30 jogadores em seu plantel. Por alto teremos 1.800 atletas em todas as três divisões. Nessa fatia, você vai ter uns 600 jogadores com vencimentos muito bons. O resto vai ganhar entre R$ 1.000,00 e R$ 5.000,00 mesmo' diz. Outro fator que precisa ser levado em conta, segundo Marco Aurélio Cunha, é o tempo útil de atividade. 'Em um banco você entra e pode se aposentar. No futebol, você vai se doar até os 35 anos e, se ganhar de 2 a 5 salários mínimos, vai ser aquilo ali mesmo. E muitos não pensam no pós-carreira. Os ricos não se preparam, imagine os pobres. O futebol de grandes salários é uma ilusão', comentou".[154]

Os exemplos acima citados demonstram na prática como determinadas características (elementos) modificam profundamente o resultado final (objeto conquistado), devendo-se, por isso, perscrutar todas as condições da relação comparativa. Assim, por meio da análise fática e jurídica do conjunto de informações que integram determinada atividade, pode-se dimensionar se há observância ou não do conteúdo relativo ao princípio da igualdade.

5.10. Igualdade e dignidade

O direito à igualdade guarda conexão íntima com o princípio da dignidade humana. Tal preceito é reconhecido internacionalmente, a exemplo da Declaração Universal dos Direitos Humanos, que declara em seu artigo 1º: "Todos os seres humanos nascem livres e *iguais* em *dignidade* e em direitos. Dotados de razão e de consciência, devem agir uns para com os outros em espírito de fraternidade".

A interdependência do princípio da dignidade com o princípio da igualdade é manifesta, visto que o respeito à dignidade é um direito assegurado a todos os seres humanos, de maneira que se trata de uma prerrogativa igualmente titularizada por todas as pessoas. Isto é, o direito à dignidade aplica-se por igual a todas as pessoas, porquanto se trata de princípio cujo objetivo é tutelar o respeito ao ser humano como indivíduo.

Nesse sentido, Ingo Sarlet assinala: "constitui pressuposto essencial para o respeito da dignidade da pessoa humana a garantia da isonomia entre todos os seres humanos, que, portanto, não podem ser submetidos a tratamento discriminatório e arbitrário, razão pela qual

[154] O ESTADO DE SÃO PAULO. *Brasil paga salário mínimo para metade dos jogadores*. Pesquisa aponta que 55% dos atletas que atual no País recebem R$ 1.100 por mês. Toni Assis. Esportes. Edição de 04/07/2021, pág. 17. Disponível em: <https://acervo.estadao.com.br/pagina/#!/20210704-46646-nac-17-esp-a18-not>. Acesso em 19-12-2021.

intoleráveis a escravidão, a discriminação racial, perseguições por motivos de religião, gênero, orientação sexual, enfim, toda e qualquer ofensa ao princípio isonômico na sua dupla dimensão formal e material" (Podlech).[155]

Isso porque o princípio da dignidade resulta na prerrogativa de todo ser humano ser respeitado como pessoa em relação aos demais indivíduos, bem como de não ser prejudicado em sua existência física e moral, além de ser destinatário da fruição de um âmbito existencial próprio (Karl Larenz). Igualmente, Joaquín Arce, Flórez e Valdés vislumbram no respeito à dignidade humana quatro importantes consequências, sendo o primeiro elemento a isonomia: "a) igualdade de direitos entre todos os homens, uma vez integrarem a sociedade como pessoas e não como cidadãos; b) garantia da independência e autonomia do ser humano, de forma a obstar toda coação externa ao desenvolvimento de sua personalidade, bem como toda atuação que implique na sua degradação; c) observância e proteção dos direitos inalienáveis do homem; d) não admissibilidade da negativa dos meios fundamentais para o desenvolvimento de alguém como pessoa ou a imposição de condições subumanas de vida". Por conseguinte, a interferência do princípio da dignidade se espraia, entre nós, nos seguintes aspectos: "a) reverência à igualdade entre os homens (art. 52, I, CF); b) impedimento à consideração do ser humano como objeto, degradando-se a sua condição de pessoa, a implicar na observância de prerrogativas de direito e processo penal, na limitação da autonomia da vontade e no respeito aos direitos da personalidade, entre os quais estão inseridas as restrições à manipulação genética do homem; c) garantia de um patamar existencial mínimo".[156]

Por último, registre-se que a aplicação da igualdade em dignidade a todas as pessoas não conflita com a identidade única de cada indivíduo. "Nesse sentido, o princípio da igualdade há de ser compreendido como assegurando 'uma igualdade entre diferentes incomparáveis' (Wandelli). A compreensão do princípio da igualdade e correspondentes direitos de igualdade na perspectiva (material) da dignidade da pessoa humana assume relevo, para além da intensidade da vinculação do poder público, também na esfera das relações entre particulares, pois quando em causa uma violação da dignidade da pessoa humana advoga-se (embora se trata de entendimento não unânime) que até mesmo os atores privados estarão diretamente vinculados pelos direitos

[155] SARLET, Ingo Wolfgang. *Dignidade (da Pessoa) Humana e Direitos Fundamentais na Constituição Federal de 1988*. 10ª ed. Porto Alegre: Livraria do Advogado, 2015, p. 132.

[156] NOBRE JÚNIOR, Edilson Pereira. (2000). *O direito e o princípio da dignidade da pessoa humana*. Revista de Direito Administrativo. Vol. 219. Rio de Janeiro, jan./mar. 2000, p. 239-240.

de igualdade, especialmente na sua dimensão negativa (defensiva), operando como proibições de discriminação".[157]

5.11. Igualdade e liberdade

O "direito à igualdade" também se correlaciona com o "direito à liberdade", visto que uma relação igualitária entre sujeitos propicia uma atuação livre dos respectivos agentes.

Segundo Léon Duguit, o primeiro dever do Estado é garantir a liberdade física, usualmente denominada liberdade individual propriamente dita. A liberdade é fundamental, pois é condição essencial para o exercício de todas as outras liberdades. A todos os homens deve poder, em todos os momentos da sua existência, circular livremente no território do seu Estado, sendo vedado o estabelecimento de obstáculos à liberdade de seus movimentos. O Estado deve protegê-los contra todos os atos de indivíduos ou funcionários que se oponham ao livre exercício desse direito.[158] Renato Alessi adverte que a liberdade deve ser limitada pelo Estado, como forma de permitir o exercício da liberdade pelas outras pessoas e a própria convivência social. Assim, os limites à esfera de liberdade do indivíduo não constituem uma compressão, uma limitação por direito próprio, mas sim uma definição do direito em questão, ou seja, a especificação dos limites necessários da esfera da liberdade protegida, como meio necessário para alcançar a coexistência social harmoniosa.[159]

Na lição de Norberto Bobbio, o direito de igualdade não só é compatível com a liberdade, como também é por esta solicitada. Isso porque a igualdade é atribuída a todos, assim como o direito à liberdade, devendo ambos serem compatibilizados, de forma a respeitar a liberdade das demais pessoas. "O que significa que cada um deve gozar de tanta liberdade quanto compatível com a liberdade dos outros, podendo fazer tudo o que não ofenda a igual liberdade dos outros. Praticamente desde as origens do Estado liberal essa forma de igualdade inspira dois princípios fundamentais, que são enunciados em normas constitucionais: a) a igualdade perante a lei; b) a igualdade dos direitos".[160]

---

157 SARLET, Ingo Wolfgang. *Dignidade (da Pessoa) Humana e Direitos Fundamentais na Constituição Federal de 1988*. 10ª ed. Porto Alegre: Livraria do Advogado, 2015, p. 132-133.

158 DUGUIT, Léon. *Traité de Droit Constitutionnel*. Tome cinquième et dernier. Les Libertés Publiques. Deuxième édition. Paris: Fontemoing, 1925, p. 6.

159 ALESSI, Renato. *Sistema Istituzionale del Diritto Amministrativo Italiano*. Seconda edizione. Milano: Dott. A. Giuffrè, 1958, p. 505-506.

160 BOBBIO, Norberto. *Liberalismo e Democracia*. 6ª ed. São Paulo: Brasiliense, 2005, p. 39.

Dessa forma, "os dois valores da liberdade e da igualdade remetem um ao outro no pensamento político e na história. Ambos se enraízam na consideração do homem como pessoa. Ambos pertencem à determinação do conceito de pessoa humana, como ser que se distingue ou pretende se distinguir de todos os outros seres vivos. *Liberdade* indica um estado; *igualdade*, uma relação. O homem como pessoa – ou para ser considerado como pessoa – deve ser, enquanto indivíduo em sua singularidade, livre; enquanto ser social, deve estar com os demais indivíduos numa relação de igualdade".[161]

Na perspectiva valorativa, "a igualdade é um valor para o homem como ser genérico, ou seja, como um ente pertencente a uma determinada classe, que é precisamente a humanidade (razão pela qual as teorias políticas que propugnam a igualdade, ou igualitárias, tendem a ver na sociedade uma totalidade, sendo necessário considerar o tipo de relações que existe ou deve ser instituído entre as diversas partes do todo). A igualdade é um modo de estabelecer um determinado tipo de relação entre os entes de uma totalidade, mesmo quando a única característica comum desses entes seja o fato de serem livres. A igualdade consiste apenas numa relação: o que dá a essa relação um valor, o que faz dela uma meta humanamente desejável na medida em que é considerada justa, onde por justa se entende que tal relação tem a ver, de algum modo, com uma ordem a instituir ou a restituir (uma vez abalada), isto é, com um ideal de harmonia das partes de um todo, entre outras coisas porque se considera que somente um todo ordenado tem a possibilidade de durar".

A igualdade é postulado que se verifica no ponto de vista fático, ou seja, no bojo da realidade social. "Enquanto a justiça é um ideal, a igualdade é um fato. Não é em si mesmo nem justo nem injusto que duas bolas de bilhar sejam perfeitamente iguais entre si. A esfera de aplicação da justiça, ou da igualdade social e politicamente relevante, é a das relações sociais, ou dos indivíduos ou grupos entre si, ou dos indivíduos com o grupo (e vice-versa), segundo a distinção tradicional, que remonta a Aristóteles, entre justiça comutativa (que tem lugar na relação entre as partes) e justiça distributiva (que tem lugar nas relações entre o todo e as partes, ou vice-versa). Mais especificamente, as situações nas quais é relevante que exista ou não igualdade são sobretudo duas: *a)* aquela na qual estamos diante de uma ação de dar (ou fazer), da qual se deva estabelecer a correspondência anterior com um ter ou posterior com um receber, de onde resulta a sequência ter-dar-receber-ter; *b)* aquela na qual nos encontramos diante do problema de atribuir vantagens ou desvantagens, benefícios ou ônus, direitos ou

[161] BOBBIO, Norberto. *Igualdade e Liberdade*. 2ª ed. Rio de Janeiro: Ediouro, 1997, p. 7.

deveres (em termos jurídicos), a uma pluralidade de indivíduos pertencentes a uma determinada categoria".

"No primeiro caso, a situação se caracteriza por uma relação bilateral e recíproca; no segundo, por uma relação multilateral e unidirecional. No primeiro caso, o problema da igualdade se apresenta como problema de *equivalência* de coisas (o que se dá deve ser equivalente ao que se tem, o que se recebe ao que se tem); no segundo, como problema de *equiparação* de pessoas (trata-se, por exemplo, de equiparar, na relação entre cônjuges, a mulher e o marido, ou, na relação de trabalho, os operários aos empregados). Todos veem a diferença entre a igualdade que é invocada quando se pede que os direitos (e os deveres) da mulher correspondam aos do marido, ou que o estado jurídico dos operários seja equiparado ao dos empregados. De resto, as duas situações correspondem aos dois tipos fundamentais de relações que podem ser encontrados em todo sistema social, as relações de troca e as relações de convivência. Querendo dar um nome às duas situações de justiça, pode-se falar, no primeiro caso, de justiça redistributiva, e, no segundo, de justiça atributiva. Não é possível especificar ulteriormente os casos típicos de justiça atributiva, tantas e tão imprevisíveis são as situações nas quais se exige uma equalização nas relações entre os indivíduos. Os casos mais típicos de justiça retributiva, isto é, de igualdade entre o que se dá (ou se faz) e o que se recebe, são as quatro seguintes: relação entre mercadorias e preço, relação entre pagamento e trabalho, relação entre dano e indenização, relação entre crime e castigo. Desses quatro casos, os dois primeiros são de retribuição de um bem com um bem; os outros dois, de um mal com um mal. Também nesses casos, a linguagem comum reconhece o nexo entre os dois conceitos de justiça e de igualdade, falando respectivamente de preço justo, de salário-justo, de indenização justa e de pena justa".[162]

Todavia, deve-se atentar que os direitos não são ilimitados. "Apesar de sua desejabilidade geral, liberdade e igualdade não são valores absolutos. Não há princípio abstrato que não admita exceções em sua aplicação. A diferença entre regra e exceção está no fato de que a exceção deve ser justificada. Onde a liberdade é a regra, sua limitação deve ser justificada. Onde a regra é a igualdade, deve ser justificado o tratamento desigual. Mas o ponto de partida pode também ser oposto, como na escola ou num quartel, onde a regra é a disciplina e a liberdade é exceção. Decidir o que é mais normal, se a liberdade ou a disciplina, a igualdade ou a hierarquia, não é algo que se possa fazer de uma vez por todas".[163]

[162] BOBBIO, Norberto. *Igualdade e Liberdade*. 2ª ed. Rio de Janeiro: Ediouro, 1997, p. 13-18.

[163] Ibid., p. 10.

5.12. Igualdade e democracia

Consoante Manoel Gonçalves Ferreira Filho, "a igualdade, desde a antiguidade, é indissoluvelmente associada à democracia. No célebre discurso de Péricles em honra aos mortos no primeiro ano da guerra de Peloponeso, é a 'isonomia', isto é, a igualdade perante a lei, apontada com um dos três característicos fundamentais da democracia ateniense. Da mesma forma, não se pode modernamente caracterizar a democracia sem que se abra lugar para a igualdade, embora esse lugar não seja sempre o mesmo".[164]

A democracia liga-se intrinsecamente ao princípio da igualdade. Isso porque a democracia exige a adoção de um tratamento igualitário entre os cidadãos, haja vista que os governados igualmente titularizam o poder político (poder decisório sobre o destino do país), exercendo-o diretamente ou mediante representantes temporários periodicamente eleitos.[165]

Com efeito, a concessão de privilégios a alguns poucos indivíduos e a negação de direitos à ampla maioria – a exemplo da aristocracia – provoca no povo um intenso desejo pela igualdade. Segundo Alexis de Tocqueville, os povos democráticos mostram um amor mais ardente e mais durável pela igualdade do que pela liberdade. "A primeira e mais viva das paixões que a igualdade das condições faz nascer é o amor a essa mesma igualdade. Por isso, não será de admirar que fale dela antes de todas as outras. Todos terão observado que, em nosso tempo, e especialmente na França, essa paixão pela igualdade cada dia tomava um lugar maior no coração humano. É possível imaginar-se um ponto extremo, onde a liberdade e a igualdade se tocam e se confundem. Suponhamos que todos os cidadãos concorram para o governo e que cada um tenha igual direito de concorrer para ele. Neste caso, ninguém é diferente de seus semelhantes, ninguém poderá exercer um poder tirânico; os homens serão perfeitamente livres, porque serão todos inteiramente iguais; e serão todos perfeitamente iguais porque serão inteiramente livres. É para este ideal que tendem os povos democráticos".

Além disso, os homens apegam-se à igualdade não apenas porque lhes é cara, mas prendem-se a ela porque creem que tal princípio deve durar para sempre. "As vantagens da igualdade se fazem sentir desde logo e cada dia as vemos passar ante nossos olhos. A igualdade

---

164 FERREIRA FILHO, Manoel Gonçalves. *Curso de Direito Constitucional*. 7ª ed. São Paulo: Saraiva, 1978, p. 267.

165 CAETANO, Marcello. *Manual de Ciência Política e Direito Constitucional*. Tomo I. 6ª ed. Coimbra: Almedina, 2010, p. 331.

proporciona todos os dias uma multidão de pequenos prazeres a cada homem. Os encantos da igualdade se sentem em todos os momentos e estão ao alcance de todos; nem os corações mais nobres são insensíveis a eles, e as almas mais vulgares deles fazem as suas delícias. A paixão que a igualdade faz nascer deve, pois, ser ao mesmo tempo enérgica e geral. Os povos democráticos amam a igualdade em todos os tempos, mas há certas épocas em que impelem até o delírio a paixão que sentem por ela. Isso ocorre no momento em que a antiga hierarquia social, por muito tempo ameaçada, acaba de se destruir, após uma última luta intestina, e as barreiras que separavam os cidadãos estão afinal derrubadas. Os homens se precipitam, então, para a igualdade como se fosse uma conquista, e a ela se apegam como se fosse um bem precioso que se lhes quer arrebatar. A paixão pela igualdade penetra por todos os lados no coração humano, estende-se dentro dele e o enche por completo. Na maior parte das nações modernas, e em particular em todos os povos do continente europeu, o gosto e a ideia da liberdade só começaram a nascer e a se desenvolver no momento em que as condições começaram a igualar-se e me consequência dessa mesma igualdade. Foram os reis absolutos os que mais trabalharam para nivelar as diferenças entre os seus súditos. Entre tais povos, a igualdade precedeu a liberdade; a igualdade, era, pois, um fato antigo, quando a liberdade era ainda uma coisa nova; uma já criara opiniões, usos, leis, que lhes eram próprios, enquanto a outra apenas se produzia, e pela primeira vez, a plena luz".

Tocqueville propugna ainda que "os povos democráticos têm um gosto natural pela liberdade; entregues a si mesmos, procuram-na, amam-na e se entristecem quando lhes é tirada. Mas têm pela igualdade uma paixão ardente, insaciável, eterna, invencível; desejam a igualdade dentro da liberdade, e, se não a podem obter, ainda a desejam na escravidão. Suportarão a pobreza, a servidão, a barbárie, mas não suportarão a aristocracia. Tal coisa é verdadeira em todos os tempos, e sobretudo no nosso. Todos os homens e todos os poderes que desejarem lutar contra esse poder irresistível serão derrubados e destruídos por ele. Hoje em dia, não pode a liberdade estabelecer-se sem o seu apoio e o próprio despotismo não poderia reinar sem ela".[166]

De acordo com Klaus Stern, idealmente, a democracia quer que todos sejam iguais e livres. Todavia, ambos os objetivos, igualdade e liberdade, não podem ser definidos de forma absoluta. Eles só seriam alcançados se todos fossem unânimes, ou seja, a regra seria desnecessária, já que todos concordariam com tudo. Considerando que tal

[166] TOCQUEVILLE, Alexis de. *A democracia na América*. 2ª ed. Belo Horizonte: Ed. Itatiaia; São Paulo: Ed. Universidade de São Paulo, 1977, p. 383-386.

perfeição é irreal, a liberdade não é ilimitada, e a igualdade do princípio democrático é a igualdade perante a lei, assim como igualdade do direito de voto e do acesso a cargos públicos representam a igualdade jurídica e política. A igualdade do princípio democrático alude ao fato de permitir que o poder estatal – que deve remontar aos indivíduos – seja determinado pelos cidadãos com iguais direitos de participação, de modo a participar política e civicamente da direção do Estado.[167]

Impende salientar que na democracia os cidadãos detêm a prerrogativa da igualdade política. Conforme Peter Pernthaler, as pessoas na democracia têm duas funções diferentes que são mutuamente dependentes. Por um lado, o povo é o sujeito que titulariza o direito de voto e o da soberania e, a este respeito, atuam como uma unidade espiritual (nação). Por outro lado, o povo é também a soma das pessoas em um território estatal caracterizado pela liberdade e igualdade de direitos políticos como cidadão e pela universalidade dos direitos humanos como pessoa no sentido jurídico.[168] A democracia garante a igualdade das pessoas relativamente à capacidade de escolha dos detentores temporários do poder estatal.

Vale dizer, a democracia, por meio da distribuição do poder político entre os cidadãos, finda por robustecer a igualdade. Na lição de Jürgen Habermas, na ideia republicana, o povo é o portador da soberania popular, que promove a "autodeterminação dos cidadãos".[169]

Desse modo, a igualdade liga-se aos valores democráticos, pois é por meio da democracia que os cidadãos escolhem os representantes do Estado, bem como têm acesso ao poder político e a consequente possibilidade de influenciar a direção do País e da sociedade. Conforme Pedro Calmon, a democracia é a igualdade de oportunidades para todos, ou seja, é a igualdade no ponto de partida acerca das concepções políticas. "O acesso ao poder e à propriedade fica aberto a quantos queiram e possam atingi-los".[170] Isso porque a Constituição e as leis promovem a ordenação social, sendo as normas jurídicas fruto dos debates políticos, isto é, a normatização social é oriunda das concepções ideológico-partidárias dominantes no País por meio das deliberações nas Casas Legislativas.

[167] STERN, Klaus. *Das Staatsrecht der Bundesrepublik Deutschland*. Band I: Grundbegriffe und Grundlagen des Staatsrechts, Strukturprinzipien der Verfassung. München: C. H. Beck'sche Verlagsbuchhandlung, 1977, p. 460.

[168] PERNTHALER, Peter. *Österreichisches Bundesstaatsrecht*. Wien: Verlag Österreich, 2004, p. 55.

[169] HABERMAS, Jürgen. *Facticidad y validez*. Sobre el derecho y el Estado democrático de derecho em términos de teoria del discurso. Tercera edición. Madrid: Trotta, 2001, p. 377.

[170] CALMON, Pedro. *Curso de Direito Público*. (Teoria Geral do Estado). 2ª ed. Rio de Janeiro: Freitas Bastos, 1942, p. 328.

Assim, o acesso conferido aos cidadãos aos cargos dos Poderes Legislativo e Executivo mediante as eleições representa a igualdade formal, pois todos que satisfaçam os requisitos constitucionais podem pleitear os respectivos cargos, além de materializar o princípio democrático.

A igualdade também se revela na democracia em razão do igual valor atribuído ao voto de cada cidadão, bem como na igualdade de influenciar o resultado do plesbicito, referendo e iniciativa popular, nos termos da Constituição da República: "A soberania popular será exercida pelo sufrágio universal e pelo voto direto e secreto, com valor igual para todos, e, nos termos da lei, mediante: I – plebiscito; II – referendo; III – iniciativa popular" (art. 14, CF/1988).

No magistério de Jean-François Aubert, "a democracia torna as escolhas suportáveis para os homens", pois permite a convivência pacífica dos indivíduos em que pese não compartilharem do mesmo entendimento político. Por conseguinte, as restrições provenientes da lei são impostas a todas as pessoas submetidas ao âmbito normativo, isto é, sujeitam-se à norma em razão da igualdade subjetiva, porquanto a regra, para ser justa, deve ser igual para todos. Todavia, mesmo a lei sendo expressão da maioria, não lhe é permitido impor um encargo particular às minorias, sob pena de caracterizar abuso da democracia.[171]

Portanto, a democracia liga-se à ideia de igualdade, pois as maiorias devem respeitar as minorias em igual respeito e consideração; cabendo ainda aos cidadãos, sem distinção, a escolha dos seus representantes no exercício dos poderes políticos, bem como o acesso à disputa das referidas funções legislativas e executivas mediante as eleições periódicas, de modo a influenciar a formação do poder estatal.

5.13. Igualdade de oportunidades

Na lição de Norberto Bobbio, o princípio da *igualdade de oportunidades*, ou de *chances*, ou de *pontos de partida* é uma aplicação da regra de justiça quando em uma situação existam várias pessoas em competição para a obtenção de um objetivo único, isto é, quando há disputa de um objetivo que só possa ser alcançado por um dos concorrentes (como numa corrida, um concurso, etc.). "O que mais uma vez faz desse princípio um princípio inovador nos Estados social e economicamente avançados é o fato de que ele se tenha grandemente difundido

[171] AUBERT, Jean-François. *Traité de Droit Constitutionnel Suisse*. Volume II. Neuchatel-Suisse: Éditions Ides et Calendes, 1967, p. 394-395.

como consequência do predomínio de uma concepção conflitualista global da sociedade, segundo a qual toda a vida social é considerada como uma grande competição para a obtenção de bens escassos. Essa difusão ocorre, pelos menos, em duas direções: a) na existência de que a igualdade dos pontos de partida seja aplicada a todos os membros do grupo social, sem nenhuma distinção de religião, de raça, de sexo, de classe etc.; b) na inclusão, onde a regra deve ser aplicada, de situações econômica e socialmente bem mais importantes do que a dos jogos ou concursos. É o caso, para dar alguns exemplos, da competição pela posse de bens materiais, pela obtenção de metas particularmente desejadas por todos os homens, pelo direito de exercer certas profissões".

"Em outras palavras, o princípio da igualdade de oportunidades, quando elevado a princípio geral, tem como objetivo colocar todos os membros daquela determinada sociedade na condição de participar da competição pela vida, ou pela conquista do que é vitalmente mais significativo, a partir de posições iguais. É supérfluo aduzir que varia de sociedade para sociedade a definição de quais devam ser as posições de partida a serem consideradas como iguais, de quais devam ser as condições sociais e materiais que permitam considerar os concorrentes iguais. Basta formular perguntas do seguinte tipo: é suficiente o livre acesso a escolas iguais? Mas a que escolas, de que nível, até que ano de idade? Já que se chega à escola a partir da vida familiar, não será preciso equalizar também as condições de família nas quais cada um vive desde o nascimento? Onde paramos? Mas não é supérfluo, ao contrário, chamar a atenção para o fato de que, precisamente a fim de colocar indivíduos desiguais por nascimento nas mesmas condições de partida, pode ser necessário favorecer os mais pobres e desfavorecer os mais ricos, isto é, introduzir artificialmente, ou imperativamente, discriminações que de outro modo não existiriam, como ocorre, de resto, em certas competições esportivas, nas quais se assegura aos concorrentes menos experientes uma certa vantagem em relação aos mais experientes. Desse modo, uma desigualdade torna-se um instrumento de igualdade pelo simples motivo de que corrige uma desigualdade anterior: a nova igualdade é o resultado da equiparação de duas desigualdades".[172]

Como forma de promover a igualdade, Norberto Bobbio propõe o nivelamento das oportunidades. "O princípio da Igualdade, ou melhor, do nivelamento das oportunidades aplica-se por isso à redistribuição do acesso a várias posições na sociedade e não à atribuição dessas mesmas posições. O problema é, pois, o de fazer combinar pessoas de dotes desiguais com posições que oferecem uma remuneração, um poder ou

---

[172] BOBBIO, Norberto. *Igualdade e Liberdade*. 2ª ed. Rio de Janeiro: Ediouro, 1997, p. 30-32.

um prestígio desiguais. A solução é torná-las acessíveis a todos mediante a competição. Hipoteticamente, se a todos for dado um mesmo ponto de partida, a posição que enfim ocuparão dependerá exclusivamente da velocidade com que tiverem corrido e da distância alcançada. O liberalismo clássico afirmava que a Igualdade de oportunidades é possível mediante a igual atribuição dos direitos fundamentais 'à vida, à liberdade e à propriedade'. Abolidos os privilégios e estabelecida a Igualdade de direitos, não haverá tropeços no caminho de ninguém para a busca da felicidade, isto é, para que cada um, com sua habilidade, alcance a posição apropriada à sua máxima capacidade".

"Mais tarde veio a reconhecer-se que a Igualdade de direitos não é suficiente para tornar acessíveis a quem é socialmente desfavorecido as oportunidades de que gozam os indivíduos socialmente privilegiados. Há necessidade de distribuições desiguais para colocar os primeiros ao mesmo nível de partida; são necessários privilégios jurídicos e benefícios materiais para os economicamente não privilegiados. Por isso, os programas *head start*, conquanto intrinsecamente inigualitários, são extrinsecamente igualitários, já que levam a um nivelamento das oportunidades de instrução. O princípio de nivelamento das oportunidades está conexo com outro princípio de nivelamento, o da igual satisfação das necessidades fundamentais. Enquanto as necessidades pessoais variam em gênero e medida, há um mínimo de necessidades fundamentais que são substancialmente idênticas em todos, numa determinada sociedade e numa determinada época. De qualquer modo, as pessoas são desiguais quanto às suas necessidades fundamentais não satisfeitas. 'Uma distribuição desigual dos recursos seria necessária para nivelar os benefícios em casos de necessidade desigual' (Vlastos in Brandt, 1962, 43). Quanto maior é a necessidade fundamental não satisfeita de alguém, tanto maiores são os benefícios que ele recebe. Aquele cujas necessidades fundamentais já foram quase satisfeitas pode não receber nada e talvez até tenha de renunciar a alguma coisa supérflua para prover às necessidades dos outros. O resultado final desta distribuição desigual será, mais uma vez, um maior nivelamento da riqueza e das oportunidades".[173]

A igualdade de oportunidade objetiva conferir aos indivíduos o acesso isonômico às diversas vantagens sociais, isto é, permitir aos seres humanos galgar posições ou utilidades promovedoras do bem-estar. "O conceito de bem-estar foi inventado, ou pelo menos adotado, pelos economistas precisamente para definir o que é fundamental na vida, e não o que é apenas instrumental. Foi adotado, de fato, para pro-

[173] BOBBIO, Norberto; MATTEUCCI, Nicola; PASQUINO, Gianfranco. *Dicionário de Política*. Volume 1. 6ª ed. Brasília/DF: Editora UNB, 1994, p. 603-604.

porcionar um meio de atribuir o devido valor aos recursos: os recursos são valiosos contanto que produzam bem-estar".[174] Com efeito, o bem-estar correlaciona-se com o direito à oportunidade, pois o bem-estar promove a satisfação dos interesses. "Teleologicamente, pode-se dizer que o *direito à oportunidade* constitui um direito de interesse social, permitindo que TODAS as pessoas tenham acesso aos diversos bens jurídicos existentes na sociedade".[175]

A igualdade de oportunidades tem por destinatário não só o Estado, como titular dos Poderes Legislativo, Executivo e Judiciário, mas também alcança organizações coletivas, em razão da eficácia externa dos direitos fundamentais. "O sentido útil da eficácia externa do princípio da igualdade reside na necessidade de submeter as organizações com caráter de domínio (ex.: países com concentração monopolista de imprensa) ou visivelmente condicionadoras da liberdade de voto (ex.: igrejas) a não violar o princípio da igualdade de oportunidades. Em termos positivos, esta eficácia externa significa também direito a igual tratamento por parte de entidades privadas no que respeita, por ex., a tempos de antena, inserção de propaganda eleitoral, utilização de salas de espetáculos".[176]

A temática também é objeto de estudo pela Organização das Nações Unidas. Segundo o Relatório 2020 do Departamento de Assuntos Econômicos e Sociais da ONU, "surgiu um consenso de que todos devem desfrutar de igual acesso a oportunidades – que as chances de uma pessoa ter sucesso na vida não devem ser determinadas por circunstâncias além do controle de um indivíduo. No entanto, o mundo está longe de dar a todas as pessoas e grupos a mesma oportunidade de viver uma vida saudável e próspera. Isso é fundamental no caso de crianças pequenas, que têm pouca responsabilidade pelas oportunidades oferecidas a eles, mas cujas primeiras experiências de vida têm uma grande influência sobre sua saúde, bem-estar e até mesmo produtividade ao longo de suas vidas. A Agenda 2030 chama a atenção para o fato de que as desigualdades com base na idade, sexo, deficiência, raça, etnia, origem, religião e condição econômica e outras são comuns em países desenvolvidos e em desenvolvimento".

"Na Agenda 2030, os governos preveem 'um mundo de oportunidades iguais, permitindo a plena realização do potencial humano e contribuindo para a prosperidade compartilhada' (A/RES/70/1, para. 8). Uma literatura crescente tem tentado quantificar o conceito amplo

---

[174] DWORKIN, Ronald. *A virtude soberana*. A teoria e a prática da igualdade. São Paulo: Martins Fontes, 2005, p. 7.

[175] FERREIRA DOS SANTOS, Carlos Eduardo. *Crimes Contra o Sistema Financeiro Nacional (Lei nº 7.492/86)*. Rio de Janeiro: Lumen Juris, 2021, p. 362.

[176] CANOTILHO, J. J. Gomes. *Direito Constitucional e Teoria da Constituição*. 3ª ed. Coimbra: Almedina, 1999, p. 313-314.

igualdade de oportunidades para fins de política. A proposição básica desta literatura é que a desigualdade resulta de dois conjuntos de fatores: aqueles que são de alguma forma presumidos como estando sob o controle de um indivíduo, como esforço ou responsabilidade pessoal, e aqueles que não são. As circunstâncias de uma pessoa, como local de nascimento, *status* socioeconômico dos pais e outros atributos destacados na Agenda 2030, incluindo gênero, etnia e raça, e situação de deficiência, estão além do controle. Estes e outras circunstâncias afetam o acesso à educação, saúde, renda e outros recursos, bem como a participação em atividades sociais e vida política. Desigualdades fundadas em circunstâncias – também conhecidas como desigualdade baseada em grupo ou desigualdade horizontal – são portanto, usado para medir a desigualdade de oportunidades. A maioria das tentativas de medir a desigualdade de oportunidade usa uma medida decomponível de desigualdade (muitas vezes o índice de dissimilaridade ou Índice Theil-L) para quantificar a extensão da desigualdade".[177]

Segundo o Fundo Monetário Internacional (FMI), "a oportunidade atua como um árbitro na relação entre desigualdade de renda e crescimento de longo prazo. Em sociedades onde as oportunidades são desiguais, inclusive entre gerações, um aumento na desigualdade de renda tende a se enraizar, o que limita o potencial e as perspectivas das pessoas de baixa renda e impede o crescimento de longo prazo. Para países com alta mobilidade, encontramos pouca relação discernível entre o crescimento real do PIB *per capita* e a desigualdade de renda, medida pelo amplamente utilizado coeficiente de Gini. No entanto, para países com baixa mobilidade, a relação é fortemente negativa. Portanto, a desigualdade de oportunidades é fundamental para explicar a relação entre desigualdade e crescimento. Conforme mostrado por um crescente corpo de literatura, a maior desigualdade de oportunidades tende a persistir na presença de acesso desigual à educação, mercados de trabalho segregados em internos e externos e mercados financeiros que favorecem os mais abastados. Os governos precisam de políticas para ampliar o acesso à educação infantil de alta qualidade, reduzir a dualidade do mercado de trabalho e o desemprego estrutural e ampliar as fontes de financiamento disponíveis para novos empresários. Nivelar o campo de jogo dessa forma não apenas promoveria a justiça social, mas também aumentaria o crescimento".[178]

[177] UNITED NATIONS. *Inequality in a Rapidly Changing World*. World Social Report 2020, p. 34-35. Department of Economic and Social Affairs. Disponível em: <https://www.un.org/development/desa/dspd/wp-content/uploads/sites/22/2020/02/World-Social-Report2020-FullReport.pdf>. Acesso em 30-11-2021.

[178] IMF. International Monetary Fund. IMFBlog. *The Threat of Inequality of Opportunity*. Insights & Analysis on Economics & Finance. Disponível em: <https://blogs.imf.org/2019/11/07/the-threat-of-inequality-of-opportunity/>. Acesso em 28-12-2021.

Assim, afigura-se necessário que o Estado formalize e implemente políticas públicas promovedoras da igualdade de oportunidades. Ademais, "segundo o STF, a garantia do direito à igualdade não vincula somente os órgãos estatais, mas teria, em alguns casos específicos, um efeito horizontal direto (RE 161.243-6 DF)".[179]

5.14. Igualdade de resultados

A *igualdade de resultados* preconiza que os indivíduos tenham acesso a um mínimo de bem-estar. Considerando a natureza humana, os indivíduos carecem de bens essenciais para o gozo de uma vida digna. Essa teoria não se atém nas condições ou em requisitos prévios, mas sim na consequência final, consistente na obtenção de determinadas coisas de interesse comum aos seres humanos.

De acordo com Adilson José Moreira, "a teoria da igualdade de resultados parte do pressuposto de que o Estado deve operar como um agente transformador, função presente em formulações constitucionais da igualdade substantiva. O princípio da igualdade deve funcionar como um ponto de partida para medidas que procuram promover um tipo específico de organização social, baseado na noção de que todos os grupos devem estar igualmente posicionados no que diz respeito aos objetivos que eles efetivamente almejam. Não temos aqui uma preocupação apenas com procedimentos, mas sim com um tipo de ordem social na qual mecanismos responsáveis pela exclusão social devem ser identificados e eliminados para que indivíduos e grupos possam ter um nível mínimo de bem-estar, o que não seria alcançado diante da existência de formas permanentes de exclusão que promovem a estratificação social. A igualdade opera aqui como um princípio que legitima medidas emancipatórias; ela não está reduzida a uma noção de igualdade identificada com a necessidade de se garantir que os mesmos procedimentos sejam aplicados a todos os grupos".

Assim, "os resultados esperados pela operação dessa forma de igualdade estão relacionados com o tipo de propósitos estabelecidos por um dado sistema jurídico que opera dentro de uma realidade histórica específica. Dentre de uma sociedade cujo sistema jurídico incorpora a igualdade substantiva, a busca pela igualdade de resultados pode significar a necessidade de adoção de medidas que possam garantir que grupos raciais possam alcançar níveis similares de bem-estar. Como o racismo faz parte da operação normal das instituições públicas e priva-

[179] CANOTILHO, J. J. Gomes; MENDES, Gilmar Ferreira; SARLET, Ingo Wolfgang; STRECK, Lenio Luiz. *Comentários à Constituição do Brasil*. 2ª ed. São Paulo: Saraiva, 2018, p. 228.

das, minorias raciais dificilmente terão as mesmas chances de competir pelas mesmas oportunidades. Essa situação requer medidas estatais para contrabalançar os resultados desiguais da operação do racismo em instituições públicas e privadas. A justificação para a adoção de medidas baseadas nessa perspectiva encontra legitimidade nos textos constitucionais comprometidos com a ideia de igualdade substantiva, preceito que também está relacionado com a ideia de uma cidadania igualitária, noção que corresponde, por sua vez, ao princípio de que a sociedade deve estar comprometida com a construção de vida digna para todas as pessoas".[180]

Com efeito, não se pode pretender igualizar os resultados em todas as esferas da vida em sociedade, haja vista que determinadas áreas exigem o cumprimento de requisitos prévios, além de a prerrogativa vincular-se ao exercício de função específica. A título de ilustração, a imunidade civil e penal por opiniões, palavras e votos – no exercício da função – somente podem ser concedidas aos exercentes de atividades específicas, a exemplo dos parlamentares, de modo que tal prerrogativa não pode ser atribuída a todos os indivíduos, pois não estão sujeitos a um regime jurídico específico.

Portanto, a igualdade de resultados aplica-se em determinados seguimentos da coletividade, nos quais o bem jurídico reclamado seja essencial para a promoção de uma vida digna ao ser humano, ou seja, quando se tratar de bem de fundamental importância na perspectiva geral da vida em comum, a exemplo da igualdade racial e de gênero.

5.15. Igualitarismo e diferenças individuais

De acordo com o Dicionário Houaiss, o *igualitarismo* é a "doutrina, atitude daqueles que visam estabelecer a igualdade absoluta em matéria política, social, cívica; teoria que sustenta a igualdade absoluta dos homens".

No magistério de Norberto Bobbio, "o que caracteriza as ideologias igualitárias em relação a todas as outras ideologias sociais que também admitem ou exigem esta ou aquela forma particular de igualdade é a exigência de uma igualdade também material, enquanto distinta da igualdade perante a lei e da igualdade de oportunidades. Do mesmo modo, como seria ambíguo definir o liberalismo como a doutra que põe o valor da liberdade acima de todos os demais valores, se não se definirem quais são as liberdades que formam geralmente o

[180] MOREIRA, Adilson José. *Tratado de Direito Antidiscriminatório*. São Paulo: Contracorrente, 2020, p. 155-156.

conteúdo mínimo da doutrina liberal (e se trata das liberdades pessoais e civis), também seria genérico definir o igualitarismo como a doutrina que põe o valor da igualdade acima de todos os demais valores se não se especificar de que igualdade se está falando e em que medida ela deve ser aplicada".

"Já dissemos que, para determinar o significado específico de uma relação de igualdade, é preciso responder a pelo menos duas questões: igualdade entre quem? E igualdade em quê? Limitando-se o critério de especificação à relação entre o todo e a parte, as respostas possíveis são quatro: a) igualdade entre todos em tudo; b) igualdade entre todos em algo; c) igualdade entre alguns em tudo; d) igualdade entre alguns em algo. O ideal-limite do igualitarismo se reconhece na primeira resposta: igualdade de todos os homens sob todos os aspectos. Mas se trata, precisamente, de um ideal-limite inatingível na prática. Pode-se, quando muito, redefinir o igualitarismo como a tendência a atingir esse ideal por aproximações sucessivas. Historicamente, uma doutrina igualitária é uma doutrina que defende a igualdade para o maior número de homens no maior número de bens. E, dado que a igualdade absoluta entendida como a igualdade de todos em tudo é um ideal-limite para o que se pode tender mediante aproximações sucessivas, é lícito falar de doutrinas mais igualitárias que outras".[181]

O igualitarismo parcial e limitado defende a igualdade em tudo, mas limitadamente a uma certa categoria de pessoas, a exemplo da doutrina platônica relativamente à classe dos guardiões ou de algumas regras de ordens religiosas. "Percebe-se que o igualitarismo parcial ou limitado é perfeitamente compatível com uma concepção não igualitária da sociedade como um todo. As outras duas possíveis respostas, a igualdade de todos em algo e a igualdade de alguns (pertencentes a uma determinada categoria) em algo, só podem ser consideradas exigências igualitárias se eliminarem uma desigualdade anterior. Assim, chama-se de igualitária uma lei que estende o sufrágio às mulheres, ou outra que elimina uma discriminação racial. Mas nem a primeira nem a segunda resposta são típicas de uma concepção igualitária de sociedade. Tomadas isoladamente, não podem ser consideradas como respostas características de formas históricas de igualitarismo. A exigência da igualdade jurídica, entendida como igualdade de todos na capacidade jurídica, é certamente uma exigência igualitária com relação às sociedades onde os homens se dividem em livres e escravos; mas é a expressão da ideologia liberal, não ainda de uma ideologia igualitária".

Desse modo, "o que geralmente caracteriza as ideologias igualitárias é o acento colocado no homem como ser genérico (ou seja, como ser

[181] BOBBIO, Norberto. *Igualdade e Liberdade*. 2ª ed. Rio de Janeiro: Ediouro, 1997, p. 35-36.

que pertence a um determinado *genus*) e, por conseguinte, nas características comuns a todos os pertencentes ao *genus* e não tanto nas características individuais pelas quais um homem se distingue do outro (que é, ao contrário, o que caracteriza as doutrinas liberais); e não importa, de resto, se o acento cai nas características negativas do homem (os homens são todos pecadores) ou nas positivas (o homem é uma animal naturalmente social). A essa natureza comum dos homens, foi dada historicamente uma interpretação religiosa – os homens são irmãos entre si enquanto filhos do mesmo Pai – e uma interpretação filosófica, que se funda geralmente na ideia de uma igualdade substancial primitiva ou natural, corrompida e pervertida pelas instituições sociais, que introduziram e perpetuaram a desigualdade entre ricos e pobres, entre governantes e governados, entre classe dominante e classe dominada. Conforme o acento seja colocado nas desigualdades econômicas ou nas políticas – e, por conseguinte, conforme o fim último da igualdade seja buscado através da eliminação da propriedade privada (comunismo) ou através da eliminação de qualquer forma de poder político (anarquismo) –, as doutrinas igualitárias se distinguem em socialistas (ou comunistas) e anarquistas). As primeiras buscam a igualdade política através da igualdade econômica, enquanto as segundas percorrem o caminho inverso".[182]

Em que pese a natureza comum dos homens, tal fato não justifica a propagação do igualitarismo absoluto. Isso porque não é razoável tratar os seres humanos como iguais em absolutamente tudo, já que as pessoas se distinguem entre si por questões físicas, mentais, projetos de vida, interesses específicos, etc. Por exemplo, não se pode exigir que todas as pessoas sejam obrigadas a cursar uma faculdade, já que os indivíduos são livres para escolher dedicar-se ao ensino superior ou não, sendo uma expressão da liberdade individual. Da mesma forma, é inadmissível exigir que candidatos cegos ou com outra deficiência grave disputem concurso público nas vagas de ampla concorrência, ou seja, juntamente com os demais candidatos que não têm nenhuma deficiência, porquanto seria uma disputa extremamente desigual. Assim como também não seria aceitável exigir que idosos com mais de setenta anos de idade tivessem que aguardar na mesma fila que os mais jovens para ser atendido em estabelecimento bancário. Nessa linha de raciocínio, não se pode exigir que pessoas com tetraplegia sejam obrigadas a trabalhar trinta anos para receber um salário-mínimo por mês do INSS a título de aposentadoria, porquanto tal medida seria impossível faticamente, além de ser extremamente iníqua, irrazoável e antiética.

---

[182] BOBBIO, Norberto. *Igualdade e Liberdade*. 2ª ed. Rio de Janeiro: Ediouro, 1997, p. 36-38.

Os exemplos acima demostram que a teoria igualitarista não se revela adequada socialmente, haja vista que as pessoas possuem características diferentes, não se podendo tratar a todos de maneira absolutamente igual – pois em certos casos não se encontram nas mesmas condições –, sob pena de cometer graves injustiças.

Com efeito, a adoção do igualitarismo absoluto viola a igualdade substancial. Isso porque a igualdade pressupõe uma correlação proporcional entre dois parâmetros diversos. Sendo assim, pressupõe-se que os objetos a serem comparados tenham as mesmas características de um em relação ao outro, o que não ocorre necessariamente entre os seres humanos. As pessoas possuem distinções naturais, ligadas a si próprias (ex.: diferença de sexo, de idade, desenvolvimento físico, mental, estado de saúde, etc.). Ademais, as pessoas diferenciam-se no esforço e na dedicação individual na busca de certos bens existentes na sociedade, de modo que, em certos casos, o resultado abundante reflete sua maior entrega na busca do que se almeja. Exemplificativamente: quem se dedica muitos anos aos estudos/qualificação profissional ou quem sabe desempenhar bem certa atividade é comum que tenha um trabalho melhor e, consequentemente, uma remuneração mais elevada e acesso a bens de maior valor material. Ora, não se pode pretender obter os mesmos resultados vantajosos adotando-se um caminho diametralmente oposto, consistente na ausência de trabalho, de estudo, de habilidade profissional ou de empenho, pois seria violar a igualdade de esforço e sacrifício individual.

Da mesma forma, para alguém se tornar médico e exercer a profissão legalmente, é necessário que primeiramente a pessoa curse a faculdade de medicina e tenha registro no órgão competente, assim como os demais profissionais nas suas respectivas profissões que requeiram habilitação específica. Como se vê, não é possível adotar a teoria do igualitarismo absoluto, haja vista que certas diferenças individuais distinguem as pessoas umas das outras, o que repercute na fruição de determinados bens ou direitos.

Portanto, ressalvadas as exceções previstas no ordenamento jurídico, aqueles que queiram usufruir de determinados benefícios *(fins)*, devem atender, primeiramente, às condições requeridas *(meios)*, como maneira de obter o bem jurídico almejado.

5.16. Igualdade e individualismo ético

De acordo com Ronald Dworkin, a teoria da igualdade correlaciona-se com dois princípios do individualismo ético, consistentes no "princípio da igual importância" e no "princípio da responsabilidade especial".

O *princípio da igual importância* significa, "de um ponto de vista objetivo, que a vida humana seja bem-sucedida, em vez de desperdiçada, e isso é igualmente importante, daquele ponto de vista objetivo, para cada vida humana. O princípio da igual importância não afirma que os seres humanos em nada são iguais: não que sejam igualmente racionais ou bons, ou que as vidas que geram sejam igualmente valiosas. A igualdade em questão não se vincula a nenhuma propriedade da pessoa, mas à importância de que sua vida tenha algum resultado, em vez de ser desperdiçada. As consequências dessa importância para a retidão ou iniquidade do comportamento de qualquer pessoa é, ademais, outra questão. Muitos filósofos aceitam o que se costuma chamar de princípio da beneficência: que cada pessoa tem a obrigação moral de sempre agir com tanta consideração pelo destino de todas as outras pessoas do mundo, assim como pelo próprio destino ou pelo da família e dos amigos".

"Alguns filósofos que aceitam esse princípio concluem que os indivíduos devem sempre agir de maneira que beneficie ao máximo todas as outras pessoas, em matéria, do mundo; outros filósofos concluem que as pessoas devem agir de maneira que beneficiem ao máximo as pessoas desprivilegiadas do mundo. Porém, embora o princípio da igual importância seja compatível com qualquer princípio da beneficência, dele não se deduz esse princípio. O princípio da igual importância exige que os indivíduos ajam com igual consideração em relação a alguns grupos de pessoas em certas circunstâncias. A comunidade política que exerce domínio sobre seus próprios cidadãos, e lhes exige fidelidade e obediência às leis, deve adotar uma postura imparcial, objetiva, em relação a eles, e cada um de seus cidadãos devem votar, e seus representantes devem promulgar leis e elaborar políticas governamentais, com essa responsabilidade em mente".[183]

De outra banda, o *princípio da responsabilidade especial* significa que "embora devamos todos reconhecer a igual importância objetiva do êxito na vida humana, uma pessoa tem responsabilidade especial e final por esse sucesso – a pessoa dona de tal vida". Esse princípio não é metafísico nem sociológico. "Não nega que a psicologia ou a biologia possam oferecer explicações causais convincentes sobre o motivo por que cada pessoa opta por viver como vive, nem que tais teorias recebam influência da cultura, da educação ou das circunstâncias materiais. O princípio é, pelo contrário, relacional: afirma enfaticamente que, quan-

[183] DWORKIN, Ronald. *A virtude soberana*. A teoria e a prática da igualdade. São Paulo: Martins Fontes, 2005, p. xv e xvi.

do é preciso optar com relação ao tipo de vida que a pessoa viva, dentre de qualquer escala de opções que lhes sejam permitidas pelos recursos ou pela cultura, essa pessoa é responsável por suas próprias escolhas. O princípio não endossa nenhuma opção de valor ético. Não despreza a vida que seja tradicional e enfadonha, nem a que seja inovadora e excêntrica, contanto que essa vida não tenha sido imposta a alguém pelo juízo alheio de que é a vida certa para essa pessoa viver".

Assim, "o primeiro princípio requer que o governo adote leis e políticas que garantam que o destino de seus cidadãos, contanto que o governo consiga atingir tal meta, não dependa de quem eles sejam – seu histórico econômico, sexo, raça ou determinado conjunto de especializações ou deficiências. O segundo princípio exige que o governo se empenhe, novamente se o conseguir, por tornar o destino dos cidadãos sensível às opções que fizeram". Portanto, o individualismo ético propugna que "somos responsáveis pelas consequências das escolhas que fazemos com base nessas convicções, nessas preferências ou nessa personalidade".[184]

5.17. Teorias monistas e complexas da igualdade

A *teoria monista da igualdade* analisa o fenômeno da isonomia a partir da consideração de que todas as pessoas possuem as mesmas condições, ou seja, como se estivessem na mesma linha perpendicular com os demais sujeitos. "Seus autores estão preocupados em analisar questões decorrentes da presunção de que todos os indivíduos possuem experiências sociais comuns, perspectiva que ignora o fato de que eles possuem diferentes identidades e diferentes pertencimentos sociais".

Já a *teoria complexa da igualdade* considera os indivíduos como integrantes de diversas condições que finda por distinguir os sujeitos de outros nas relações fáticas. "Esses autores também estão interessados em analisar a pluralidade interna dos fatores utilizados para a comparação entre os indivíduos, além dos problemas derivados de teorias de justiça que estabelecem o acesso a certo bem como meio para se alcançar níveis maiores de igualdade social. Também se torna necessária a consideração das formas como comportamentos privados afetam a situação de grupos minoritários e dos modos como privilégios sistemáticos concorrem para a reprodução da estratificação social. O que chamados de teorias complexas de igualdade partem, assim, da consideração da pluralidade interna dos fatores de comparação, da

[184] DWORKIN, Ronald. *A virtude soberana*. A teoria e a prática da igualdade. São Paulo: Martins Fontes, 2005, p. xvi e xvii.

pluralidade das identidades sociais e da pluralidade de mecanismos de exclusão social que provocam a situação de desvantagem na qual grupos minoritários se encontram".[185]

Desse modo, a "teoria monista da igualdade" aproxima-se da noção de igualdade formal, ao passo que a "teoria complexa da igualdade" denota correlação com a igualdade material, cujo preceito oferece mecanismos mais eficazes na luta contra as desigualdades.

5.18. Igualdade formal e igualdade proporcional

Na lição de Adilson José Moreira, "o conceito de *igualdade formal* está associado no mundo moderno ao liberalismo, doutrina que possui uma dimensão política e jurídica. Ela designa um tipo de organização estatal na qual as instituições públicas operam para proteger liberdades individuais. As instituições existem em função dos interesses dos indivíduos, que possuem direitos públicos subjetivos, o que lhes permite exigir a igual consideração de seus interesses perante as normas jurídicas. A ideia de igualdade formal também pressupõe uma forma de racionalidade jurídica decorrente da premissa da universalidade dos direitos, reconhecimento de um *status* comum a todos os membros da comunidade política. Assim, as liberdades individuais só podem ser adequadamente protegidas em um regime no qual a possibilidade de exercício de liberdades individuais está aberta a todas as pessoas. Estão aqui articuladas duas dimensões importantes da dimensão da igualdade: a dimensão lógica e a dimensão jurídica. O conceito de igualdade formal permite a exigência de tratamento igualitário pelos indivíduos a partir de uma identidade abstrata comum a todas as pessoas, identidade que fundamenta um *status* jurídico comum a todos".

Noutro giro, "o conceito de *igualdade proporcional* está construído sobre a premissa segundo a qual as diferenças entre as pessoas precisam ser resolvidas para que a equidade seja alcançada. A ideia de igualdade proporcional pode ser vista como um ideal de justiça apenas quando as pessoas estão em uma situação de equidade. O alcance desse estado ideal requer a consideração dos meios ou práticas distributivas necessárias para que pessoas em posições distintas possam alcançar uma situação de equidade. Essa concepção abre espaço para um tipo de igualitarismo que prescreve o tratamento de acordo com a situação na qual as pessoas estão. O conceito de igualdade proporcional envolve uma equação na qual se consideram a situação entre pessoas em

---

[185] MOREIRA, Adilson José. *Tratado de Direito Antidiscriminatório.* São Paulo: Editora Contracorrente, 2020, p. 144-145.

situações diversas no que diz respeito ao acesso de oportunidades e também ao bem visto como necessário para que estejam em situação proporcional de acordo com sua situação inicial. O conceito de igualdade proporcional está, portanto, baseado na necessidade de reconhecimento de que as pessoas podem ser diferentes em relação a critérios relevantes para o sistema jurídico comprometido com a construção da democracia".[186]

Como se vê, o primado da "igualdade proporcional" opera como um importante instrumento favorecedor da redução das desigualdades mais profundas do corpo social, de modo a contribuir para a construção de uma sociedade mais justa.

5.19. Igualdade moral e igualdade utilitarista

Segundo Adilson José Moreira, a *igualdade moral* é resultado da recente formulação de novo discurso cultural e político. "A igualdade moral entre os indivíduos só pode ser formulada em um momento histórico no qual a noção de honra deixa de ser algo atribuído a eles em função do nascimento e passa a ser vista como uma característica comum a todos, sendo que os seres humanos são compreendidos agora como agentes racionais e capazes de operar de forma adequada no espaço público. Observamos nos tempos modernos o aparecimento da igualdade moral como um pressuposto central do regime democrático para os seres humanos são agora vistos como indivíduos, como agentes racionais que possuem uma dignidade inata à sua condição humana. Essa presunção permite a afirmação do ideal de construção de uma sociedade baseada no pressuposto da igual dignidade de todas as pessoas, o que comanda também o igual respeito por todos os indivíduos. O conceito de igualdade moral está baseado na premissa do racionalismo, tese que informa a concepção de que todos os indivíduos podem instituir sua própria norma de conduta, o que os faz sujeitos possuidores de uma dignidade intrínseca".

Por sua vez, a *igualdade utilitarista* propugna o acesso às utilidades existentes na sociedade por todas as pessoas com o escopo de satisfazer aos seus interesses pessoais. "O utilitarismo compreende uma perspectiva de justiça que opera a partir do pressuposto de que os parâmetros de tratamento igualitário não devem ter como parâmetro de distribuição um elemento socialmente determinado, mas sim as preferências subjetivas dos indivíduos. Uma das correntes mais influentes dessa

[186] MOREIRA, Adilson José. *Tratado de Direito Antidiscriminatório*. São Paulo: Editora Contracorrente, 2020, p. 145-147.

perspectiva entende a felicidade como uma perspectiva individual que pode ser quantificada a partir dos estados mentais superiores que podem proporcionar realização individual. Essa perspectiva prega a neutralidade de julgamentos sobre os interesses das pessoas; questões de justiça social devem ter como objetivo expandir as possibilidades de satisfação pessoal, o que deve ser feito sem julgamentos substantivos dos valores a partir dos quais as pessoas procuram satisfazer seus propósitos. Esse princípio da neutralidade requer que as pessoas possam fazer escolhas a partir de suas preferências, o que não deve ser mensurado a partir de julgamentos morais sobre a propriedade delas a partir de critérios exteriores. Estamos aqui diante de uma ênfase na autonomia das preferências em relação à ponderação sobre critérios sociais de distribuição de recursos. No lugar a decisão social sobre os destinos pessoais deve estar a escolha do próprio indivíduo sobre os meios de se alcançar o bem-estar".[187]

Assim, a igualdade utilitarista tem por objetivo aumentar o máximo da soma total de utilidades independentemente de sua distribuição, além da igual consideração dos interesses de todas as pessoas. Isso porque o reconhecimento da diversidade dos seres humanos tem consequências muito sérias, que afetam não apenas a concepção utilitarista do bem social, senão também outros, inclusive a aplicação da igualdade, sobretudo no tocante ao acesso dos "bens primários sociais". "Estes são as 'coisas que se supõem que todo homem racional deseja' e incluem 'direitos, liberdades, oportunidades, admissões, riquezas e os fundamentos sociais da própria estima'". Tendo em vista a diversidade humana, deve-se atribuir igual importância aos interesses de todos os sujeitos.[188]

5.20. Classificações da igualdade

A igualdade pode ser categorizada por diversas perspectivas, dentre as quais destacam-se a "igualdade perante a lei", a "igualdade na lei", "igualdade liberal", "igualdade social", "igualdade formal" e a "igualdade material".

A *igualdade perante a lei* consiste na aplicação da lei pelos Poderes Públicos de acordo com as disposições expressas contidas na norma jurídica, ou seja, o ato normativo deve ser aplicado de maneira equiva-

[187] MOREIRA, Adilson José. *Tratado de Direito Antidiscriminatório*. São Paulo: Contracorrente, 2020, p.147-149.

[188] RAWLS, J.; FRIED, Ch.; SEN, A.; SCHELLING, T. C. *Libertad, Igualdad y Derecho*. S. M. McMurrin (Ed.). Barcelona: Ariel, 1988, p. 136, 139 e 148.

lente a todas as pessoas incluídas na disposição legal. Essa espécie de igualdade implica o emprego da lei sem distinção de sexo, classe social, cor, religião, convicção política, etc., sendo a norma jurídica aplicada a todos de maneira equivalente, sem atribuição de benefícios ou prejuízos, uma vez que todos os cidadãos possuem direitos e obrigações como membros da sociedade. Assim, todas as pessoas devem submeter-se à lei e sujeitam-se à igual aplicação, pois o âmbito normativo dirige-se aos indivíduos coletivamente considerados, estando todos submetidos ao poder estatal. A esse respeito, Norberto Bobbio assinala: "o princípio é antiquíssimo e não pode deixar de ser relacionado, ainda que esse relacionamento não seja frequente, como o conceito clássico de isonomia, que é conceito fundamental, além de ideal primário, do pensamento político grego, tal como aparece maravilhosamente ilustrado nas seguintes palavras de Eurípedes: 'nada é mais funesto para uma cidade do que um tirano. Antes de mais nada, não existem leis gerais para todos e um só homem detém o poder, fazendo ele mesmo e para si mesmo a lei; e não há de modo algum igualdade. Ao contrário, quando existem leis escritas, o pobre e o rico têm iguais direitos' (As suplicantes, 429-34)".[189]

Na lição de Robert Alexy, a igualdade perante a lei resulta na "igualdade na aplicação do direito", visto que "as leis devem ser executadas sem considerações pessoais" (Gerhard Anschütz). Consequentemente, esse princípio "exige que toda norma jurídica seja aplicada a todos os casos que sejam abrangidos por seu suporte fático, e a nenhum caso que não o seja, o que nada mais significa que dizer que nas normas jurídicas devem ser cumpridas. Mas o dever de obedecer às normas jurídicas é algo que elas mesmas já afirmam, na medida em que expressam um dever-ser. Nesse sentido, o dever de igualdade na aplicação da lei exige apenas aquilo que já é de qualquer forma aplicável se as normas jurídicas são válidas".[190]

Para tanto, faz-se necessário que a lei, em sua essência, seja constituída por caráter geral e abstrato. "Por esse motivo, em teoria geral do direito, hoje em dia, define-se a lei, principalmente, pelas notas da generalidade e abstração. Nesse particular, salienta Ripert que o princípio essencial da técnica legislativa é a generalidade da lei. Ela permite a distinção entre a ordem individual e a regra geral. O número daqueles aos quais a lei se aplicará, pouco importa; pode mesmo tal número reduzir-se a algumas pessoas e mesmo a uma só. É de mister, apenas, que a regra se fixada de forma a priori, sem considerar as pessoas às quais, em concreto, será a norma aplicada. E insiste o grande mestre francês: 'A generalidade da lei deve ser considerada com seu característico

---

[189] BOBBIO, Norberto. *Igualdade e Liberdade*. 2ª ed. Rio de Janeiro: Ediouro, 1997, p. 25-26.

[190] ALEXY, Robert. *Teoria dos Direitos Fundamentais*. São Paulo: Malheiros, 2008, p. 393-394.

essencial para que exista um regime legal que constitua garantia contra o arbitrário. Tal generalidade assegura a igualdade, não permitindo ao legislador fazer, entre os homens, distinções que seriam estabelecidas por considerações religiosas, políticas ou profissionais'".[191]

Para Themistocles Brandão Cavalcanti, a igualdade perante e lei significa que a lei é igual para todos, ou seja, a norma deve ser genérica, de modo a atingir as pessoas indeterminadamente. "Tal é o conceito que os fornecem Lahand, Jellinek e, mais modernamente, Hauriou e Kelsen. Mas a disciplina legal pode atingir somente uma categoria de indivíduos, mesmo porque a norma em si, em sua finalidade, pode se dirigir somente a alguns, não interessando aos demais. É o que ocorre, por exemplo – com uma lei militar, com o estatuto da função pública, com uma legislação de menores, com uma regulamentação profissional, etc. A igualdade consiste, no caso, na aplicação igual para todos os do grupo, porque particulares e específicas são as relações disciplinadas pelo legislador. E, por isso mesmo, a todos são assegurados igualmente os meios judiciais para a proteção desses direitos".[192]

No magistério de Francisco Campos: "o alcance do princípio da igualdade perante a lei há de ser, portanto, interpretado na maior latitude dos seus termos, ou como envolvendo não só a hipótese de que, embora não havendo existido, venha, entretanto, a se criar no país o regime de classes como toda e qualquer situação, a que, embora casualmente ou episodicamente, sem caráter sistemático, ou de modo puramente singular, se deixa de aplicar o critério ou a medida geral prevista para casos ou situações da mesma espécie, e se lhes aplique critério ou medida de exceção. O princípio não tem, portanto, como foco de incidência um ponto preciso e definido. Ele se difunde por todo o tecido das relações humanas que possam constituir objeto de regulamentação jurídica ou sejam suscetíveis de configurar-se em contrário de um ato ou de um comando da autoridade pública. Não é princípio adstrito a um aspecto ou a uma forma de organização social; é um postulado de ordem geral, destinado a reger o comércio jurídico em todas as modalidades, de modo a assegurar, particularmente sob as condições liberais e democráticas, o regime da concorrência, que é a categoria sob a qual elas concebem não somente a ordem social, como a ordem política, a ordem econômica e a ordem jurídica".

"O princípio de igualdade tem por principal função proteger e garantir a livre concorrência entre os homens, seja quando a sua

[191] FARIA, Anacleto de Oliveira. *Do princípio da igualdade jurídica*. São Paulo: Revista dos Tribunais, 1973, p. 28-29.

[192] CAVALCANTI, Themistocles Brandão. *A Constituição Federal Comentada*. Volume III. 3ª ed. Rio de Janeiro: José Konfino Editor, 1958, p. 70.

atividade tem por objeto o poder, seja quando o polo do seu interesse são os bens materiais ou imateriais, cujo gozo exclusivo lhes é assegurado pelo direito de propriedade. O regime liberal e democrático postula a concorrência não apenas como categoria histórica, mas como a categoria ideal da convivência humana. Ora, a concorrência pressupõe, como condição essencial, necessária ou imprescindível, que o Estado não favoreça a qualquer dos concorrentes, devendo, ao contrário, assegurar a todos um tratamento absolutamente igual, a nenhum deles podendo atribuir prioridade ou privilégio, que possa colocá-lo em situação especialmente vantajosa em relação aos demais. Esta, no mundo moderno, a significação do princípio da igualdade perante a lei".[193]

Noutro giro, a *igualdade na lei* traduz-se na obrigatoriedade de as autoridades públicas, notadamente os legisladores, não criarem entre as pessoas distinções destituídas de fundamento constitucional, ou seja, a produção da regra jurídica deve atentar-se ao princípio da isonomia. Esse dever é imposto não só aos membros do Poder Legislativo na elaboração da lei em sentido estrito, mas também aos administradores públicos no exercício do poder regulamentar (*v.g.* decretos, instruções, portarias, resoluções, etc.); bem como ao Poder Judiciário quando da edição de atos normativos de natureza administrativa – a exemplo dos Regimentos Internos – e na prolação de decisões judiciais. Com efeito, a igualdade na lei constitui garantia promovedora da igualdade na organização da sociedade, uma vez que as escolhas a serem feitas na elaboração do ato normativo devem guardar íntima conformidade com os valores estampados na Constituição da República, de modo a não serem erigidos critérios discriminatórios ou causadores de exclusão social.

A *igualdade formal*, também denominada de igualdade civil ou jurídica, direciona-se ao tratamento isonômico na produção, interpretação e aplicação equivalente das normas jurídicas com a finalidade de impossibilitar diferenciações de tratamento que revelem arbitrárias ou desarrazoáveis, sob a forma de discriminações (vantagens) ou privilégios (desvantagens).[194] A igualdade formal é imposta a todos em razão de o ato normativo fundamentar-se no devido processo legislativo, ou seja, a lei expressa a vontade geral do povo, de modo a obrigar a coletividade ao que fora decidido pelas Casas Legislativas, sendo um instrumento de ordenação social. Em outras palavras, a igualdade formal decorre da força obrigatória da lei, sujeitando a todos aos seus ditames

---

193 CAMPOS, Francisco. *A igualdade de todos perante a lei*. Revista de Direito Administrativo. Vol. 10 (1947), p. 380. Disponível em: <https://bibliotecadigital.fgv.br/ojs/index.php/rda/article/view/10260/9255>. Acesso em 03-01-2022.

194 PEÑA DE MORAES, Guilherme. *Curso de Direito Constitucional*. 8ª ed. São Paulo: Atlas, 2016, p. 609.

normativos. Além disso, a igualdade formal é corolário do princípio republicano, visto que nesse modelo estatal impera a igualdade entre os cidadãos, visto que estes são iguais na condição de pertencerem à mesma comunidade política organizada (Estado). Assim, não se revela admissível a concessão de privilégios ou de vantagens injustificáveis em detrimento dos demais concidadãos.

Para André de Carvalho Ramos, a *igualdade formal* ou liberal "representa a igualdade perante a lei, exigindo a submissão de todos à lei", ao passo que a *igualdade material* ou social "representa a busca da igualdade material, com distribuição adequada dos bens em toda sociedade. A igualdade material deixou de ser apenas uma igualdade socioeconômica, para ser também uma *igualdade de reconhecimento de identidades próprias*, distintas dos agrupamentos hegemônicos. Ficam consagradas então, as lutas pelo reconhecimento da igualdade orientada pelos critérios de gênero, orientação sexual, idade, raça, etnia, entre outros critérios. A lógica do reconhecimento da identidade é a constatação de que, mesmo em condições materiais dignas, há grupos cujo fator de identidade os leva a situações de vulnerabilidade, como, no caso de gênero, a situação de violência doméstica que atinge também as mulheres de classes abastadas".[195]

Por sua vez, a *igualdade material*, também designada de igualdade real ou fática, traduz-se na igualdade efetiva perante os bens da vida humana, dispondo o ordenamento jurídico de três principais meios de implementação dela, a saber: os instrumentos liberal, social e democrático. "Os primeiros, imanentes aos ordenamentos jurídicos franco-germânicos, são consagrados em normas que proíbem a prática de discriminações baseadas em critérios de origem, raça, sexo, cor e idade, como, por exemplo, as preceituadas no Preâmbulo da Constituição francesa e no art. 3º, nº 3, da Constituição alemã. Os segundos, inerentes aos ordenamentos jurídicos nórdico-escandinavos, são consignados em normas que obrigam à prestação de benefícios e serviços que atendam às necessidades básicas da pessoa humana, a fim de protegê-la de determinados riscos a que se encontra exposta, como, por exemplo, as prescritas nos Princípios Básicos da Constituição sueca e no art. 110 da Constituição norueguesa. Os terceiros, intrínsecos ao ordenamento jurídico norte-americano, são consubstanciados em normas que permitem a realização de ações afirmativas, ou seja, políticas ou programas, públicos ou privados, que objetivam conceder algum tipo de benefício a minorias ou grupos sociais que se encontrem em condições desvantajosas em determinado contexto social, em razão de discriminações,

[195] RAMOS, André de Carvalho. *Curso de Direitos Humanos*. 8ª ed. São Paulo: Saraiva, 2021, p. 679.

existentes ou passadas, tais como as pessoas portadoras de necessidades especiais, idosos, índios, mulheres e negros".[196]

A igualdade material requer a efetivação de medidas sob o ponto de vista do conteúdo. De acordo com Sandra Fredman, a compreensão da igualdade substantiva não pode ser analisada por um único princípio, seja ele a igualdade de resultados, a igualdade de oportunidades ou a igualdade de dignidade, visto que "a igualdade deve ser vista como um conceito multidimensional buscando quatro objetivos que se sobrepõe". Desse modo, "o conceito de igualdade substantiva em Fredman comporta quatro dimensões, cada qual almeja alcançar um objetivo: (i) a dimensão redistributiva visa quebrar o ciclo de desvantagens associadas ao *status* ou aos grupos externos; (ii) a dimensão de reconhecimento visa promover o respeito pela dignidade e pelo valor corrigindo, assim, o estima, a estereotipagem, a humilhação e a violência devida à associação a um grupo de identidade; (iii) a dimensão transformadora visa alcançar mudanças estruturais que desbloqueiam as condições que promovem desigualdades; e (iv) a dimensão participativa visa facilitar a participação plena da sociedade, tanto social quanto politicamente".[197]

5.21. Dimensões da igualdade

A igualdade possui várias dimensões. De acordo com André de Carvalho Ramos, "a *primeira dimensão* consiste na proibição de discriminação indevida e, por isso, é denominada vedação da discriminação negativa. A *segunda dimensão* trata do dever de impor uma determinada discriminação para a obtenção da igualdade efetiva, e por isso é denominada 'discriminação positiva' (ou 'ação afirmativa'). Na primeira dimensão, concretiza-se a igualdade exigindo-se que as normas jurídicas sejam aplicadas a todos indistintamente, evitando discriminações odiosas. A discriminação odiosa consiste em qualquer distinção, exclusão restrição ou preferência baseada na raça, cor, sexo ou orientação sexual, religião, convicção política, nacionalidade, pertença a grupo social ou outro traço social que objetiva ou gera o efeito de impedir ou prejudicar a plena fruição, em igualdade de condições, dos direitos humanos".

"Na segunda dimensão, concretiza-se a igualdade por meio de normas que favoreçam aqueles que estejam em situações de indevida

[196] PEÑA DE MORAES, Guilherme. *Curso de Direito Constitucional*. 8ª ed. São Paulo: Atlas, 2016, p. 609-611.

[197] VEJA. *Quatro dimensões do conceito de igualdade*. Política. Matheus Leitão. Por Davi Lago. 13 dez 2020, 18h35. Disponível em: <https://veja.abril.com.br/blog/matheus-leitao/quatro-dimensoes-do-conceito-de-igualdade/>. Acesso em: 10-12-2021.

desvantagem social (os vulneráveis) ou imponham um ônus maior aos que estejam numa situação de exagerada vantagem social. No primeiro caso, atende-se a igualdade com a previsão de existência de reserva de vagas em concursos públicos para as pessoas com deficiência, que possuem imensas desvantagens sociais em relação aos demais (art. 37, VIII, da CF/88). Na mesma linha, foi coerente a Constituição de 1988 ao tratar diferentemente as mulheres, favorecendo-as em relação aos homens, como se vê no tempo necessário para aposentadoria (menor para as mulheres, art. 40, § 1º, III, e art. 201, § 7º, I). No segundo caso, atende-se a igualdade com a previsão de existência de 'imposto sobre grandes fortunas', que exige dos que tem exagerada vantagem uma contribuição adicional para o Estado (art. 153, VII, da CF/88, o qual, curiosamente, não foi instituído por lei até hoje)".[198]

Para Adilson José Moreira, a *discriminação negativa* "designa um tratamento que viola o princípio segundo o qual todos os membros de uma comunidade política devem ser igualmente respeitados. Ela acontece quando um agente público ou privado trata uma pessoa de forma arbitrária, o que é frequentemente motivado por estigmas culturais. Atos discriminatórios não acontecem dentro de um vácuo social, eles procuram afirmar a suposta inferioridade de um grupo e também manter o *status* privilegiado de membros dos seguimentos majoritários. Vemos então que a discriminação negativa está baseada em uma motivação ilegítima: ela procura manter certas classes de pessoas em uma situação de subordinação, propósito incompatível com o objetivo de construir uma sociedade democrática".

A seu turno, a *discriminação positiva* "cria uma vantagem temporária ou permanente para membros de um determinado grupo que possuem uma história de desvantagem ou que estão em uma situação de vulnerabilidade. Procura-se atingir um objetivo legalmente e moralmente justificado que é a melhoria de condições de vida de grupos sociais. Assim, a discriminação positiva tema finalidade de reverter os processos de marginalização que promovem a estratificação social ao longo de várias gerações ou então proteger certas classes de pessoas que possuem ou estão em uma condição específica".[199]

A doutrina também elenca tratamento discriminatório resultante de discriminação preconceituoso ou igualitário. No primeiro caso, tem-se a *"discrimination against"*, que é aquela distinção que almeja diferenciar com finalidade preconceituosa ou estigmatizante; ao passo que a

[198] RAMOS, André de Carvalho. *Curso de Direitos Humanos*. 8ª ed. São Paulo: Saraiva, 2021, p. 678.

[199] MOREIRA, Adilson José. *O que é discriminação?* Belo Horizonte (MG): Letramento: Casa do Direito: Justificando, 2017, p. 30-31.

"discrimination between" consiste em conferir um tratamento diferenciado com o objeto de igualar as pessoas.[200]

Desse modo, a *discriminação odiosa, negativa* ou *against* "exclui" o ser humano dos direitos identicamente assegurados às demais pessoas, ao passo que a *discriminação positiva* ou *between* "inclui" o ser humano – prejudicado por desigualações fáticas – em condições mais favoráveis, a fim de corrigir as diferenças por este sofridas. Vale dizer, a "discriminação odiosa" nega ao indivíduo a prerrogativa de sujeito de direitos, enquanto que a "discriminação positiva" corrobora a titularidade de sujeito de direitos pela pessoa, nivelando-a a seu favor, e em atenção à realidade social.

Afora essas dimensões da igualdade, Adilson José Moreira elenca as dimensões na perspectiva "lógica", "jurídica", "política", "moral", "psicológica" e "diferenciativa". A *dimensão lógica* da igualdade consiste na identidade comum dos membros que integram a sociedade, sendo todos titulares de direitos e possuidores do mesmo valor, ou seja, todos os indivíduos ostentam o mesmo *status*, podendo inclusive demandar direitos, caso haja lesão ou ameaça a prerrogativas previstas pelo ordenamento jurídico. Em suma, a igual identifica resulta na mesma consequência lógica: todos os seres humanos são iguais e titulares de igual proteção e respeito. A *dimensão jurídica* significa que as pessoas têm acesso ao mesmo sistema normativo que lhes garante os direitos assegurados a todos os membros da comunidade política. Os indivíduos ocupam o mesmo patamar na sociedade, visto que expressam a natureza humana, e são igualmente sujeitos de direitos, podendo demandá-los em face de terceiros e do próprio Estado.

A *dimensão política* consiste na aplicação do princípio da igualdade pelas instituições públicas e norteador no âmbito das relações sociais. "A igualdade vincula o poder executivo porque exige o respeito no tratamento igualitário e também a adoção de medidas destinadas a promover a igualdade de *status* dos grupos em situação de desvantagem. Esse princípio constitucional também deve ser observado na ação do poder legislativo porque dele depende a legitimação da formação da legislação que regulará as relações sociais. A igualdade como princípio político informa então um tipo de racionalidade que organiza a maneira como os cidadãos estabelecem critérios para a criação de normas que regulam as relações entre eles. Ela também opera como um parâmetro para o tratamento dos membros da comunidade políticas pelas instituições estatais. Essa mesma forma de racionalidade informa o tratamento das pessoas no espaço privado, uma vez que os direitos fundamentais possuem uma dimensão horizontal". A igualdade política resulta em

[200] RAMOS, André de Carvalho. *Curso de Direitos Humanos*. 8ª ed. São Paulo: Saraiva, 2021, p. 680.

um novo parâmetro a partir dos quais as pessoas se relacionam, fundado na dimensão moral, ou seja, relações baseadas na solidariedade humana, isto é, o reconhecimento de que as pessoas possuem o mesmo valor, merecendo o mesmo respeito e consideração.[201]

A *dimensão moral* da igualdade significa que todos os seres humanos ostentam a mesma dignidade moral, isto é, titulariam a mesma natureza valorativa. "A dimensão moral da igualdade está relacionada com processos culturais importantes que ocorreram na modernidade. A noção da universalidade de direitos decorre da noção da percepção de que todos os membros da comunidade política são agora pessoas que devem ser vistas como indivíduos que possuem o mesmo nível de dignidade. Essa característica deixa de ser associada apenas com elites sociais e se torna um traço ligado às pessoas que agora são representadas como sujeitos racionais, sendo que a racionalidade surge como expressão da dignidade. Assim como o Direito, a moral procura regular o comportamento humano a partir de normas que devem ser observadas por todas as pessoas; a possibilidade de agir a partir delas será vista como expressão da dignidade pessoal e como evidência de que a pessoa pode atuar de forma competente no espaço público". Dessa forma, o tratamento igualitário entre as pessoas constitui um valor moral.[202]

A *dimensão psicológica* traduz-se no reconhecimento psíquico dos indivíduos como seres iguais, ou seja, a compreensão anímica da condição de sujeitos igualmente titulares de direitos universais. O conceito metafísico da identidade propicia a construção de um mesmo tipo de pertencimento, baseado na origem comum da natureza humana, o que resulta na igualdade de direitos. "A dimensão psicológica da igualdade está relacionada com uma série de processos que tiveram um papel importante na formação de diferentes âmbitos da subjetividade moderna, sendo que eles serão responsáveis pela correlação estrutural entre a vida psíquica e a vida política dos indivíduos".

Por último, a *dimensão diferenciativa* alude à garantia de proteção jurídica às diversas formas de identidade existentes na sociedade. Tal aspecto propugna a política do direito à diferença, isto é, a necessidade do reconhecimento de igual dignidade aos grupos que têm sido sistematicamente marginalizados por não corresponderem aos ideais sociais majoritários. "Em função dessa realidade, a política da diferença almeja uma organização social na qual as pessoas não podem ser marginalizadas em função de traços benignos, nem estar em situação durável ou perene de desvantagem. O alcance de uma sociedade justa

[201] MOREIRA, Adilson José. *Tratado de Direito Antidiscriminatório*. São Paulo: Editora Contracorrente, 2020, p. 115-125.

[202] Ibid., p. 128-129.

requer então a ênfase no aspecto diferenciativo da igualdade: a democracia requer que as pessoas possam ter uma existência autêntica por meio do reconhecimento da sua igual dignidade, por meio do gozo da liberdade de poder ser o que elas são, por meio da defesa de uma compreensão de direitos fundamentais que operam como forças contra-hememônicas".[203]

Logicamente, a dimensão diferenciativa da igualdade possui limites, haja vista que valores essenciais da sociedade devem ser observados, a fim de manter a própria a continuidade da comunidade política e a coesão social, garantindo-se o respeito ao próximo, a integridade de cada ser humano e o bem comum.

5.22. Discriminação direta e indireta

De acordo com Adilson José Moreira, o vocábulo *discriminação* designa, por um lado, a ação de classificar objetos a partir de um determinado critério. "Essa acepção genérica passou a segundo plano por causa da preponderância de sua dimensão moral e jurídica nos dias atuais. Hoje, o termo discriminar tem conotações claramente negativas, pois sugere que alguém foi tratado de forma arbitrária. Os dois sentidos dessa palavra estão presentes no vocábulo jurídico. O vocábulo discriminar significa aqui categorizar pessoas a partir de uma característica ou situação jurídica para atribuir a elas alguma consequência. Contudo, a palavra discriminação tem também outro significado no mundo do Direito: ela indica que uma pessoa impõe a outra um tratamento desvantajoso a partir de um julgamento moral negativo".[204]

O princípio da igualdade rejeita o ato de discriminação injustificável na perspectiva da razão. Conforme André de Carvalho Ramos, "a igualdade exige que sejam evitadas discriminações injustificáveis, proibindo-se o tratamento desigual aos que estejam na mesma situação e, simultaneamente, exige que sejam promovidas distinções justificáveis que resultem em um tratamento mais favorável aos que estão em situação desigual injusta. Com isso, há dois requisitos para comprovarmos a existência de uma discriminação injusta: (i) a existência de uma conduta (ativa ou omissiva) de discriminação e (ii) a ausência de uma justificativa adequada para tanto. Assim, a discrimina injusta ou odiosa consiste em qualquer (i) distinção, (ii) exclusão, (iii) restrição ou

---

[203] MOREIRA, Adilson José. *Tratado de Direito Antidiscriminatório*. São Paulo: Contracorrente, 2020, p. 133-135.

[204] MOREIRA, Adilson José. *O que é discriminação?* Belo Horizonte: Letramento: Casa do Direito: Justificando, 2017, p. 27.

(iv) preferência em qualquer esfera pública ou privada, que tenha como objetivo ou efeito anular ou limitar o reconhecimento, gozo ou exercício, em condições de igualdade, de direitos humanos consagrados em instrumentos nacionais ou internacionais. Assim, a discriminação é todo tratamento de diferenciação, restrição ou mesmo exclusão sem justificativa racional e proporcional, realizado por agentes públicos ou privado, visando a privação ou prejuízo a direitos de outrem".

Desse modo, a discriminação injusta pode ser direta ou indireta. "A *discriminação direta* consiste na adoção de prática intencional e consciente que adote critério injustificável, discriminando determinado grupo e resultando em prejuízo ou desvantagem. A *discriminação indireta* é mais sutil: consiste na adoção de critério aparentemente neutro (e, então, justificável), mas que, na situação analisada, possui impacto negativo desproporcional em relação a determinado seguimento vulnerável. A discriminação indireta levou à consolidação da teoria do impacto desproporcional, pela qual é vedada toda e qualquer conduta (inclusive legislativa) que, ainda que não possua intenção de discriminação, gere, na prática, efeitos negativos sobre determinados grupos de indivíduos. A ainda a *discriminação múltipla* ou agravada, que consiste em qualquer preferência, distinção, exclusão ou restrição, baseada, concomitantemente, em dois ou mais fatores de diferenciação injustificada".[205]

Com efeito, a *discriminação direta* constitui um sistema de exclusão social de grupos minoritários ou desfavorecidos faticamente, baseado em certos critérios preestabelecidos, consistentes no pertencimento do indivíduo a determinado grupo. A discriminação direta viola o princípio da igualdade jurídica, haja vista que pessoas igualmente situadas devem ser tratadas de forma igual, ou seja, um agente não pode tratar outro de forma desfavorável unicamente em razão de determinado critério moral e juridicamente irrelevante do ponto de vista racional. "A discriminação direta implica uma violação do princípio do dever do tratamento simétrico entre indivíduos, como também, geralmente, envolve o tratamento desvantajoso de grupos que possuem características que são socialmente salientes. A discriminação direta dirige-se frequentemente a certas classes como minorias raciais e sexuais, categorias que são construídas culturalmente como pessoas de menor valor. O pertencimento a um determinado grupo passa a ter uma significação em diversos âmbitos da vida social, sendo razão frequente para a imposição de um tratamento desvantajoso. Por esse motivo, as legislações de diversos países instituíram regras que não permitem a eleição

[205] RAMOS, André de Carvalho. *Curso de Direitos Humanos*. 8ª ed. São Paulo: Saraiva, 2021, p. 681-683.

de certos elementos como critérios para tratamento diferenciado. Raça e sexo são exemplos mais comuns, sendo que a orientação sexual também adquiriu o mesmo *status* em tempos mais recentes. Vemos então que o conceito de discriminação direta possui um caráter relativo porque está fundamentado em uma comparação entre pessoas, sendo que sua identificação depende da existência de um tratamento desfavorável de uma pessoa em relação a outra a partir de um determinado critério. O conceito parece sugerir que a solução para o problema depende da restauração da situação anterior ao ato discriminatório, o que possibilitaria a manutenção da justiça simétrica entre as partes envolvidas".

Além disso, "a discriminação direta tem também um caráter interpessoal, implicando assim um tratamento favorável ou desfavorável de uma pessoa em relação a outra, sendo ela baseada em estereótipos sociais sobre membros de um determinado grupo. Ela pode ocorrer quando estereótipos negativos e positivos atuam na mente das pessoas para determinar como um agente se relaciona nas suas interações sociais. Essas falsas generalizações motivam comportamentos discriminatórios que podem se expressar de formas distintas. Um agente pode evitar contato com um indivíduo particular, impedir que ele tenha acesso a uma oportunidade, garantir uma vantagem ou preferir se associar a outra pessoa por acreditar que ela faz parte de um grupo que supostamente possui uma característica socialmente valorizada. Aquele empregador que garante uma vaga de chefia a um homem o discrimina de forma positiva e comente uma discriminação negativa em relação a mulheres por acreditar que pessoas do sexo masculino possuem características ausentes no sexo feminino. Esse ato discriminatório tem como fundamento estereótipos sexuais sobre as qualidades de homens e mulheres, características que são construídas como aspecto natural dos sexos. Devemos ter em mente que a discriminação interpessoal não se restringe à ação daqueles que tratam indivíduos de forma desvantajosa. Ela pode assumir um caráter passivo, o que implica a omissão de uma pessoa em agir quando presencia atos discriminatórios. É o caso dos clientes que permanecem em um restaurante mesmo tendo visto uma pessoa negra ter sido impedido de entrar naquele estabelecimento".[206]

Fundamentalmente, "a discriminação direta decorre de uma característica ou um *status*, sendo que o primeiro tem papel central na definição do segundo, o que motiva o tratamento menos favorável quando comparado a pessoas que não possuem aquele traço. Devemos insistir no aspecto relacional dessa forma de discriminação, porque ela é

---

206 MOREIRA, Adilson José. *O que é discriminação?* Belo Horizonte: Letramento: Casa do Direito: Justificando, 2017, p. 98-99.

medida em comparação com pessoas que formam um grupo congênere. Assim uma alegação de discriminação racial implica a consideração de como pessoas do grupo racial dominante seriam tratadas em situação semelhante. Em função desse caráter comparativo, a pessoa que busca remédio para sua situação precisa demonstrar de forma específica o parâmetro a partir do qual foi discriminada. Além disso, os que dizem ser discriminados também precisam determinar que o motivo da discriminação está baseado em um traço que pertence a um grupo ao qual eles pertencem. A mulher então precisa comprovar que sua exclusão do emprego se deu em função da gravidez, uma característica diretamente ligada às mulheres".

Assente-se que o conceito de discriminação direta constitui a principal referência do princípio antidiscriminatório, ou seja, as pessoas não devem ser tratadas de forma injusta em razão de características destituídas de relevância moral. "Esse princípio serve para construir uma sociedade igualitária e livre de estigmas que dificultam a afirmação da igualdade. O conceito de discriminação direta pressupõe que as pessoas são discriminadas a partir de um único vetor e também que a imposição de um tratamento desvantajoso requer a existência da intenção de discriminar. Portanto, considerações sobre o contexto social não devem ter relevância, uma vez que ela está focada na situação atua dos sujeitos sociais concretos. Além disso, essa perspectiva está baseada na premissa de que atores sociais sempre atuam racionalmente, a discriminação seria então um desvio desse padrão e, assim, só pode ser compreendida como um elemento comportamental".[207]

Noutro giro, a *discriminação indireta* ocorre quando há exclusão social mesmo na ausência deliberada de discriminar um indivíduo, isto é, consiste na exclusão de determinada pessoa por força da aplicação da norma jurídica em razão das consequências práticas da lei, que finde por prejudicar, faticamente, certos seguimentos da sociedade. A discriminação indireta ocorre de maneira sutil, tênue, em decorrência dos efeitos ocasionados pela lei, de modo a prejudicar certo grupo social. "Essa forma de discriminação acontece quando o ideal igualitário que anima o conceito de justiça simétrica é desrespeitado. Uma norma jurídica, política pública ou decisão institucional podem obedecer ao princípio da generalidade, não sendo dirigidas a nenhum grupo específico. Porém, a sua aplicação pode ter um efeito desproporcional sobre uma determinada classe de indivíduos, o que caracteriza a discriminação indireta. Uma norma dirigida à generalidade das pessoas, não fazendo, portanto, menção a quaisquer características pode ter efeitos discrimi-

---

[207] MOREIRA, Adilson José. *O que é discriminação?* Belo Horizonte: Letramento: Casa do Direito: Justificando, 2017, p. 100-102.

natórios. Ela afeta negativamente membros de um grupo porque atores públicos e privados não levam em consideração todos os efeitos que uma norma ou prática pode ter no *status* social de diferentes segmentos. Por esse motivo, um ato que estabelece uma mesma consequência jurídica a todas as pessoas pode afetar grupos específicos que já sofrem as consequências de outras formas de exclusão".

Historicamente, o conceito de discriminação indireta surgiu na jurisprudência da Suprema Corte dos Estados Unidos no caso *Griggs v. Duke Power*. "Essa decisão discutia a constitucionalidade de uma norma que exigia o segundo grau e uma nota mínima em um teste de aptidão aplicado a todos os candidatos a empregos ou transferência entre os diferentes setores da fábrica. Embora as exigências fossem dirigidas a todas as pessoas, elas tinham um impacto negativo sobre negros em função das disparidades de acesso à educação existentes durante o período de segregação oficial que tinham deixado de vigorar poucos meses antes da adoção dessa medida. A norma reproduzia os mesmos padrões existentes durante o período de segregação: quase a totalidade dos candidatos que satisfaziam essa exigência eram brancos. Os juízes chegaram à conclusão que a ausência de motivação não impede a caracterização da discriminação quando a operação de uma norma também implica em um tratamento desvantajoso para alguém, mesmo que isso não represente uma intenção presente na norma jurídica".[208]

A discriminação indireta tem sido incorporada em vários documentos legais. "Apesar das diferentes formulações, ela geralmente engloba três princípios. Primeiro, a norma ou prática em questão trata das pessoas de forma igual; ela é dirigida à generalidade dos indivíduos. Não há a presença clara de uma forma de discrímen que possa caracterizar uma motivação negativa, pelos menos não diretamente. Portanto, a discriminação indireta está marcada pela ausência da intencionalidade explícita de discriminar pessoas. Isso pode acontecer porque a norma ou prática não leva em consideração ou não pode prever de forma correta as consequências da norma. Mas isso também pode ser produto de uma intenção encoberta de discriminar membros de um determinado grupo. Então, algumas vezes, a norma jurídica não menciona diretamente uma característica de um determinado grupo, mas emprega um elemento que está fortemente associado a certos segmentos por razões sociais ou históricas. É o caso de normas ou práticas que utilizam a classe social, fato que pode afetar minorias raciais de forma desproporcional em função da marginalização econômica desses grupos".

[208] MOREIRA, Adilson José. *O que é discriminação?* Belo Horizonte: Letramento: Casa do Direito: Justificando, 2017, p. 102-103.

Ademais, a caracterização do fenômeno exige a ocorrência de um impacto desproporcional em alguns grupos que já sofrem desvantagem. "Esse impacto negativo aumenta o nível de opressão dos membros desse grupo, impedindo que eles possam atingir os mesmos propósitos que membros de outros grupos com os quais possam ser comparados. Se a discriminação direta geralmente expressa práticas discriminatórias contra indivíduos, a discriminação indireta tem um caráter coletivo, pois tem como pressuposto a identificação de formas que afetam grupos específicos como um todo. Assim, a avaliação da desvantagem requer uma análise de como pessoas de um determinado grupo está sendo impactado em relação a pessoas que pertencem a outro grupo com as quais elas possam ser comparadas. Terceiro, deve-se levar em consideração se esse impacto desproporcional pode ser justificado tendo em vista os objetivos que a norma ou prática pretende alcançar. O fato que a norma estabelece uma mesma exigência ou a mesma consequência para todas as pessoas precisa então ser avaliado a partir da racionalidade que guarda com um propósito. Isso é necessário porque os elementos da norma ou prática podem ser dirigidos a todas as pessoas, mas elas podem expressar um objetivo de excluir grupos específicos".[209]

5.23. Discriminação estrutural

A *discriminação estrutural* refere-se ao conjunto de padrões e contextos violadores de direitos humanos em prejuízo de grupos vulneráveis por sua condição, situação social, econômica ou cultural, que historica ou contextualmente tenham sido excluídos ou discriminados sem justificação legal alguma. Estes grupos podem ser indígenas, mulheres, portadores de deficiência, LGBT, migrantes, pessoas carentes de recursos econômicos, moradores de rua, etc.

Conceitualmente, a *discriminação estrutural* pode ser definida como o "conjunto de práticas reproduzidas pelas instituições e endossadas pela ordem social, em que homens e mulheres enfrentam distintos cenários sociais, políticos, econômicos, éticos e diferentes oportunidades de desenvolvimento e de realização de seus planos de vida, devido ao fato biológico de ser homens ou mulheres". A discriminação estrutural, também denominada de "desigualdade estrutural", reúne "dados históricos e sociais" que explicam as desigualdades existentes de

[209] MOREIRA, Adilson José. *O que é discriminação?* Belo Horizonte: Letramento: Casa do Direito: Justificando, 2017, p. 103-104.

direito (*de jure*) ou de fato (*de facto*), sendo "resultado de uma situação de exclusão social ou de submissão de [grupos vulneráveis] por outros, de forma sistemática, devido a complexas práticas sociais, preconceitos e sistemas de crenças" (Gargarella Alegre). Essa modalidade discriminatória pode apresentar-se em uma zona geográfica específica ou em todo o Estado. "Em outras palavras, os grupos contextualmente historicamente excluídos ou em desvantagem compartilham um risco comum que os identifica: existe uma história de discriminação, de prejuízos sociais negativos contra esses grupos, susceptíveis de serem reforçados pela normativa, o que 'reduz a possibilidade de defesa dos interesses do coletivo'".[210]

Para a identificação da discriminação estrutural, a Corte Interamericana utiliza elementos para avaliar a situação investigada, a exemplo da experiência no tratamento da matéria, os relatórios internacionais, os julgamentos ou resoluções prolatadas em casos anteriores contra o mesmo Estado que apresentem o mesmo contexto, etc. Por conseguinte, avança-se desde a ideia de igualdade como não discriminação para o conceito de igualdade como proteção de grupos vulneráveis, ou seja, robustece-se a igualdade substantiva mediante ação estatal ativa para gerar equilíbrios sociais, de modo a conferir "proteção especial a certos grupos de padecem processos históricos ou estruturais de discriminação. Esta última noção pressupõe um Estado que abandone sua neutralidade e que conte com ferramentas de diagnóstico da situação social, para saber quais grupos ou setores devem receber em um momento histórico determinadas medidas urgentes e especiais de proteção" (Abramovich).

Nesse sentido, as características comuns que perpassam a verificação de discriminação estrutural podem ser resumidas nas seguintes condições: I – existência de um mesmo grupo afetado com características comum, podendo ser minoria; II – que o grupo seja vulnerável, marginalizado, excluído ou que se encontre em uma desvantagem desarrazoável; III – que a discriminação tenha como causa ensejadora um contexto histórico, socioeconômico e cultural; IV – que existam padrões sistemáticos, massivos ou coletivos de discriminação em um zona geográfica determinada, no Estado e na região; e V – que a política, medida ou norma de fato ou de direito seja discriminatória ou crie uma situação de desvantagem desarrazoável ao grupo, independentemente de elemento volitivo.[211]

---

[210] QUIÑONES, Paola Pelletier. *La "discriminación estructural" en la evolución jurisprudencial de la Corte Interamericana de Derechos Humanos*. Revista del Instituto Interamericano de Derecho Humanos. Vol. 60, 2014, p. 205-207 e 209.

[211] Ibid., p. 207-208 e 215.

5.24. Crime de racismo

O crime de racismo é um delito de natureza abjeta, visto que o ato do agente tem por finalidade menosprezar outro indivíduo em razão das características exteriores que possui (fenótipo), ofendendo o ser humano em sua dignidade e respeito.

Segundo o Dicionário Houaiss, o vocábulo *fenótipo* traduz-se na "manifestação visível ou detectável de um genótipo". Por sua vez, o vocábulo *genótipo* significa a "composição genética de um indivíduo, mais frequentemente usado a respeito de um gene ou grupo de genes".[212] Em linguagem técnica, de acordo com o Manual de Genética Médica, o vocábulo *fenótipo* significa o conjunto de "características físicas, bioquímicas e/ou fisiológicas observadas num indivíduo ou numa célula, resultantes da interação do meio ambiente com um gene ou genes".[213]

Conforme a Universidade Federal de Uberlândia, considerando que o fenótipo está relacionado com as características externas, morfológicas, fisiológicas dos indivíduos, o fenótipo "determina a aparência do indivíduo (em sua maioria, aspectos visíveis), resultante da interação do meio e de seu conjunto de genes (genótipo). Exemplos de fenótipo são o formato dos olhos, a tonalidade da pele, cor e textura do cabelo, dentre outros. No caso da avaliação de PPI [pretos, pardos ou indígenas], a Comissão de Diversidade Étnica averiguará, exclusivamente, critério fenotípico, isto é: traços físicos negroides (como: cor de pele, características da face e textura do cabelo) que demonstrem a percepção social sobre o(a) candidato(a) preto(a) ou pardo(a)".[214]

Assim, o crime de racismo resulta da conduta intencional de inferiorização de outro ser humano em razão das características provenientes de cor, raça, etnia, religião ou de procedência nacional, reputando uma falsa e antiética superioridade entre grupos de indivíduos. Com efeito, a diversidade humana é algo presente, resultante "do efeito aditivo dos genes e das suas mutações, da interação entre as alterações genéticas devidas a mutações, da capacidade de adaptação ao meio (físico e relacional humano) e da seleção decorrente de doenças",[215] além

212 HOUAISS. *Dicionário da língua portuguesa*. Rio de Janeiro. Objetiva, 2009, p. 886 e 964.

213 REGATEIRO, Fernando J. *Manual de Genética Médica*. Imprensa da Universidade de Coimbra: Coimbra, 2007, p. 465.

214 UFU. Pró-reitoria de Graduação da Universidade Federal de Uberlândia. *O que significa avaliação de fenótipo (PPI)?* 26/11/2019 – 15:14. Disponível em: <http://www.prograd.ufu.br/perguntas-frequentes/o-que-significa-avaliacao-de-fenotipo-ppi>. Acesso em 29-11-2021.

215 REGATEIRO, Fernando J. *Manual de Genética Médica*. Imprensa da Universidade de Coimbra: Coimbra, 2007, p. 41.

de diversos fatores como a cultura, costumes, origem, ambiente social, visões de mundo, etc.

A despeito das diferenças físicas (cor, traços, biótipo, etc.), étnicas (descendência e tradição), religiosas (crença individual) e de procedência nacional (país), todos os indivíduos são seres humanos, iguais em sua natureza e condição, sendo todos sujeitos de direitos, titulares de direitos e obrigações e detentores de igual dignidade e respeito.

5.24.1. *Formas de discriminação*

Existem diversas formas de demonstrar preconceito ou discriminação em relação a outros indivíduos, sendo o ato uma violação ao direito de igualdade na condição de pessoa humana. Os crimes de discriminação ou preconceito ofendem a relação igualitária e respeitosa que deve nortear os relacionamentos humanos, haja vista que tais atos têm por objetivo reduzir a dignidade do outro, inferiorizando-o. Conforme Emmanuel Levinas, "a relação com Outrem é uma relação não-alérgica, uma relação ética".[216]

A violação do direito à igualdade ocorre por meio de diversas condutas que resultem em discriminação negativa, a exemplo de: i) inferiorização do outro; ii) ofensa ou desrespeito; iii) menosprezo; iv) agressão física ou verbal; v) impedimento de acesso a ambientes coletivos ou de uso comum em razão da cor, raça, etnia, religião, etc.; vi) negar-se a prestar serviços por razão da raça, etnia, religião; vii) não contratar ou demitir funcionário em razão da cor, raça, etnia, etc.; viii) diferença no pagamento de salário em razão da raça, etnia, sexo, religião, etc. A conduta pode decorrer de ação ou omissão do agente, mediante dolo.

No tocante ao conceito, de acordo com cartilha do Ministério da Justiça e Cidadania, o *racismo* "é a doutrina que afirma a superioridade de determinados grupos étnicos, nacionais, linguísticos, religiosos, sobre outros. Por extensão, o termo passou a designar as ideias e práticas discriminatórias advindas dessa afirmada superioridade. O crime de racismo atinge uma coletividade indeterminada de indivíduos, discriminando toda a integralidade de uma raça. A *injúria racial* consiste em ofender a honra de alguém valendo-se de elementos referentes à raça, cor, etnia, religião ou origem. É comum a prática racista camuflar-se em situações cotidianas ou formas de brincadeira. Principais ações do agressor: apelidar de acordo com as características físicas a partir de elementos de cor e etnia da vítima; inferiorizar as características estéticas da etnia em questão; considerar a vítima inferior intelectualmente,

[216] LEVINAS, Emmanuel. *Totalidade e Infinito*. Ensaio sobre a Exterioridade. Coimbra: Edições 70, 2014, p. 33 e 38.

podendo até negar-lhe determinados cargos no emprego, por exemplo; ofender verbal ou fisicamente a vítima; desprezar os costumes, hábitos e tradições da etnia; duvidar, sem provas, da honestidade e competência da vítima; recusar-se a prestar serviços a pessoas de diferentes etnias".[217]

O Decreto-Lei nº 2.848, de 7 de dezembro de 1940 (Código Penal), define o *crime de injúria racial* – que é um crime contra a honra –, consistente em "injuriar alguém, ofendendo-lhe a dignidade ou o decoro", utilizando-se, para tanto, de "elementos referentes a raça, cor, etnia, religião, origem ou a condição de pessoa idosa ou portadora de deficiência". Nesse caso, a pena é reclusão de um a três anos e multa (art. 140, § 3º, CP).

Por sua vez, a Lei nº 7.716, de 5 de janeiro de 1989, define os *crimes de racismo*, resultantes de discriminação ou preconceito de raça, cor, etnia, religião ou procedência nacional (art. 1º). As figuras típicas consistem em:

> **Art. 3º** Impedir ou obstar o acesso de alguém, devidamente habilitado, a qualquer cargo da Administração Direta ou Indireta, bem como das concessionárias de serviços públicos.
>
> Pena: reclusão de dois a cinco anos.
>
> Parágrafo único. Incorre na mesma pena quem, por motivo de discriminação de raça, cor, etnia, religião ou procedência nacional, obstar a promoção funcional.
>
> **Art. 4º** Negar ou obstar emprego em empresa privada.
>
> Pena: reclusão de dois a cinco anos.
>
> § 1º Incorre na mesma pena quem, por motivo de discriminação de raça ou de cor ou práticas resultantes do preconceito de descendência ou origem nacional ou étnica: (Incluído pela Lei nº 12.288, de 2010)
>
> I – deixar de conceder os equipamentos necessários ao empregado em igualdade de condições com os demais trabalhadores; (Incluído pela Lei nº 12.288, de 2010)
>
> II – impedir a ascensão funcional do empregado ou obstar outra forma de benefício profissional; (Incluído pela Lei nº 12.288, de 2010)
>
> III – proporcionar ao empregado tratamento diferenciado no ambiente de trabalho, especialmente quanto ao salário. (Incluído pela Lei nº 12.288, de 2010)
>
> § 2º Ficará sujeito às penas de multa e de prestação de serviços à comunidade, incluindo atividades de promoção da igualdade racial, quem, em anúncios ou qualquer outra forma de recrutamento de trabalhadores, exigir

[217] MJC. Ministério da Justiça e Cidadania. Cartilha. *Racismo é crime: denuncie!* Secretaria Especial de Políticas de Promoção da Igualdade Racial, 2016, p. 8-9. Disponível em: <https://www.gov.br/mdh/pt-br/centrais-de-conteudo/igualdade-racial/cartilha-racismo-e-crime-denuncie>. Acesso em 1-1-2022.

aspectos de aparência próprios de raça ou etnia para emprego cujas atividades não justifiquem essas exigências.

Art. 5º Recusar ou impedir acesso a estabelecimento comercial, negando-se a servir, atender ou receber cliente ou comprador.

Pena: reclusão de um a três anos.

Art. 6º Recusar, negar ou impedir a inscrição ou ingresso de aluno em estabelecimento de ensino público ou privado de qualquer grau.

Pena: reclusão de três a cinco anos.

Parágrafo único. Se o crime for praticado contra menor de dezoito anos a pena é agravada de 1/3 (um terço).

Art. 7º Impedir o acesso ou recusar hospedagem em hotel, pensão, estalagem, ou qualquer estabelecimento similar.

Pena: reclusão de três a cinco anos.

Art. 8º Impedir o acesso ou recusar atendimento em restaurantes, bares, confeitarias, ou locais semelhantes abertos ao público.

Pena: reclusão de um a três anos.

Art. 9º Impedir o acesso ou recusar atendimento em estabelecimentos esportivos, casas de diversões, ou clubes sociais abertos ao público.

Pena: reclusão de um a três anos.

Art. 10. Impedir o acesso ou recusar atendimento em salões de cabeleireiros, barbearias, termas ou casas de massagem ou estabelecimento com as mesmas finalidades.

Pena: reclusão de um a três anos.

Art. 11. Impedir o acesso às entradas sociais em edifícios públicos ou residenciais e elevadores ou escada de acesso aos mesmos:

Pena: reclusão de um a três anos.

Art. 12. Impedir o acesso ou uso de transportes públicos, como aviões, navios barcas, barcos, ônibus, trens, metrô ou qualquer outro meio de transporte concedido.

Pena: reclusão de um a três anos.

Art. 13. Impedir ou obstar o acesso de alguém ao serviço em qualquer ramo das Forças Armadas.

Pena: reclusão de dois a quatro anos.

Art. 14. Impedir ou obstar, por qualquer meio ou forma, o casamento ou convivência familiar e social.

Pena: reclusão de dois a quatro anos.

Art. 20. Praticar, induzir ou incitar a discriminação ou preconceito de raça, cor, etnia, religião ou procedência nacional. (Redação dada pela Lei nº 9.459, de 15/05/97)

Pena: reclusão de um a três anos e multa. (Redação dada pela Lei nº 9.459, de 15/05/97)

§ 1º Fabricar, comercializar, distribuir ou veicular símbolos, emblemas, ornamentos, distintivos ou propaganda que utilizem a cruz suástica ou gamada, para fins de divulgação do nazismo. (Redação dada pela Lei nº 9.459, de 15/05/97)

Pena: reclusão de dois a cinco anos e multa. (Incluído pela Lei nº 9.459, de 15/05/97)

§ 2º Se qualquer dos crimes previstos no caput é cometido por intermédio dos meios de comunicação social ou publicação de qualquer natureza: (Redação dada pela Lei nº 9.459, de 15/05/97)

Pena: reclusão de dois a cinco anos e multa. (Incluído pela Lei nº 9.459, de 15/05/97)

Comumente, distingue-se o crime de *injúria racial* com o crime de *racismo* pelo fato de no primeiro delito a ofensa ser direcionada a um indivíduo específico, ao passo que no segundo a ofensa é direcionada contra uma coletividade de pessoas, a exemplo da raça, ocasião em que não há a especificação do ofendido. Todavia, em decisão recentíssima, o Supremo Tribunal Federal equiparou o crime de injúria racial ao de racismo no tocante à imprescritibilidade, por se tratar de uma modalidade de racismo, conforme ementa abaixo:

> O crime de injúria racial, espécie do gênero racismo, é imprescritível. A prática de injuria racial, prevista no art. 140, § 3º, do Código Penal (CP) (1), traz em seu bojo o emprego de elementos associados aos que se definem como raça, cor, etnia, religião ou origem para se ofender ou insultar alguém.
>
> Consistindo o racismo em processo sistemático de discriminação que elege a raça como critério distintivo para estabelecer desvantagens valorativas e materiais, a injúria racial consuma os objetivos concretos da circulação de estereótipos e estigmas raciais.
>
> Nesse sentido, é insubsistente a alegação de que há distinção ontológica entre as condutas previstas na Lei 7.716/1989 e aquela constante do art. 140, § 3º, do CP. Em ambos os casos, há o emprego de elementos discriminatórios baseados naquilo que sociopoliticamente constitui raça, para a violação, o ataque, a supressão de direitos fundamentais do ofendido. Sendo assim, excluir o crime de injúria racial do âmbito do mandado constitucional de criminalização por meras considerações formalistas desprovidas de substância, por uma leitura geográfica apartada da busca da compreensão do sentido e do alcance do mandado constitucional de criminalização, é restringir-lhe indevidamente a aplicabilidade, negando-lhe vigência". (STF – HC 154248/DF, relator Min. Edson Fachin, julgamento em 28.10.2021 – Informativo nº 1036/2021. Data de divulgação: 12 de novembro de 2021)

Esse caso chegou ao Pretório Excelso em razão dos seguintes fatos, conforme noticiado pela *Revista Consultor Jurídico*: "Uma idosa, atualmente com 80 anos, foi condenada por injúria racial a um ano de reclusão e dez dias-multa pela 1ª Vara Criminal de Brasília por ter chamado uma frentista de um posto de combustíveis de 'negrinha nojenta, ignorante e atrevida'. A defesa pediu a extinção da punibilidade pelo transcurso de metade do prazo prescricional, pois a ré tem mais de 70 anos. O Superior Tribunal de Justiça negou, considerando o delito imprescritível. A defesa então impetrou Habeas Corpus no STF. Em novembro de 2020, o relator do caso, ministro Edson Fachin, votou pela equiparação da injúria racial (artigo 140, § 3º, do Código Penal) ao crime de racismo (previsto pela Lei 7.716/1989). Portanto, entendeu que não há como reconhecer a extinção da punibilidade a acusados por injúria racial. Afinal, o artigo 5º, XLII, da Constituição, estabelece que "a prática do racismo constitui crime inafiançável e imprescritível, sujeito à pena de reclusão, nos termos da lei".

"O ministro Nunes Marques abriu a divergência, sob argumento de que as condutas dos crimes são diferentes e que a imprescritibilidade da injúria racial só pode ser implementada pelo Poder Legislativo. 'No crime de injúria, o bem jurídico protegido é a honra subjetiva, e a conduta ofensiva se dirige à dela. Já no crime de racismo, o bem jurídico tutelado é a dignidade da pessoa humana, que deve ser protegida independente de raça, cor, etnia, religião ou procedência nacional', disse Nunes Marques, em dezembro de 2020. O julgamento foi interrompido na época por pedido de vista do ministro Alexandre de Moraes. Em voto-vista apresentado nesta quinta, Alexandre seguiu o relator. O ministro apontou que é objetivo fundamental da República Federativa do Brasil 'promover o bem de todos, sem preconceitos de origem, raça, sexo, cor, idade e quaisquer outras formas de discriminação' (artigo 3º, IV, da Constituição). Além disso, o país deve pautar suas relações internacionais pelo 'repúdio ao terrorismo e ao racismo' (artigo 4º, VIII, da Constituição). E o artigo 5º, XLII, da Carta Magna, determina que o racismo é crime inafiançável e imprescritível".[218]

Segundo o Min. Alexandre de Moraes, "a Constituição considera inafiançável e imprescritível a prática do racismo, não apenas de um tipo penal nomeado 'racismo'. E isso vale tanto para o crime da Lei 7.716/1989 quanto para a injúria racial. 'Referir-se a alguém como expressões preconceituosas, como 'negrinha nojenta, ignorante e atrevida', foi uma manifestação ilícita e preconceituosa em razão da condição de negra da vítima. Então houve um ato de racismo', declarou o ministro. Essa interpretação permite uma efetivação plena do combate ao racismo no Brasil, avaliou Alexandre. 'Somente assim poderemos atenuar esse sentimento de inferiorização que as pessoas racistas querem impor às suas vítimas'. O entendimento foi seguido pelos ministros Luís Roberto Barroso, Rosa Weber, Dias Toffoli, Cármen Lúcia, Ricardo Lewandowski e Luiz Fux. Barroso destacou os efeitos sociais do

---

[218] CONJUR. Revista Consultor Jurídico. *STF equipara injúria racial a crime de racismo, considerando-a imprescritível.* Por Sérgio Rodas. 28 de outubro de 2021, 18h54. Disponível em: <https://www.conjur.com.br/2021-out-28/stf-equipara-injuria-racial-racismo-considerando-imprescritivel>. Acesso em 1-1-2021.

racismo, reproduzido não só em ofensas, mas também em atos cotidianos, sem que muitos tenham consciência disso. 'Estamos todos precisando passar por um processo de reeducação nessa matéria', disse. Cármen Lúcia opinou que, mesmo no caso de injúria racial, a vítima não é apenas a pessoa ofendida, mas toda a humanidade".

A decisão do STF foi elogiada por especialistas, a exemplo de Silvio Almeida, presidente do Instituto Luiz Gama: "A decisão do STF reafirma a posição do STJ que firmou o entendimento de que a injúria racial é uma modalidade do crime de racismo e portanto não pode estar sujeito aos prazos decadenciais que incidem sobre os crimes contra honra, subordinando-se ao inciso XLII do artigo 5° da Constituição Federal que estabelece que 'a prática do racismo constitui crime inafiançável e imprescritível'. A decisão é acertada, sobretudo porque em muitos casos havia a desclassificação do delito de racismo para injúria racial e, neste caso, invariavelmente era reconhecida o decurso de prazo decadencial, o que resultava, na prática, na impunidade do ofensor, uma vez que não poderia haver condenação neste caso".[219]

Com efeito, essa decisão evolutiva do STF robustece os direitos humanos, uma vez que fortalece os instrumentos institucionais promovedores da igualdade entre as pessoas, inclusive na esfera punitiva. Ademais, a imprescritibilidade do crime de injúria realiza os valores e mandamentos constitucionais, visto que a Carta Magna determina: "a lei punirá qualquer discriminação atentatória dos direitos e liberdades fundamentais" e que: "a prática do racismo constitui crime inafiançável e imprescritível, sujeito à pena de reclusão, nos termos da lei" (art. 5°, incisos XLI e XLII, CF/1988).

Além de *sanções penais* (pena privativa de liberdade e multa), a prática de ato de preconceito ou discriminação pode ensejar a cominação de *sanção administrativa* aos servidores públicos, a exemplo transgressão disciplinar consistente em "discriminar qualquer pessoa, no recinto da repartição, com a finalidade de expô-la a situação humilhante, vexatória, angustiante ou constrangedora, em relação a nascimento, idade, etnia, raça, cor, sexo, estado civil, trabalho rural ou urbano, religião, convicções políticas ou filosóficas, orientação sexual, deficiência física, imunológica, sensorial ou mental, por ter cumprido pena, ou por qualquer particularidade ou condição"; prevista na Lei Complementar Distrital n° 840/2011, que dispõe sobre o Regime Jurídico dos servidores públicos do Distrito Federal. A sanção cominada por tal prática é de suspensão de até trinta dias, que impõe ao servidor o afastamento

[219] CONJUR. Revista Consultor Jurídico. *STF equipara injúria racial a crime de racismo, considerando-a imprescritível.* Por Sérgio Rodas. 28 de outubro de 2021, 18h54. Disponível em: <https://www.conjur.com.br/2021-out-28/stf-equipara-injuria-racial-racismo-considerando-imprescritivel>. Acesso em 1-1-2021.

compulsório do exercício do cargo efetivo, com perda da remuneração ou subsídio dos dias em que estiver afastado (art. 191, VI c/c art. 200, § 1º, I, LC 840/2011).[220]

Outrossim, a conduta de discriminação ou preconceito pode resultar em *sanção civil*, consistente em condenação à reparação de danos morais, em face de ato ilícito oriundo de ação ou omissão violadora do direito à honra, dignidade e respeito ao ser humano (arts. 1º, III, e 3º, IV, da CF/1988 c/c art. 186 Código Civil). Nesse sentido, a jurisprudência do Superior Tribunal de Justiça é pacífica:

> 3. Publicação de livro imputando falsamente a pessoa pública afirmações de cunho **racista** e eugênico. Ampla divulgação na mídia impressa, televisiva e virtual, tendo acarretado também processo criminal contra o autor perante o Supremo Tribunal Federal por crime de racismo e processo de cassação de mandato perante a Câmara dos Deputados por quebra de decoro parlamentar. 4. Admite-se a revisão do valor fixado a título de condenação por danos morais em recurso especial quando ínfimo ou exagerado, ofendendo os princípios da proporcionalidade e da razoabilidade. 5. A indenização por danos morais possui tríplice função, a compensatória, para mitigar os danos sofridos pela vítima; a punitiva, para condenar o autor da prática do ato ilícito lesivo, e a preventiva, para dissuadir o cometimento de novos atos ilícitos. Ainda, o valor da indenização deverá ser fixado de forma compatível com a gravidade e a lesividade do ato ilícito e as circunstâncias pessoais dos envolvidos. 6. Indenização no valor de R$ 250.000,00 (duzentos e cinquenta mil reais), a cargo de cada recorrido, que, no caso, mostra-se adequada para mitigar os danos morais sofridos, cumprindo também com a função punitiva e a preventiva, sem ensejar a configuração de enriquecimento ilícito. (STJ – REsp 1440721/GO – Quarta Turma – Rel. Min. Maria Isabel Gallotti – Data do Julgamento 11/10/2016)

> 6. Danos morais. Imprescritibilidade. Tortura, **racismo** e outros vilipêndios à dignidade da pessoa humana. Possível, no caso, a aplicação da mais conhecida norma sobre a proteção aos direitos da personalidade, qual seja, a própria Declaração Universal dos Direitos do Homem, de 1948, que também possibilita sua aplicação a fatos pretéritos, escrita com os bradados dos ideais democráticos e que nunca podem ser esquecidos. 10. Pretensão para a compensação por danos morais em razão de acontecimentos que maculam tão vastamente os direitos da personalidade, como a tortura e a morte, é imprescritível. 15. Acórdão recorri-

[220] CLDF. Câmara Legislativa do Distrito Federal. *Lei Complementar nº 840, de 23 de dezembro de 2011.* Dispõe sobre o regime jurídico dos servidores públicos civis do Distrito Federal, das autarquias e das fundações públicas distritais. Disponível em: <https://legislacao.cl.df.gov.br/Legislacao/consultaTextoLeiParaNormaJuridicaNJUR-222379!buscarTextoLeiParaNormaJuridicaNJUR.action>. Acesso em 1-1-2022.

do que, diante de tão graves violações dos direitos da personalidade do marido da autora e da própria autora e filhos, fixou os danos morais em R$ 500.000,00 (quinhentos mil reais). STJ – REsp 797989 /SC – Segunda Turma – Rel. Min. Humberto Martins – Data do Julgamento 22/04/2008.

Portanto, o sistema normativo pátrio oferece proteção ao direito à igualdade, inclusive na perspectiva punitiva, principalmente no tocante aos crimes de discriminação, preconceito ou injúria racial, podendo o autor de delito responder na esfera penal, administrativa e civil.

5.25. Racismo institucional

Em primeiro lugar, o *racismo* pode ser entendido como uma "ideologia que se realiza nas relações entre pessoas e grupos, no desenho e desenvolvimento das políticas públicas, nas estruturas de governo e nas formas de organização dos Estados. Ou seja, trata-se de um fenômeno de abrangência ampla e complexa que penetra e participa da cultura, da política e da ética. Para isso requisita uma série de instrumentos capazes de mover os processos em favor de seus interesses e necessidades de continuidade, mantendo e perpetuando privilégios e hegemonias. Por sua ampla e complexa atuação, o racismo deve ser reconhecido também como um sistema, uma vez que se organiza e se desenvolve através de estruturas, políticas, práticas e normas capazes de definir oportunidades e valores para pessoas e populações a partir de sua aparência atuando em diferentes níveis: pessoal, interpessoal e institucional".[221]

Dito isso, o racismo institucional ocorre no âmbito das instituições de natureza pública ou privada. O *racismo institucional* surgiu nos Estados Unidos na década de 1960, em decorrência de práticas racistas nas estruturas de organização da sociedade e de instituições, consistentes em um conjunto de ações e mecanismos excludentes de determinado grupo racial. No Brasil, o racismo teve suas raízes na escravidão, que durou mais de três séculos, sendo um dos últimos países do mundo a abolir essa prática odiosa. "Mesmo após a abolição da escravidão, mediante a assinatura da Lei Áurea em 13 de maio de 1888, a população negra permaneceu marginalizada e com o acesso ao trabalho distribuído de forma desigual, cabendo a esse segmento, na maior parte das vezes, a ocupação de posições subalternas. Tem-se uma construção do

[221] GELEDÉS. Instituto da Mulher Negra. *Racismo Institucional: uma abordagem conceitual.* Pág. 11. Disponível em: <https://www.onumulheres.org.br/wp-content/uploads/2016/04/FINAL-WEB-Racismo-Institucional-uma-abordagem-conceitual.pdf>. Acesso em 25-10-2021.

racismo de forma histórica e o Estado contribui para a manutenção das iniquidades".[222]

De acordo com Hasenbalg, no final da década de 1970, o preconceito e a discriminação racial operaram como critérios restritivos na alocação de posições no mercado de trabalho, favorecendo, sobremaneira, os brancos, ainda que passados mais de cem anos da abolição da escravatura. "A raça tem sido mantida 'como símbolo de posição subalterna na divisão hierárquica do trabalho e continua a fornecer a lógica para confinar os membros dos grupos raciais subordinados àquilo que o código racial da sociedade define como 'seus lugares apropriados' (1979, p.83)".[223]

O "racismo institucional" não se expressa mediante atos evidentes, explícitos ou manifestadamente discriminatórios, mas sim atua de forma difusa no funcionamento cotidiano de instituições e organizações públicas ou privadas, que operam de forma diferenciada na distribuição de serviços, benefícios e oportunidades aos diferentes segmentos da população do ponto de vista racial. Ele extrapola as relações interpessoais e instaura-se no cotidiano institucional, inclusive na cultura organizacional, gerando, de forma ampla, desigualdades e iniquidades. "No Brasil, a partir da década de 1990 e, mais especificamente, no começo dos anos 2000, o movimento negro dissemina o debate, no governo brasileiro, para a efetivação dos compromissos pela promoção de igualdade racial no país, assumidos transnacionalmente na Conferência Mundial contra o Racismo de 2001, anteriormente citada. A mobilização então realizada ampliou o debate público sobre a questão racial e sobre como o poder público poderia desenvolver atividades efetivas de desconstrução do racismo, ao mesmo tempo em que propiciou contato e conhecimento mais amplos com experiências que estavam sendo desenvolvidas em outros países".

Segundo o Programa de Combate ao Racismo Institucional (PCRI), implementado, no Brasil, em 2005, "o racismo institucional é o fracasso das instituições e organizações em prover um serviço profissional e adequado às pessoas em virtude de sua cor, cultura, origem racial ou étnica. Ele se manifesta em normas, práticas e comportamentos discriminatórios adotados no cotidiano do trabalho, os quais são resultantes do preconceito racial, uma atitude que combina estereótipos racistas, falta de atenção e ignorância. Em qualquer caso, o racismo institucional

[222] NUPAD. Núcleo de Ações e Pesquisa em Apoio Diagnóstico da Faculdade de Medicina da UFMG. *Racismo Institucional: Fórum de debates, educação e saúde*. Pág. 3. Belo Horizonte, Minas Gerais. Disponível em: <https://www.nupad.medicina.ufmg.br/arquivos/acervo-cehmob/foruns/racismo-institucional/Caderno-Racismo.pdf>. Acesso em 25-10-2021.

[223] LÓPEZ, Laura Cecília. *O conceito de racismo institucional: aplicações no campo da saúde*. Interface, Comunicação, Saúde e Educação. Vol. 16, n. 40, p. 121-34, jan./mar. 2012, p. 123.

sempre coloca pessoas de grupos raciais ou étnicos discriminados em situação de desvantagem no acesso a benefícios gerados pelo Estado e por demais instituições e organizações".[224]

Impende salientar que o *racismo institucional* constitui mecanismo estrutural que perpetra a exclusão seletiva de grupos socialmente subordinados às maiorias políticas, a exemplo de negros, indígenas, ciganos, etc., atuando como alavanca promovedora da exclusão de diferentes sujeitos destes grupos. "O racismo institucional ou sistêmico opera de forma a induzir, manter e condicionar a organização e a ação do Estado, suas instituições e políticas públicas – atuando também nas instituições privadas, produzindo e reproduzindo a hierarquia racial. Ele foi definido pelos ativistas integrantes do grupo Panteras Negras Stokely Carmichael e Charles Hamilton em 1967, como capaz de produzir: 'A falha coletiva de uma organização em prover um serviço apropriado e profissional às pessoas por causa de sua cor, cultura ou origem étnica'. (Carmichael, S. e Hamilton, C. *Black power*: the politics of liberation in America. New York, Vintage, 1967, p. 4)".

"Atualmente, já é possível compreendermos que, mais do que uma insuficiência ou inadequação, o racismo institucional é um mecanismo performativo ou produtivo, capaz de gerar e legitimar condutas excludentes, tanto no que se refere a formas de governança quanto de *accountability*. Ou, nas palavras de Sales Jr: o 'fracasso institucional' é apenas aparente, resultante da contradição performativa entre o discurso formal e oficial das instituições e suas práticas cotidianas, sobretudo, mas não apenas informais. Esta contradição é (...) fundamental para entender os processos de reprodução do racismo, em suas três dimensões (preconceito, discriminação e desigualdade étnico-raciais), no contexto do mito da democracia racial'. (Sales Jr, *mimeo*, 2011). O racismo institucional é um dos modos de operacionalização do racismo patriarcal heteronormativo – é o modo organizacional – para atingir coletividades a partir da priorização ativa dos interesses dos mais claros, patrocinando também a negligência e a deslegitimação das necessidades dos mais escuros. E mais, como vimos acima, restringindo especial mente e de forma ativa as opções e oportunidades das mulheres negras no exercício de seus direitos".[225]

Para André de Carvalho Ramos, o *racismo institucional* "consiste em um conjunto de normas, práticas e comportamentos discriminatórios cotidianos adotados por organizações públicas ou privadas que,

---

[224] LÓPEZ, Laura Cecília. *O conceito de racismo institucional: aplicações no campo da saúde*. Interface, Comunicação, Saúde e Educação. Vol. 16, n. 40, p. 121-34, jan./mar. 2012, p. 127-128.

[225] GELEDÉS. Instituto da Mulher Negra. *Racismo Institucional: uma abordagem conceitual*. Pág. 17. Disponível em: <https://www.onumulheres.org.br/wp-content/uploads/2016/04/FINAL-WEB-Racismo-Institucional-uma-abordagem-conceitual.pdf>. Acesso em 25-10-2021.

movidos por estereótipos e preconceitos, impõe a membros de grupos raciais ou étnicos discriminados situação de desvantagem no acesso a bens, serviços, e oportunidades geridas pelo Estado ou por instituições e organismos privadas. O racismo institucional é constatado na manutenção das diferenças entre escolaridade, média salarial, acesso à saúde, aprisionamento, etc., entre brancos e negros no Brasil, o que implica no fracasso das políticas universalistas de implementação de direitos e promoção da igualdade, quase 30 anos após a edição da CF/88." Segundo Sílvio Almeida, "o racismo estrutural parte da constatação de que 'as instituições são racistas porque a sociedade é racista'. Assim, para Almeida, o racismo estrutural é aquele fruto da própria estrutura social (conjunto de valores políticas, econômicas, jurídicas e familiares), exigindo medidas que, além de coibir o racismo individual e institucional, levem a mudanças profundas nas relações sociais, políticas e econômicas".[226]

Assim, o *racismo institucional* ou *sistêmico* pode ser definido como o tratamento desigual e injusto entre brancos e negros no âmbito das instituições públicas ou privadas, isto é, consiste na discriminação odiosa entre as pessoas em decorrência da cor da pele, cultura, origem racial ou étnica, de modo a prejudicar segmento da população na obtenção de bens, serviços; ou a restrição no ingresso, permanência ou ascensão nas diversas instituições ou a obstaculização do exercício de atividades em geral.

Como forma de reverter esse grave quadro violador do direito fundamental à igualdade, a Lei nº 12.288, de 20 de julho de 2010, "Institui o Estatuto da Igualdade Racial", que tem como objetivo garantir à população negra a efetivação da igualdade de oportunidades, a defesa dos direitos étnicos individuais, coletivos e difusos e o combate à discriminação e às demais formas de intolerância étnica. Diante disso, é dever do Estado e da sociedade garantir a igualdade de oportunidades, reconhecendo a todo cidadão brasileiro, independentemente da etnia ou da cor da pele, o direito à participação na comunidade, especialmente nas atividades políticas, econômicas, empresariais, educacionais, culturais e esportivas, defendendo sua dignidade e seus valores religiosos e culturais (art. 2º, Lei nº 12.288/2010).

É previsto, ainda, a participação da população negra, em condição de igualdade de oportunidade, na vida econômica, social, política e cultural do País, que deve ser promovida, prioritariamente, por meio de: I – inclusão nas políticas públicas de desenvolvimento econômico e social; II – adoção de medidas, programas e políticas de ação afirma-

[226] RAMOS, André de Carvalho. *Curso de Direitos Humanos*. 8ª ed. São Paulo: Saraiva, 2021, p. 691-692.

tiva; III – modificação das estruturas institucionais do Estado para o adequado enfrentamento e a superação das desigualdades étnicas decorrentes do preconceito e da discriminação étnica; IV – promoção de ajustes normativos para aperfeiçoar o combate à discriminação étnica e às desigualdades étnicas em todas as suas manifestações individuais, institucionais e estruturais; V – eliminação dos obstáculos históricos, socioculturais e institucionais que impedem a representação da diversidade étnica nas esferas pública e privada; VI – estímulo, apoio e fortalecimento de iniciativas oriundas da sociedade civil direcionadas à promoção da igualdade de oportunidades e ao combate às desigualdades étnicas, inclusive mediante a implementação de incentivos e critérios de condicionamento e prioridade no acesso aos recursos públicos; VII – implementação de programas de ação afirmativa destinados ao enfrentamento das desigualdades étnicas no tocante à educação, cultura, esporte e lazer, saúde, segurança, trabalho, moradia, meios de comunicação de massa, financiamentos públicos, acesso à terra, à Justiça, e outros. Os programas de ação afirmativa constituir-se-ão em políticas públicas destinadas a reparar as distorções e desigualdades sociais e demais práticas discriminatórias adotadas, nas esferas pública e privada, durante o processo de formação social do País (art. 4º, Lei nº 12.288/2010).

Por fim, o Estatuto da Igualdade Racial trata dos direitos fundamentais da saúde, educação, cultura, esporte, lazer, direito à liberdade de consciência, de crença e ao livre exercício dos cultos religiosos, o acesso à terra e à moradia adequada; o direito ao trabalho, dispondo sobre políticas voltadas para a inclusão da população negra no mercado de trabalho, dispõe ainda sobre os meios de comunicação e do Sistema Nacional de Promoção da Igualdade Racial (arts. 6º ao 57).

5.26. Mecanismos promovedores da igualdade

Como forma de propiciar a efetivação do direito à igualdade, afigura-se necessária a utilização de instrumentos favorecedores desse postulado. Para tanto, o Estado utiliza dois mecanismos, consistentes em instrumentos repressivos e promocionais. Os *instrumentos repressivos* coíbem a prática de discriminação injusta ou inaceitável mediante a previsão de sanção, ou seja, utilizam da intimidação punitiva, a fim de estimular o respeito aos demais seres humanos. A Carta Magna prevê expressamente instrumentos repressivos no capítulo pertinente aos direitos e deveres individuais e coletivos, a exemplo dos preceitos: "a lei punirá qualquer discriminação atentatória dos direitos e liberdades fundamentais" (art. 5º, XLI, CF/1988) e "a prática do racismo constitui crime inafiançável e imprescritível, sujeito à pena de reclusão, nos termos da lei" (art. 5º XLII, CF/1988). No âmbito infraconstitucional, destaca-se a *Lei nº 7.716/1989*, que pune os crimes resultantes de discriminação ou preconceito de raça, cor, etnia, religião ou procedência nacional.

Por sua vez, os *instrumentos promocionais* estimulam a realização do direito à igualdade em sua perspectiva material, ou seja, fomenta a efetivação da isonomia substancial. Para tanto, utilizam-se de medidas como a inclusão, políticas compensatórias, ações afirmativas, etc. Esses mecanismos funcionam como meios impulsionadores da igualdade, de modo a compensar as desvantagens fáticas existentes na sociedade. A Constituição Federal também prevê de forma expressa instrumentos promocionais da igualdade, a exemplo do direito social dos trabalhadores consistente na "proteção do mercado de trabalho da mulher, mediante incentivos específicos, nos termos da lei" (art. 7º, XX, CF/1988) e do dever de a lei reservar "percentual dos cargos e empregos públicos para as pessoas portadoras de deficiência" no âmbito da Administração Pública (art. 37, VIII, CF/1988).

A legislação infraconstitucional também contém instrumentos promocionais, a exemplo da *Lei Federal nº 12.228 de 2010*, que "Institui o Estatuto da Igualdade Racial"; a *Lei Federal nº 11.096/2005*, que "Institui o Programa Universidade para Todos" e prevê a concessão de bolsas de estudo integrais e bolsas de estudo parciais de 50% ou de 25% para estudantes de cursos de graduação e sequenciais de formação específica, em instituições privadas de ensino superior, com ou sem fins lucrativos; a *Lei Federal nº 12.711/2012*, que determina às instituições federais de educação superior a reserva, em cada concurso seletivo para ingresso nos cursos de graduação, por curso e turno, no mínimo 50% de suas vagas para estudantes que tenham cursado integralmente o ensino médio em escolas públicas; a *Lei Federal nº 12.990/2014*, que "Reserva aos negros 20% das vagas oferecidas nos concursos públicos para provimento de cargos efetivos e empregos públicos no âmbito da administração pública federal, das autarquias, das fundações públicas, das empresas públicas e das sociedades de economia mista controladas pela União"; e a *Lei Distrital nº 6.741/2020*, que: "Reserva aos comprovadamente hipossuficientes 10% das vagas oferecidas nos concursos públicos para provimento de cargos efetivos e empregos públicos no âmbito da administração pública, das autarquias, das fundações públicas, das empresas públicas e das sociedades de economia mista no Distrito Federal". (Para efeitos desta Lei, são hipossuficientes, cumulativamente, aqueles: I – cuja renda familiar mensal *per capita* não exceda o valor de até 1,5 salário-mínimo; II – que tenha cursado o ensino médio completo em escola da rede pública ou em instituições privadas na condição de bolsista integral).[227]

Com efeito, a reserva de vagas para grupos específicos que sofram exclusão social ou desvantagem considerável opera como relevante mecanismo promovedor da igualdade substancial, a exemplo do Programa de Seleção de Pós-Graduação em Direito da Universidade de Brasília (UNB), que reserva vagas de mestrado e doutorado por meio de 6 (seis) sistemas de vagas, a saber: a) Sistema de ampla concorrência; b) Sistema de Ação Afirmativa para Negras/os (Pretos/as e Pardas/os); c) Sistema de Ação Afirmativa para Indígenas; d) Sistema de Ação Afirmativa para Quilombolas; e) Sistema de Ação Afirmativa para pessoas com deficiência; e f) Sistema de Ação Afirmativa para pessoas transexuais e travestis.[228]

Portanto, os "instrumentos repressivos" e "promocionais" constituem importante meio de proteger o direito fundamental à igualdade, concretizando o objetivo constitucional de construir uma sociedade livre, mais justa e solidária (art. 3°, I, CF/1988).

5.27. Dever de inclusão e teoria do impacto desproporcional

O *dever de inclusão* constitui meio de concretização do direito à igualdade. Isso porque a inclusão possui o condão de integrar o indivíduo que por alguma barreira de ordem física, mental, social ou qualquer outro elemento, esteja em desvantagem em relação a outras pessoas ou até mesmo excluída dos benefícios existentes coletivamente. A inclusão prega que cabe à sociedade e aos demais ambientes em geral promover as adequações que sejam necessárias para que seja possível o pleno acesso aos bens sociais por parte dos indivíduos com limitações, vulneráveis ou de algum modo sofra desigualdade fática em relação às demais pessoas. Essas adaptações e adequações são dispensáveis para quem não possui limitações ou restrições, por isso é visto

[227] CLDF. Câmara Legislativa do Distrito Federal. Processo Legislativo – Norma Jurídica – Ficha Técnica. *Lei n° 6.741/2020*. Disponível em: <https://legislacao.cl.df.gov.br/Legislacao/consultaTextoLeiParaNormaJuridicaNJUR-563417!buscarTextoLeiParaNormaJuridicaNJUR.action>. Acesso em 25-10-2021.

[228] UNB. Universidade de Brasília. *Seleção de candidatas/os às vagas do Programa de Pós-Graduação em Direito para os cursos de Mestrado Acadêmico e Doutorado Acadêmico para 2022*. Programa de Pós-Graduação em Direito: Edital PPGD n° 006/2021. Disponível em: <http://dpg.unb.br/images/editaisdeselecao/Edital_006_2021_Processo_Seletivo_2022final.pdf>. Acesso em 19-12-2021.

como uma espécie de tratamento diferenciado, mas que promove a igualdade substancial.[229]

No que se refere à igualdade substancial, Celso Ribeiro Bastos assinala: "desde as priscas eras tem o homem se atormentado com o problema das desigualdades inerentes ao seu ser e à estrutura social em que se insere. Daí ter surgido a noção de igualdade a que os doutrinadores comumente denominam igualdade substancial. Entende-se por esta a equiparação de todos os homens no que diz respeito ao gozo e fruição de direitos, assim como à sujeição a deveres. A igualdade substancial postula o tratamento uniforme de todos os homens. Não se trata, como se vê, de um tratamento igual perante o direito, mas de uma igualdade real e efetiva perante os bens da vida".[230]

Atenta à igualdade formal e material, a Constituição Federal de 1988 prevê mecanismos promovedores de inclusão, como forma de mitigar desigualações fáticas. "Esse dever de inclusão leva a tratamentos desiguais aos desiguais. A própria Constituição lista hipóteses de tratamento diferenciado para que se obtenha a igualdade material, como, por exemplo: i) reserva de vagas às pessoas com deficiência nos concursos públicos (art. 37, VIII da CF/88); ii) tratamento previdenciário privilegiado às mulheres (art. 40, § 1°, III, e art. 201, § 7°, I); iii) isenção das mulheres e eclesiásticos do serviço militar obrigatório em tempo de paz, sujeitos, porém, a outros encargos que a lei lhes atribuir (art. 143, § 2°); iv) garantia de um salário mínimo de benefício mensal à pessoa com deficiência e ao idoso que comprovem não possuir meios de prover à sua própria manutenção ou de tê-la provido por sua família, conforme dispuser a lei (art. 203, V); v) previsão de que a lei disporá sobre a fixação de datas comemorativas de alta significação para os diferentes segmentos étnicos nacionais (art. 215, § 2°), entre outras".[231]

No que se refere à *teoria do impacto desproporcional*, esse conceito "surgiu nos Estados Unidos após a entrada em vigor do Título VII do *Civil Rights Act* de 1964, em que estavam previstas normas trabalhistas antidiscriminatórias. O Título VII, publicado em 2 de julho de 1964, teve período de *vacatio legis* por um ano, prazo dado aos empregadores para que eliminassem práticas discriminatórias antes da entrada em vigor da nova lei. A Seção 703(a)(2) do Título VII prevê: 'É uma prática trabalhista ilegal para o empregador – (2) limitar, segregar ou classi-

---

229 VAZ, Carla Vieira. *Pessoas com deficiência: O dever do Estado e a Inclusão Social.* Dissertação de mestrado. Repositório Institucional UNIVEM. Data: 10-07-2017, p. 53. Disponível em: <https://aberto.univem.edu.br/handle/11077/1625 >. Acesso em 24-10-2021.

230 BASTOS, Celso Ribeiro; MARTINS, Ives Gandra. *Comentários à Constituição do Brasil* (Promulgada em 5 de outubro de 1988). 2° Volume. Arts. 5° a 17. São Paulo: Saraiva, 1989, p. 5.

231 RAMOS, André de Carvalho. *Curso de Direitos Humanos.* 8ª ed. São Paulo: Saraiva, 2021, p. 680-681.

ficar seus empregados ou candidatos a vaga de emprego de qualquer forma que prive ou tenda a privar qualquer indivíduo de oportunidades de emprego, ou de outra forma afetar adversamente sua condição de empregado, devido à raça, cor, religião, sexo ou origem nacional de tal indivíduo' (BELTON, 2005, p. 8, tradução nossa)".

"Em 1965, a *Duke Power Company*, empresa responsável pela geração e distribuição de energia elétrica, adotou uma nova política de contratação: todos os candidatos, exceto os oriundos do *Labor Department* (onde estavam empregados negros), deveriam ter um diploma de conclusão do ensino médio (*high school diploma*), além de serem aprovados em dois testes escritos. Entretanto, nove anos antes, a empresa havia iniciado uma política de contratação em que os brancos que se candidatavam a vagas de emprego em departamentos brancos racialmente segregados tinham que ter um diploma de conclusão do ensino médio, ao tempo em que os funcionários brancos admitidos antes daquela data, podiam ser transferidos de uma vaga para outra, mesmo aquelas com melhor remuneração, sem ter concluído o ensino médio. 'Para mostrar o que considerou ser seu esforço de boa-fé para cumprir o Título VII, a Duke Power Company concordou em dispensar os requisitos de teste para os negros que queriam empregos nos departamentos historicamente brancos se eles tivessem ou obtivessem um diploma de conclusão do ensino médio ou seu equivalente' (BELTON, 2005, p. 11, tradução nossa)".

Em 1966, treze empregados negros processaram a empresa *Duke Power Company* por discriminação, a qual foi negada pela parte ré. Os empregados alegavam que nenhum dos dois requerimentos tinham relação significativa com o desempenho no trabalho e que, na prática, desclassificavam negros em índice substancialmente superior ao dos candidatos brancos, bem como sustentavam que as posições em questão haviam sido preenchidas apenas por empregados brancos como resultado de uma antiga prática racista [CORNELL LAW SCHOOL, s.d.]. A causa foi decidida na Suprema Corte dos Estados Unidos, sendo o Tribunal favorável aos autores. 'A Corte declarou: "A Lei proíbe não apenas a discriminação, mas também práticas que sejam justas na forma, mas discriminatórias na operação. A pedra de toque é uma necessidade comercial. Se não puder ser provado que uma prática empregatícia... se relaciona ao desempenho no trabalho, a prática é proibida' (BELTON, 2005, p. 23)".

Conceitualmente, Joaquim Barbosa Gomes define a *teoria do impacto desproporcional* como "toda e qualquer prática empresarial, política governamental ou semigovernamental, de cunho legislativo ou administrativo, ainda que não provida de intenção discriminatória no momento de sua concepção, deve ser condenada por violação do princípio constitucional da igualdade material se, em consequência de sua aplicação, resultarem efeitos nocivos de incidência especialmente desproporcional sobre certas categorias de pessoas". Assim, a discriminação em apreço ocorre de forma indireta, visto que o ato normativo é em si formalmente neutro (universalista ou não discriminatório), todavia, o seu impacto atinge negativamente, de forma desproporcional, uma certa categoria de pessoas.[232]

[232] VIDAL, Eliabe Ribeiro; VENTURA, Sthefanie Ramos Moraes Bôa. Discriminação e a teoria do impacto desproporcional: uma análise da sua recepção no ordenamento jurídico brasileiro. *(Re)Pensando Direito*. Ano 9, nº 18, jul./dez. 2019, p. 150-151.

6. Direito à igualdade nas Constituições brasileiras

O "direito à igualdade" sempre foi algo presente no texto das constituições brasileiras, desde a Constituição do Império de 1824 até a atual Carta Magna de 1988. Vale dizer, esse postulado sempre existiu, ao menos na perspectiva formalística.

Isso porque, por algumas vezes, o princípio da *igualdade* não passou de mero vocábulo escrito na Constituição, como qualquer outra palavra destituída de força jurídica, porquanto carecedora de aplicação real. Exemplo insofismável foi a Constituição do Império de 1824, que será analisada a seguir.

6.1. Constituição de 1824

Nos termos da Constituição de 1824, *"a Lei será igual para todos, quer proteja, quer castigue, o recompensará em proporção dos merecimentos de cada um"* (art. 179, XIII). Nos comentários à Constituição Imperial, Pimenta Bueno assinala: "todos os homens têm a mesma origem e destino, ou fim idêntico. Todos têm o mesmo direito de exigir que os outros respeitem os seus direitos, de alegar que uns não nasceram para escravos, nem outros para senhores, que a natureza não criou privilégios, favores e isenções para uns, penas, trabalhos e proibições para outros. Consequentemente, qualquer que seja a desigualdade natural ou casual dos indivíduos a todos os outros respeitos, há uma igualdade que jamais deve ser violada, e é a da lei, quer ela proteja, quer castigue, é a da justiça, que deve ser sempre uma, a mesma, e única para todos sem preferência, ou parcialidade alguma. É de justiça que cada homem seja senhor de si próprio, que tenha igual liberdade de procurar satisfazer suas necessidades por seu trabalho, de elevar-se nas condições sociais por seus serviços e merecimentos, e de obter em proporções deles justa recompensa. Tal é, pois, a sábia disposição de nossa tese constitucional, justa e bem explícita".[233]

---

[233] PIMENTA BUENO, José Antônio. *Direito Público Brasileiro e Análise da Constituição do Império.* Rio de Janeiro: Ministério da Justiça e Negócios Interiores, 1958, p. 411-412.

Contudo, a disposição constitucional em comento padeceu de grave ineficácia no tocante à realidade dos fatos. Isso porque, a despeito de a Constituição de 1824 declarar que *"a Lei será igual para todos, quer proteja, quer castigue"*, findava por admitir a escravidão da população negra! Em outras palavras, em que pese o dever constitucional de a lei ser aplicada de forma igualitária aos seres humanos, a população negra era escravizada, sendo os castigos físicos aplicados inclusive sob a escolta da Polícia – a pedido do proprietário do escravo –, conforme narra Laurentino Gomes: "Uma diferença entre a escravidão urbana e a do campo era o regime de castigos. Nas fazendas e minas de ouro e diamante os escravos eram punidos pelo feitor ou diretamente pelas mãos dos seus proprietários. Nas cidades, essa tarefa era delegada à polícia. O proprietário que não quisesse castigar seu escravo podia recorrer aos serviços da polícia, mediante pagamento. O cônsul inglês James Handerson testemunhou uma dessas punições no Rio de Janeiro. O seu relato:[234]

> O cavalheiro obteve autorização para que um de seus escravos fugitivos fosse punido com duzentas chibatadas. Depois que seu nome foi chamado várias vezes, o escravo apareceu na porta da prisão, onde os negros ficam confinados de forma promíscua. Uma corda foi colocada ao redor do seu pescoço, enquanto ele era levado para junto de um grande poste erguido no meio da praça, ao redor do qual seus braços e pernas foram atados. Uma corda imobilizava seu corpo de tal maneira que se tornava qualquer movimento impossível. O carrasco, um negro degregado, começou a trabalhar de forma quase mecânica e a cada golpe, que parecia arrancar um pedaço da carne do escravo, ele assoviava de uma forma particular. As chibatadas foram repetidas sempre no mesmo lugar e o negro suportou as primeiras cem de forma determinada. Ao receber a primeira e a segunda chibatadas, ele gritou "Jesus", mas em seguida pendeu sua cabeça contra um dos lados do poste, sem dizer mais uma única sílaba ou pedir clemência". (James Henderson, *A history of Brazil*, p. 73)

Como é sabido, a Constituição de 1824 foi outorgada pelo Imperador D. Pedro I em 25-03-1824, enquanto que somente por meio da Lei nº 3.353, assinada pela princesa Isabel em 13 de maio de 1888, foi declarada a extinção da escravatura no Brasil. A Lei Áurea continha a seguinte redação:[235]

---

[234] GOMES, Laurentino. *1808: Como uma rainha louca, um príncipe medroso e uma corte corrupta enganaram Napoleão e mudaram a História de Portugal e do Brasil.* 3ª ed. São Paulo: Globo, 2014, p. 245-246.

[235] BRASIL. Lei nº 3.353, de 13 de maio de 1888. *Declara extinta a escravidão no Brasil.* Disponível em: <http://www.planalto.gov.br/ccivil_03/leis/lim/lim3353.htm>. Acesso em 18-10-2021.

Lei nº 3.353, de 13 de maio de 1888

Declara extinta a escravidão no Brasil.

A Princesa Imperial Regente, em nome de Sua Majestade o Imperador, o Senhor D. Pedro II, faz saber a todos os súditos do Império que a Assembleia Geral decretou e ela sancionou a lei seguinte:

Art. 1°: É declarada extinta desde a data desta lei a escravidão no Brasil.

Art. 2°: Revogam-se as disposições em contrário.

Manda, portanto, a todas as autoridades, a quem o conhecimento e execução da referida Lei pertencer, que a cumpram, e façam cumprir e guardar tão inteiramente como nela se contém.

O secretário de Estado dos Negócios da Agricultura, Comercio e Obras Públicas e interino dos Negócios Estrangeiros, Bacharel Rodrigo Augusto da Silva, do Conselho de sua Majestade o Imperador, o faça imprimir, publicar e correr.

Dada no Palácio do Rio de Janeiro, em 13 de maio de 1888, 67º da Independência e do Império.

Princesa Imperial Regente.

Ou seja, o princípio da igualdade constante do art. 179, XIII, da Constituição de 1824 constituía mero simbolismo protetivo, uma vez que desde a vigência da Carta Imperial até a Lei nº 3.353, de 13 de maio de 1888, conviveram em franca incompatibilidade o *princípio da igualdade* ("a lei será igual para todos" – art. 179, XIII, CPIB) com a prática da *escravatura*.

Com efeito, não há exemplo maior de ato ignóbil e vilipendiador dos direitos individuais previstos na Constituição do que tamanha teratologia jurídica, que tanto ruboriza a história constitucional brasileira.

6.2. Constituição de 1891

A primeira Constituição Republicana, promulgada em 24 de fevereiro de 1891, assegurou a igualdade de todos perante a lei, assim como vedou a existência de privilégios fundados em fatos meramente individuais. A garantia da isonomia constava no art. 72, § 2º, do Texto Constitucional: "Todos são iguais perante a lei. A República não admite privilégios de nascimento, desconhece foros de nobreza, e extingue as ordens honoríficas existentes e todas as suas prerrogativas e regalias, bem como os títulos nobiliárquicos e de conselho".[236]

Nos comentários à Constituição de 1891, João Barbalho preleciona: "os direitos que a Constituição assegura são os mesmos para todos os indivíduos; os meios e recursos estabelecidos para garanti-los competem igualmente a todos. Não há, perante a lei republicana, grandes nem pequenos, senhores nem vassalos, patrícios nem plebeus, ricos nem pobres, fortes nem fracos, porque a todos irmana e nivela o direito. Não existem privilégios de raça, castas ou classes, nem distinções quanto às vantagens e ônus instituídos pelo regime constitucional. E a desigualdade proveniente de condições de fortuna e de posição social não têm que influir nas relações entre o indivíduo e a autoridade pública em qualquer de seus ramos. A lei, a administração, a justiça serão iguais para todos".

"E a desigualdade, além de injusta e injurídica, é impolítica. Em que fundamento se faria repousar uma organização política, dando mais direitos, mais garantias, mais vantagens a uns do que a outros membros da mesma comunhão? Não seria num princípio de direito. A ausência desse princípio cria uma situação irritante, de desgosto, de animadversão, de hostilidade contra os favorecidos, contra os privilegiados. Outrora, os povos a suportavam e era mantida pela ignorância e fraqueza dos prejudicados; mas hoje que, à luz da civilização, os povos vão conhecendo o que valem, pela consciência de seus direitos, o privilégio lhes é uma afronta e provoca reação e perigo para a ordem estabelecida. Finalmente, de todas as formas de governo é a República a mais própria para o domínio da igualdade, a única compatível com ela. Num regime aristocrático, há a classe privilegiada das famílias dominantes. Num governo monárquico, quer absoluto, quer constitucional, dá-se a desigualdade na classe privilegiada de uma dinastia, além das outras desigualdades nas quais ela procura e cria sustentáculos. O sistema republicano, tal como modernamente é estabelecido, não há necessidade nem interesse de apoiar-se em classes e oligarquias; a igualdade pode imperar desassombrada e sem empecilhos. E é mesmo contraditório e absurdo que aí reside a desigualdade, que o regime, por sua índole e essência, repele, sendo a igualdade um de seus princípios característicos".[237]

Da mesma forma, Carlos Maximiliano esclarece: "não há igualdade absoluta, ideal entre os indivíduos. A hereditariedade, as diferenças

---

[236] BRASIL. *Constituição da República dos Estados Unidos do Brasil* (de 24 de fevereiro de 1891). Presidência da República – Casa Civil. Disponível em: <http://www.planalto.gov.br/ccivil_03/constituicao/constituicao91.htm>. Acesso em 21-10-2021.

[237] BARBALHO, João. *Constituição Federal Brasileira*. Comentários. 2ª ed. Rio de Janeiro: F. Briguiet e Cia Editores, 1924, p. 407-408.

de meio em um país vastíssimo e a educação formam tipos diversos, com aptidões multiformes, ao lado de indolentes e ineptos. A desigualdade física, moral e intelectual é um fato, que a lei reconhece e, por vezes, aprecia e apura, como sucede na seleção do pessoal para as funções públicas. O código supremo não impõe o nivelamento dos caracteres; não confere direitos absolutamente iguais ao mérito e ao demérito, à competência e à incapacidade. Proscreve os privilégios apenas, as isenções pessoas, as regalias de classe. Redigem-se as leis de modo geral, submete-se a aquisição de direitos e condições amplas, sem distinguir entre indivíduo e indivíduo, entre uma e outra classe, região ou posição econômica e social. Qualquer pessoa pode aspirar a todas as posições. Depende do seu esforço e das qualidades herdadas ou adquiridas o êxito alcançado com a satisfação das exigências legais para obter uma regalia, um cargo, uma vantagem qualquer. O 'direito de igualdade unicamente se pode admitir no sentido de uma paridade de direitos numa correspondente paridade de condições' (Marnoco e Sousa)".

"Nas democracias a igualdade não prevalece a respeito de impostos e de relações civis apenas; estende-se à política, pois permite, no provimento de todos os cargos, a mais ampla seleção das capacidades, excluídos, todavia, os estrangeiros. A monarquia entrega o poder supremo ao primogênito real; a república aristocrática, a um fidalgo; a oligarquia, aos membros de uma família; a sociocracia, a uma classe opulenta, à dos banqueiros (Augusto Comte). A democracia não admite preferências oriundas do nascimento, das crenças, das profissões ou da fortuna; ao menos teoricamente, perante a lei, só o mérito constitui condição para subir aos mais altos postos, e a justiça fere indistintamente nobres e plebeus, ilustres e humildes, ignorantes e sábios, abastados e miseráveis. A Constituição repele os monopólios e não suporta privilégios".[238]

Por último, nos comentários à primeira Constituição republicana, Ruy Barbosa cita dois casos cristalinos de violação ao princípio da igualdade no policiamento do trânsito: "no Brasil desses dias, debaixo do bastão do Marechal Hermes, o seu secretário, por duas vezes, quando um guarda civil lhe acena ao motorista com o sinal de aguardar, enquanto se dá passagem a outros carros, apeia irrimado, toma contas ao agente da lei, nota-lhe o nome, e imediatamente o manda punir com a demissão. Noutra ocasião é um general do Exército, que salta, iracundo e decomposto, do veículo, ameaçando com o seu revólver o policial que ousou exigir do automóvel menor velocidade na carreira. Esses exemplos, da mais alta procedência, verificados e registrados pelos jornais,

[238] MAXIMILIANO, Carlos. *Comentários à Constituição Brasileira*. 2ª ed. Rio de Janeiro: Jacintho Ribeiro dos Santos, 1923, p. 661-662.

na metrópole brasileira, desmascaram a impostura da igualdade entre nós, e mostram que valor tem, para os homens da mais eminente categoria, entre as influências atuais, como para os que mais perto estão do Chefe do Estado, as promessas da Constituição. Essas potências, no seu insofrimento dos freios da legalidade, nem ao menos evitam os escândalos da rua pública, ou observam a compostura ordinária da boa educação. É uma selvageria que nem o verniz suporta do mais leve decoro. (*Ruinas de um Governo*, pp. 115-6)".[239]

5.3. Constituição de 1934

De acordo com Anacleto de Oliveira Faria, a revisão de 1926 não salvou a primeira constituição republicana de 1891, que chegou ao termo de seus dias com a vitória, em 24 de outubro, da "Revolução de 1930". Assente-se que a reforma de 1926 fora bastante tímida, não adotando os direitos sociais já proclamados pela Constituição alemã de Weimar, em 1919. "Mantivera a revisão do estado individualista-liberal firmado em 1891, com finalidades estritamente jurídicas. Destarte, não poderia, mesmo, ter sido salva a Carta de 24 de fevereiro, substituída, após alguns anos de regime ditatorial, pela Constituição de 16 de julho de 1934. Tal Estatuto foi promulgado sob o influxo das ideias da Constituição de Weimar, firmando o princípio do que poderíamos denominar, com Paulo Bonavides, de 'estado social', em contraposição ao 'estado liberal' da primeira República". Insta consignar que a Constituição de 1934 manteve o princípio da isonomia, conjugando-o com as limitações ao direito de propriedade e às regras tendentes à coordenação da ordem econômica nacional, com o escopo de atender ao bem comum.[240]

A Constituição de 1934 previu um catálogo de direitos e garantias individuais, sendo a igualdade o primeiro cânone. Isso porque o artigo 113, item 1 contém a seguinte redação: "A Constituição assegura a brasileiros e a estrangeiros residentes no País a inviolabilidade dos direitos concernentes à liberdade, à subsistência, à segurança individual e à propriedade, nos termos seguintes: 1) *Todos são iguais perante a lei. Não haverá privilégios, nem distinções, por motivo de nascimento, sexo, raça, profissões próprias ou dos pais, classe social, riqueza, crenças religiosas ou ideias políticas*".[241]

---

[239] BARBOSA, Ruy. *Commentarios à Constituição Federal Brasileira*. Colligidos e ordenados por Homero Pires. V Volume. Arts. 63 a 72. Saraiva, 1934, p. 215-216.

[240] FARIA, Anacleto de Oliveira. *Do princípio da igualdade jurídica*. São Paulo: Revista dos Tribunais, 1973, p. 70-71.

[241] BRASIL. *Constituição da República dos Estados Unidos do Brasil* (de 16 de julho de 1934). Presidência da República – Casa Civil. Disponível em: <http://www.planalto.gov.br/ccivil_03/constituicao/constituicao34.htm>. Acesso em 21-10-2021.

Nos comentários à Constituição de 1934, Araújo Castro anota: "a expressão 'todos são iguais perante à lei deve ser entendida de maneira relativa, pois a igualdade absoluta é impossível'. Os homens são iguais, já dizia Aristóteles, se têm os mesmos direitos em idênticas condições. A igualdade perante a lei, escreve Marnoco e Souza, quer dizer que, em face dela não há nobres nem plebeus, clérigos nem leigos, cristãos nem judeus. Todos os indivíduos, quaisquer que sejam os seus títulos, a sua riqueza e a sua classe social, estão sujeitos à mesma lei civil, penal, financeira e militar. Em paridade de condições, ninguém pode ser tratado excepcionalmente, e, por isso, o direito de igualdade não se opõe a uma diversa proteção das desigualdades naturais por parte da lei".[242]

A Constituição em apreço também contemplou as demais teses clássicas, decorrentes da isonomia, como a igualdade na distribuição da justiça (art. 113, § 25), a igualdade fiscal (art. 18) e a igualdade relativamente ao acesso de todos os cidadãos aos cargos públicos (art. 168). "Entretanto, passava-se, em 1934, da mera declaração formal para uma tentativa de igualdade social e econômica. Nesse sentido, pode-se tomar como uma diretriz a regra constante do art. 115 'A ordem econômica deve ser organizada conforme os princípios da justiça e as necessidades da vida nacional, de modo que possibilite a todos existência digna. Dentre desses limites é garantida a liberdade econômica'. Nessa ordem de ideias, merece especial relevo a restrição ao direito de propriedade, garantido em 1891, 'em toda plenitude' (§ 17 do art. 72), e subordinado, em 1934, ao 'interesse social e coletivo' na forma que a lei determinar (art. 17 do art. 113)".[243]

6.4. Constituição de 1937

Conforme lição de Anacleto de Oliveira Faria, a Constituição de 1934 padeceu de duração efêmera. "O regime 'social-democrata' pela mesma estabelecido não resistiu à onda totalitária nazi-fascista, que ameaçava todo o universo. Em verdade, como ressaltou Eduardo Espínola, a Carta de 1934 fora promulgada 'num período em que se sentiam abalados os alicerces da democracia tradicional, sacrificada ao prestígio crescente do Estado à feição das realizações fascistas'. Não se pode esquecer, todavia, conforme lembraram com oportunidade

[242] CASTRO, Araújo. *A Nova Constituição Brasileira*. 2ª ed. Rio de Janeiro: Freitas Bastos, 1936, p. 357-358

[243] FARIA, Anacleto de Oliveira. *Do princípio da igualdade jurídica*. São Paulo: Revista dos Tribunais, 1973, p. 71-72.

Levi Carneiro e Pontes de Miranda, que as melhores inovações do Estatuto de 1934 incorporaram-se definitivamente à nossa estrutura política. Entre nós, houve um arremedo de fascismo, caracterizado pelo golpe de 10 de novembro de 1937, que instituiu no Brasil o que, de modo eufêmico, se denominou 'Estado-Novo', ou, ainda 'Estado-autoritário' (Amaral Azevedo). Tais nomes, como é notório, encobriam uma ditadura que, sob os véus da filosofia fascista, não tinha outro programa senão o de manter na direção do País, um homem, uma família, um círculo de correligionários".[244]

Em que pese a imposição do regime ditatorial, o direito à igualdade foi previsto formalmente na Carta de 1937. Nos termos do art. 122 da Constituição, na parte relativamente aos direitos e garantias individuais, constava a seguinte redação: "A Constituição assegura aos brasileiros e estrangeiros residentes no País o direito à liberdade, à segurança individual e à propriedade, nos termos seguintes: 1º) *todos são iguais perante a lei*; 3º) os cargos públicos são igualmente acessíveis a todos os brasileiros, observadas as condições de capacidade prescritas nas leis e regulamentos; 4º) todos os indivíduos e confissões religiosas podem exercer pública e livremente o seu culto, associando-se para esse fim e adquirindo bens, observadas as disposições do direito comum, as exigências da ordem pública e dos bons costumes; e 7º) o direito de representação ou petição perante as autoridades, em defesa de direitos ou do interesse geral" Além disso, por força do art. 32 da Constituição, vedava-se à União, aos Estados, ao Distrito Federal e aos Municípios: "a) criar distinções entre brasileiros natos ou discriminações e desigualdades entre os Estados e Municípios; b) estabelecer, subvencionar ou embaraçar o exercício de cultos religiosos; c) tributar bens, renda e serviços uns dos outros".[245]

Nos comentários à Constituição de 1937, Araújo Castro assinala: "a igualdade, observa João Mangabeira, não é nem pode ser nunca um obstáculo à proteção que o Estado deve aos fracos. Consiste a igualdade, sobretudo, em considerar desigualmente condições desiguais, de modo a abrandar, tanto quanto possível, pelo direito, as diferenças sociais e por ele promover a harmonia social, pelo equilíbrio dos interesses e da sorte das classes. A concepção individualista do direito desaparece ante a sua socialização, como instrumento de justiça social, solidariedade humana e felicidade coletiva".

[244] FARIA, Anacleto de Oliveira. *Do princípio da igualdade jurídica*. São Paulo: Revista dos Tribunais, 1973, p. 72-73.

[245] BRASIL. *Constituição dos Estados Unidos do Brasil*, de 10 de novembro de 1937. Presidência da República – Casa Civil. Disponível em: <http://www.planalto.gov.br/ccivil_03/constituicao/constituicao37.htm>. Acesso em 15-12-2021.

O texto em comento guarda certa semelhança no tocante à parte inicial do art. 5º da Constituição Portuguesa, de 19 de março de 1933, pois declara: "A igualdade perante a lei envolve o direito de ser provido nos cargos públicos, conforme a capacidade ou serviços prestados, e a negação de qualquer privilégio de nascimento, de nobreza, de título nobiliárquicos, sexo ou condição social, salvo, quanto à mulher, as diferenças resultantes da sua natureza e do bem da família, e, quanto aos encargos ou vantagens dos cidadãos, as impostas pela diversidade das circunstâncias ou pela natureza das coisas".[246]

Assim, na perspectiva formalística, a Carta de 1937 contemplava: a igualdade perante à lei; a igualdade no acesso aos cargos públicos; a igualdade religiosa; a igualdade no peticionamento às autoridades públicas; a igualdade entre os cidadãos brasileiros; a igualdade entre unidades estaduais e municipais; e a igualdade tributária.

6.5. Constituição de 1946

Na Constituição de 1946, o direito à igualdade constava expressamente no capítulo relativo aos Direitos e Garantias Individuais nos seguintes termos: "*Todos são iguais perante a lei*" (art. 141, § 1º, CF/1946). Trata-se aqui da igualdade na aplicação da lei pelo Estado em face dos jurisdicionados nas diversas áreas de atuação do Poder Público.

Nos comentários à Constituição de 1946, Themistocles Brandão Cavalcanti assinala: "Não exclui, entretanto, o princípio da igualdade, a diferença em função de condições pessoais, dada a natureza da atividade a ser exercida, a influência da idade, do sexo, da competência e das habilitações. Mas em igualdade de condições nenhuma distinção pode ser feita em razão de sexo, idade, religião, cor, etc. O princípio da igualdade assegura a mim o que é assegurado a todos e a todos na mesma medida, e nas mesmas condições, o que me é assegurado pela lei, na síntese feliz de Ernest Barker. Assim, a lei assegura a todos o direito de propriedade, mas não significa isto em atribuir a todos, a mesma propriedade, a mesma quantidade ou valor de propriedade, mas apenas igual capacidade de possuir e de exercer os direitos daí decorrentes (Tiago Dantas). Daí a frase de Barker – todos têm o mesmo direito, mas não o direito às mesmas coisas. A afirmação constitui um truísmo e não um sofisma, porque a lei não atribui senão direitos e capacidade, mas apenas capacidade legal".

[246] CASTRO, Araújo. *A Constituição de 1937*. 2ª ed. Rio de Janeiro: Freitas Bastos, 1941, p. 319.

Desse modo, "há certa relatividade ou proporcionalidade na aplicação do princípio, por exemplo, à legislação do trabalho das mulheres e das crianças, com peculiaridades próprias, mas que não quebram o princípio geral da igualdade de todos. A igualdade se apresenta como um dos direitos fundamentais do homem, princípio consagrado em todas as declarações de direito, como direito natural, equiparada à liberdade, à propriedade, etc. Como direito natural, consiste, no dizer de David Ritchie em nenhuma distinção deve ser feita quanto ao *status* social, político e econômico, a não ser aquela decorrente da própria natureza. Em sua base filosófica o princípio da igualdade, na expressão de Stuart Mill, se confunde com a felicidade como direito igual para todos, e o utilitarismo de Benthum, pressupõe a igualdade. Historicamente, a garantia legal da igualdade se confunde com a extinção dos privilégios políticos e de classes sociais. Em consequência, uma mesma norma terá a mesma aplicação, a qualquer, sem consideração pela sua condição social. Mas isso não impede que a própria lei estabeleça distinções pelo sexo, pela idade, porque uma norma pode se destinar especificamente a uma determinada categoria social – somente a menores, somente a mulheres, etc.".

"O princípio da igualdade constitui orientação obrigatória para o legislador, mas a ele cabe condicioná-lo à natureza da relação jurídica que disciplina. As normas gerais são iguais para todos e a todos deve ser atribuído igual tratamento, sem deixar de atender-se aos casos individuais. Vedado é, porém, modificar a norma ou dar-lhe aplicação discriminatória para considerar os casos individuais. Uma das virtudes da lei é o seu caráter geral, destina-se ao bem comum e não a de determinado grupo ou categoria social. A igualdade consiste na aplicação da norma a todos aqueles que estejam nas mesmas condições, isto é, sobre os quais incide o preceito legal. Dentre desse critério, as condições se nivelam em face da lei e, em função dos preceitos ali estabelecidos. A igualdade democrática, diz Carlos Schmidt, é uma igualdade substancial porque todos os cidadãos devem ser tratados como iguais, ter os mesmos direitos ante o sufrágio, etc. 'porque participam dessa substância'. Acrescenta Schmidt que o conceito é político em si mesmo, e por isso, devem admitir-se distinções, mas que não tenham caráter discriminatório, de privilégio".

Portanto, subsiste o princípio de que todos os que se encontrem em igual situação merecem igual tratamento, não podendo, por conseguinte, a lei estabelecer discriminações.[247]

[247] CAVALCANTI, Themistocles Brandão. *A Constituição Federal Comentada*. Volume III. 3ª ed. Rio de Janeiro: José Konfino Editor, 1958, p. 68-71.

6.6. Constituição de 1967 e Emenda Constitucional nº 1 de 1969

Na *Constituição de 1967*, o princípio da igualdade não só foi contemplado expressamente, como também ampliado o seu rol de abrangência, conforme a seguinte redação: "*Todos são iguais perante a lei, sem distinção, de sexo, raça, trabalho, credo religioso e convicções políticas. O preconceito de raça será punido pela lei*" (art. 150, § 1º, CF/1967). Como se vê, a norma constitucional previu a igualdade na aplicação da lei sem critérios discriminatórios no tocante ao gênero, etnia, atividade profissional, convicção religiosa e política. Além disso, estabeleceu-se mandado de criminalização ao determinar a punição pela lei em caso de ato consistente em preconceito.

Esse dispositivo resultou em importante evolução no disciplinamento da matéria, visto que o princípio da igualdade requer aplicação sobre os diversos seguimentos da sociedade, além de a Constituição prever mecanismo repressivo (punição do racismo pela lei), com o objetivo de garantir a efetiva proteção a grupos que comumente sofrem discriminação.

Em seguida, a *Emenda Constitucional nº 1 de 1969* reproduziu o dispositivo da igualdade constante na Constituição anterior nos seguintes termos: "*Todos são iguais perante a lei, sem distinção de sexo, raça, trabalho, credo religioso e convicções políticas. Será punido pela lei o preconceito de raça*" (art. 153, § 1º, EC nº 1/1969).

No magistério de Manoel Gonçalves Ferreira Filho, a Constituição brasileira, sob a égide da EC nº 1 de 1969, manteve fiel o sentido da "igualdade perante a lei" como "igualdade de direitos". "Todos, afirma o texto constitucional, gozam da igualdade de direitos, em princípio. Assim, qualquer discriminação quanto ao gozo de direitos, seja entre nacionais e estrangeiros, seja entre brasileiro e brasileiros, tem de ser, expressa ou implicitamente, prevista na Constituição. Caso contrário, inconstitucionalidade a vicia inapelavelmente. Segundo lição pacífica da doutrina, o mesmo preceito se aplica a pessoas morais, brasileiras ou estrangeiras. Destarte, a igualdade é regra constitucional a que só a Constituição pode, validamente, abrir exceções".[248]

Nos comentários à Constituição brasileira com redação da EC nº 1 de 1969, Manoel Gonçalves Ferreira Filho preleciona: "a igualdade que as Declarações do século XVIII e as subsequentes reconheceram é a igualdade perante a lei. A igualdade de direitos, mais precisamente, a

---

[248] FERREIRA FILHO, Manoel Gonçalves. *Curso de Direito Constitucional*. 7ª ed. São Paulo: Saraiva, 1978, p. 269.

igualdade dos direitos fundamentais e da capacidade jurídica, e não a igualdade e condição. Na verdade, o reconhecimento da igualdade jurídica postula que as desigualdades de fato decorram, exclusivamente, da diferença de aptidões pessoais, e não do sexo, da raça, do credo religioso ou das convicções políticas. Nem tolera que o trabalho, conforme o seu objeto, seja desigualmente considerado pelo direito".

Ademais, "o princípio da isonomia oferece na sua aplicação à vida inúmeras e sérias dificuldades. De fato, conduziria a inomináveis injustiças se importasse um tratamento igual para os que se acham em desigualdade de situações. A justiça que reclama tratamento igual para os iguais pressupõe tratamento desigual dos desiguais. Ora, a necessidade de desigualar os homens em certos momentos para estabelecer, no plano fundamental, a sua igualdade, cria problemas delicados que nem sempre a razão humana resolve adequadamente. O imperativo do tratamento desigual dos que estão em situação desigual impõe, por exemplo, ao legislador o estabelecimento de leis especiais, que protejam determinadas categorias. Para isso, editam-se leis destinadas a amparar os economicamente fracos: os trabalhadores; o mal alojados; os inquilinos, e assim por diante. Ocorre, porém, que a apreciação dessas desigualdades que devem ser compensadas ou reparadas é sujeita a critérios políticos. Desse modo, certas minorias, politicamente fortes, se avantajam, criando-se em seu benefício não apenas regras que ponham termo a uma desigualdade, mas que, muitas vezes, passam a beneficiá-las de modo a torná-las verdadeiramente privilegiadas. Está nisso, sem dúvida, um desvio".[249]

Como forma de manter o equilíbrio, o legislador deve valorar adequadamente as diversas situações e conferir um tratamento desigual aos que se apresentem em condição de desigualdade, sendo vedado tratar desigualmente aos que não estejam em relação de desigualdade, sob pena de incorrer em inconstitucionalidade, a exemplo quando concede benefícios desarrazoáveis a determinadas categorias. "Por outro lado, o princípio da igualdade que se impõe ao próprio legislador, a fortiori obriga o Judiciário e a Administração na aplicação que dão à lei. Da consagração constitucional da isonomia resulta a regra hermenêutica de que sempre se deverá preferir a interpretação que iguale, não a que discrimine. A igualdade perante a lei não exclui, em resumo, a desigualdade de tratamento indispensável em face da particularidade de situações. As distinções, porém, devem ser rigorosa e estritamente necessárias, racionalmente justificadas, jamais arbitrárias. E, como exceções, têm de ser interpretadas restritivamente".

---

[249] FERREIRA FILHO, Manoel Gonçalves. *Comentários à Constituição Brasileira*. 4ª ed. São Paulo: Saraiva, 1983, p. 587-588.

Finalmente, a Constituição inovou ao punir atos que se traduzam em preconceito de raça. Isso porque o poder constituinte rejeita a ideia de "superioridade de raças", uma vez que certas "correntes políticas se aproveitaram e se aproveitam dessa ideia como bandeira, semeando discórdia nas comunidades multirraciais. Por isso, o constituinte de 1967 lembrou-se de determinar que o legislador punisse o preconceito de raça, como a sua difusão. O tratamento desigual em razão da raça é, portanto, condenado pelo preceito constitucional, devendo ser caracterizado pela lei como crime".[250]

6.7. Constituição de 1988

De acordo com Manoel Gonçalves Ferreira Filho, "a Constituição em vigor é extremamente preocupada com a igualdade. Basta apontar que o *caput* deste artigo se inicia exatamente com a afirmação do princípio da isonomia, e, não contente com isso, o constituinte ainda incluiu, entre os direitos invioláveis, o próprio direito à igualdade".[251]

Com efeito, a Constituição Federal de 1988, no título concernente aos direitos e garantias fundamentais, previu a igualdade como primeira norma constante do catálogo de direitos e deveres individuais e coletivos, especificamente no art. 5º, I, CF/1988. O dispositivo contém a seguinte redação:

> **Art. 5º** Todos são *iguais* perante a lei, sem distinção de qualquer natureza, garantindo-se aos brasileiros e aos estrangeiros residentes no País a inviolabilidade do direito à vida, à liberdade, à *igualdade*, à segurança e à propriedade, nos termos seguintes:
>
> I – homens e mulheres são *iguais* em direitos e obrigações, nos termos desta Constituição.

Segundo Zimmermann, "quando a Constituição determina, no *caput* do art. 5º, que todos são iguais perante a lei, está simplesmente querendo dizer que não se deve aceitar qualquer forma de privilégio injustificado".[252] Assim, a igualdade constitui um direito fundamental, porquanto previsto no capítulo dos "direitos e deveres individuais e

[250] FERREIRA FILHO, Manoel Gonçalves. *Comentários à Constituição Brasileira*. 4ª ed. São Paulo: Saraiva, 1983, p. 588.

[251] FERREIRA FILHO, Manoel Gonçalves. *Comentários à Constituição Brasileira de 1988*. Volume 1 – Arts. 1º a 103. 2ª ed. São Paulo: Saraiva, 1997, p. 26.

[252] ZIMMERMANN, Augusto. *Curso de Direito Constitucional*. 4ª ed. Rio de Janeiro: Lumen Juris, 2006, p. 270.

coletivos" da Constituição da República, de modo que resta peremptoriamente vedada a concessão de regalias ou de vantagens indevidas em detrimento do interesse coletivo.

A norma constante no texto constitucional abrange a proibição de prática de qualquer diferença de tratamento advindo dos Poderes Legislativo, Executivo ou Judiciário, por motivo de raça, etnia, religião, nascimento, classe social, riqueza, sexo. O princípio da igualdade aplica-se não só às pessoas naturais, como também tutela as pessoas jurídicas, exceto disposição constitucional em contrário. Além disso, "há determinadas exceções ao princípio da igualdade formuladas na Constituição Federal, quais sejam, a) imunidade parlamentares; b) prerrogativas de foro *ratione muneris* em benefício de determinados agentes políticos; c) exclusividade do exercício de determinados cargos públicos somente a brasileiros natos; d) acessibilidade de cargos públicos somente a brasileiros, excluídos os estrangeiros; e) vedação de alistamento eleitoral a determinadas pessoas; f) igualdade de direito com portugueses, excluídos os demais súditos estrangeiros".[253]

O princípio da igualdade também se aplica na *Administração Pública*, visto que o acesso aos cargos é acessível a todos os brasileiros que preencham os requisitos legais, nos termos do art. 37, I, CF/1988: "os cargos, empregos e funções públicas são acessíveis aos brasileiros que preencham os requisitos estabelecidos em lei, assim como aos estrangeiros, na forma da lei". Consoante Cretella Júnior, "o princípio da igualdade é a aplicação, no plano do serviço público, dos princípios estabelecidos pela Declaração dos Direitos do Homem para todos os cidadãos, como pretendendo participar das atividades exercidas pelo Estado, como também regulando a situação do usuário beneficiário do serviço público. A primeira hipótese ocorre, principalmente, quando o administrado pretende, por meio do concurso, ingressar nos quadros de agentes do Estado; a segunda hipótese verifica-se quando o administrado pretende, por meio da licitação pública, ser escolhido como o que fornecerá o melhor serviço ao Estado. Em várias situações, ainda, prevalece o princípio da igualdade diante da Administração, como, por exemplo, nas hipóteses em que o administrado pretende a outorga de alguma vantagem atribuída pelo Estado a quem preencher os requisitos prescritos em lei ou regulamento (candidato que pretenda matrícula em escola, enfermo que pretenda entrada no hospital, indivíduo ou empresa que pretenda a utilização privativa de bem público, flagelados que pretendem estabelecer-se em terras do patrimônio público. O princípio da igualdade, sob a forma de proposição mandamental,

[253] FERREIRA, Pinto. *Comentários à Constituição Brasileira.* 1º Volume. Arts. 1º a 21. São Paulo: Saraiva, 1989.

pode ser assim expresso: 'Os administrados que preenchem os requisitos prescritos nas leis e regulamentos têm o direito subjetivo público de exigir o mesmo tratamento por parte do Estado'".[254]

Outrossim, o princípio da igualdade possui notório destaque no âmbito do *direito tributário*. Isso porque a Constituição Federal expressamente exigiu a igualdade de tratamento pelo Poder Público entre os contribuintes que estejam na mesma condição. O art. 150, II, da CF/1988 contém a seguinte redação: "Art. 150. Sem prejuízo de outras garantias asseguradas ao contribuinte, é vedado à União, aos Estados, ao Distrito Federal e aos Municípios: II – instituir tratamento desigual entre contribuintes que se encontrem em situação equivalente, proibida qualquer distinção em razão de ocupação profissional ou função por eles exercida, independentemente da denominação jurídica dos rendimentos, títulos ou direitos".

O princípio da igualdade tributária não se refere à igualdade estritamente numérica, pois ensejaria as maiores injustiças, mas sim exige a necessidade de assegurar o mesmo tratamento a quem esteja em situação análoga, "com exclusão de toda distinção arbitrária, injusta ou hostil contra determinadas pessoas ou categorias de pessoas. Em suas conhecidas máximas sobre a imposição, Adam Smith dizia que os súditos deviam contribuir para o Estado em proporção a suas respectivas capacidades. Isto significa impor a mesma contribuição a quem esteja em desigual situação econômica é tão injusto como para quem dispõe dos mesmos meios sejam gravados em distinta forma". Dessa forma, o princípio da igualdade tem sido interpretado como um verdadeiro limite ao poder fiscal do Estado e ao seu exercício por parte do Poder Legislativo, sendo prevista a invalidação da medida tributária pelo Poder Judiciário caso o princípio isonômico seja violado.[255]

Da mesma forma, o art. 145, § 1°, da Constituição Federal contempla o princípio da capacidade contributiva, pois determina à União, aos Estados, ao Distrito Federal e aos Municípios que "sempre que possível, os impostos terão caráter pessoal e serão graduados segundo a capacidade econômica do contribuinte, facultado à administração tributária, especialmente para conferir efetividade a esses objetivos, identificar, respeitados os direitos individuais e nos termos da lei, o patrimônio, os rendimentos e as atividades econômicas do contribuinte".

O princípio da capacidade contributiva reforça o princípio republicano, pois determina a equitativa repartiçao dos encargos tributários entres os contribuintes de acordo com a capacidade econômica de cada um.

---

[254] CRETELLA JÚNIOR, José. *Comentários à Constituição Brasileira de 1988*. Vol. I. Art. 1.° a 5.°, I a LXVII. Rio de Janeiro: Forense Universitária, 1990, p. 185.

[255] VILLEGAS, Héctor B. *Curso de Finanzas, derecho financiero y tributario*. 7ª ed. Buenos Aires: Depalma, 1999, p. 202.

"Acrescentamos que o princípio da capacidade contributiva hospeda-se nas dobras do princípio da igualdade e ajuda a realizar, no campo tributário, os ideais republicanos. Realmente, é justo e jurídico que quem, em termos econômicos, tem muito pague, proporcionalmente, mais imposto do que quem tem pouco. Quem tem maior riqueza deve, em termos proporcionais, pagar mais imposto do que quem tem menor riqueza. Noutras palavras, deve contribuir mais para a manutenção da coisa pública. A par disso, a própria interpretação das normas tributárias que visam a onerar financeiramente os contribuintes deve ser feita em perfeita sintonia com os princípios da capacidade contributiva e da igualdade. Insistimos que o princípio da capacidade contributiva, intimamente ligado ao princípio da igualdade, é um dos mecanismos mais eficazes para que se alcance, em matéria de impostos, a tão almejada Justiça Fiscal".[256]

Como se vê, a Constituição Federal de 1988 incluiu o princípio da igualdade em diversas searas, a exemplo da *igualdade entre homens e mulheres* (que exige a igual concessão de direitos e imposição de deveres, salvo as discriminações constitucionais, a exemplo da proteção do mercado de trabalho da mulher e o menor tempo de contribuição para fins de aposentadoria – arts. 7°, XX; 40, § 1°, III; e 201, § 7°, I e II); a *igualdade jurisdicional* (que requer a aplicação da igualdade perante o juiz, operando por dois prismas: i – impedindo o magistrado de fazer distinção entre as pessoas quando ambas estiverem em situação equivalente na aplicação da lei; ii – interdita a edição de lei pelo legislador que importe tratamento desigual em situações iguais ou tratamento igual em situações fáticas discrepantes por parte da Justiça. O princípio veda ainda a criação de juízes ou tribunais de exceção (art. 5°, XXXVII).

A Carta Magna prevê ainda a *igualdade perante a lei penal* (significando que a mesma lei penal e os seus sistemas de sanções hão de ser aplicados a todos aqueles que pratiquem infração penal), a *igualdade sem distinção de qualquer natureza* (a Constituição veda atos caracterizadores de distinções negativas de qualquer espécie, notadamente se proveniente de sexo, raça, etnia, trabalho, credo religioso e convicção política); bem como contempla a *igualdade sem distinção de sexo e de orientação sexual* (art. 3°, IV, e art. 7°, XXX); *igualdade sem distinção de idade* (arts. 7°, XXX, e 227, § 3°, I); *igualdade sem distinção de trabalho* (art. 5°, XIII, e art. 7°, XXX, II); *igualdade de salário e critérios de admissão* (art. 7°, XXXI); *igualdade sem distinção de credo religioso* (art. 5°, VI e VIII); *igualdade sem distinção de convicções filosóficas ou políticas* (art. 5°, VIII), etc.[257]

---

[256] CARRAZZA, Roque Antônio. *Curso de Direito Constitucional Tributário*. 28ª ed. São Paulo: Malheiros, 2012, p. 96-98.

[257] SILVA, José Afonso da. *Curso de Direito Constitucional Positivo*. 33ª ed. São Paulo: Malheiros, 2010, p. 217-226

7. Direito comparado

7.1. Direito à igualdade na Constituição argentina

A Constituição argentina, sancionada em 1853 e reformada nos anos de 1860, 1866, 1898, 1957 e 1994, contém na primeira parte de seu texto um conjunto de declarações, direitos e garantias.

Dentre as várias prerrogativas, destaca-se o art. 16 da Constituição, que assegura a todos o direito à igualdade, rejeitando-se categoricamente privilégios em razão da consanguinidade ou de nascimento nos seguintes termos: "a Nação Argentina não admite prerrogativas de sangue nem de nascimento: não existem foros pessoais ou títulos de nobreza. Todos os seus habitantes são iguais perante a lei e admissíveis nos empregos sem qualquer outra condição que não seja a idoneidade. A igualdade é a base do imposto e dos encargos públicos".[258]

Como se vê, a Constituição Nacional consagrou na primeira parte do artigo 16 a abolição dos títulos de nobreza, próprio da estruturação social que é criticada pelos filósofos do iluminismo. Dessa forma, rejeitou-se a criação de foros pessoais, evitando a existência de diferentes tribunais em razão de características pessoais dos litigantes. Na admissão de empregados no serviço público também foi estabelecida regra objetiva, consistente na idoneidade individual, ou seja, a capacidade para o bom desempenho da função, não estando condicionada a condições meramente pessoais do candidato.[259]

Impende salientar que, a despeito da proibição de foros pessoais pela Constituição de 1853, leis anteriores já extinguiam juízes alheios ao poder estatal. Isso porque os foros pessoais, que remontavam o período feudal, eram previstos na antiga legislação hispânico-colonial e

[258] ARGENTINA. *Constitucion de la Nacion Argentina*. InfoLEG: Información Legislativa. Ministerio de Justicia y Derechos Humanos. Disponível em: <http://servicios.infoleg.gob.ar/infolegInternet/anexos/0-4999/804/norma.htm>. Acesso em 20-10-2021.

[259] FREEDMAN, Diego. *Igualdad ante la ley*. Buenos Aires: La Ley; Departamento de Publicaciones de la Facultad de Derecho, 2013, p. 416-417. Disponível em: <http://www.derecho.uba.ar/publicaciones/libros/pdf/la-cadh-y-su-proyeccion-en-el-derecho-argentino/024-freedman-igualdad-la-cadh-y-su-proyeccion-en-el-da.pdf>. Acesso em 20-10-2021.

se dividam entre três foros pessoais: o eclesiástico, o universitário e o militar. Sem embargo, já existiam antecedentes nacionais que afastavam os foros pessoais, a exemplo da Lei de 24 de março de 1813, fruto da Assembleia, que declarou extinta a autoridade do tribunal da inquisição (Reg. Nac. t. I, p. 206, nº 449). Da mesma forma, outra lei, de 4 de junho de 1813, declarou: "O Estado das Províncias Unidas do Rio da Plata é independente de toda autoridade eclesiástica que exista fora do seu território, seja por nomeação ou representação real" (Reg. Nac. t. I, 218, n.º 497). "Com estas duas sábias leis, a Assembleia realizava praticamente aquela máxima de Jesus Cristo: 'Dai a Deus o que é de Deus e a César o que é de César', violada, durante séculos, pelos monarcas espanhóis que dominaram a América e pelo clericalismo posto a seu serviço. Os privilégios da Igreja ficaram, portanto, bastante reduzidos".[260]

Com efeito, o princípio da igualdade repugna foros fundados em características estritamente pessoais. Rafael Bielsa preleciona: "no Estado de democracia todos os homens são considerados iguais perante a lei. Essa igualdade é de direitos civis, e também cívicos (não políticos, pois estes pertencem aos cidadãos), e ambos existem para os habitantes".[261]

Na lição do mestre argentino González Calderón, "umas das características da forma republicana de governo, adotada pela nossa Constituição, é que todos os habitantes do país são iguais perante a lei". A cláusula da igualdade é consequência óbvia de um dos propósitos fundamentais declarados no preâmbulo, no qual se afirma que os constituintes, entre outros objetivos, almejaram "assegurar os benefícios da liberdade, para nós, para nossa posteridade, e para todos os homens do mundo que quiserem habitar no solo argentino". A igualdade perante a lei significa que todos os habitantes da Nação estão sujeitos aos mesmos deveres, gozam dos mesmos direitos e estão tutelados pelas mesmas garantias.[262]

Conforme Iride Isabel Grillo, "a igualdade perante a lei significa que a lei deve ser igual em igualdade de circunstâncias, não se devendo outorgar exceções ou privilégios que excluam alguns do que é reconhecido a outros em igualdade de condições. Sem embargo, existindo circunstâncias diferentes, a lei deve garantir a igualdade dentro de cada categoria, grupo ou classificação, evitando distinções arbitrárias, fundadas na hostilidade contra determinados grupos ou pessoas. Nossa Suprema Corte disse: 'O princípio da igualdade de todas as pessoas

---

[260] GONZÁLEZ CALDERÓN, Juan A. *Derecho Constitucional Argentino*. Historia, Teoría y Jurisprudencia de la Constitución. Tomo II. Buenos Aires: J. Lajouane & Cia, 1918, p. 7-8.

[261] BIELSA, Rafael. *Derecho Constitucional*. Tercera edición. Buenos Aires: Depalma, 1959, p. 248.

[262] GONZÁLEZ CALDERÓN, Juan A. *Derecho Constitucional Argentino*. Op. loc cit., p. 1-2.

perante a lei, de acordo com a ciência e o espírito de nossa Constituição, nada mais é do que o direito de não estabelecer exceções ou privilégios que excluam alguns daquilo que é concedido a outros nas mesmas circunstâncias, das quais decorre forçosamente que a verdadeira igualdade consiste em aplicar a lei nos casos nela previstos, observadas as diferenças constitutivas que lhes sejam aplicáveis, e que qualquer outro entendimento ou significado deste direito é contrário à sua própria natureza e interesse social'.

'Em geral e segundo definido por este Tribunal em casos reiterados, o princípio da igualdade perante a lei consagrado no artigo 16 da Constituição nada mais é do que o direito de não se estabeleçam exceções ou privilégios que excluam alguns do que é concedido a outros nas mesmas circunstâncias, das quais decorre necessariamente que a verdadeira igualdade consiste em aplicar a lei nos casos que ocorram de acordo com as diferenças constitutivas dos mesmos'".[263]

Ademais, o princípio da igualdade ensejou a edição de normas específicas com o objetivo de abolir discriminação de diversas categorias, especialmente para garantir a igualdade perante a lei das crianças e dos adolescentes; a eliminação de discriminação contra as mulheres, a extinção de discriminação por motivo de orientação sexual, por motivo de deficiência, por motivos religiosos ou por outras razões de semelhante natureza.[264]

7.2. Direito à igualdade na Constituição chilena

O direito à igualdade é um postulado no qual se funda o Estado chileno, sendo a primeira base da institucionalidade: "Artigo 1°. As pessoas nascem livres e iguais em dignidade e direitos". A igualdade perante a lei também é direito consagrado a todas as pessoas pela Constituição chilena, especificamente no capítulo relativo aos direitos e deveres constitucionais. O artigo 19, § 2°, contém a seguinte redação: "A Constituição assegura a todas as pessoas [...]: A igualdade perante a lei. No Chile não há pessoa nem grupo privilegiado. No Chile não há escravos e quem pisar em seu território é livre. Homens e mulheres são iguais perante a lei. Nem a lei nem outra autoridade poderá estabelecer diferenças arbitrárias".

---

[263] GRILLO, Iride Isabel Maria. *La igualdad de condiciones*. SAIJ. Ministerio de Justicia y Derechos Humanos – Argentina. Disponível em: <http://www.saij.gob.ar/doctrina/dacf070004-grillo-igualdad_condiciones.htm>. Acesso em 20-10-2021.

[264] ARGENTINA. Ministerio Público Fiscal. *Igualdad y no discriminación. Colección de dictámenes sobre derechos humanos*. Colección de dictámenes sobre derechos humanos – 2017. Disponível em: <https://www.mpf.gob.ar/dgdh/files/2017/04/cuadernillo-2.pdf>. Acesso em 20-10-2021.

Da mesma forma, o § 3º do artigo 19 assegura "a igual proteção da lei no exercício de seus direitos. Toda pessoa tem direito à defesa jurídica nos termos da lei e nenhuma autoridade ou indivíduo pode impedir, restringir ou perturbar a devida intervenção do advogado, se assim for requerida. Tratando-se de integrantes das Forças Armadas, da Ordem e Segurança Pública, este direito será regido, em matéria administrativa e disciplinar, pelas normas pertinentes dos respectivos estatutos".[265]

Conforme Humberto Alcalá, o reconhecimento e garantia da "igual dignidade a todas as pessoas" independe da idade, capacidade intelectual ou estado de consciência. Esta igual dignidade diz respeito a todas as pessoas naturais, isto é, a cada um dos seres humanos, mas não se refere às pessoas jurídicas. "Uma noção de igual dignidade dos seres humanos é aquela que é pregada como um valor espiritual e moral inerente a toda pessoa, que se manifesta na autodeterminação consciente e responsável de sua própria vida, trazendo consigo a pretensão de respeito por parte dos demais, e a ideia de que as pessoas são sempre sujeitos e nunca instrumentos ou meios para o desenvolvimento de outros fins. Em virtude desta igual dignidade, comum a todos os seres humanos, fundamentam-se os direitos humanos ou os direitos fundamentais da pessoa humana, que igualmente pertencem a cada um e a todos os seres humanos porque têm a dignidade de seres humanos, de pessoas. Isso já nos permite a uma primeira afirmação com consequências jurídicas práticas no âmbito constitucional, que é a de que sempre a dignidade da pessoa está acima de qualquer outro princípio ou valor, portanto, nenhuma norma jurídica nem mesmo um direito da pessoa pode ir contra a dignidade humana, já que esta constitui o seu próprio fundamento e o mínimo de humanidade em relação ao qual não está permitida realizar diferenciações. Essa dimensão está expressa e claramente reconhecida no constitucionalismo histórico chileno e em nossa Constituição vigente, especialmente nas bases da institucionalidade, artigo 1º, que determina que 'As pessoas nascem livres e iguais em dignidade e direitos'."

O segundo aspecto do princípio da igualdade previsto na Constituição consiste no direito de igualdade perante a lei. A igualdade, como espécie de direito fundamental, reconhece a titularidade de todas as pessoas no tocante ao bem jurídico da igualdade, sendo oponível a todos os destinatários, o que implica o direito de não ser discriminado por razões de caráter subjetivo ou outros motivos que não sejam juridicamente relevantes. Por conseguinte, impõe-se o dever de respeito por

---

[265] CHILE. *Constitución Política de la Republica de Chile*. Biblioteca del Congreso Nacional de Chile/BCN. Ley Chile. Última versión: 28-abril-2021. Disponível em: <https://www.bcn.cl/leychile/navegar?idNorma=242302>. Acesso em 21-10-2021.

parte dos órgãos ou autoridades estatais, bem como pelos indivíduos, sendo vedados atos caracterizadores de discriminação. O princípio e o direito à igualdade se projetam sempre sobre dois níveis distintos, consistentes na igualdade perante a lei e igualdade na lei. A "igualdade perante a lei" refere-se à eficácia dos ditames de igualdade na aplicação no âmbito administrativa, na esfera jurisdicional e na relação entre os indivíduos. Nesse caso, a lei, por ser norma jurídica, deve ser aplicada a todos sem distinções por órgãos estatais ou pelos particulares. Já a "igualdade na lei" refere-se ao postulado da igualdade como um direito fundamental, ou seja, aduz à sua eficácia vinculante frente ao direito e ao legislador. Consectariamente, o princípio da igualdade deve ser observado pelos legisladores na fase de criação das leis, de modo a não estabelecer disposições vulneradoras da isonomia entre as pessoas.[266]

Portanto, "o direito à *igualdade perante a lei* e *na lei* constitui um direito subjetivo, pois é uma faculdade ou atributo inerente a toda pessoa não ser objeto de discriminação, ou seja, de um tratamento baseado em diferenças arbitrárias". Todavia, eventuais diferenças que correspondam a outras áreas fora do núcleo duro (condições subjetivas de igualdade), como são as condições objetivas, podem ser reguladas pelo legislador a fim de promover a igualdade na perspectiva substancial. Logicamente, essas diferenciações no tratamento de pessoas ou grupos de pessoas devem ser justificadas racionalmente. Assim, a discriminação ou a diferenciação arbitrária opõe-se frontalmente aos valores da justiça, sendo inconstitucional e contrária aos direitos humanos.[267]

7.3. Direito à igualdade na Constituição norte-americana

O direito à igualdade é um dos grandes pilares da Constituição estadunidense. Conforme James Bryce, "os Estados Unidos são considerados em todo o mundo como preeminentemente a terra da igualdade. Essa foi a primeira característica que impressionou os europeus quando eles começaram, depois que a paz de 1815 lhes deu tempo de olhar para além do Atlântico, de sentir curiosidade sobre os fenômenos de uma nova sociedade. Esse foi o grande tema da descrição de Tocqueville e o ponto de partida de suas especulações; essa tem sido a ostentação mais constante dos próprios americanos, que consideram

[266] ALCALÁ, Humberto Nogueira. *El derecho a la igualdad ante la ley, no discriminación y acciones positivas*. Revista de Derecho Universidad Católica del Norte. Sección: Estudios. Año 13 – n° 2, 2006, p. 62-64.

[267] Ibid., p. 69.

sua liberdade mais completa do que a de qualquer outro povo, porque a igualdade se confunde com ela".[268]

O postulado da igualdade americana é explícito no texto constitucional. A emenda XIV, seção 1ª da Constituição contém a seguinte redação: "todas as pessoas nascidas ou naturalizadas nos Estados Unidos e sujeitas a sua jurisdição são cidadãos dos Estados Unidos e do Estado onde tiver residência. Nenhum Estado poderá fazer ou executar leis restringindo os privilégios ou as imunidades dos cidadãos dos Estados Unidos; nem poderá privar qualquer pessoa de sua vida, liberdade ou bens sem processo legal, ou negar a qualquer pessoa sob sua jurisdição a igual proteção das leis".[269]

A emenda constitucional em apreço impõe um dever a cumprido pelos Estados, ou seja, refere-se a preceito não discriminatório que tem como destinatário as unidades regionais, visto que o texto é claro ao afirmar que "nenhum *Estado* poderá fazer ou executar leis restringido [...]". A essa teoria denomina-se doutrina de ação do Estado, ou seja, destina-se a proibir conduta estatal violadora da igualdade por quaisquer de seus órgãos, sejam autoridades legislativas, executivas ou judiciais. Assim, esse dispositivo não assume feição protetiva contra condutas meramente privadas, isto é, oriundas de comportamento de particulares, pois é a ação do Estado em caráter particular que é proibida. A emenda possui escopo amplo e profundo, a fim de nulificar toda a legislação estadual ou conduta do Estado que prejudique os privilégios e imunidades dos cidadãos dos Estados Unidos da América.[270]

Na lição de Thomas Cooley, "a teoria que preside as nossas instituições é a seguinte: a liberdade civil de um homem vale tanto quanto a dos outros homens, e todos são iguais perante a lei nos seus direitos, privilégios e na capacidade legal. Toda pessoa, por má, degradada ou pobre que seja, tem direito a que os seus direitos sejam submetidos às leis gerais que governam as demais pessoas. Um miserável tem tanto direito de ser ouvido, antes de ser enviado à assistência, quanto o tem qualquer pessoa ameaçada na sua liberdade. Nenhum louco pode ser posto num manicômio contra a sua vontade sem prévia investigação policial; nem tampouco os bens de alguém podem ser embargados ou destruídos ou removidos a pretexto de causarem incômodo por simples resolução ou decisão de um agente ministerial. Por conseguinte,

---

[268] BRYCE, James. *The American Commonwealth*. Vol. II. Third edition. New York: Macmillan and Co, 1895, p. 744.

[269] COOLEY, Thomas M. *Princípios Gerais de Direito Constitucional nos Estados Unidos da América*. Tradução de Ricardo Rodrigues Gama. Campinas/SP: Russell, 2002, p. 362.

[270] KILLIAN, Johnny H; COSTELLO, George A. Th*e Constitution of the United States of America. Analysis and interpretation*. Washington: Congressional Research Service, Library of Congress, 1996, p. 1786-1787.

nenhum Estado pode outorgar favores, nem estabelecer injustas distinções. Entretanto, ao bem-estar geral convém à concessão de privilégios especiais, em certos casos, quando, por sua natureza, não possa haver uma participação geral. Se se torna essencial a criação de um banco nacional, todo o mundo não ser seu membro; se se construir uma estrada de ferro, a concessão necessariamente há de pertencer a poucos. Neste e noutros caos, em que militam análogos motivos, podem ser outorgadas concessões especiais, sem darem lugar a queixas de espécie alguma. Porém é uma justa regra de interpretação aquela de que todas as concessões de privilégios e isenções devem interpretar-se restritivamente, por presumir-se que o Estado tenha concedido em termos explícitos tudo aquilo que foi do seu intento conceder".

De fato, a teoria da igualdade entre as pessoas perante as leis constitui preceito expresso na Emenda nº 14, ostentando clareza absoluta. "Essa emenda primeiramente teve por fim proteger os escravos que se emancipavam, nos seus direitos, como homens livres e impedir que contra eles, em razão da cor, houvessem distinções (Strauder *v.* West Virginia, 100 U. S. 303). Por exemplo, nenhum Estado pode excluir por completo os negros de servirem como jurados, por motivo de cor, pois que semelhante exclusão seria a negação da igual proteção das leis. Porém, quanto ao efeito, ela não se limita apenas às pessoas de cor. Todos, nos Estados Unidos, são protegidos pelas disposições dela, e a palavra 'pessoa' é aceita como sobraçando a todos os que aí residem, aos estrangeiros (Yick Wo *v.* Hopkins, 118 U. S. 356) e às corporações (Pembina Mining Co. *v.* Pennsylvania, 125 U. S. 181)".

Todavia, "a garantia de proteção igual não deve ser entendida no sentido de que toda pessoa, no país, tem, precisamente, de possuir os mesmos direitos e privilégios que qualquer outra. A emenda visa categorias de pessoas, e a proteção dada pela lei deverá considerar-se igual, se a todas as pessoas da mesma categoria ela tratar do mesmo modo, sob as mesmas circunstâncias e condições, tanto acerca dos privilégios conferidos como das obrigações impostas (Soon Hing v. Crowley, 113 U. S. 703). A classificaçao deve basear-se em fundamentos razoáveis; ela não pode ser uma mera e arbitrária seleção (Gulf, &c. Ry, *v.* Ellis, 165 U. S. 150). Deve por isso haver diferentes tribunais de apelação para conhecerem do mesmo gênero de casos julgados em diferentes partes dos mesmos Estados (Missouri *v.* Lewis, 101, U. S. 22). As avaliações locais, em se tratando de propriedade especialmente beneficiada, são válidas quando iguais para toda a classe beneficiada (Walston *v.* Nervin, 128 U. S. 578). Para taxações, as estradas de ferro podem constituir uma classe especial (Kentucky R.R. Tax Cases, 115 U. S. 321); para taxações e outros fins (Missouri Pac. Ry Co. *v.* Humes, 115 U. S. 512). Os casos das Lavanderias Chinesas da Califórnia fornecem bons exemplos dos limites deste princípio. Um regulamento que proíba a lavagem durante certas horas do dia, dentro de certos limites da cidade, é lícito (Barbier *v.* Connolly, 113 U. S. 27), mas um proibindo que se realizasse o negócio das lavanderias dentro da cidade, sem o consentimento de certos funcionários, nada vale se o consentimento for negado, arbitrariamente, aos chineses e concedido a outras pessoas (Yick Wo *v.* Hopkins, 118 U. S. 356)".[271]

No caso Loving *v.* Virginia, a Suprema Corte decidiu que a lei antimiscigenação da Virgínia violou a Cláusula de Proteção Igualitária da Décima Quarta Emenda da Constituição. "Em 1958, dois residentes da Virgínia, Mildred Jeter, uma mulher negra, e Richard Loving, um homem branco, se casaram no Distrito de Columbia. Os Lovings voltaram para a Virgínia logo depois. O casal foi então acusado de violar o estatuto antimiscigenação do estado, que proibia os casamentos inter-raciais. Os Lovings foram considerados culpados e condenados a um ano de prisão (o juiz concordou em suspender a sentença se os Lovings deixassem a Virgínia e não retornassem por 25 anos)". Em conclusão de julgamento, o Tribunal, por decisão unânime, "considerou que as distinções estabelecidas de acordo com a raça eram geralmente 'odiosas para um povo livre' e estavam sujeitas ao 'escrutínio mais rígido' sob a Cláusula de Proteção Igualitária. A lei da Virgínia, concluiu o Tribunal, não tinha um propósito legítimo 'independente da discriminação racial invejosa'. O Tribunal rejeitou o argumento do estado de que a lei era legítima porque se aplicava igualmente a negros e brancos e concluiu que as classificações raciais não estavam sujeitas a um teste de 'propósito racional' sob a Décima Quarta Emenda. O Tribunal também considerou que a lei da Virgínia violava a Cláusula de Processo Devido da Décima Quarta Emenda".[272]

Ao apreciar o caso United States *v.* Virginia, a Suprema Corte americana decidiu que a criação de uma academia só para mulheres pela Virgínia, como um programa comparável a uma academia só para homens, não observa a Cláusula de Proteção Igualitária da Décima Quarta Emenda. "O Virginia Military Institute (VMI) ostentava uma longa e orgulhosa tradição como a única instituição pública de ensino superior de graduação exclusivamente masculina da Virgínia. Os Estados Unidos entraram com uma ação contra Virginia e VMI alegando que a política de admissão exclusivamente masculina da escola era inconstitucional, na medida em que violava a cláusula de proteção igual da Décima Quarta Emenda. Na apelação de uma decisão do Tribunal Dis-

---

[271] COOLEY, Thomas M. *Princípios Gerais de Direito Constitucional nos Estados Unidos da América.* Tradução de Ricardo Rodrigues Gama. Campinas/SP: Russell, 2002, p. 222-224.

[272] OYEZ. *Loving v. Virginia.* 388 US 1 (1967). Decided: jun 12, 1967. Disponível em: <https://www.oyez.org/cases/1966/395>. Acesso em 21-10-2021.

trital favorecendo a VMI, o Quarto Circuito reverteu. Ele considerou a política de admissão do VMI inconstitucional. Virginia, em resposta à reversão do Quarto Circuito, propôs criar o Instituto de Liderança das Mulheres da Virgínia (VWIL) como um programa paralelo para mulheres. Em recurso da afirmação do plano do Tribunal Distrital, o Quarto Circuito decidiu que, apesar da diferença de prestígio entre o VMI e o VWIL, os dois programas ofereceriam benefícios educacionais 'substantivamente comparáveis'. Os Estados Unidos apelaram para a Suprema Corte".

Em sede de conclusão de julgamento, "em uma decisão de 7 para 1, o Tribunal considerou que a política de admissões exclusivamente masculinas da VMI era inconstitucional. Por não ter mostrado uma 'justificativa excessivamente persuasiva' para a política de admissões com preconceito de gênero da VMI, a Virgínia violou a cláusula de proteção igual da Décima Quarta Emenda. A Virgínia não apoiou sua afirmação de que a educação unissexual contribui para a diversidade educacional porque não mostrou que a política de admissão exclusivamente masculina da VMI foi criada ou mantida para promover a diversidade educacional. Além disso, o VWIL da Virgínia não podia oferecer às mulheres os mesmos benefícios que o VMI oferecia aos homens. O VWIL não proporcionaria às mulheres o mesmo treinamento militar rigoroso, corpo docente, cursos, instalações, oportunidades financeiras ou reputação e conexões de ex-alunos que o VMI oferece a seus cadetes do sexo masculino. Finalmente, a 'comparabilidade substantiva' do Quarto Circuito entre VMI e VWIL foi deslocada. O Tribunal considerou que o padrão de 'comparabilidade substantiva' do Quarto Circuito era um deslocamento do padrão mais exigente do Tribunal, exigindo que 'todas as classificações baseadas em gênero hoje' sejam avaliadas com 'escrutínio intensificado'. Quando avaliado com tal 'escrutínio intensificado', o plano da Virgínia de criar o VWIL não proporcionaria às mulheres as mesmas oportunidades que o VMI oferece aos seus homens e, portanto, não cumpriu os requisitos da cláusula de proteção igual".[273]

Recentemente, no caso Obergefell *v.* Hodges, a Suprema Corte decidiu que a Décima Quarta Emenda exige que um Estado autorize o casamento entre duas pessoas do mesmo sexo, bem como exige que um Estado reconheça o casamento entre duas pessoas do mesmo sexo que foi legalmente licenciado e realizado em outro Estado. "Grupos de casais do mesmo sexo processaram suas agências estaduais relevantes em Ohio, Michigan, Kentucky e Tennessee para contestar a constitucio-

[273] OYEZ. *United States v. Virginia*. 518 US 515 (1996). Decided: jun 26, 1996. Disponível em: <https://www.oyez.org/cases/1995/94-1941>. Acesso em 21-10-2021.

nalidade das proibições desses estados sobre o casamento do mesmo sexo ou a recusa em reconhecer os casamentos legais do mesmo sexo que ocorreram em jurisdições que previam tais casamentos. Os demandantes em cada caso argumentaram que os estatutos dos estados violaram a Cláusula de Proteção Igualitária e a Cláusula de Processo Devido da Décima Quarta Emenda, e um grupo de demandantes também apresentou ações sob a Lei dos Direitos Civis. Em todos os casos, o tribunal julgou favorável aos demandantes. O Tribunal de Apelações dos Estados Unidos para o Sexto Circuito reverteu e considerou que as proibições dos estados ao casamento entre pessoas do mesmo sexo e a recusa de reconhecer casamentos realizados em outros estados não violavam as regras dos casais".

Em conclusão de julgamento, "o juiz Anthony M. Kennedy emitiu a opinião por maioria de 5-4. A Corte considerou que a cláusula de devido processo da Décima Quarta Emenda garante o direito de casar como uma das liberdades fundamentais que protege, e que a análise se aplica a casais do mesmo sexo da mesma maneira que aos casais de sexos opostos. O precedente judicial sustentou que o direito de casar é uma liberdade fundamental porque é inerente ao conceito de autonomia individual, protege a associação mais íntima entre duas pessoas, protege os filhos e as famílias ao conceder reconhecimento jurídico à construção de uma casa e à criação dos filhos, e historicamente foi reconhecido como a pedra angular da ordem social. Como não há diferenças entre uma união do mesmo sexo e uma união do sexo oposto no que diz respeito a esses princípios, a exclusão de casais do mesmo sexo do direito de se casar viola a Cláusula de Devido Processo da Décima Quarta Emenda. A Cláusula de Proteção Igualitária da Décima Quarta Emenda também garante o direito dos casais do mesmo sexo de se casar, uma vez que a negação desse direito negaria aos casais do mesmo sexo proteção igual perante a lei. Os direitos do casamento têm sido tradicionalmente tratados por meio de ambas as partes da Décima Quarta Emenda, e os mesmos princípios inter-relacionados de liberdade e igualdade aplicam-se com igual força a esses casos; portanto, a Constituição protege o direito fundamental dos casais do mesmo sexo ao casamento. O Tribunal também considerou que a Primeira Emenda protege os direitos das organizações religiosas de aderir aos seus princípios, mas não permite que os estados neguem aos casais do mesmo sexo o direito de casar nas mesmas condições que os casais do sexo oposto".[274]

[274] OYEZ. *Obergefell v. Hodges*. 576 US _ (2015). Decided: Jun 26, 2015. Disponível em: <https://www.oyez.org/cases/2014/14-556>. Acesso em 21-10-2021.

7.4. Direito à igualdade na Constituição alemã

A Constituição alemã de 1949 garante a igualdade de todas as pessoas perante a lei em nível de direito fundamental, sendo um dever do Estado promover esse direito. O artigo 3º contém a seguinte redação: "[Igualdade perante a lei] (1) Todas as pessoas são iguais perante a lei. (2) Homens e mulheres têm direitos iguais. O Estado promoverá a realização efetiva da igualdade de direitos das mulheres e dos homens e empenhar-se-á pela eliminação de desvantagens existentes. (3) Ninguém poderá ser prejudicado ou favorecido por causa do seu sexo, da sua descendência, da sua raça, do seu idioma, da sua pátria e origem, da sua crença ou das suas convicções religiosas ou políticas. Ninguém poderá ser prejudicado por causa da sua deficiência".[275]

De acordo com Leonardo Martins, "ao contrário dos direitos de liberdade, que asseguram ao seu titular o direito de resistência contra intervenções estatais nas respectivas áreas de proteção, ou seja, que impossibilitam ou dificultam a manutenção de um *status quo* (exemplo: direito à propriedade) e, principalmente, a prática do comportamento tutelado pela norma (exemplo: a livre expressão do pensamento segundo o art. 5º IV CF), o 'direito' à igualdade não assegura nenhum comportamento específico cujo exercício pudesse ser atrapalhado, cuja área de proteção pudesse ser 'invadida' pelo Estado. Não há que se falar, portanto, em área de proteção e tampouco em intervenção estatal nesta. O efeito básico da garantia continua, porém, o mesmo: assegurar ao indivíduo uma posição jurídica de natureza pública subjetiva: o direito de resistir, desta vez, não à intervenção na área de proteção de seu direito, mas de resistir ao tratamento desigual perante a lei (aplicação do direito – pelos poderes Executivo e Judiciário) ou pela lei (lei discriminatória injustificada). Liberdade e igualdade foram as grandes bandeiras do movimento constitucionalista, que passaram a integrar o corpo de todas as constituições do tipo ocidental democrático. Normalmente elas aparecem nas constituições lado a lado. Na *Grundgesetz* não foi diferente. O clamor social por máxima liberdade possível choca-se contra o clamor social por máxima igualdade possível. Liberdade e igualdade encontram-se nas sociedades em eterno conflito, pois a liberdade, no âmbito da sociedade, é também a liberdade concorrencial inescrupulosa do mais forte; a igualdade, no mesmo âmbito, exige, pelo contrário, justamente a existência da igualdade de chances a ser concedida ao mais fraco".

[275] ALEMANHA. *Lei Fundamental da República Federal da Alemanha*. Deutscher Bundestag. Versão alemã de 23 de maio de 1949. Tradutor: Assis Mendonça Aachen.

"As garantias constitucionais da liberdade e igualdade não transportam este conflito social ao plano constitucional: enquanto normas constitucionais, elas se apresentam harmoniosas e sem hierarquização entre si, uma ao lado da outra. É o legislador ordinário quem deve disciplinar o conflito social entre estes dois anseios. Ele o fará, na medida em que determinará quanta margem de ação deixará ao mais forte e quanta proteção dará ao mais fraco. Tanto as garantias constitucionais de igualdade, quanto as garantias de liberdade servirão para impor ao legislador certos limites que ele não poderá ultrapassar: em suma, a restrição ou diminuição da liberdade, de um lado, e o tratamento desigual, do outro, não poderão ocorrer sem um motivo racional. A diferença consiste na técnica jurídico-constitucional adotada para se avaliar a presença ou não de suas violações: possíveis violações de garantias de liberdade, incluindo a propriedade, são examinadas com a análise da área de proteção do respectivo direito, da intervenção do Estado e com o questionamento da justificação da intervenção. Possíveis violações de garantias de igualdade podem ser verificadas por meio de um processo constituído por duas etapas: 1ª) Verificação do tratamento desigual; 2ª) Questionamento da possível justificação. Finalmente, a garantia do direito à igualdade não vincula somente os órgãos estatais, mas tem, em alguns casos específicos, um efeito horizontal direto. É com base nesse espírito, e dele decorrentes construções dogmáticas, que se pautou a muito extensa jurisprudência do TCF sobre o Art. 3 GG. O Art. 3 GG se subdivide primeiramente em princípio geral de igualdade (Art. 3 I GG) e as vedações de certos tratamentos desiguais (não justificados) com base em critérios específicos: gênero (Art. 3 II GG) e outros taxativamente enumerados (Art. 3 III GG)".[276]

Na lição de Konrad Hesse, a Lei Fundamental alemã garante a igualdade jurídica formal como a igualdade jurídica material. "*Igualdade jurídica formal* é igualdade diante da lei (art. 3º, alínea 1, da Lei Fundamental). Ela pede a realização, sem exceção, do direito existente, sem consideração da pessoa: cada um é, em forma igual, obrigado e autorizado pelas normalizações do direito e, ao contrário, é proibido a todas as autoridades estatais não aplicar direito existente a favor ou à custa de algumas pessoas. Nesse ponto, o mandamento da igualdade jurídica deixa-se fixar, sem dificuldades, com o postulado fundamental do estado de direito. Essas dificuldades nascem primeiro na tentativa de determinar o princípio da *igualdade jurídica material*. Segundo o artigo 1º, alínea 3, da Lei Fundamental, também o legislador, que primeiro cria aquele direito a ser aplicado simetricamente, está vinculado ao

[276] MARTINS, Leonardo (org). *Cinquenta Anos de Jurisprudência do Tribunal Constitucional Federal Alemão*. Coletânea original de Jürgen Schwabe. Montevideo, Uruguay: Konrad-Denauer-Stiftung ADV, 2005, p. 319-321.

princípio da igualdade. O direito existente obriga e autoriza, portanto, seus destinatários não só sem consideração da pessoa, sem que se trata de seu conteúdo; mas esse conteúdo mesmo deve corresponder ao princípio da igualdade".

Dessa forma, a "igualdade jurídica material não consiste em um tratamento igual sem distinção de todos em todas as relações. Senão só aquilo que é igual deve ser tratado igualmente. O princípio da igualdade proíbe uma regulação desigual de fatos iguais; casos iguais devem encontrar regra igual. A questão é, quais fatos são iguais e, por isso, não devem ser regulados desigualmente. Sobre isso, não há resposta uma vez para sempre estabelecida. Porque uma concordância de vários fatos pode ser comprovada sempre só com referência a uma ou vários característicos, enquanto ouros característicos podem diferir. Concordância absoluta em todos os característicos, inclusive da precisão temporal e espacial, está logicamente excluída; ela significaria identidade. Uma valoração que qualifica dois fatos de iguais deve, por conseguinte, abstrair das desigualdades existentes que estão na base do conceito; estas aparecem como não-essenciais, os característicos idênticos, ao contrário, como essenciais, e análogo vale para uma valoração que qualifica dois fatos de desiguais. A comprovação, que vários fatos são iguais ou desiguais refere-se, portanto, à essencialidade ou não-essencialidade dos característicos próprios dos fatos comparados; ela depende do ponto de vista sob o qual a comparação é feita. Se, por exemplo, o característico 'pessoa' for considerado como essencial, então alemães e estrangeiros devem ser tratados igualmente; se aparece o característicos 'nacionalidade' como essencial, então um tratamento desigual é admissível. Por essas razões, a questão decisiva da igualdade jurídica material é sempre aquela sobre os característicos a ser considerados como essenciais, que fundamentam a igualdade de vários fatos e, com isso, o mandamento do tratamento igual, ou seja, a proibição de um tratamento desigual ou, convertendo em negativo: sobre os característicos que devem ser considerados como não-essenciais e não devem ser feitos base de uma diferenciação jurídica".[277]

A Constituição alemã também trata dos direitos de igualdade especiais e do princípio da igualdade geral. Os *direitos de igualdade especiais* aduzem a uma série de características essenciais ou não essenciais que são normalizadas pela Lei Fundamental. Isso ocorre tanto no sentido da garantia de direitos subjetivos como na garantia de elementos fundamentais da ordem jurídico objetiva democrática e estatal jurídica. "A) Assim, a igualdade de direito eleitoral do art. 38 da Lei Fundamental

---

[277] HESSE, Konrad. *Elementos de Direito Constitucional da República Federal da Alemanha.* (Grundzüge des Verfassungsrechts der Bundesrepublik Deutschland). Tradução de Luís Afonso Heck. Porto Alegre: Sergio Antônio Fabris Editor, 1998, p. 330-331.

refere-se somente ao característico 'alemães' e a uma idade mínima, enquanto todas as diferenças de sexo, de proveniência, de posse, de formação ou da capacidade de compreender são consideradas como não-essenciais. Em estreita conexão com isso está a igualdade de oportunidades dos partidos políticos, para os quais o importante é, fundamentalmente, só se um grupo é partido político ou não, ao contrário, o importante não é se ele é partido governista ou oposicionista, partido grande ou pequeno. Em ambas as formas aparece o princípio democrático mais amplo da proibição de uma diferenciação jurídica entre maioria e minoria".

"B) Ao lado, a Lei Fundamental normaliza proibições de diferenciação, cujo alcance ultrapassa o âmbito da ordem democrática. Segundo o artigo 3º, alínea 2 e 3, da Lei Fundamental, homens e mulheres – também na família – gozam dos mesmos direitos; ninguém deve, por causa de seu sexo, sua linhagem, sua raça, sua língua, sua pátria e proveniência, sua fé, suas opiniões religiosas ou políticas, ser prejudicado ou privilegiado. A esta, foi agora juntada a frase, que ninguém, porá causa de seu impedimento, deve ser prejudicado (artigo 3º, alínea 3, frase 2, da Lei Fundamental). Aqui é expressada uma proibição do tratamento desigual, que somente se refere a esses critérios, nesse ponto, declarados não-essenciais – o que não significa, por exemplo, um mandamento de equiparação jurídica em todas as relações. Porque igualdade jurídica material pressupõe não só diferenças não-essenciais, mas também concordâncias essenciais dos fatos a serem comparados; estas faltam, por exemplo, quando a Lei Fundamental, no artigo 12ª, alínea 1, prevê um serviço militar somente para homens, e no art. 12ª, alínea 4, frase 2, proíbe expressamente o serviço militar de mulheres, quando ela, no artigo 6º, alínea 4, assegura a cada mãe a proteção e a assistência social da comunidade, ou quando leis ordinárias adotam regulações que, 'em atenção às diferenças objetivas biológicas e funcionais (com divisão do trabalho) segundo a natureza das condições de vida respectivas', valem somente para homens ou somente para mulheres. Contudo, desvantagens fáticas, que afetam tipicamente mulheres, podem ser compensadas por regulações favorecedoras" (BVerfGE 34, 225, 242).

"Mais além da proibição de discriminação do artigo 3º, alínea 3, da Lei Fundamental, o artigo 3º, alínea 2, da Lei Fundamental, apresenta um mandamento de igualdade de direitos e estende esse também à realidade social. A frase, 'homens e mulheres gozam dos mesmos direitos', quer não só eliminar normas jurídicas que unem vantagens e desvantagens a características sexuais, mas, para o futuro, realizar igualdade de direitos dos sexos. Ela visa à adaptação das condições de vida (BVerfGE 85, 191 (207). Dos direitos de igualdade especiais fazem parte, finalmente, as garantias do artigo 33, alínea 1 e 2, da Lei Fundamental, que garantem a igualdade cívica de todos os alemães em cada estado e o acesso igual a cargos públicos, assim como as proposições de discriminação do artigo 33, alínea 3, e 140, da Lei Fundamental, em união com o artigo 136, alínea 1 e 2, da Constituição do Império de Weimar. Quando o artigo 6º, alínea 5, da Lei Fundamental, pede a criação de condições iguais para as crianças ilegítimas pela legislação, então é expressado, aqui, um mandamento concreto de igualdade jurídica material".[278]

Por sua vez, exsurge o *princípio da igualdade geral* somente quando faltam tais concretizações jurídico-constitucionais do princípio da igualdade, deflagrando a questão sobre os característicos da equiparação jurídica a ser considerados como essenciais ou não essenciais. O princípio da igualdade geral consiste em proibir tratar o essencialmente igual desigualmente (e o essencialmente desigual igualmente). "Ele põe, como elemento fundamental do estado de direito social, aos poderes estatais, nomeadamente ao legislador, a tarefa de tomar por base para uma equiparação ou diferenciação, cada vez, critérios justos, para, assim, no sentido do princípio da justiça clássico, conceder a cada um o seu; qual desses critérios deve ser não se deixa determinar geral e abstratamente, mas sempre só com vista ao fato concreto que deve ser regulado. Naturalmente existirão sobre o justo, em geral, concepções diferentes, sobre as quais deve ser obtida uma unificação ou entre as quais deve ser decidido. Que uma tal unificação ou entre as quais deve ser decidido. Que uma tal unificação ou decisão desacerta a tarefa posta pela Constituição se deixará, justamente por causa daquela diferença das concepções, somente então comprovar com segurança, quando para a diferenciação (ou equiparação) 'não se deixa achar um motivo razoável, resultante da razão da matéria ou, de outro modo, materialmente evidente, quando, portanto, para um modo de ver orientado pela ideia de justiça, a regulação deve ser qualidade de arbitrária'.

Na jurisprudência recente do tribunal, o significado do princípio da igualdade geral, como proibição de arbitrariedade, é ampliado progressivamente por elementos do princípio da proporcionalidade: segundo o objeto da regulação e característicos de diferenciação, traça, segundo isso, o artigo 3º, alínea 1, da Lei Fundamental, como resulta do seu texto e sentido, assim como da sua conexão com outras normas constitucionais, à liberdade conformadora do legislador, limites diferentes, que se estendem da mera proibição de arbitrariedade até uma vinculação severa a requisitos de proporcionalidade. A aquela corresponde, no exame judicial-constitucional, uma densidade

[278] HESSE, Konrad. *Elementos de Direito Constitucional da República Federal da Alemanha.* (Grundzüge des Verfassungsrechts der Bundesrepublik Deutschland). Tradução de Luís Afonso Heck. Porto Alegre: Sergio Antônio Fabris Editor, 1998, p. 331-334.

de controle escalonada. Se, como critério, somente a proibição de arbitrariedade entra em consideração, então uma infração contra o artigo 3º, alínea 1, da Lei Fundamental, somente pode ser comprovada se a não objetividade da diferenciação é evidente. Ao contrário, controla o tribunal, em regulações que tratam de uma maneira distinta grupos de pessoas ou repercutem eficazmente no exercício de direitos fundamentais, em particular, se entre os grupos comparados existem diferentes de tal índole e tal peso que elas possam justificar o tratamento desigual. Aqui é efetuado, portanto, um exame mais severo, como, também, de costume, a liberdade conformadora do legislador, sempre acentuada pelo Tribunal, experimenta restrições diferentes" (BVerfGE 18, 315 [331]).[279]

7.5. Direito à igualdade na Constituição francesa

A igualdade é valor fundamental no constitucionalismo francês. A Declaração de Direitos do Homem e do Cidadão de 1789 declara no seu primeiro dispositivo: "os homens nascem e são livres e iguais em direitos. As distinções sociais só podem fundamentar-se na utilidade comum".

Igualmente, a Constituição de 1958 garante o direito à igualdade a todos os cidadãos no primeiro artigo do texto supremo: "A França é uma República indivisível, laica, democrática e social. Ela assegura a igualdade perante a lei a todos os cidadãos, sem distinção de origem, raça ou religião. Ela respeita todas as crenças. Sua organização é descentralizada. A lei promove a igualdade de acesso de mulheres e homens aos mandatos eleitorais e funções eletivas, bem como às responsabilidades profissionais e sociais".[280]

Registre-se o grande avanço na luta igualitária entre os sexos com a edição da Lei nº 2006-340, de 23 de março de 2006, que trata da igualdade de remuneração entre mulheres e homens. Essa norma dispõe sobre a eliminação das diferenças de remuneração (artigos 1º ao 6º); articulação entre a atividade profissional e a vida pessoal e familiar (artigos 7º ao 20); acesso das mulheres às instâncias deliberativas e jurisdi-

[279] HESSE, Konrad. *Elementos de Direito Constitucional da República Federal da Alemanha*. (Grundzüge des Verfassungsrechts der Bundesrepublik Deutschland). Tradução de Luís Afonso Heck. Porto Alegre: Sergio Antônio Fabris Editor, 1998, p. 337.

[280] FRANÇA. *Texte intégral de la Constitution du 4 octobre 1958 en vigueur*. Conseil Constitutionnel. Acesso em 19-10-2021. Disponível em: https://www.conseil-constitutionnel.fr/le-bloc-de-constitutionnalite/texte-integral-de-la-constitution-du-4-octobre-1958-en-vigueur

cionais (artigos 21 a 26), acesso à formação e aprendizagem profissional (artigos 30 e 31).[281]

De acordo com o Conselho Constitucional francês, o direito à igualdade integra o bloco de constitucionalidade, haja vista que é objeto de numerosas consagrações, a exemplo da Declaração dos Direitos do Homem e do Cidadão de 1789, e dos preâmbulos das Constituições francesas de 1946 e 1958. "Isso significa que 'as fontes textuais do princípio da igualdade possuem uma riqueza sem equivalente em comparação com as de outros direitos fundamentais' (Ferdinand Mélin-Soucramanien). Esse lugar central ocupado pela igualdade se explica pelo fato de não ser um direito como outro qualquer direito de direitos', porque, como observou Dean Georges Vedel', a igualdade identifica o homem (...). Se podemos dizer que todos os homens são iguais, inversamente todos os iguais são homens, porque se um homem recusa a outro a qualidade de igual (...), recusa-lhe a qualidade de homem'. Isso é expresso pelas famosas disposições do primeiro artigo da Declaração de 1789, segundo a qual 'os homens nascem e permanecem livres e iguais em direitos'. Isso também explica o lugar da igualdade dentro do lema republicano – 'Liberdade, Igualdade, Fraternidade' (art. 2, al. 4, da Constituição de 1958) – e do 'ideal comum'. Em que se baseiam as nossas instituições (ver o Preâmbulo da Constituição de 1958 e o Art. 72-3, § 1°, da Constituição de 1958)".

"Na jurisprudência constitucional, a primeira aplicação do princípio constitucional da igualdade data da chamada decisão de 'tributação obrigatória' de 27 de dezembro de 1973 (decisão n° 73-51 DC de 27 de dezembro de 1973). Hoje, a jurisprudência relativa ao princípio da igualdade é abundante e abrange um grande número de áreas (igualdade perante a lei, igualdade de acesso ao emprego público, igualdade perante os tribunais, igualdade perante o sufrágio, igualdade perante encargos e impostos públicos, etc.). Em particular, de acordo com a constante jurisprudência do Conselho Constitucional, o princípio da igualdade perante a lei não impede o legislador de regular diferentes situações de forma diferente, nem de derrogar a igualdade por razões de interesse geral, desde que, em qualquer dos casos. Nesse caso, a diferença de tratamento resultante está diretamente relacionada ao objeto da lei que a institui (ver, por exemplo, decisão n° 2018-738 QPC de 11 de outubro de 2018). Resta que certas diferenciações são constitucionalmente proibidas. É o caso, por exemplo, daqueles que se pretendem origem, raça, religião, credo e sexo (art. 1°, § 1°, da Constituição de 1958 e § 3° Preâmbulo da Constituição de 1946). Deve-se notar, no entanto, que em 1999 e 2008, a

[281] FRANÇA. République Française. Légifrance. *Loi n° 2006-340 du 23 mars 2006 relative à l'égalité salariale entre les femmes et les hommes.* Disponível em: <https://www.legifrance.gouv.fr/loda/id/JORFTEXT000000816849/>. Acesso em 19-10-2021.

Constituição foi alterada para permitir que a lei promova a igualdade de acesso de mulheres e homens aos "mandatos eleitorais e funções eletivas", bem como às 'responsabilidades sociais e profissionais' (Art. 1 r, al. 2, da Constituição de 1958). Isso significa que, nessas matérias, cotas por sexo podem agora ser instituídas pelo legislador".[282]

Todavia, na Decisão nº 2006-533 DC, de 16 de março de 2006, ao apreciar impugnação em face da Lei sobre igualdade de remuneração para mulheres e homens, o Conselho Constitucional declarou inconstitucionais alguns artigos da referida norma. Nos termos da decisão colegiada: "Os artigos 9, 14, 18, 21 a 26, 30 e 31 da lei relativos à igualdade de remuneração entre mulheres e homens são declarados contrários à Constituição". Isso porque, entre outros motivos: 15 [...] "a Constituição não permite que a composição dos órgãos de governo ou consultivo das pessoas coletivas de direito público ou privado seja regida por regras vinculativas em função do sexo das pessoas. 16. Considerando que se segue que ao impor o respeito a determinadas proporções entre mulheres e homens nos conselhos de administração e fiscalização de empresas privadas e públicas, nas comissões de empresa, entre os representantes do pessoal, nas listas de candidatos a industriais tribunais e organismos da função pública comum, as disposições do Título III da lei referida sejam contrárias ao princípio da igualdade perante a lei; que, por conseguinte, é necessário declará-los contrários à Constituição; que o mesmo se aplica às outras disposições do Título III, devido ao seu caráter indissociável das anteriores".

Além disso, "17. Considerando que o disposto no Título IV da referida lei deve ser examinado também no que se refere ao § 13º do Preâmbulo da Constituição de 1946 segundo o qual: 'A Nação garante igualdade de acesso à educação de crianças e adultos, à formação profissional e à cultura'; 18. Considerando que as disposições do Título IV que visam promover o acesso equilibrado de mulheres e homens aos diversos cursos de formação profissional e de aprendizagem, convidando as regiões a ter em conta este objetivo na elaboração do plano de desenvolvimento regional da formação profissional ou a desenhar a celebração de contratos que definam os objetivos de desenvolvimento da formação profissional inicial e contínua, não descumprindo os requisitos constitucionais acima mencionados; que, entretanto, não podem ter o efeito de fazer prevalecer a consideração do sexo sobre a das capacidades; que, salvo esta reserva, o Título IV não é contrário à Constituição".[283]

---

[282] FRANÇA. Conseil Constitutionnel. *L'égalité*. Disponível em: <https://www.conseil-constitutionnel.fr/la-constitution/l-egalite>. Acesso em 19-10-2021.

[283] FRANÇA. Conseil Constitutionnel. *Décision n° 2006-533 DC du 16 mars 2006 – Loi relative à l'égalité salariale entre les femmes et les hommes*. Disponível em: <https://www.conseil-constitutionnel.fr/decision/2006/2006533DC.htm>. Acesso em 19-10-2021.

Sem embargo, a jurisprudência do Conselho Constitucional entendeu constitucional a concessão de vantagens favorecedoras do primeiro contrato de trabalho aos jovens, visto que atende ao princípio da igualdade na sua perspectiva substancial. "17. Considerando que nenhum princípio nem nenhuma regra de valor constitucional impede o legislador de tomar medidas específicas para ajudar categorias de pessoas desfavorecidas; que o legislador poderia, portanto, tendo em conta a precariedade da situação dos jovens no mercado de trabalho e, em particular, dos jovens menos qualificados, criar um novo contrato de trabalho com o objetivo de facilitar a sua inserção profissional; que as diferenças de tratamento daí resultantes estão diretamente relacionadas com a finalidade de interesse geral perseguida pelo legislador e, portanto, não são contrárias à Constituição." (Decisão n° 2006-535 DC, de 30 de março de 2006). Portanto, a previsão desse benefício não viola o princípio da igualdade perante a lei.[284]

7.6. Direito à igualdade na Constituição italiana

O artigo 3° da Constituição da Itália garante a igualdade perante a lei, além de ordenar ao Estado a atribuição de afastar obstáculos que limitem a igualdade de fato. O texto contém a seguinte redação: "Todos os cidadãos têm a mesma dignidade social e são iguais perante a lei, sem distinção de sexo, de raça, de língua, de religião, de opiniões políticas, de condições pessoais e sociais. Compete à República remover os obstáculos de ordem econômica e social que, limitando de fato a liberdade e a igualdade dos cidadãos, impeçam o pleno desenvolvimento da pessoa humana e a efetiva participação de todos os trabalhadores na organização política, econômica e social do País".[285]

De acordo com a Enciclopédia *Treccani*, "o princípio da igualdade tem suas raízes no constitucionalismo moderno e encontra sua afirmação desde os primeiros documentos constitucionais do século XVIII (Declaração de Independência dos EUA 1776; artigos 1 e 6 Declaração dos direitos do homem e do cidadão francês 1789; artigos 1 e seguintes da Constituição francesa de 1814; artigos 1 Constituição francesa de 1830; art. 6 Constituição belga de 1831; art. 24 Estatuto de Albertine; art. IV Preâmbulo e art. 10 Constituição da França de 1848; art. 137 Consti-

---

[284] FRANÇA. Conseil Constitutionnel. *Décision n° 2006-535 DC du 30 mars 2006 – Loi pour l'égalité des chances*. ADisponível em: <https://www.conseil-constitutionnel.fr/decision/2006/2006535DC.htm>. cesso em 19-10-2021.

[285] ITÁLIA. *Costituzione Italiana*. Senato della Repubblica 2018 – Ristampa riveduta luglio 2020. Disponível em: <https://www.senato.it/sites/default/files/media-documents/COST_REG_luglio_2020_archivio.pdf>. Acesso em 19-10-2021.

tuição de Frankfurt 1849; art. 109 Constituição alemã de 1919; Artigo 3 Lei Básica Alemanha 1949; Artigos 9 e 14 da Constituição Espanhola de 1978; Artigo 8 da Constituição Suíça de 1999), mesmo que suas primeiras teorias datem da Grécia antiga".

Especificamente na Constituição italiana, "o princípio da igualdade é sancionado e disciplinado pelo art. 3 da Constituição, cujo co. 1, depois de ter proclamado o princípio da igual dignidade social dos cidadãos – para o qual, na opinião da doutrina da maioria, todas as disposições que conectam distinções particulares com relevância social de circunstâncias independentes de capacidade e mérito seriam ilegítimas – estabelece o princípio de igualdade de todos os cidadãos perante a lei e enumera uma série de proibições específicas de discriminação (sexo, raça, idioma, religião, opiniões políticas, condições pessoais e sociais). Em qualquer caso, é amplamente aceito que esta lista não é exaustiva, no sentido de que podem ocorrer violações do princípio da igualdade mesmo fora desses casos. Uma aplicação direta do art. 3, co. 1, Constituição é o disp XIV. trans. fin. da Constituição, que proíbe explicitamente o reconhecimento de títulos nobres. Se a disposição contida em co. 1 estabelece o que é chamado de igualdade no sentido formal, o co. 2 estabelece a chamada igualdade em sentido substancial, ainda que não faltem vozes críticas contra essa distinção, que, em suas formulações mais extremas, acabaria por atribuir a art. 3, co. 2, da Constituição uma espécie de superioridade axiológica. De acordo com parte da doutrina, de fato, o art. 3, co. 2º da Constituição seria uma supernorma constitucional, adequada para prefigurar uma transformação radical da sociedade em um sentido igualitário, enquanto para outros seria o mero fundamento teórico das chamadas ações positivas, ou seja, medidas a favor de minorias antes desfavorecidas, prática essa jurisprudência constitucional que ele pacificamente admitiu. Em qualquer caso, o art. 3, co. 2 da Constituição constitui uma disposição incomum no panorama do constitucionalismo ocidental e é particularmente inovadora".

Com efeito, "o princípio da igualdade perante a lei é certamente uma das cláusulas mais invocadas pela jurisprudência constitucional, a partir de suas primeiras sentenças. Na verdade, desde 1957, o Tribunal Constitucional afirmou que o legislador pode ditar disposições particulares, mas que estas devem ser justificadas com base nas condições subjetivas e objetivas a que se referem as normas jurídicas, com a consequência de que viola o princípio da igualdade o fato de o legislador sujeitar situações indiscriminadas que ele mesmo considera e declara ser diferente. Segundo o próprio Tribunal Constitucional, o princípio da igualdade não deve ser entendido no sentido mecânico e nivelador, mas, pelo contrário, é respeitado quando se configuram hipóteses legislativas que, embora aparentemente discriminatórias para determinados grupos ou categorias, essencialmente reestabelecer condições de igualdade. Deve-se dizer também que o princípio da igualdade é o fundamento teórico do escrutínio de razoabilidade das leis, ainda que, com o passar do tempo, o Tribunal Constitucional, em algumas decisões, tornasse este acórdão independente do princípio da igualdade em sentido estrito. No que diz respeito à discriminação em razão do sexo, a jurisprudência constitucional considerou constitucionalmente ilegítima por violação do princípio da igualdade a proibição de acesso da mulher a uma série de cargos públicos, o fato de que apenas o progenitor que exerce autoridade parental poderia intentar ação penal por rapto de crianças e toda uma série de disposições sobre adultério, que sancionavam uma clara diferença de tratamento entre homens e mulheres, abrindo caminho para as subsequentes reformas legislativas do direito da família (Lei 151/1975) e igualdade de acesso ao local de trabalho (ln 903 / 1977)".

"No que diz respeito à língua, não é admissível discriminação ou diversificação de tratamento com base na utilização de uma língua em vez de outra. No entanto, isso não exclui que a língua oficial da República seja o italiano, sem prejuízo da proteção das minorias linguísticas (artigo 6.º da Constituição), que foi especificamente implementada na Lei 482/1999 (ver também a Lei 38/2001, com referência à minoria eslovena), que permite (albanês, catalão, germânico, grego, esloveno, croata, francês, franco-provençal, friuliano, ladino, occitano e sardo) uso deles nas autarquias locais, no ensino, nas administrações públicas e na toponímia. Em algumas regiões com autonomia diferenciada (Trentino-Alto Adige / Südtirol; Vale de Aosta / Vallée d'Aoste) também é garantido o direito ao bilinguismo. No entanto, a proteção das minorias linguísticas não legitima a proteção de uma identidade regional, separada e distinta da nacional".[286]

7.7. Direito à igualdade na Constituição suíça

Segundo Jean-François Aubert, as Constituições de 1848 e de 1874 inseriram diversas alterações em matérias relativas à igualdade. Restou abolida a "sujeição e privilégios de lugar", isto é, afastou-se a submissão entre os membros da federação, expressando um dos aspectos de igualdade entre os cantões. Aboliram-se os "privilégios de lugar", traduzindo-se um dos aspectos da igualdade intercantonal: todos os cantões têm a mesma posição jurídica, não há mais um que tenha situa-

[286] TRECCANI. *Principio di uguaglianza*. Enciclopedia on line. Disponível em: <https://www.treccani.it/enciclopedia/principio-di-uguaglianza/>. Acesso em 19-10-2021.

ção de inferioridade. Além disso, extinguiram-se "privilégios de nascimento e de família", significando a supressão da aristocracia como categoria jurídica, não existindo mais uma classe nobre. Aboliram também "privilégios de pessoas", eliminando-se progressivamente regras discriminatórias que diminuíam os direitos civis de certas categorias individuais, por causa de sua situação confessional (israelitas), profissional (domésticas), patrimonial (contribuintes que não pagam um imposto mínimo), etc.[287]

A atual Constituição Federal da Confederação Suíça incluiu diversos dispositivos acerca do princípio da igualdade. O artigo 8° contém a seguinte redação: "Todos os seres humanos são iguais perante a lei. Ninguém pode ser discriminado com base na sua origem, raça, sexo, idade, língua, condição social, estilo de vida, crenças religiosas, filosóficas ou políticas ou deficiência física, mental ou psíquica. Homens e mulheres são iguais em direitos. A lei deve prever a igualdade de direito e de fato, em particular nas áreas da família, educação e trabalho. Homens e mulheres têm direito a salário igual para trabalho de igual valor. A lei deve prever medidas para eliminar as desigualdades que afetem as pessoas com deficiência" (§§ 1°, 2°, 3° e 4°).[288]

Conforme o *Département Fédéral de I'ntérieur*, na Suíça, a igualdade de gênero está consagrada na Constituição desde 1981. O artigo relativo à isonomia confere ao legislador o dever de garantir a igualdade de direito e de fato, consagrando ainda um direito individual, diretamente aplicável, consistente a se fazer jus a um salário igual para trabalho igual ou equiparável. A Lei da Igualdade entrou em vigor em 1996; ela concretiza o dever constitucional no domínio da vida profissional, proibindo qualquer discriminação direta ou indireta em todas as relações de trabalho, de modo a assegurar igualdade de oportunidades na vida profissional. Em nível federal, compete ao Escritório Federal para a Igualdade entre Mulheres e Homens, do Departamento Federal do Interior – DFI –, apreciar matérias pertinentes a essas questões.[289]

Com a finalidade de regular a igualdade entre as mulheres e os homens, em 24 de março de 1995, foi promulgada a *Loi fédérale sur l'égalité entre femmes et hommes* pela Assembleia Federal da Confederação suíça, com entrada em vigor em 1° de julho de 1996. Nesse sentido, foram

[287] AUBERT, Jean-François. *Traité de Droit Constitutionnel Suisse.* Volume II. Neuchâtel, Suisse: Editions Ides et Calendes, 1967, p. 642-643.

[288] SUÍÇA. *Constitution Fédérale de la Confédération Suisse*, du 18 avril 1999 (Etat le 7 mars 2021). Conseil Fédéral. Disponível em: <https://www.fedlex.admin.ch/eli/cc/1999/404/fr>. Acesso em 19-10-2021.

[289] SUÍÇA. Département Fédéral de I'ntérieur. *Egalité entre hommes et femmes.* Disponível em: <https://www.edi.admin.ch/edi/fr/home/themes/egalite/egalite-entre-hommes-et-femmes.html>. Acesso em 19-10-2021.

estabelecidas normas referentes à igualdade nas relações de trabalho (Seção 2); disposições especiais relativas às relações de trabalho regida pelo Código das Obrigações (Seção 3); recursos legais nas relações de trabalho decorrentes de direito público (Seção 4); análise e verificação da igualdade de salários (Seção 4ª); auxílios financeiros (Seção 5); e o Escritório Federal para a Igualdade de Gênero (Seção 6).

Nos termos da norma em comento, é proibida a discriminação dos trabalhadores com base no sexo, seja direta ou indiretamente, nomeadamente em razão de estado civil ou familiar ou, no caso das mulheres, da gravidez. A vedação de qualquer discriminação se aplica, notadamente, à contratação, à atribuição de tarefas, à organização das condições de trabalho, à remuneração, à formação e à educação continuada, bem como à promoção e à cessação da relação de trabalho. Não constituem discriminação a adoção de medidas apropriadas destinadas a promover a igualdade entre as mulheres e os homens (art. 3º, §§ 1º, 2º e 3º). Entende-se por comportamento discriminatório qualquer comportamento inoportuno de natureza sexual ou qualquer outro comportamento baseado no pertencimento de gênero, que comprometa a dignidade da pessoa no ambiente de trabalho, em particular proferir ameaças, promessas de vantagens, coerção ou pressão de qualquer tipo sobre uma pessoa para obter dela favores de natureza sexual (art. 4º).

Quem sofre ou corre o risco de sofrer discriminação nas hipóteses acima mencionadas pode requerer ao tribunal ou à autoridade administrativa medida para: i – proibir a discriminação ou, renunciar a ela, se for iminente; ii – para cessar com a discriminação, se ela persistir; iii – averiguar a existência de discriminação, se a desordem por ela criada permanece; iv – para condenar ao pagamento dos salários devidos. Quando a discriminação se referir à recusa de contratação ou à rescisão de vínculo empregatício regido pelo Código de Obrigações, a parte lesada só pode reclamar o pagamento de indenização por parte do empregador. Este é fixado tendo em conta todas as circunstâncias e calculado com base no vencimento a que a pessoa discriminada tinha direito ou teria provavelmente direito. Quando a discriminação estiver relacionada a um caso de assédio sexual, o tribunal ou autoridade administrativa também poderá ordenar que o empregador pague uma indenização ao trabalhador, a menos que o empregador prove que tomou as medidas que a experiência exige, que são apropriadas nas circunstâncias e que possam ser exigidas dele para prevenir ou impedir tais atos. A compensação é determinada levando-se em consideração todas as circunstâncias e calculada com base no salário médio suíço (art. 5º, § 1º, alíneas *a, b, c* e *d* e §§ 2º e 3º).

Ademais, a norma prevê procedimento em caso de discriminação no ato de contratação de empregados. Dessa forma, uma pessoa que não seja contratada e que alegue ter sofrido discriminação pode exigir que o empregador apresente razões por escrito que justifiquem a recusa. Para tanto, o interessado deve adotar as medidas legais no prazo de três meses a partir do momento que seja comunicado da inadmissão, sob pena de caducidade (art. 8º).

Nas relações de trabalho regidas pelo direito público, os dispositivos legais são disciplinados de acordo com os preceitos legais relativos ao procedimento federal, ou seja, pelo Estatuto dos Funcionários de 30 de junho de 1927.

Nas empresas privadas, a lei em apreço impõe a verificação da igualdade dos salários, aplicável quando empregadores contarem com 100 (cem) ou mais trabalhadores, cuja aferição deve ser feita no início do ano, a fim de analisar a equidade salarial no âmbito interno. Os aprendizes não estão incluídos nesta força de trabalho. A análise de igualdade remuneratória deve ser repetida a cada quatro anos. Se o número de trabalhadores cair abaixo do limite de 100 (cem) durante esse tempo, ele não se repetirá até que o número centésimo seja atingido novamente. Todavia, se a análise de igualdade de remuneração demonstrar que a equidade remuneratória é respeitada, o empregador é dispensado da obrigação de repetir a verificação (art. 13, §§ 1º, 2º e 3º).

Como forma de favorecer a criação e implementação de medidas igualitárias, a Confederação pode destinar auxílio financeiro a organizações públicas ou privadas que estabeleçam programas que visem à promoção da igualdade entre mulheres e homens na vida profissional. Para tanto, podem ser previstos programas por conta própria (art. 14, § 1º).

Por fim, criou-se o Escritório Federal para a Igualdade de Gênero, com o objetivo de promover o alcance da igualdade de gênero em todas as áreas, bem como eliminar todas as formas de discriminação, seja direta ou indireta (art. 16, § 1º).[290]

---

[290] SUÍÇA. *Loi fédérale sur l'égalité entre femmes et hommes*, du 24 mars 1995 (Etat le 1er juillet 2020). Conseil Fédéral. Disponível em: <https://www.fedlex.admin.ch/eli/cc/1996/1498_1498_1498/fr#sec_2>. Acesso em 19-10-2021.

Bibliografia

ABBAGNANO, Nicola. *Dicionário de Filosofia*. Tradução de Alfredo Bosi. São Paulo: Martins Fontes, 2007.

AGUIAR, Márcio Mucedula. *A construção das hierarquias sociais: classe, raça, gênero e etnicidade*. Cadernos de Pesquisa do CDHIS – n. 36/37 – ano 20 – 2007.

ALCALÁ, Humberto Nogueira. *El derecho a la igualdad ante la ley, no discriminación y acciones positivas*. Revista de Derecho Universidad Católica del Norte. Sección: Estudios. Año 13 – n° 2, 2006.

ALEMANHA. *Lei Fundamental da República Federal da Alemanha*. Deutscher Bundestag. Versão alemã de 23 de maio de 1949. Tradutor: Assis Mendonça Aachen.

ALESSI, Renato. *Sistema Istituzionale del Diritto Amministrativo Italiano*. Seconda edizione. Milano: Dott. A. Giuffrè, 1958.

ALEXY, Robert. *Teoria dos Direitos Fundamentais*. São Paulo: Malheiros, 2008.

ALVAREZ, Maria Luisa Ortíz. *A questão da diversidade cultural no processo de integração latino-americana*: o grande desafio do século XXI. Universidade de Brasília, 2007.

ALVES, José Carlos Moreira. *Direito Romano*. Volume I. 5ª ed. Rio de Janeiro: Forense, 1983.

ARGENTINA. *Constitucion de la Nacion Argentina*. InfoLEG: Información Legislativa. Ministerio de Justicia y Derechos Humanos. Disponível em: <http://servicios.infoleg.gob.ar/infolegInternet/anexos/0-4999/804/norma.htm>. Acesso em 20-10-2021.

——. Ministerio Público Fiscal. *Igualdad y no discriminación. Colección de dictámenes sobre derechos humanos*. Colección de dictámenes sobre derechos humanos – 2017. Disponível em: <https://www.mpf.gob.ar/dgdh/files/2017/04/cuadernillo-2.pdf>. Acesso em 20-10-2021.

ARISTÓTELES. *Ética a Nicômaco*. Jandira, SP: Editora Principis, 2021.

——. *Política*. Os pensadores. São Paulo: Nova Cultural, 2000.

ATALIBA, Geraldo. *República e Constituição*. 2ª ed. São Paulo: Malheiros, 2004.

AUBERT, Jean-François. *Traité de Droit Constitutionnel Suisse*. Volume II. Neuchatel-Suisse: Éditions Ides et Calendes, 1967.

AULETE, Caldas. *Dicionário Contemporâneo da Língua Portuguesa*. Volume III. 3ª ed. Rio de Janeiro: Delta, 1974.

ÁVILA, Humberto. *Teoria da Igualdade Tributária*. São Paulo: Malheiros, 2008.

BARBALHO, João. *Constituição Federal Brasileira*. Comentários. 2ª ed. Rio de Janeiro: F. Briguiet e Cia Editores, 1924.

BARBOSA, Rui. *Oração aos Moços*. Texto integral. São Paulo: Martin Claret, 2003.

BARBOSA, Ruy. *Commentarios à Constituição Federal Brasileira*. Colligidos e ordenados por Homero Pires. V Volume. Arts. 63 a 72. Saraiva, 1934.

BASTOS, Celso Ribeiro. *Curso de Teoria do Estado e Ciência Política*. 4ª ed. São Paulo: Saraiva, 1999.

——; MARTINS, Ives Gandra. *Comentários à Constituição do Brasil* (Promulgada em 5 de outubro de 1988). 2º Volume. Arts. 5º a 17. São Paulo: Saraiva, 1989.

BELL, John Fred. *História do Pensamento Econômico*. 2ª ed. Rio de Janeiro: Zahar Editores, 1976.

BIELSA, Rafael. *Derecho Constitucional*. Tercera edición. Buenos Aires: Depalma, 1959.

BOBBIO, Norberto. *Igualdade e Liberdade*. 2ª ed. Rio de Janeiro: Ediouro, 1997.

——. *Liberalismo e Democracia*. 6ª ed. São Paulo: Brasiliense, 2005.

——; MATTEUCCI, Nicola; PASQUINO, Gianfranco. *Dicionário de Política*. Volume 1. 6ª ed. Brasília/DF: Editora UNB, 1994.

BRASIL. *Constituição da República dos Estados Unidos do Brasil* (de 24 de fevereiro de 1891). Presidência da República – Casa Civil. Disponível em: <http://www.planalto.gov.br/ccivil_03/constituicao/constituicao91.htm>. Acesso em 21-10-2021.

——. *Constituição da República dos Estados Unidos do Brasil* (de 16 de julho de 1934). Presidência da República – Casa Civil. Disponível em: <http://www.planalto.gov.br/ccivil_03/constituicao/constituicao34.htm>. Acesso em 21-10-2021.

——. *Constituição dos Estados Unidos do Brasil*, de 10 de novembro de 1937. Presidência da República – Casa Civil. Disponível em: <http://www.planalto.gov.br/ccivil_03/constituicao/constituicao37.htm>. Acesso em 15-12-2021.

——. Lei nº 3.353, de 13 de maio de 1888. *Declara extinta a escravidão no Brasil*. Disponível em: <http://www.planalto.gov.br/ccivil_03/leis/lim/lim3353.htm>. Acesso em 18-10-2021.

BRYCE, James. *The American Commonwealth*. Vol. II. Third edition. New York: Macmillan and Co, 1895.

BUENO, Manoel Carlos. *Código de Hamurabi, Manual dos Inquisidores,* Lei das XII, Lei de Talião. Leme-SP: Edijur, 2018.

BULOS, Uadi Lammêgo. *Curso de Direito Constitucional*. 9ª ed. São Paulo: Saraiva, 2015.

CAETANO, Marcello. *Manual de Ciência Política e Direito Constitucional*. Tomo I. 6ª ed. Coimbra: Almedina, 2010.

CALMON, Pedro. *Curso de Direito Público*. (Teoria Geral do Estado). 2ª ed. Rio de Janeiro: Freitas Bastos, 1942.

CAMPOS, Francisco. *A igualdade de todos perante a lei*. Revista de Direito Administrativo. Vol. 10 (1947), p. 376-417. Acesso em 03-01-2022. Disponível em: https://bibliotecadigital.fgv.br/ojs/index.php/rda/article/view/10260/9255

CANOTILHO, José Joaquim Gomes. *Direito Constitucional e Teoria da Constituição*. 3ª ed. Coimbra: Almedina, 1999.

——; MENDES, Gilmar Ferreira; SARLET, Ingo Wolfgang; STRECK, Lenio Luiz. *Comentários à Constituição do Brasil*. 2ª ed. São Paulo: Saraiva, 2018.

CARRAZZA, Roque Antônio. *Curso de Direito Constitucional Tributário*. 28ª ed. São Paulo: Malheiros, 2012.

CASTRO, Araújo. *A Nova Constituição Brasileira*. 2ª ed. Rio de Janeiro: Freitas Bastos, 1936.

——. *A Constituição de 1937*. 2ª ed. Rio de Janeiro: Freitas Bastos, 1941.

CAVALCANTI, Themistocles Brandão. *A Constituição Federal Comentada*. Volume III. 3ª ed. Rio de Janeiro: José Konfino Editor, 1958.

CBF. Confederação Brasileira de Futebol. *Raio-X do futebol: salário dos jogadores*. Dados foram divididos em três partes: registro, transferências e salários. 23/02/2016 às 10:34 | Assessoria CBF. Disponível em: <https://www.cbf.com.br/a-cbf/informes/index/raio-x-do-futebol-salario-dos-jogadores>. Acesso em 19-12-2021.

CÍCERO, Marco Túlio. *Dos Deveres*. São Paulo: Edipro, 2019.

CHILE. *Constitución Política de la Republica de Chile*. Biblioteca del Congreso Nacional de Chile/BCN. Ley Chile. Última versión: 28-abril-2021. Disponível em: <https://www.bcn.cl/leychile/navegar?idNorma=242302>. Acesso em 21-10-2021.

CLDF. Câmara Legislativa do Distrito Federal. *Lei Complementar nº 840, de 23 de dezembro de 2011*. Dispõe sobre o regime jurídico dos servidores públicos civis do Distrito Federal, das autarquias e das fundações públicas distritais. Disponível em: <https://legislacao.cl.df.gov.br/Legislacao/consultaTextoLeiParaNormaJuridicaNJUR-222379!buscarTextoLeiParaNormaJuridicaNJUR.action>. Acesso em 1-1-2022.

——. Câmara Legislativa do Distrito Federal. Processo Legislativo – Norma Jurídica – Ficha Técnica. *Lei nº 6.741/2020*. Disponível em: <https://legislacao.cl.df.gov.br/Legislacao/consultaTextoLeiParaNormaJuridicaNJUR-563417!buscarTextoLeiParaNormaJuridicaNJUR.action>. Acesso em 25-10-2021.

COOLEY, Thomas M. *Princípios Gerais de Direito Constitucional nos Estados Unidos da América*. Tradução de Ricardo Rodrigues Gama. Campinas/SP: Russell, 2002.

COMPARATO, Fábio Konder. *Ética: Direito, moral e religião no mundo moderno*. 2ª ed. São Paulo: Companhia das Letras, 2006.

CONJUR. Revista Consultor Jurídico. *STF equipara injúria racial a crime de racismo, considerando-a imprescritível*. Por Sérgio Rodas. 28 de outubro de 2021, 18h54. Disponível em: <https://www.conjur.com.br/2021-out-28/stf-equipara-injuria-racial-racismo-considerando-imprescritivel>. Acesso em 1-1-2021.

CORTELLA, Mário Sérgio. *A diversidade: aprendendo a ser humano*. São Paulo: Littera, 2020.

COSTA, Ivo Fernando da. *A influência do nominalismo nas concepções de causalidade e justiça em Hume*. Cadernos de ética e filosofia política, 2(37), p. 89-103. USP. Universidade de São Paulo. Disponível em: <https://www.revistas.usp.br/cefp/article/view/154171>. Acesso em 15-12-2021.

CRETELLA JÚNIOR, José. *Comentários à Constituição Brasileira de 1988*. Vol. I. Art. 1.º a 5.º, I a LXVII. Rio de Janeiro: Forense Universitária, 1990.

DIGESTO OU PANDECTAS do Imperador Justiniano. Volume II. Livros 5-11. Tradução brasileira por Manoel da Cunha Lopes e Vasconcellos. 1ª ed. São Paulo: YK Editora, 2017.

DUGUIT, Léon. *Traité de Droit Constitutionnel*. Tome cinquième et dernier. Les Libertés Publiques. Deuxième édition. Paris: Fontemoing, 1925.

DWORKIN, Ronald. *A virtude soberana*. A teoria e a prática da igualdade. São Paulo: Martins Fontes, 2005.

——. *Levando os direitos à sério*. 3ª ed. São Paulo: WMF Martins Fontes, 2010.

FARIA, Anacleto de Oliveira. *Do princípio da igualdade jurídica*. São Paulo: Revista dos Tribunais, 1973.

FERREIRA DOS SANTOS, Carlos Eduardo. *Crimes Contra o Sistema Financeiro Nacional (Lei nº 7.492/86)*. Rio de Janeiro: Lumen Juris, 2021.

FERREIRA FILHO, Manoel Gonçalves. *Comentários à Constituição Brasileira*. 4ª ed. São Paulo: Saraiva, 1983.

——. *Comentários à Constituição Brasileira de 1988*. Volume 1 – Arts. 1º a 103. 2ª ed. São Paulo: Saraiva, 1997.

——. *Curso de Direito Constitucional*. 7ª ed. São Paulo: Saraiva, 1978.

FERREIRA, Pinto. *Comentários à Constituição Brasileira*. 1º Volume. Arts. 1º a 21. São Paulo: Saraiva, 1989.

FRANÇA. Conseil Constitutionnel. *Décision n° 2006-533 DC du 16 mars 2006 – Loi relative à l'égalité salariale entre les femmes et les hommes*. Disponível em: <https://www.conseil-constitutionnel.fr/decision/2006/2006533DC.htm>. Acesso em 19-10-2021.

——. Conseil Constitutionnel. *Décision n° 2006-535 DC du 30 mars 2006 – Loi pour l'égalité des chances*. Disponível em: <https://www.conseil-constitutionnel.fr/decision/2006/2006535DC.htm>. Acesso em 19-10-2021.

——. Conseil Constitutionnel. *L'égalité*. Disponível em: <https://www.conseil-constitutionnel.fr/la-constitution/l-egalite>. Acesso em 19-10-2021.

——. République Française. Légifrance. *Loi n° 2006-340 du 23 mars 2006 relative à l'égalité salariale entre les femmes et les hommes*. Disponível em: <https://www.legifrance.gouv.fr/loda/id/JORFTEXT000000816849/>. Acesso em 19-10-2021.

——. *Texte intégral de la Constitution du 4 octobre 1958 en vigueur*. Conseil Constitutionnel. Disponível em: <https://www.conseil-constitutionnel.fr/le-bloc-de-constitutionnalite/texte-integral-de-la-constitution-du-4-octobre-1958-en-vigueur>. Acesso em 19-10-2021. Acesso em 19-10-2021.

FREEDMAN, Diego. *Igualdad ante la ley*. Buenos Aires: La Ley; Departamento de Publicaciones de la Facultad de Derecho, 2013, p. 416-417. Disponível em: <http://www.derecho.uba.ar/publicaciones/libros/pdf/la-cadh-y-su-proyeccion-en-el-derecho-argentino/024-freedman-igualdad-la-cadh-y-su-proyeccion-en-el-da.pdf>. Acesso em 20-10-2021.

GELEDÉS. Instituto da Mulher Negra. *Racismo Institucional: uma abordagem conceitual*. Pág. 11. Disponível em: <https://www.onumulheres.org.br/wp-content/uploads/2016/04/FINAL-WEB-Racismo-Institucional-uma-abordagem-conceitual.pdf>. Acesso em 25-10-2021.

GONZÁLEZ CALDERÓN, Juan A. *Derecho Constitucional Argentino*. Historia, Teoría y Jurisprudencia de la Constitución. Tomo II. Buenos Aires: J. Lajouane & Cia, 1918.

GOMES, Laurentino. 1808: Como uma rainha louca, um príncipe medroso e uma corte corrupta enganaram Napoleão e mudaram a História de Portugal e do Brasil. 3ª ed. São Paulo: Globo, 2014.

GRILLO, Iride Isabel María. *La igualdad de condiciones*. SAIJ. Ministerio de Justicia y Derechos Humanos – Argentina. Disponível em: <http://www.saij.gob.ar/doctrina/dacf070004-grillo-igualdad_condiciones.htm>. Acesso em 20-10-2021.

HABERMAS, Jürgen. *Facticidad y validez*. Sobre el derecho y el Estado democrático de derecho em términos de teoria del discurso. Tercera edición. Madrid: Trotta, 2001.

HELLER, Hermann. *Teoria do Estado*. São Paulo: Mestre Jou, 1968.

HESSE, Konrad. *Elementos de Direito Constitucional da República Federal da Alemanha*. (Grundzüge des Verfassungsrechts der Bundesrepublik Deutschland). Tradução de Luís Afonso Heck. Porto Alegre: Sergio Antônio Fabris Editor, 1998.

HIERNAUX, Jean. *A diversidade biológica humana*. Lisboa: Fundação Calouste Gulbenkian, 1980.

——. *Égalité ou inégalité des races?* Paris: Hachette, 1969.

HOBBES, Thomas. *Leviatã*. Os pensadores. São Paulo: Nova Cultural, 2000.

HOUAISS. *Dicionário da língua portuguesa*. Rio de Janeiro: Objetiva, 2009.

HUME, David. *Investigação acerca do entendimento humano*. Os pensadores. São Paulo: Nova Cultural, 1996.

IBGE. Instituto Brasileiro de Geografia e Estatística. *Desigualdades Sociais por Cor ou Raça no Brasil. Estudos e Pesquisas*. Informação Demográfica e Socioeconômica, n.41, 2019. Disponível em: <https://biblioteca.ibge.gov.br/visualizacao/livros/liv101681_informativo.pdf>. Acesso em: 29-11-2021.

——. Instituto Brasileiro de Geografia e Estatística. *Síntese de Indicadores Sociais: Uma Análise das Condições de Vida da população Brasileira – 2020*. Estudos e Pesquisas. Disponível em: <https://biblioteca.ibge.gov.br/visualizacao/livros/liv101760.pdf> Acesso em 01-12-2021.

IMF. International Monetary Fund. IMFBlog. *The Threat of Inequality of Opportunity*. Insights & Analysis on Economics & Finance. Disponível em: <https://blogs.imf.org/2019/11/07/the-threat-of-inequality-of-opportunity/> Acesso em 28-12-2021.

IPEA. Instituto de Pesquisas Econômicas Aplicadas. *Retrato das Desigualdades de Gênero e Raça*. 4ª ed. Brasília: IPEA, 2011. Disponível em: <https://www.ipea.gov.br/retrato/pdf/revista.pdf>. Acesso em 29-11-2021.

ITÁLIA. *Costituzione Italiana*. Senato della Repubblica 2018 – Ristampa riveduta luglio 2020. Disponível em: <https://www.senato.it/sites/default/files/media-documents/COST_REG_luglio_2020_archivio.pdf>. Acesso em 19-10-2021.

JACQUES, Paulino. *Da igualdade perante a lei*. (Fundamento, conceito e conteúdo). 2ª ed. Rio de Janeiro: Revista Forense, 1957.

JUSTINIANUS, Flavius Petrus Sabbatius. *Institutas do Imperador Justiniano*. Incluindo Novelas CXVIII e CXXXVIII. Bauru, SP: Edipro, 2001.

KANT, Immanuel. *Fundamentação da Metafísica dos Costumes*. Lisboa: Edições 70, 2011.

KEESING, Felix. *Antropologia Cultural*. A ciência dos costumes. Vol. 1. Rio de Janeiro: Fundo de Cultura, 1972.

KILLIAN, Johnny H; COSTELLO, George A. *The Constitution of the United States of America*. Analysis and interpretation. Washington: Congressional Research Service, Library of Congress, 1996.

LEVINAS, Emmanuel. *Totalidade e Infinito*. Ensaio sobre a Exterioridade. Coimbra: Edições 70, 2014.

LOCKE, John. *Segundo Tratado sobre o Governo*. Texto integral. São Paulo: Martin Claret, 2006.

LÓPEZ, Laura Cecília. *O conceito de racismo institucional: aplicações no campo da saúde*. Interface, Comunicação, Saúde e Educação. Vol. 16, n.40, p.121-34, jan./mar. 2012.

LOVATTO, Alecio Adão. *O princípio da igualdade e o erro penal tributário*. Porto Alegre: Livraria do Advogado, 2008.

MARITAIN, Jacques. *Princípios duma política humanista*. Rio de Janeiro: Agir Editora, 1960.

MARNOCO E SOUZA. *Constituição Politica da Republica Potuguêsa*. Commentario. Coimbra: F. França Amado, 1913.

MARQUES, Mayanna. *Hierarquia Social*. Conceito e contexto histórico. Postado em 04/11/2020. Disponível em: <https://www.educamaisbrasil.com.br/enem/sociologia/hierarquia-social>. Acesso em 01-12-2021.

MARTINS, Leonardo (org). *Cinquenta Anos de Jurisprudência do Tribunal Constitucional Federal Alemão*. Coletânea original de Jürgen Schwabe. Montevideo, Uruguay: Konrad-Denauer-Stiftung ADV, 2005.

MAXIMILIANO, Carlos. *Comentários à Constituição Brasileira*. 2ª ed. Rio de Janeiro: Jacintho Ribeiro dos Santos, 1923.

MELLO, Celso Antônio Bandeira de. *Conteúdo jurídico do princípio da igualdade*. 3ª ed. São Paulo: Malheiros, 2006.

MENDES, Gilmar Ferreira; COELHO, Inocêncio Mártires; BRANCO, Paulo Gustavo Gonet. *Curso de Direito Constitucional*. São Paulo: Saraiva, 2007.

MIRANDA, Jorge. *Manual de Direito Constitucional*. Tomo IV. Direitos Fundamentais. 2ª ed. Coimbra: Coimbra Editora, 1998.

MJC. Ministério da Justiça e Cidadania. Cartilha. *Racismo é crime: denuncie!* Secretaria Especial de Políticas de Promoção da Igualdade Racial, 2016, p. 8-9. Disponível em: <https://www.gov.br/mdh/pt-br/centrais-de-conteudo/igualdade-racial/cartilha-racismo-e-crime-denuncie>. Acesso em 1-1-2022.

MONTESQUIEU. *O espírito das leis*. 3ª ed. São Paulo: Martins Fontes, 2005.

MORE, Thomas. *A Utopia*. Os Pensadores. São Paulo: Nova Cultural, 1997.

MOREIRA, Adilson José. *O que é discriminação?* Belo Horizonte (MG): Letramento: Casa do Direito: Justificando, 2017.

——. *Tratado de Direito Antidiscriminatório*. São Paulo: Editora Contracorrente, 2020.

NOBRE JÚNIOR, Edilson Pereira. (2000). *O direito e o princípio da dignidade da pessoa humana*. Revista de Direito Administrativo. Vol. 219. Rio de Janeiro, jan./mar. 2000.

NUPAD. Núcleo de Ações e Pesquisa em Apoio Diagnóstico da Faculdade de Medicina da UFMG. *Racismo Institucional: Fórum de debates, educação e saúde*. Pág. 3. Belo Horizonte, Minas Gerais. Disponível em: <https://www.nupad.medicina.ufmg.br/arquivos/acervo-cehmob/foruns/racismo-institucional/Caderno-Racismo.pdf>. Acesso em 25-10-2021.

O ESTADO DE SÃO PAULO. *Brasil paga salário mínimo para metade dos jogadores*. Pesquisa aponta que 55% dos atletas que atual no País recebem R$ 1.100 por mês. Toni Assis. Esportes. Edição de 04/07/2021, pág. 17. Acesso em 19-12-2021. Disponível em: https://acervo.estadao.com.br/pagina/#!/20210704-46646-nac-17-esp-a18-not

OYEZ. *Loving v. Virginia*. 388 US 1 (1967). Decided: jun 12, 1967. Disponível em: <https://www.oyez.org/cases/1966/395>. Acesso em 21-10-2021.

——. *Obergefell v. Hodges*. 576 US (2015). Decided: Jun 26, 2015. Disponível em: <https://www.oyez.org/cases/2014/14-556>. Acesso em 21-10-2021.

——. *United States v. Virginia*. 518 US 515 (1996). Decided: jun 26, 1996. Disponível em: <https://www.oyez.org/cases/1995/94-1941>. Acesso em 21-10-2021.

OXFAM Brasil. *A Desigualdade mata*. A incomparável ação necessária para combater a desigualdade sem precedentes decorrente da Covid-19. Relatório, 2022. Disponível em: <https://www.oxfam.org.br/justica-social-e-economica/forum-economico-de-davos/a-desigualdade-mata/>. Acesso em 16-01-2022.

PEÑA DE MORAES, Guilherme. *Curso de Direito Constitucional*. 8ª ed. São Paulo: Atlas, 2016.

PERNTHALER, Peter. *Österreichisches Bundesstaatsrecht*. Wien: Verlag Österreich, 2004.

PIMENTA BUENO, José Antônio. *Direito Público Brasileiro e Análise da Constituição do Império*. Rio de Janeiro: Ministério da Justiça e Negócios Interiores, 1958.

PLATÃO. *A República*. Obra completa. Coleção: Grandes Obras do Pensamento Universal. 2ª ed. São Paulo: Escala, 2007.

QUIÑONES, Paola Pelletier. La "discriminación estructural" en la evolución jurisprudencial de la Corte Interamericana de Derechos Humanos. Revista del Instituto Interamericano de Derecho Humanos. Vol. 60, 2014.

RAMOS, André de Carvalho. *Curso de Direitos Humanos*. 8ª ed. São Paulo: Saraiva, 2021.

RAWLS, John. *Uma teoria de justiça*. Edição revista. São Paulo: Martins Fontes, 2016.

——; FRIED, Ch.; SEN, A.; SCHELLING, T. C. *Libertad, Igualdad y Derecho*. S. M. McMurrin (Ed.). Barcelona: Ariel, 1988.

REGATEIRO, Fernando J. *Manual de Genética Médica*. Imprensa da Universidade de Coimbra: Coimbra, 2007.

ROUSSEAU, Jean-Jacques. *A origem da desigualdade entre os homens*. São Paulo: Penguin Classics Companhia das Letras, 2017.

——. *O Contrato Social*. São Paulo: Martins Fontes, 1996.

SARLET, Ingo Wolfgang. *Dignidade (da Pessoa) Humana e Direitos Fundamentais na Constituição Federal de 1988.* 10ª ed. Porto Alegre: Livraria do Advogado, 2015.

SENADO FEDERAL. Agência Senado. *Recordista em desigualdade, país estuda alternati vas para ajudar os mais pobres.* Cintia Sasse. Publicado em 12/3/2021. Disponível em: <https://www12.senado.leg.br/noticias/infomaterias/2021/03/recordista-em-desigualdade-pais-estuda-alternativas-para-ajudar-os-mais-pobres>. Acesso em 1-12-2021.

SILVA, De Plácido e. *Vocabulário Jurídico.* 26ª ed. Rio de Janeiro: Forense, 2005.

SILVA, José Afonso da. *Curso de Direito Constitucional Positivo.* 33ª ed. São Paulo: Malheiros, 2010.

SP. Governo do Estado de São Paulo. *Diversidade Humana: 7 bilhões de outros.* Campanha Educativa. Compêndio Legislativo, p. 2-3. Disponível em: <http://www.eap.sp.gov.br/cecad/pdf/Compendio_Diversidade_Humana_Outubro.pdf>. Acesso em 29-12-2021.

SPINOZA, Benedictus de. *Ética.* Tradução de Tomaz Tadeu. 2ª ed. Belo Horizonte: Autêntica, 2014.

STERN, Klaus. *Das Staatsrecht der Bundesrepublik Deutschland.* Band I: Grundbegriffe und Grundlagen des Staatsrechts, Strukturprinzipien der Verfassung. München: C. H. Beck'sche Verlagsbuchhandlung, 1977.

SUÍÇA. *Constitution Fédérale de la Confédération Suisse*, du 18 avril 1999 (Etat le 7 mars 2021). Conseil Fédéral. Disponível em: <https://www.fedlex.admin.ch/eli/cc/1999/404/fr>. Acesso em 19-10-2021.

——. Département Fédéral de l'ntérieur. *Egalité entre hommes et femmes.* Disponível em: <https://www.edi.admin.ch/edi/fr/home/themes/egalite/egalite-entre-hommes-et-femmes.html>. Acesso em 19-10-2021.

——. *Loi fédérale sur l'égalité entre femmes et hommes*, du 24 mars 1995 (Etat le 1er juillet 2020). Conseil Fédéral. Disponível em: <https://www.fedlex.admin.ch/eli/cc/1996/1498_1498_1498/fr#sec_2>. Acesso em 19-10-2021.

TOCQUEVILLE, Alexis de. *A democracia na América.* 2ª ed. Belo Horizonte: Ed. Itatiaia; São Paulo: Ed. Universidade de São Paulo, 1977.

——. *Igualdade social e liberdade política.* São Paulo: Nerman, 1988.

TRECCANI. *Principio di uguaglianza.* Enciclopedia on line. Disponível em: <https://www.treccani.it/enciclopedia/principio-di-uguaglianza/>. Acesso em 19-10-2021.

UFRGS. Universidade Federal do Rio Grande do Sul. *Diversidade Biológica.* Disponível em: <http://www.ufrgs.br/patrimoniogenetico/conceitos-e-definicoes/diversidade-biologica>. Acesso em 29-12-2021.

UNB. Universidade de Brasília. Seleção de candidatas/os às vagas do Programa de Pós-Graduação em Direito para os cursos de Mestrado Acadêmico e Doutorado Acadêmico para 2022. Programa de Pós-Graduação em Direito: Edital PPGD nº 006/2021. Disponível em: <http://dpg.unb.br/images/editaisdeselecao/Edital_006_2021_Processo_Seletivo_2022final.pdf>. Acesso em 19-12-2021.

UNESCO. United Nations Educational, Scientific and Cultural Organization. *Declaração Universal sobre a Diversidade Cultural.* Disponível em: <http://www.unesco.org/new/fileadmin/MULTIMEDIA/HQ/CLT/diversity/pdf/declaration_cultural_diversity_pt.pdf>. Acesso em 29-12-2021.

UNITED NATIONS. *Inequality in a Rapidly Changing World.* World Social Report 2020, p. 28. Department of Economic and Social Affairs. Disponível em: <https://www.un.org/development/desa/dspd/wp-content/uploads/sites/22/2020/02/World-Social-Report2020-FullReport.pdf>. Acesso em 30-11-2021.

USP. Universidade de São Paulo. *Magna Carta de 1215*. (Magna Charta Libertatum). Comissão de Direitos Humanos da USP. Disponível em: <http://www.direitoshumanos.usp.br/index.php/Documentos-anteriores-%C3%A0-cria%C3%A7%C3%A3o-da-Sociedade-das-Na%C3%A7%C3%B5es-at%C3%A9-1919/magna-carta-1215-magna-charta-libertatum.html>. Acesso em 16-10-2021.

——. Universidade de São Paulo. *Declaração de Direitos de 1689 (Bill of Rights)*. Comissão de Direitos Humanos da USP. Disponível em: <http://www.direitoshumanos.usp.br/index.php/Documentos-anteriores-%C3%A0-cria%C3%A7%C3%A3o-da-Sociedade-das-Na%C3%A7%C3%B5es-at%C3%A9-1919/a-declaracao-inglesa-de-direitos-1689.html>. Acesso em 16-10-2021.

——. Universidade de São Paulo. *Declaração de Direitos do Bom Povo de Virgínia – 1776*. Comissão de Direitos Humanos da USP. Disponível em: <http://www.direitoshumanos.usp.br/index.php/Documentos-anteriores-%C3%A0-cria%C3%A7%C3%A3o-da-Sociedade-das-Na%C3%A7%C3%B5es-at%C3%A9-1919/declaracao-de-direitos-do-bom-povo-de-virginia-1776.html>. Acesso em 16-10-2021.

——. Universidade de São Paulo. *Declaração de direitos do homem e do cidadão de 1789*. Comissão de Direitos Humanos da USP. Disponível em: <http://www.direitoshumanos.usp.br/index.php/Documentos-anteriores-%C3%A0-cria%C3%A7%C3%A3o-da-Sociedade-das-Na%C3%A7%C3%B5es-at%C3%A9-1919/declaracao-de-direitos-do-homem-e-do-cidadao-1789.html>. Acesso em 16-10-2021.

VAZ, Carla Vieira. Pessoas com deficiência: *O dever do Estado e a Inclusão Social*. Dissertação de mestrado. Repositório Institucional UNIVEM. Data: 10-07-2017, p. 53. Disponível em: <https://aberto.univem.edu.br/handle/11077/1625>. Acesso em 24-10-2021.

VEJA. *Quatro dimensões do conceito de igualdade*. Política. Matheus Leitão. Por Davi Lago. 13 dez 2020, 18h35. Disponível em: <https://veja.abril.com.br/blog/matheus-leitao/quatro-dimensoes-do-conceito-de-igualdade/>. Acesso em: 10-12-2021.

VENOSA, Sílvio de Salvo. *Introdução ao Estudo do Direito*. 2ª ed. Atlas: São Paulo: 2007.

VERANI, Cibele. *Diversidade Humana*. NESPISI/ENSP/Fiocruz. Disponível em: <http://www.dbbm.fiocruz.br/ghente/ciencia/diversidade/>. Acesso em 29-12-2021.

VIDAL, Eliabe Ribeiro; VENTURA, Sthefanie Ramos Moraes Bôa. Discriminação e a teoria do impacto desproporcional: uma análise da sua recepção no ordenamento jurídico brasileiro. (Re) Pensando Direito. Ano 9, nº 18, jul./dez. 2019.

VILLEGAS, Héctor B. *Curso de Finanzas, derecho financiero y tributario*. 7ª edición. Buenos Aires: Depalma, 1999.

WILLEMS, Emílio; BALDUS, Herbert. *Dicionário de Etnologia e Sociologia*. São Paulo: Companhia Editora Nacional, 1939.

ZIMMERMANN, Augusto. *Curso de Direito Constitucional*. 4ª ed. Rio de Janeiro: Lumen Juris, 2006.